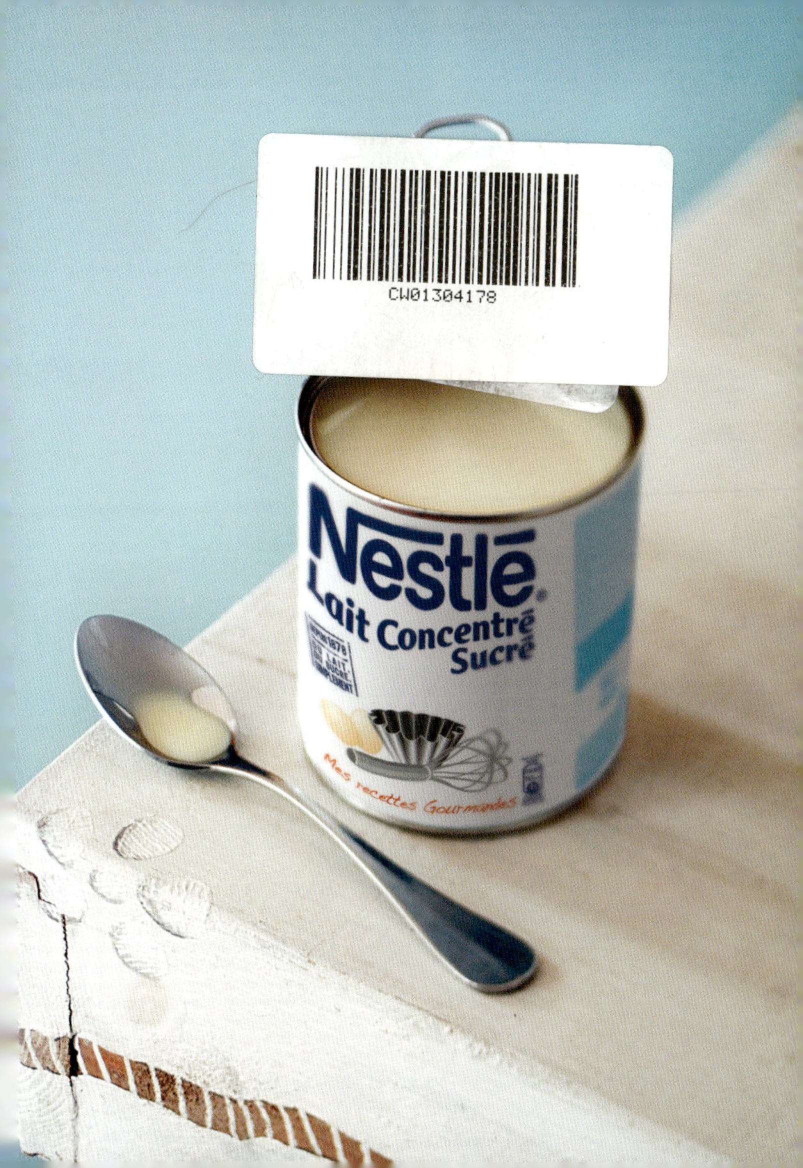
Nestlé
Lait Concentré
Sucré
Mes recettes Gourmandes

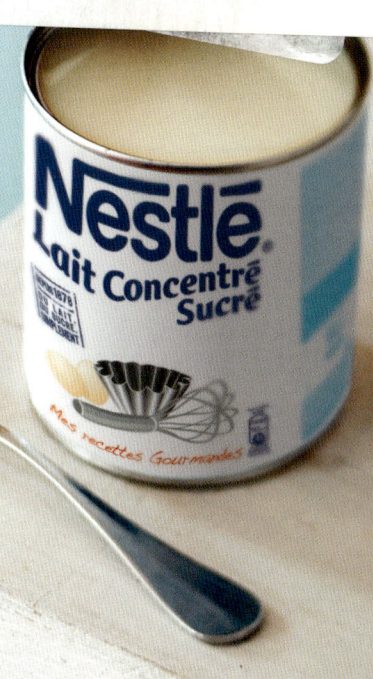

Direction de la publication : **Isabelle Jeuge-Maynart
et Ghislaine Stora**
Direction éditoriale : **Delphine Blétry**
Édition : **Julie Tallet**, assitée de **Candice Roger**
Direction artistique : **Emmanuel Chaspoul,**
assisté de **Anna Bardon**
Informatique éditoriale : **Marion Pépin et Philippe Cazabet**
Lecture-correction : **Joëlle Narjollet**
Couverture : **Véronique Laporte**
Fabrication : **Annie Botrel**

ISBN 301-0-00-002292-3
© Larousse 2012

Toute reproduction ou représentation intégrale ou partielle, par quelque procédé que ce soit, du texte et/ou de la nomenclature contenus dans le présent ouvrage, et qui sont la propriété de l'Éditeur, est strictement interdite.

Les Éditions Larousse utilisent des papiers composés de fibres naturelles, renouvelables, recyclables et fabriquées à partir de bois issus de forêts qui adoptent un système d'aménagement durable. En outre, les Éditions Larousse attendent de leurs fournisseurs de papier qu'ils s'inscrivent dans une démarche de certification environnementale reconnue.

LAIT CONCENTRÉ SUCRÉ

21 RUE DU MONTPARNASSE 75283 PARIS CEDEX 06

SOMMAIRE

Banoffees 4
Pâte à tartiner au chocolat blanc 6
Barres de noix de coco au chocolat 8
Macarons à la confiture de lait 10
Tarte au citron 12
Gratins de fraises 14
Triangles aux amandes 16
Cheesecake aux fruits de la Passion 18
Biscuits craquelés 22
Carrés au caramel fondant 24
Fudge noir et blanc 26
Barquettes croustillantes au chocolat 28
Carrés au muesli et aux cranberries 30

Pâte de spéculoos..32
Pommes d'amour aux noisettes............................. 34
Petites verrines aux fruits exotiques 36
« Fondue » à la confiture de lait et aux fruits 38
Milk-shake coco 40
Crème brûlée à la confiture de lait 42
Mousse glacée au café 44
Glace « Key lime » 46
Café glacé vietnamien 48
Sorbet minute à la framboise 50
Riz au lait et aux raisins, caramel
à l'orange 52
Sushis de riz au lait à la mangue 54

Banoffees

POUR 4 PERSONNES
PRÉPARATION : 25 min
CUISSON : 2 h

> 1 boîte de 397 g de lait concentré sucré Nestlé®
> 200 g de biscuits sablés
> 50 g de beurre demi-sel
> 2 bananes
> le jus de 1 citron
> 150 g de chocolat pâtissier à 54 % de cacao
> 20 cl de crème liquide entière bien froide
> 20 g de sucre glace

1. Placez la boîte de lait concentré sans l'ouvrir dans une casserole et recouvrez-la d'eau bouillante. Faites cuire 2 h à feu moyen en complétant l'eau. Laissez la boîte refroidir.

2. Écrasez les sablés avec un rouleau à pâtisserie. Faites fondre le beurre et mélangez-le avec les miettes de biscuit. Posez sur les assiettes quatre cercles à pâtisserie d'environ 8 cm de diamètre (ou fabriquez-vous des cercles en découpant une bouteille en plastique lisse), versez-y la pâte aux biscuits en tassant pour obtenir une épaisseur régulière de 1 à 1,5 cm. Laissez les cercles en place.

3. Coupez les bananes en rondelles et arrosez-les de jus de citron. Répartissez-les sur les fonds de pâte. Ouvrez la boîte de lait concentré et versez la confiture de lait obtenue sur les bananes, sur environ 1 cm d'épaisseur.

4. Faites fondre le chocolat au four à micro-ondes. Remuez pour qu'il soit lisse et brillant. Laissez-le refroidir 5 min et versez-le sur la confiture de lait en couche assez fine.

5. Fouettez la crème en chantilly avec le sucre glace. Retirez les cercles et disposez un peu de chantilly sur les banoffees.

Pâte à tartiner au chocolat blanc

POUR UN POT DE 350 G ENVIRON
PRÉPARATION : 10 min
CUISSON : 10 min

> 200 g de chocolat blanc
> 225 g de lait concentré sucré Nestlé®
> 5 cl de crème liquide

1. Coupez le chocolat blanc en morceaux. Mettez-le dans un saladier en verre placé sur un bain-marie. Dès que le chocolat commence à fondre, ajoutez le lait concentré et la crème liquide. Remuez afin de rendre la consistance homogène.

2. Une fois que le chocolat a fondu et que la matière est lisse, versez la pâte dans un pot. Laissez refroidir à température ambiante et dégustez.

Barres de noix de coco au chocolat

POUR 24 BARRES
PRÉPARATION : 20 min
CUISSON : 2 min
RÉFRIGÉRATION : 12 h 15

> 100 g de chocolat noir à 64 % de cacao
> 6 cl de crème liquide
> 300 g de lait concentré sucré Nestlé®
> 160 g de noix de coco râpée
> 100 g de chocolat au lait à 34 % de cacao

1. Tapissez de film alimentaire un moule carré de 20 cm de côté en laissant le film légèrement dépasser les bords.

2. Faites fondre le chocolat noir, coupé en morceaux, avec la moitié de la crème liquide au micro-ondes, 1 min à puissance maximale (850 W). Remuez le chocolat fondu pour obtenir une ganache lisse et brillante. Versez-la dans le fond du moule. Faites durcir 15 min au réfrigérateur.

3. Mélangez le lait concentré sucré avec la noix de coco pour obtenir une pâte consistante. Versez-la sur la couche de chocolat durci et lissez le dessus avec le dos d'une cuillère.

4. Faites fondre le chocolat au lait, coupé en morceaux, avec le reste de crème liquide au micro-ondes, 1 min à puissance maximale. Versez cette ganache encore chaude sur la pâte à la noix de coco. Remuez légèrement le moule de droite à gauche pour bien égaliser la surface de la ganache. Placez le moule au réfrigérateur pour environ 12 h.

5. Découpez des morceaux d'environ 8 x 3 cm en trempant plusieurs fois la lame du couteau dans de l'eau chaude.

Macarons à la confiture de lait

POUR 20 MACARONS
PRÉPARATION : 20 min
REPOS : 10 min
CUISSON : 15 min + 2 h 30

> 80 g d'amandes en poudre
> 150 g de sucre glace
> 5 g de vanille en poudre
> 80 g de blancs d'œufs
> 40 g de sucre en poudre
> 1 boîte de 397 g de lait concentré sucré Nestlé®
> cacao en poudre

1. Préchauffez le four à 160 °C (therm. 5-6). Recouvrez une plaque à pâtisserie de papier sulfurisé.

2. Tamisez les amandes en poudre, le sucre glace et la vanille. Montez les blancs d'œufs en neige avec le sucre en poudre. Versez le mélange sec sur les blancs ; mélangez délicatement.

3. Avec une poche à douille, déposez sur la plaque des ronds de pâte de 5 cm de diamètre. Saupoudrez-les de sucre glace. Laissez reposer 10 min, jusqu'à ce qu'une croûte se forme à la surface. Enfournez pour 15 min. Une fois cuits, décollez les macarons et laissez-les refroidir sur une grille.

4. Préparez la confiture de lait. Placez la boîte de lait concentré, sans l'ouvrir, dans une casserole et recouvrez-la complètement d'eau bouillante. Laissez cuire 2 h 30 environ, à feu moyen, en veillant à ce que la boîte soit toujours recouverte d'eau. Laissez la boîte refroidir.

5. Garnissez de confiture de lait la moitié des macarons, du côté plat. Posez dessus les macarons restants et réservez au frais. Avant de servir, saupoudrez les macarons de cacao.

Tarte au citron

POUR 6 PERSONNES
PRÉPARATION : 15 min
REPOS DE LA PÂTE : 1 h
CUISSON : 35 min

Pour la pâte brisée
- 180 g de beurre mou
- 2 pincées de sel fin
- 1 c. à soupe de sucre en poudre
- 1 jaune d'œuf
- 5 cl de lait à température ambiante
- 3 c. à café de zeste de citron vert râpé
- 250 g de farine

Pour la garniture
- 2 œufs
- 350 g de lait concentré sucré Nestlé®
- 2 c. à café de zeste de citron râpé
- le jus de 3 citrons jaunes et de 1 citron vert

1. Préparez la pâte. Travaillez le beurre à la spatule pour le rendre crémeux. Ajoutez le sel, le sucre, le jaune d'œuf, le lait et le zeste de citron, et mélangez. Incorporez peu à peu la farine et malaxez la pâte. Mettez-la au frais pour 1 h, enveloppée dans du film alimentaire.

2. Préchauffez le four à 180 °C (therm. 6). Étalez la pâte sur 3 mm d'épaisseur. Garnissez-en un moule à tarte beurré de 25 cm de diamètre. Piquez le fond à la fourchette en plusieurs endroits. Mettez le moule au réfrigérateur.

3. Préparez la garniture. Cassez les œufs en séparant les blancs des jaunes. Mélangez les jaunes avec le lait concentré, le zeste et le jus des citrons.

4. Retirez le moule du réfrigérateur, garnissez le fond de papier sulfurisé puis de légumes secs et enfournez pour 15 min. Montez les blancs en neige et mélangez-les avec la crème au citron. Laissez tiédir 5 min le fond de pâte puis versez-y la préparation. Enfournez pour 20 min.

Gratins de fraises

POUR 6 PERSONNES
PRÉPARATION : 10 min
CUISSON : 10 min

> 500 g de fraises
> 300 g de lait concentré sucré Nestlé®
> 2 jaunes d'œufs
> 2 c. à soupe d'amandes en poudre
> 1 c. à soupe de pistaches non salées

1. Allumez le gril du four à 230 °C (therm. 8). Lavez et équeutez les fraises. Dans un bol, mélangez le lait concentré avec les jaunes d'œufs. Ajoutez les amandes en poudre et remuez à l'aide d'un fouet pour obtenir une préparation homogène.

2. Coupez les fraises en deux dans le sens de la hauteur et disposez-les dans six ramequins individuels. Versez dessus la préparation aux amandes de façon qu'elle recouvre les fraises à moitié.

3. Enfournez en positionnant la grille à mi-hauteur et laissez gratiner pendant 10 min environ. Concassez les pistaches au couteau et parsemez-en les fraises à la sortie du four. Servez les gratins tièdes.

Triangles aux amandes

POUR 8 TRIANGLES
PRÉPARATION : 30 min
CUISSON : 10 min

> 4 feuilles de brick
> 50 g de beurre fondu
> 1 jaune d'œuf (pour dorer)
> 250 g de miel liquide
> amandes concassées pour le décor

Pour la farce

> 125 g d'amandes mondées entières
> huile pour friture
> 100 g de lait concentré sucré Nestlé®

1. Préparez la farce. Faites frire dans l'huile les amandes mondées jusqu'à ce qu'elles prennent une jolie couleur brune. Mixez-les grossièrement, puis versez dessus le lait concentré et mélangez. Confectionnez des petites boules.

2. Coupez les feuilles de brick en deux et badigeonnez-les de beurre fondu. Déposez une boule de farce à l'extrémité d'une demi-feuille et pliez celle-ci en biais au-dessus de la farce pour former un triangle. Faites un nouveau pli en retournant le triangle sur la feuille, puis continuez de plier ainsi jusqu'à l'autre extrémité. Collez le bout de la feuille au pinceau avec le jaune d'œuf. Formez ainsi d'autres triangles.

3. Faites dorer les triangles des deux côtés dans un bain d'huile bien chaud, puis plongez-les dans du miel. Égouttez-les et parsemez-les d'amandes concassées. Servez avec un bon thé à la menthe.

Cheesecake aux fruits de la Passion

POUR 8 PERSONNES
PRÉPARATION : 30 min
CUISSON : 15 min
+ 1 h dans le four éteint
RÉFRIGÉRATION : 4 h au moins

Pour le fond
> 250 g de biscuits sablés (type Digestive, spéculoos, sablés bretons…)
> 60 g de beurre

Pour le coulis aux fruits de la Passion
> 8 fruits de la Passion
> 10 cl de jus d'orange
> 4 c. à soupe de sucre en poudre
> 1 c. à café de fécule de maïs

1. Préparez le fond du cheesecake. Préchauffez le four à 200 °C (therm. 6-7). Placez les biscuits dans un sachet en plastique et écrasez-les à l'aide d'un rouleau à pâtisserie. Faites fondre le beurre au four à micro-ondes. Versez les miettes de biscuit dans un saladier, ajoutez le beurre fondu et mélangez. Garnissez un moule à fond amovible de 28 cm de diamètre d'un disque de papier sulfurisé. Versez-y la pâte aux biscuits et tassez en égalisant l'épaisseur, qui doit être de 1 à 1,5 cm.

2. Commencez à préparer le coulis. Coupez les fruits de la Passion en deux. À l'aide d'une petite cuillère, retirez la pulpe et le jus en travaillant au-dessus d'une passoire posée sur un bol. Pressez la pulpe contre la passoire afin d'extraire le plus de jus possible. Gardez quelques graines pour le coulis.

3. Préparez la garniture. Dans un saladier, mélangez le fromage frais et le lait concentré. Ajoutez les 4 œufs entiers, la farine et la moitié du jus des fruits de la Passion (le reste servira à la réalisation du coulis). Mélangez. Battez les 2 blancs d'œufs en neige ferme. Incorporez-les délicatement à la préparation au fromage.

Pour la garniture

> 600 g de fromage frais à tartiner ou de carrés de fromage demi-sel
> 250 g de lait concentré sucré Nestlé®
> 4 œufs
> 25 g de farine
> 2 blancs d'œufs

4. Versez la garniture sur le fond de pâte et enfournez pour 15 min. À la fin de la cuisson, éteignez le four et couvrez le cheesecake d'une feuille d'aluminium. Laissez-le refroidir dans le four pendant 1 h environ. Placez-le ensuite au frais pour au moins 4 h.

5. Finissez la préparation du coulis. Versez le jus d'orange, le sucre et le reste de jus des fruits de la Passion dans une casserole. Portez à ébullition, baissez le feu et laissez cuire 5 min. Mélangez la fécule avec 1 cuillerée à soupe d'eau froide et ajoutez-la au coulis. Poursuivez la cuisson pendant 2 min jusqu'à épaississement. Hors du feu, ajoutez les graines réservées et laissez refroidir. Servez le cheesecake arrosé de coulis.

Conseil : Pour réaliser des cheesecakes individuels, utilisez huit cercles d'environ 10 cm de diamètre. Faites-les cuire 10 min à 200 °C et laissez-les reposer 50 min dans le four éteint.

Biscuits craquelés

POUR 35 BISCUITS
PRÉPARATION : 15 min
RÉFRIGÉRATION : 2 h
CUISSON : 11 à 13 min

> 200 g de chocolat noir pâtissier
> 60 g de beurre
> 2 œufs
> 30 g de sucre vanillé
> 3 gousses de cardamome
> 200 g de lait concentré sucré Nestlé®
> 200 g de farine
> 1 pincée de sel
> 1 c. à café de levure chimique
> sucre glace

1. Cassez le chocolat en morceaux, coupez le beurre en morceaux. Faites-les fondre au bain-marie.

2. Dans un saladier, battez les œufs avec le sucre vanillé, ajoutez la préparation au chocolat et mélangez au fouet.

3. Écrasez au mortier les graines de cardamome contenues dans les gousses, puis ajoutez-les dans le saladier. Versez le lait concentré et remuez.

4. Dans un bol, mélangez la farine, le sel et la levure. Incorporez-les à la préparation précédente. Réservez la pâte au réfrigérateur pendant 2 h.

5. Préchauffez le four à 165 °C (therm. 5-6). Recouvrez une plaque de papier sulfurisé.

6. Sortez la pâte et, à l'aide d'une cuillère, prélevez des boules de la taille d'une noix. Roulez-les entièrement et généreusement dans le sucre glace et disposez-les sur la plaque, en quinconce, bien espacées et légèrement aplaties.

7. Faites cuire les biscuits de 11 à 13 min. Laissez-les refroidir sur la plaque avant de les manipuler.

Carrés au caramel fondant

POUR 30 BOUCHÉES ENVIRON
PRÉPARATION : 25 min
CUISSON : 15 min
RÉFRIGÉRATION : 5 h

> 235 g de beurre
> 220 g de sablés au chocolat
> 50 g d'amandes mondées
> 50 g de noisettes
> 50 g de noix de macadamia
> 2 boîtes de 397 g de lait concentré sucré Nestlé®
> 150 g de chocolat noir

1. Beurrez un moule carré de 22 cm de côté, chemisez-le de papier sulfurisé. Faites fondre 135 g de beurre. Écrasez les sablés au rouleau à pâtisserie. Versez les miettes obtenues dans un saladier et mélangez avec le beurre fondu. Garnissez le fond du moule de cette pâte en tassant bien à l'aide d'une cuillère et en égalisant l'épaisseur. Faites durcir au réfrigérateur le temps de préparer les fruits secs et le caramel.

2. Faites griller 2 min les amandes, les noisettes et les noix de macadamia sur la plaque du four puis concassez-les.

3. Dans une casserole à fond épais, faites chauffer jusqu'à frémissement le lait concentré avec 50 g de beurre, à feu doux, tout en remuant ; maintenez une petite ébullition pendant 8 à 10 min, sans cesser de remuer, jusqu'à ce que le mélange épaississe et prenne une jolie couleur dorée. Ôtez la casserole du feu et ajoutez les fruits secs. Versez ce caramel sur le fond de pâte. Faites-le durcir 1 h au réfrigérateur.

4. Faites fondre au bain-marie le chocolat avec 50 g de beurre. Laissez tiédir, versez ce glaçage sur le caramel. Faites prendre au réfrigérateur au moins 4 h. Découpez ensuite le gâteau en carrés de la taille d'une bouchée.

Fudge noir et blanc

POUR 20 CARRÉS
PRÉPARATION : 10 min
CUISSON : 3 min
RÉFRIGÉRATION : 2 h

> 250 g de chocolat blanc
> 200 g de lait concentré sucré Nestlé®
> un paquet de biscuits type Oreo de 150 g

1. Cassez le chocolat en morceaux. Dans un bol, faites-le fondre avec le lait concentré pendant 3 min au four à micro-ondes.

2. Écrasez grossièrement les biscuits. Remuez le chocolat et le lait jusqu'à obtenir un mélange homogène.

3. Chemisez de papier sulfurisé un moule carré d'environ 20 cm de côté. Déposez au fond les brisures de biscuits, puis versez le mélange chocolat-lait et aplatissez-le avec une feuille de papier sulfurisé de manière à obtenir une plaque de 3 cm d'épaisseur.

4. Placez le moule au frais pendant 2 h, puis découpez le fudge en petits carrés de 5 cm de côté.

Conseil : Ce fudge se conservera au réfrigérateur pendant 1 semaine au maximum.

Barquettes croustillantes au chocolat

POUR 10 BARQUETTES
PRÉPARATION : 20 min
REPOS DE LA PÂTE : 1 h
CUISSON : 15 à 20 min

> 300 g de lait concentré sucré Nestlé®
> 200 g de chocolat au lait

Pour la pâte brisée
> 190 g de beurre mou
> 2 pincées de sel fin
> 1 c. à soupe de sucre en poudre
> 5 cl de lait
> 250 g de farine
> 10 g de pistaches
> 20 g d'amandes
> 20 g de noisettes

1. Préparez la pâte. Coupez le beurre en morceaux. Travaillez-le à la spatule pour le rendre crémeux. Ajoutez le sel, le sucre et le lait, et mélangez. Incorporez peu à peu la farine en la tamisant, et malaxez la pâte. Hachez les pistaches, les amandes et les noisettes et incorporez-les à la pâte. Malaxez à nouveau, formez une boule et mettez-la au frais pour 1 h, enveloppée dans du film alimentaire.

2. Préchauffez le four à 200 °C (therm. 6-7). Étalez la pâte sur 3 mm d'épaisseur. Beurrez dix moules à barquette et garnissez-les de pâte. Piquez le fond avec une fourchette. Faites cuire les fonds de pâte de 15 à 20 min.

3. Pendant ce temps, versez le lait concentré dans un saladier en verre et ajoutez-y le chocolat en morceaux. Faites fondre au micro-ondes pendant 1 ou 2 min à puissance maximale (850 W). Remuez afin d'obtenir une ganache lisse.

4. Retirez les tartelettes du four, laissez-les tiédir puis versez-y la ganache. Laissez durcir à température ambiante.

Carrés au muesli et aux cranberries

POUR 16 CARRÉS
PRÉPARATION : 10 min
CUISSON : 5 min
RÉFRIGÉRATION : 3 h

> 150 g de muesli aux fruits
> 50 g d'un mélange de noix et de cranberries séchées
> 150 g de chocolat blanc
> 150 g de lait concentré sucré Nestlé®

1. Préparez un moule à cake en silicone ou une boîte en plastique chemisée de papier sulfurisé.

2. Mélangez le muesli avec les cranberries et les noix.

3. Cassez le chocolat en morceaux et mettez-le avec le lait concentré dans un saladier placé au bain-marie. Lorsque le chocolat est fondu, mélangez le tout au fouet.

4. Versez la moitié de cette préparation dans le moule. Recouvrez avec la moitié du mélange au muesli, puis versez le reste de la préparation au chocolat et enfin le reste du mélange.

5. Tassez délicatement le tout et laissez prendre au moins 3 h au frais. Découpez ensuite en carrés.

Pâte de spéculoos

POUR 1 POT DE 600 G ENVIRON
PRÉPARATION : 15 min
CUISSON : 1 min

> 250 g de spéculoos
> 125 g de beurre
> 1 feuille de gélatine
> 2 c. à café de jus de citron
> 300 g de lait concentré sucré Nestlé®
> 1 c. à soupe d'huile neutre
> 1/2 c. à café de cannelle en poudre ou de quatre-épices

1. Mixez finement les spéculoos. Faites fondre le beurre. Faites ramollir la gélatine dans un bol d'eau froide.

2. Mettez à chauffer le jus de citron et faites-y fondre la gélatine essorée. Ajoutez ce mélange ainsi que le lait concentré, l'huile et l'épice à la poudre de spéculoos. Mixez jusqu'à obtenir une consistance homogène et onctueuse.

Idées gourmandes : Utilisez la pâte de spéculoos pour fourrer des crêpes, tartiner une tranche de brioche, aromatiser des crèmes et des mousses ou dégustez-la avec un bon yaourt nature.

Conseil : Cette pâte durcit au réfrigérateur, c'est pourquoi il vaut mieux la conserver à température ambiante, dans une verrine bien hermétique.

Pommes d'amour aux noisettes

POUR 4 POMMES D'AMOUR
PRÉPARATION : 5 min
CUISSON : 5 min

> 4 petites pommes
> 50 g de noisettes hachées
> 150 g de lait concentré sucré Nestlé®
> 100 g de sucre en poudre
> 1 noix de beurre demi-sel

1. Lavez et essuyez les pommes. Piquez une brochette dans chacune d'elles. Préparez une feuille de papier sulfurisé et un bol d'eau froide. Mettez les noisettes dans une petite assiette.

2. Dans une petite casserole à fond épais, faites cuire le lait concentré avec le sucre et le beurre jusqu'à ce que le mélange commence à blondir. Prélevez un peu de ce caramel à l'aide d'une cuillère et mettez-le dans l'eau ; si vous pouvez former une petite boule dure avec vos doigts, arrêtez la cuisson.

3. Roulez les pommes dans le caramel en inclinant la casserole. Passez-les ensuite dans les noisettes et posez-les sur le papier. Laissez durcir.

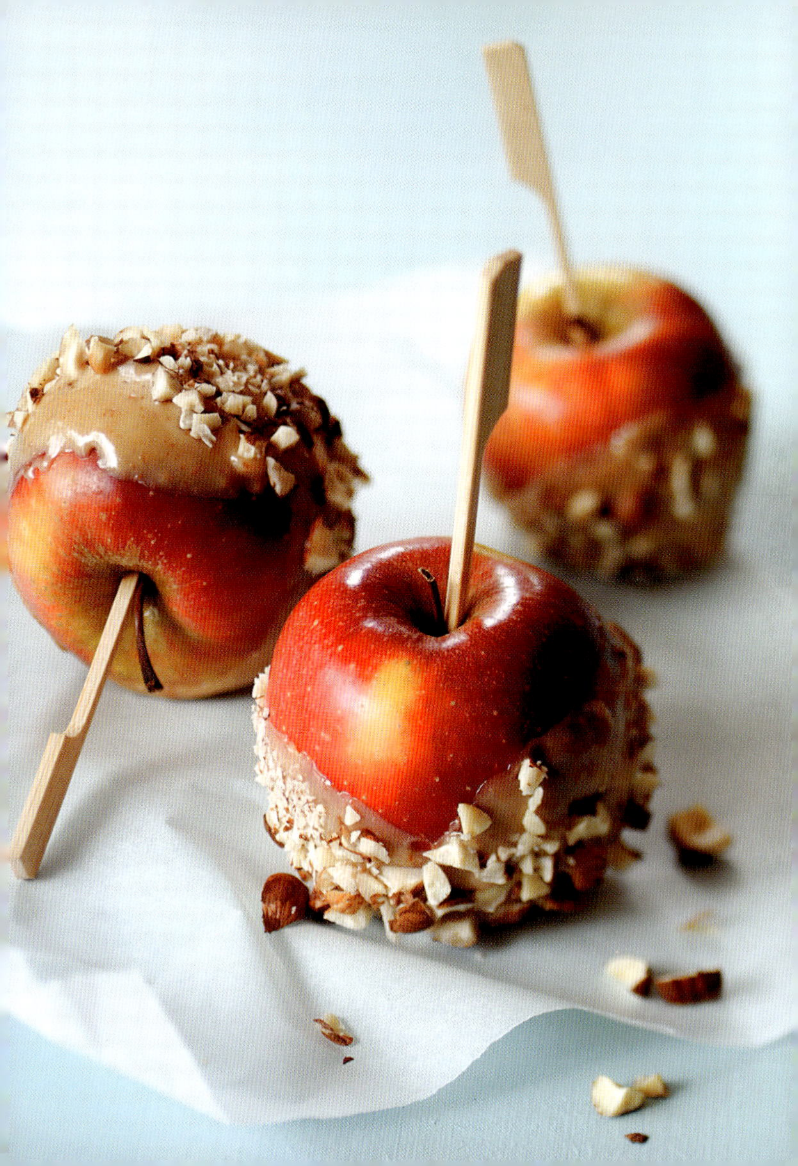

Petites verrines aux fruits exotiques

POUR 4 PERSONNES
PRÉPARATION : 15 min
RÉFRIGÉRATION : 1 h

> 1/2 ananas bien mûr
> 1 mangue
> 2 pêches jaunes
> le jus de 1/2 citron
> 150 g de lait concentré sucré Nestlé®
> 2 c. à soupe de jus d'ananas
> 2 pincées de gingembre en poudre
> 10 feuilles de menthe
> 5 feuilles de basilic

1. Retirez l'écorce et le cœur fibreux de l'ananas, coupez la chair en tout petits dés. Épluchez la mangue et les pêches, retirez leurs noyaux et coupez leur chair en petits dés également. Arrosez les fruits du jus de citron, remuez et réservez au réfrigérateur.

2. Versez le lait concentré, le jus d'ananas et le gingembre dans un saladier. Ajoutez les dés de fruits et mélangez pour bien les enrober.

3. Lavez et ciselez la menthe et le basilic ; ajoutez-les aux fruits. Placez le saladier au réfrigérateur pendant au moins 1 h.

4. Au moment de servir, répartissez la salade dans des coupelles individuelles ou des verrines.

Conseil : Lorsque vous découpez les fruits, gardez le jus qui s'en écoule pour le mélanger au lait concentré.

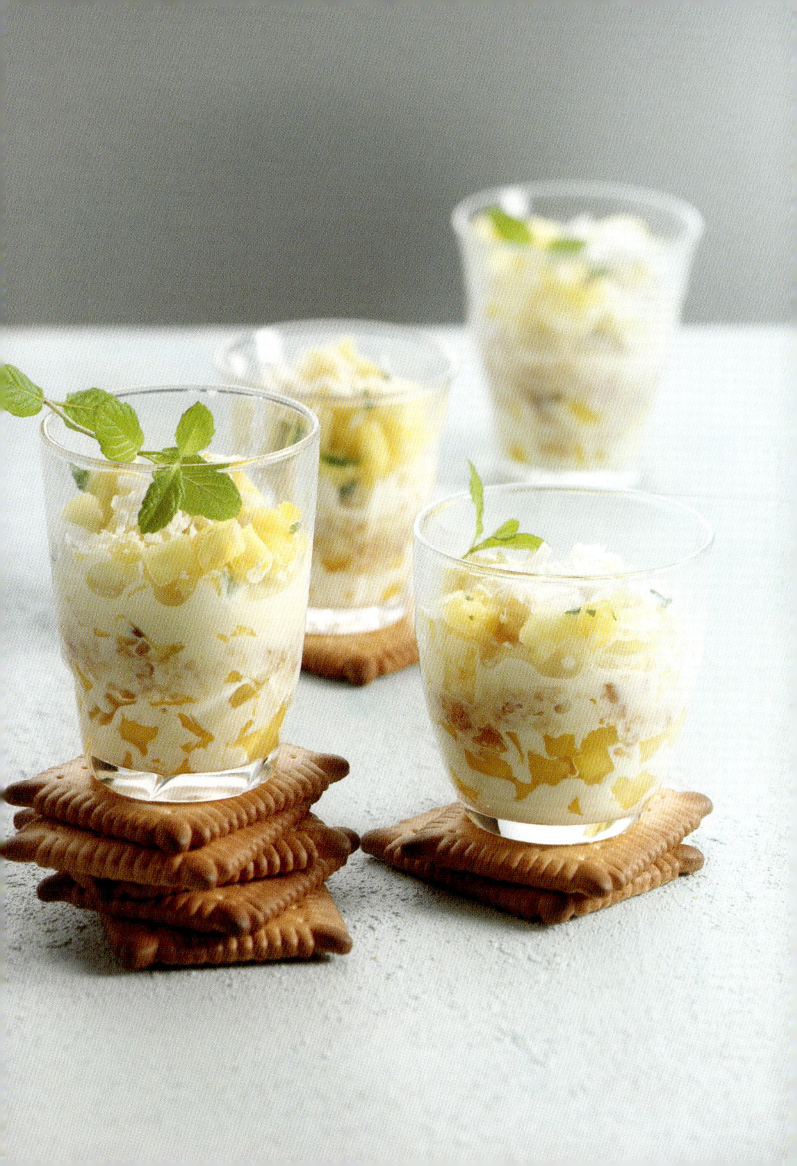

« Fondue » à la confiture de lait et aux fruits

POUR 4 PERSONNES
PRÉPARATION : 10 min
CUISSON : 2 à 3 h

> 1 boîte de 397 g de lait concentré sucré Nestlé®
> 100 g de pralin ou 1 c. à café rase de cannelle en poudre ou 3 c. à soupe de café lyophilisé ou 100 g de chocolat noir
> fruits de saison : ananas, fraises, pommes, kiwis, bananes...

1. Préparez la confiture de lait. Déposez la boîte de lait fermée dans un autocuiseur, versez de l'eau jusqu'aux trois quarts de la hauteur de la boîte. Fermez l'autocuiseur et mettez sur le feu. Lorsque la pression est atteinte, laissez cuire 2 h à tout petit feu (comptez 3 h pour 1 boîte de 1 kg). À défaut d'autocuiseur, utilisez une casserole à fond épais avec un couvercle, et laissez l'eau bouillir doucement de 3 à 4 h, en la complétant au besoin. Laissez refroidir la boîte dans l'eau avant de l'ouvrir.

2. Parfumez ensuite la confiture de lait à votre guise. Pour de la confiture de lait pralinée, ajoutez le pralin ; pour de la confiture de lait à la cannelle, ajoutez la cannelle (utilisez de préférence un bâton moulu de frais au moulin à café) ; pour de la confiture de lait au café, ajoutez le café lyophilisé dissous dans 1 cuillerée à soupe d'eau chaude ; pour de la confiture de lait au chocolat, ajoutez le chocolat fondu.

3. Dégustez la confiture avec les fruits épluchés et coupés en cubes, comme pour une fondue.

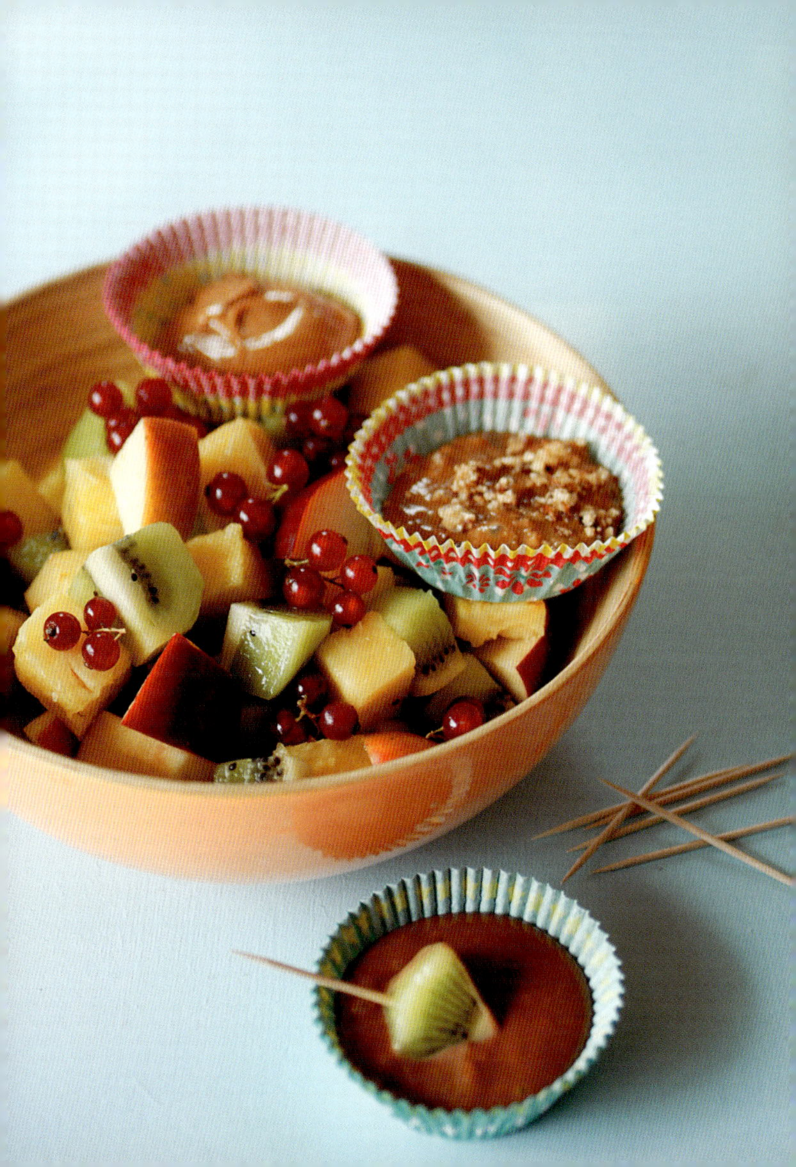

Milk-shake coco

POUR 4 PERSONNES
PRÉPARATION : 5 min

> 25 cl de lait de coco
> 100 g de lait concentré sucré Nestlé®
> glace pilée
> 4 cerises confites

1. Versez le lait de coco, le lait concentré et de la glace pilée dans le bol d'un robot et mixez pendant 1 min.

2. Servez le milk-shake aussitôt, accompagné d'une pique avec une cerise confite.

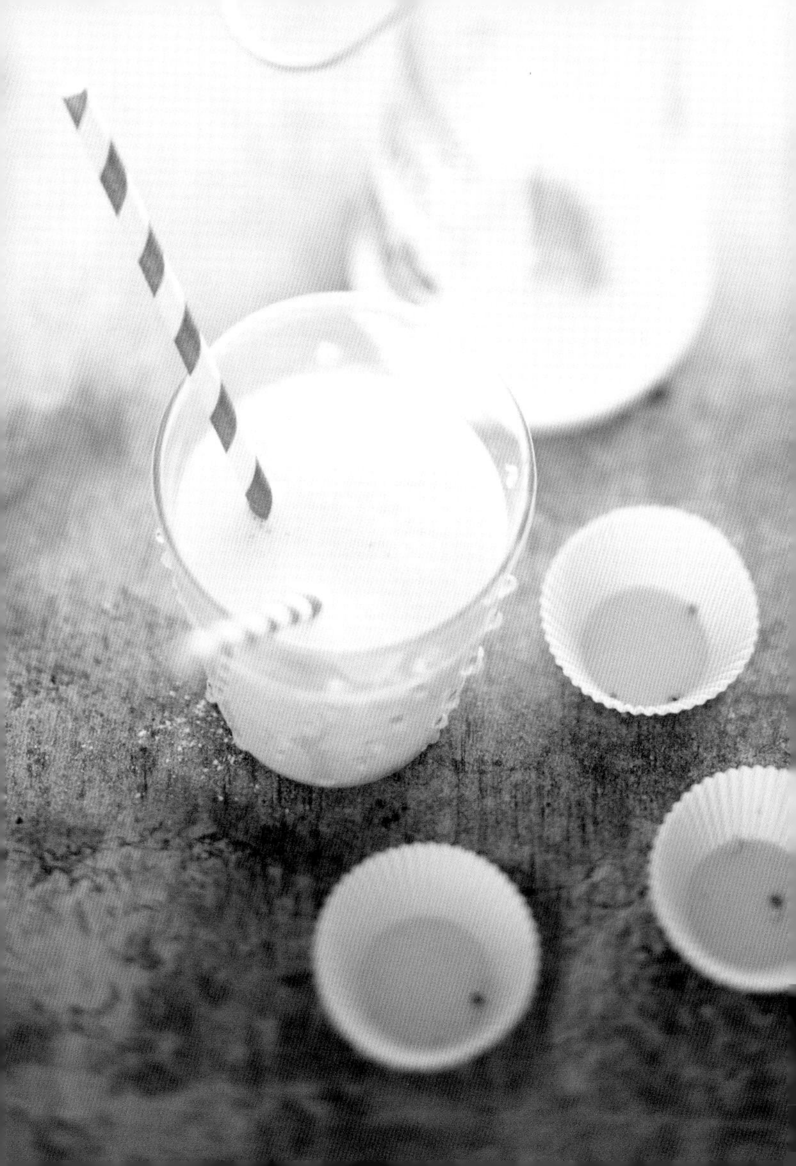

Crème brûlée à la confiture de lait

POUR 4 PERSONNES
PRÉPARATION : 10 min
CUISSON : 20 min

> 50 cl de crème liquide entière
> 4 jaunes d'œufs
> 100 g de confiture de lait (voir recette page 38)
> 4 c. à soupe de cassonade

1. Préchauffez le four à 120 °C (therm. 4).

2. Dans un saladier, mélangez la crème liquide avec les jaunes d'œufs et la confiture de lait.

3. Disposez quatre ramequins sur la lèchefrite du four et remplissez-les avec la préparation. Enfournez la lèchefrite puis versez avec précaution de l'eau chaude autour des ramequins. Laissez cuire environ 20 min.

4. Saupoudrez les crèmes de cassonade tant qu'elles sont encore chaudes. Laissez-les refroidir dans le four, puis mettez-les au frais.

5. Juste avant de servir, allumez le gril du four et faites caraméliser les crèmes pendant quelques minutes, la porte du four ouverte et en surveillant constamment.

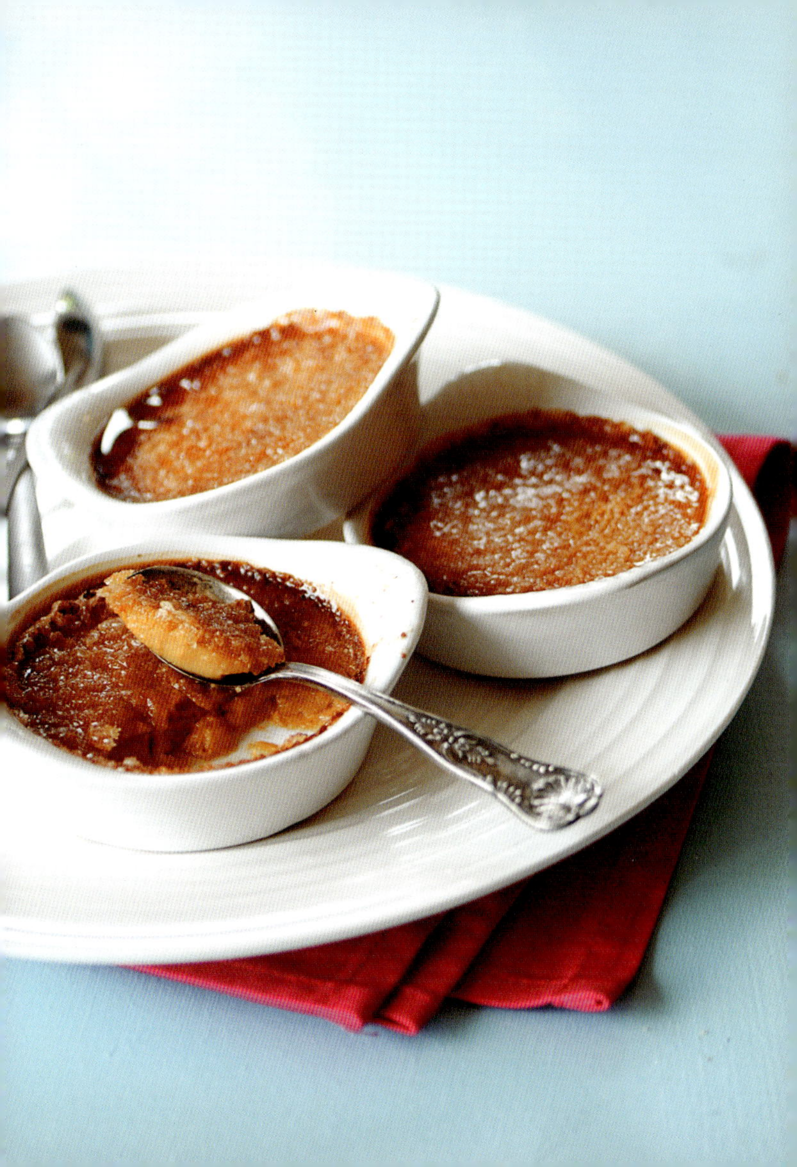

Mousse glacée au café

POUR 1 PERSONNE
PRÉPARATION : 5 min

> un grand verre de glaçons
> 1 ½ c. à soupe de lait concentré sucré Nestlé®
> 1 c. à café bombée de café lyophilisé

1. Mettez les glaçons, le lait et le café dans le bol d'un robot. Mixez à puissance maximale environ 3 min. Une fois que la glace sera finement pilée, le mélange va mousser et devenir crémeux.

2. Servez et consommez immédiatement.

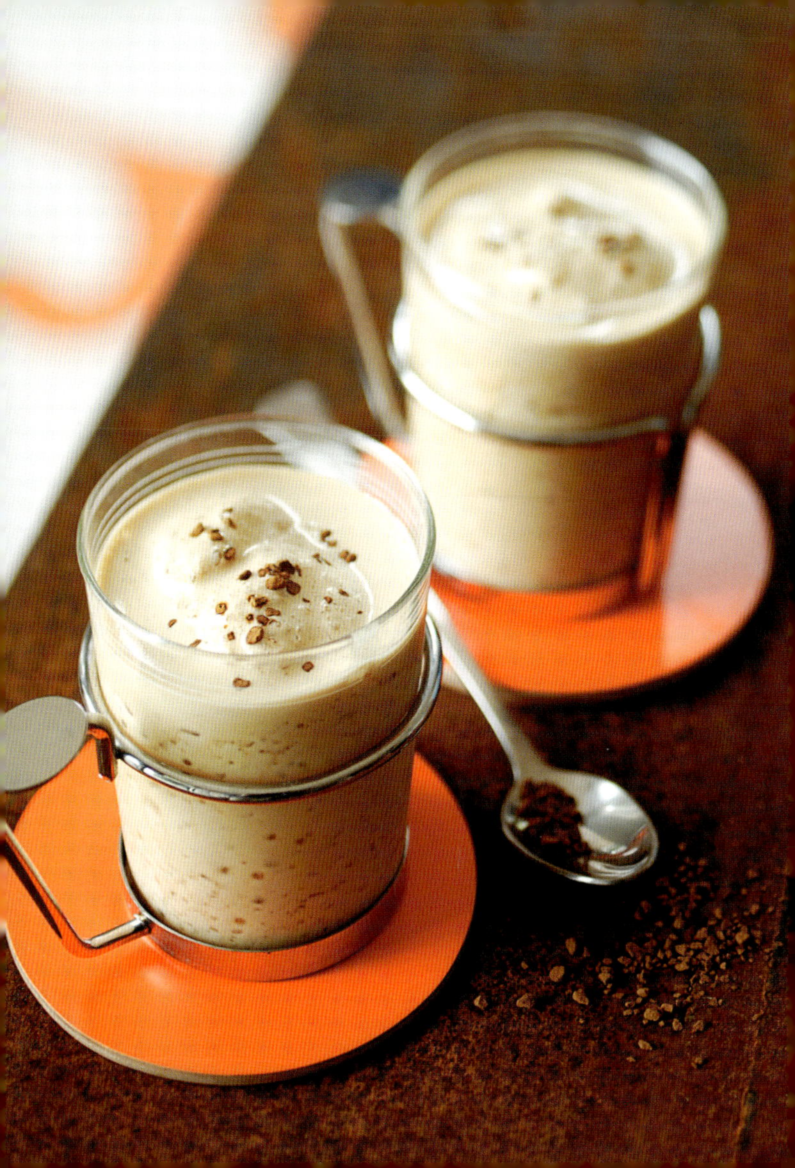

Glace « Key lime »

POUR 4 PERSONNES
PRÉPARATION : 10 min
TURBINAGE : selon le modèle de sorbetière (ou 4 à 5 h de congélation)

> 3 citrons verts, bio de préférence
> 2 jaunes d'œufs
> 250 g de lait concentré sucré Nestlé®
> 15 cl de crème liquide entière
> 3 petites meringues

1. Lavez les citrons et râpez leur zeste pour obtenir la valeur de 1 cuillerée à café, puis pressez le jus.

2. Fouettez les jaunes d'œufs avec le lait concentré, le jus de citron et les zestes. Mélangez avec la crème liquide. Faites prendre en sorbetière.

3. Cassez les meringues en morceaux et incorporez-les, à l'aide d'une spatule, à la glace encore souple. Si vous n'avez pas de sorbetière, faites prendre la glace au congélateur pendant 4 à 5 h, mais sortez-la 15 min avant de la servir.

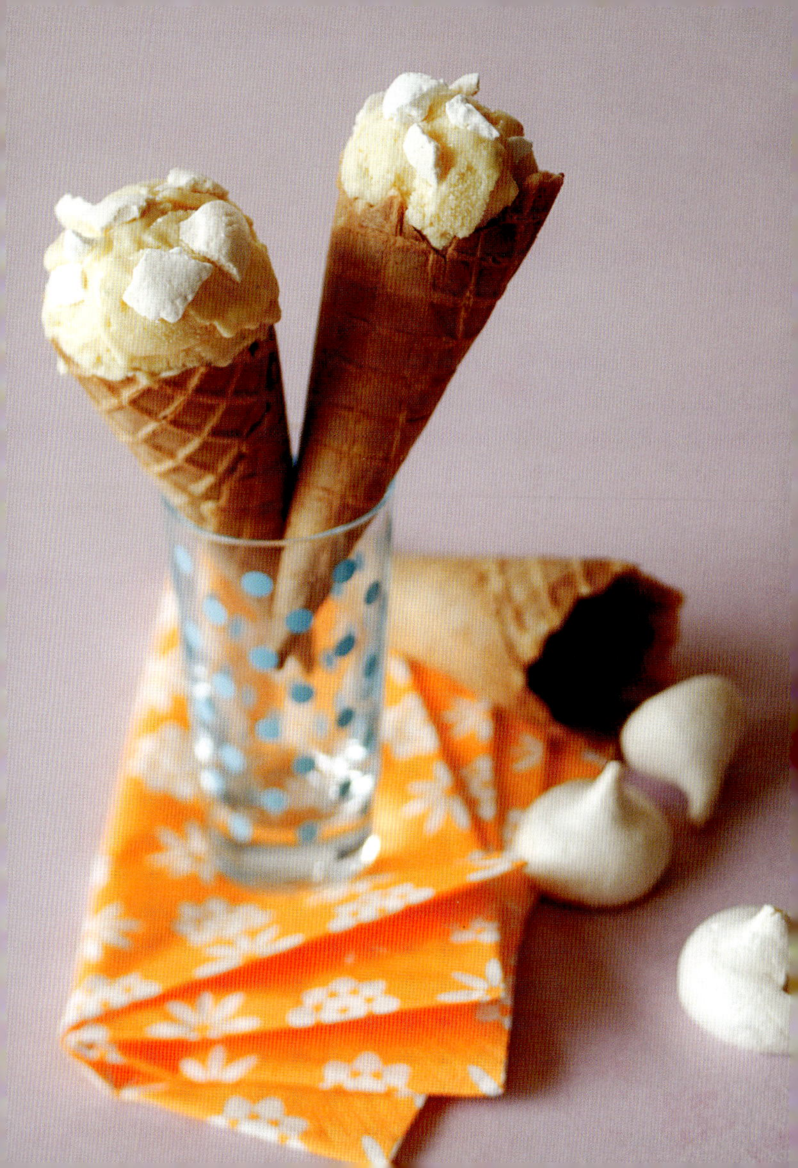

Café glacé vietnamien

POUR 1 PERSONNE
PRÉPARATION : 5 min

> 1 ½ c. à soupe de lait concentré sucré Nestlé®
> 1 verre de glaçons
> 1 tasse de café très fort

1. Versez le lait concentré dans un grand verre à orangeade. Ajoutez les glaçons.

2. Versez le café brûlant sur les glaçons, mélangez et buvez à la paille.

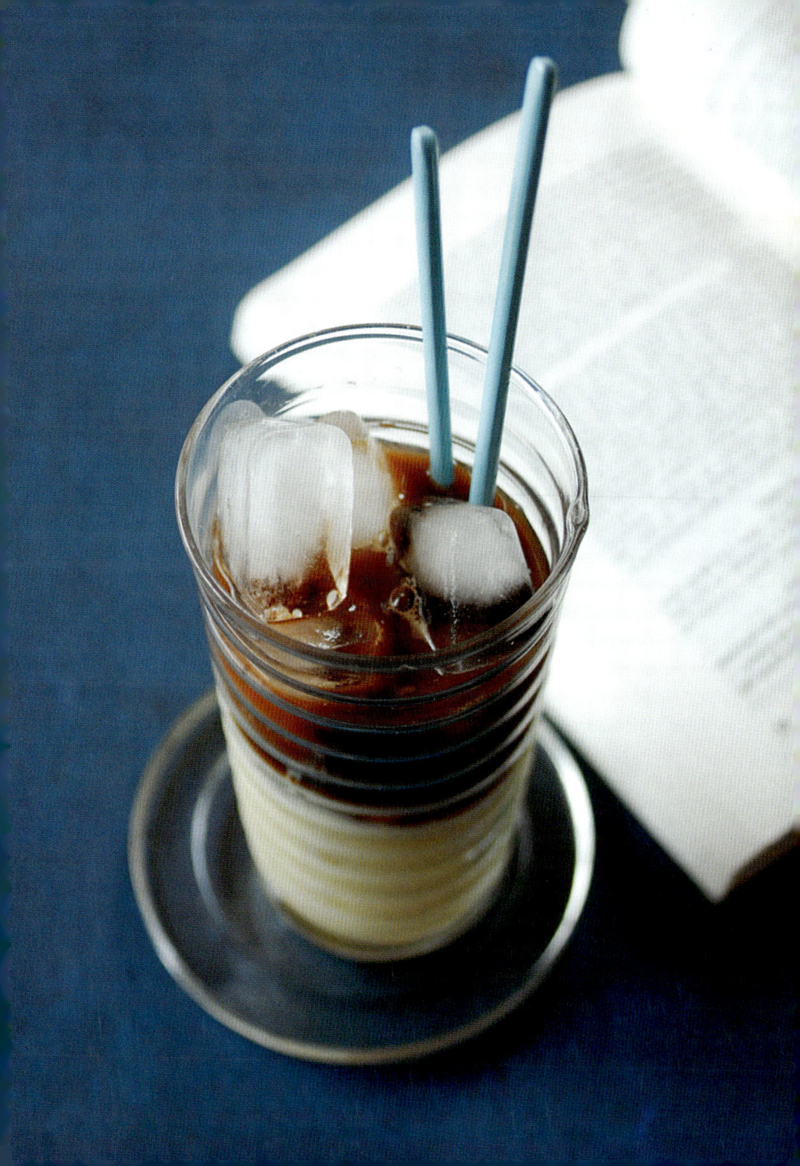

Sorbet minute à la framboise

POUR 4 PERSONNES
PRÉPARATION : 10 min
CONGÉLATION : 3 ou 4 h
(facultatif)

> 450 g de framboises surgelées
> 200 g de lait concentré sucré Nestlé®
> 5 cl d'eau

1. Pour préparer ce sorbet, vous n'avez pas besoin de sorbetière, un simple mixeur suffit. Sortez les framboises du congélateur et laissez-les ramollir légèrement pendant 5 min. Mixez-les ensuite pendant 1 ou 2 min avec le lait concentré sucré et l'eau. C'est prêt !

2. Si vous dégustez ce sorbet aussitôt, il aura une consistance plutôt crémeuse. Vous pouvez aussi le verser dans un bac à glace pour le faire prendre au congélateur pendant 3 ou 4 h. Il aura alors une consistance plus ferme. Il pourra ensuite être conservé dans le congélateur.

Variantes : Parfumez le sorbet avec quelques feuilles de menthe ou de verveine citronnelle.

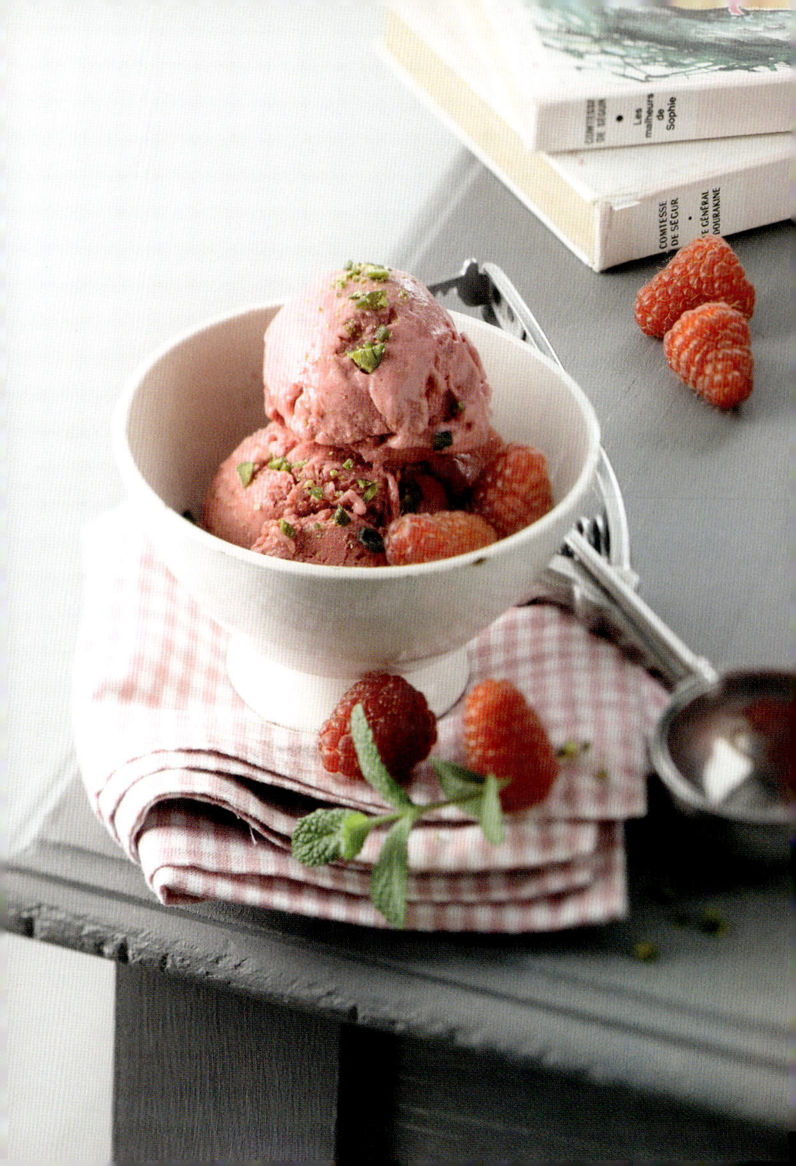
Les malheurs de Sophie
COMTESSE DE SÉGUR
DOURAKINE

Riz au lait et aux raisins, caramel à l'orange

POUR 6 PERSONNES
PRÉPARATION : 10 min
CUISSON : 45 min

> 75 g de riz rond
> 75 cl de lait
> 200 g de lait concentré sucré Nestlé®
> 1 bâton de cannelle (facultatif)
> 50 g de raisins secs

Pour le caramel à l'orange

> 15 cl de jus d'orange
> 100 g de lait concentré sucré Nestlé®

1. Dans une casserole à fond épais, mettez le riz avec les deux laits et, éventuellement, la cannelle. Faites cuire à tout petit feu et à couvert pendant 45 min environ, en remuant de temps à autre. Incorporez les raisins secs et laissez refroidir.

2. Préparez le caramel. Dans une petite casserole, faites bouillir le jus d'orange jusqu'à ce qu'il commence à caraméliser légèrement. Ajoutez le lait concentré et faites chauffer encore 1 min sans laisser bouillir, puis versez le caramel dans un bol et laissez-le refroidir.

3. Servez le riz au lait arrosé de caramel à l'orange.

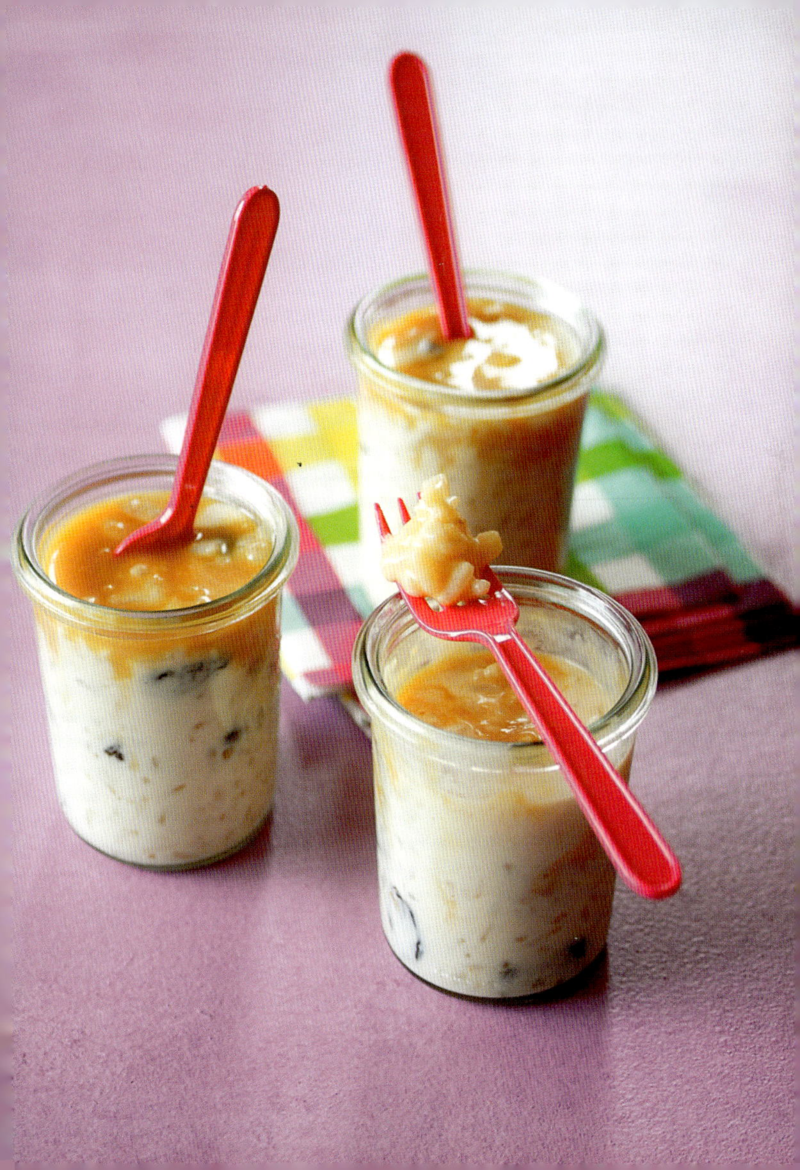

Sushis de riz au lait à la mangue

POUR 20 SUSHIS ENVIRON
PRÉPARATION : 10 min
CUISSON : 40 min environ

> 250 g de riz rond
> 1 boîte de 397 g de lait concentré sucré Nestlé®
> 1 boîte de lait concentré non sucré de 400 g
> 20 g de sucre en poudre
> 1 gousse de vanille
> 1/2 c. à café de cannelle en poudre
> 1 zeste de citron vert
> 1 belle mangue bien mûre
> quelques graines de sésame grillées

1. Faites précuire le riz dans de l'eau bouillante pendant 3 min, puis égouttez-le. Remettez-le dans une casserole avec les deux laits concentrés et le sucre ; rajoutez éventuellement un peu d'eau.

2. Fendez la gousse de vanille en deux et ajoutez-la dans la casserole avec la cannelle et le zeste de citron. Faites cuire à feu très doux pendant 35 min, jusqu'à ce que le liquide soit bien absorbé.

3. Lorsque le riz est tiède, formez des petites quenelles d'environ 8 cm de long à l'aide de deux cuillères et déposez-les dans une assiette plate.

4. Épluchez la mangue et coupez-la en fines tranches. Déposez celles-ci sur les quenelles de riz. Parsemez de graines de sésame et servez aussitôt.

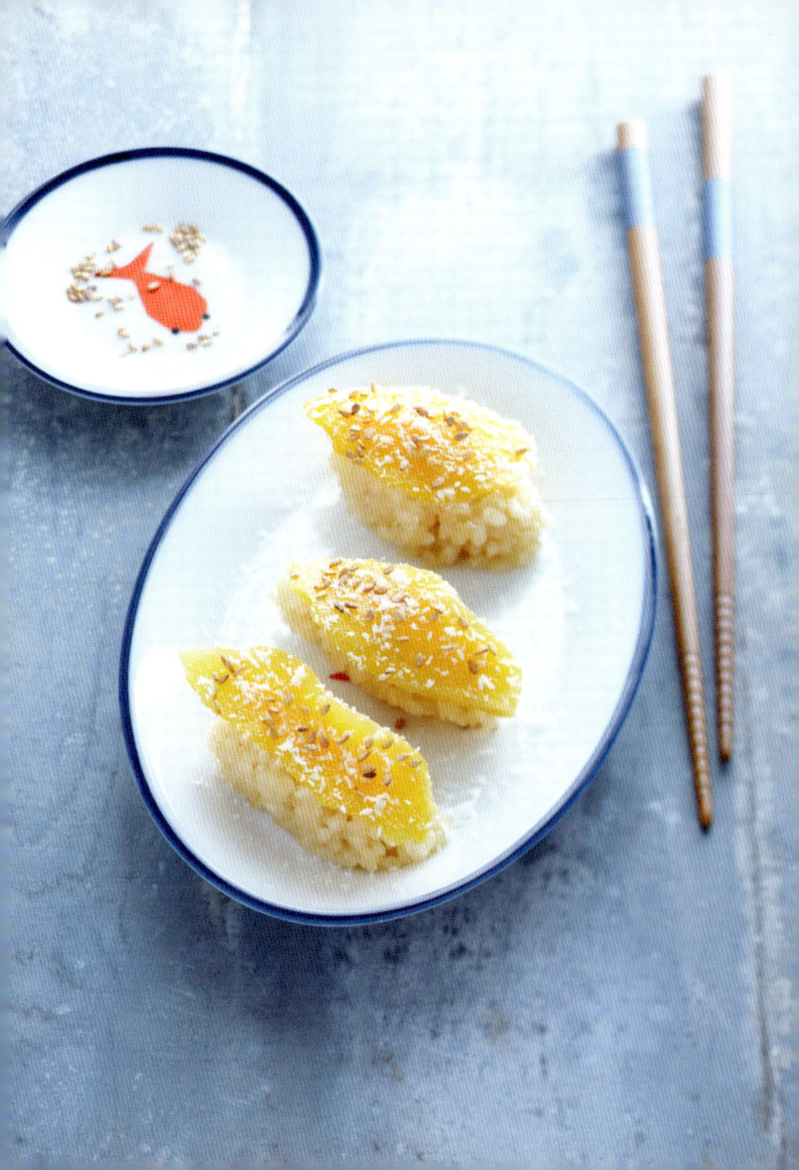

Crédits photographiques

Caroline Faccioli © coll. Larousse (stylisme Corinne Jausserand) : pages 75, 7, 9, 13, 15, 19-21, 25, 29, 37, 51.
Pierre Chivoret © coll. Larousse (stylisme Alexia Janny) : pages 11, 17, 23, 27, 33, 41, 55.
Olivier Ploton © coll. Larousse (stylisme Blandine Boyer) : pages 31, 35, 39, 43, 45, 47, 49, 53 ainsi que les pages de garde.

TABLE DES ÉQUIVALENCES FRANCE – CANADA										
Poids	55 g	100 g	150 g	200 g	250 g	300 g	500 g	750 g	1 kg
	2 onces	3,5 onces	5 onces	7 onces	9 onces	11 onces	18 onces	27 onces	36 onces
Ces équivalences permettent de calculer le poids à quelques grammes près (en réalité, 1 once = 28 g).										
Capacités		5 cl	10 cl	15 cl	20 cl	25 cl		50 cl	75 cl
		2 onces	3,5 onces	5 onces	7 onces	9 onces		17 onces	26 onces
Pour faciliter la mesure des capacités, une tasse équivaut ici à 25 cl (en réalité, 1 tasse = 8 onces = 23 cl).										

Photogravure Turquoise, Émerainville
Imprimé en Chine par Leo Paper Products
Dépôt légal : septembre 2012
309892/01 - 11019906 juin 2012

Direction de la publication : **Isabelle Jeuge-Maynart**
et **Ghislaine Stora**
Direction éditoriale : **Delphine Blétry**
Édition : **Julie Tallet**, assitée de **Candice Roger**
Direction artistique : **Emmanuel Chaspoul**,
assisté de **Anna Bardon**
Informatique éditoriale : **Marion Pépin et Philippe Cazabet**
Lecture-correction : **Joëlle Narjollet**
Couverture : **Véronique Laporte**
Fabrication : **Annie Botrel**

Pepsi-Cola est une marque déposée de PepsiCo.

ISBN 301-0-00-002293-0
© Larousse 2012

Toute reproduction ou représentation intégrale ou partielle, par quelque procédé
que ce soit, du texte et/ou de la nomenclature contenus dans le présent ouvrage,
et qui sont la propriété de l'Éditeur, est strictement interdite.

Les Éditions Larousse utilisent des papiers composés de fibres naturelles,
renouvelables, recyclables et fabriquées à partir de bois issus de forêts qui adoptent
un système d'aménagement durable. En outre, les Éditions Larousse attendent
de leurs fournisseurs de papier qu'ils s'inscrivent dans une démarche de certification
environnementale reconnue.

PEPSI-COLA®

Alexia Janny
Photographies de Pierre Chivoret

LAROUSSE

21 RUE DU MONTPARNASSE 75283 PARIS CEDEX 06

SOMMAIRE

Salade de pommes de terre au Pepsi 6
Jardinière de mini-légumes au Pepsi 8
Risotto au Pepsi 10
Brochettes de gambas au Pepsi.................................. 12
Sucettes de saumon mariné au Pepsi 14
Poulet au Pepsi..16
Magrets de canard croustillants au Pepsi.................18
Carré d'agneau glacé au Pepsi 20
Travers de porc au Pepsi 22
Wok de bœuf et d'oignon au Pepsi 24
Granité Pepsi-menthe..26
Calimucho... 28

Glace au Pepsi 30
Yaourts au Pepsi 32
Panna cotta à la gelée de Pepsi 34
Mini-charlottes au Pepsi et aux griottes 36
Pepsi cupcakes 38
Moelleux Pepsi-chocolat 40
Gâteau croquant au Pepsi 42
Macarons au Pepsi 44
Pepsi cake pops 48
Guimauves au Pepsi 50
Pâte de fruits frizzy au Pepsi 52
Sucettes au Pepsi 54

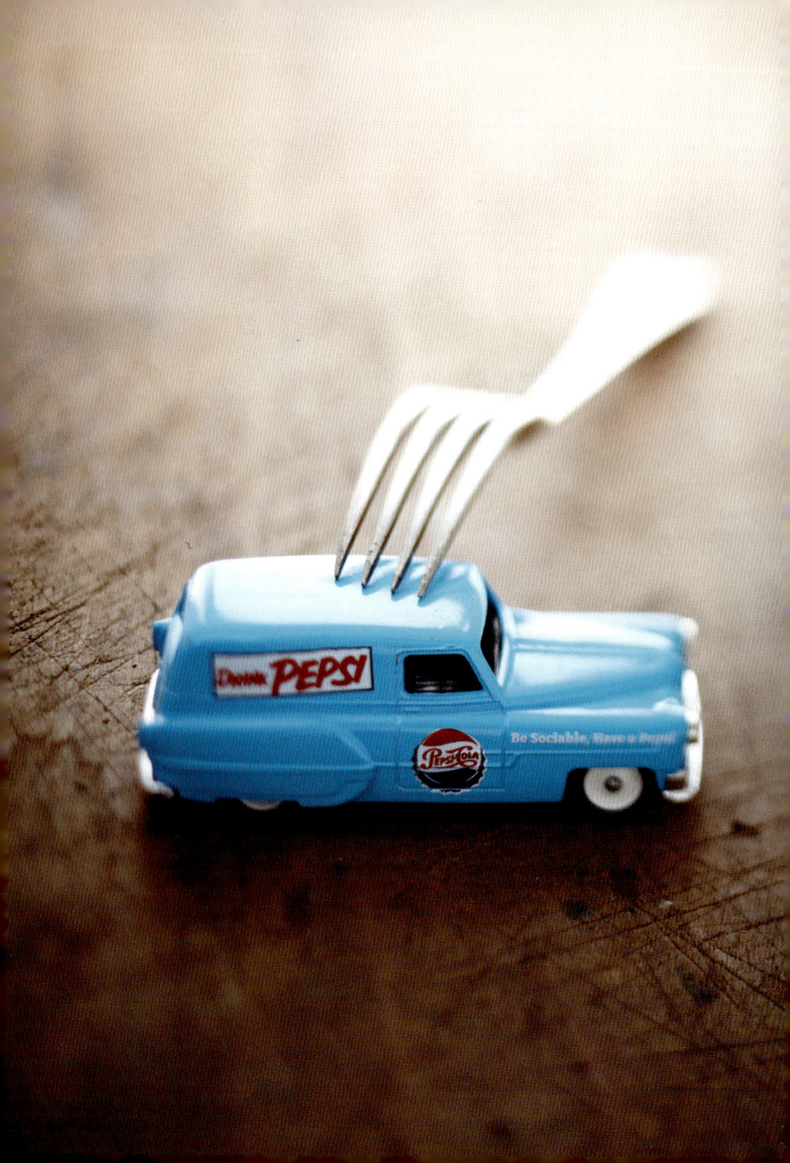
PEPSI
Pepsi-Cola

Introduction

Donnez du peps à vos recettes !
Comment ? La fameuse boisson au cola de l'Oncle Sam se cuisinerait comme n'importe quel ingrédient incontournable, et vous l'ignoriez ?

Eh oui ! Derrière ses bulles et son goût très sucré, le Pepsi-Cola® cache une saveur douce-amère, capable de donner aux petits plats amoureusement cuisinés un goût de nouveauté. Même le sucre qu'il contient en quantité deviendra votre allié pour caraméliser les travers de porc, sublimer la marinade d'un poisson, faire des sucettes maison ou donner un petit coup de jeune aux macarons...

Alors, n'hésitez pas à mettre du Pepsi un peu partout dans vos recettes et retrouvez son goût si particulier et totalement addictif !

Et, pour faire patienter les gourmands affamés, gardez-en un petit verre de côté.

Salade de pommes de terre au Pepsi

POUR 4 PERSONNES
PRÉPARATION : 25 min
CUISSON : 20 min

> 600 g de pommes de terre à chair ferme
> 15 g de beurre
> 30 cl de Pepsi-Cola®
> 1 pincée de sel
> 1 poignée de roquette
> 8 tomates cerises
> 2 oignons nouveaux

Pour la vinaigrette

> 1 gousse d'ail
> 20 cl de Pepsi-Cola®
> 10 cl d'huile de sésame
> 3 c. à soupe de vinaigre balsamique
> 1 c. à café de moutarde
> sel et poivre

1. Épluchez les pommes de terre et coupez-les en quartiers. Faites fondre le beurre dans une poêle sur feu vif, ajoutez les pommes de terre et faites-les dorer des deux côtés. Baissez le feu, versez la moitié du Pepsi, enrobez-en délicatement les pommes de terre, puis ajoutez le reste du soda et le sel. Laissez cuire de 10 à 15 min tout en remuant jusqu'à ce que le Pepsi soit complètement absorbé.

2. Préparez la vinaigrette. Épluchez l'ail, pressez-le et mettez-le dans un shaker avec les autres ingrédients. Secouez énergiquement le shaker.

3. Lavez la roquette, essorez-la et mettez-la dans un saladier. Coupez les tomates cerises en quartiers. Épluchez les oignons nouveaux et émincez-les finement. Déposez les pommes de terre tiédies sur la salade, ainsi que les tomates cerises et l'oignon, puis arrosez de vinaigrette.

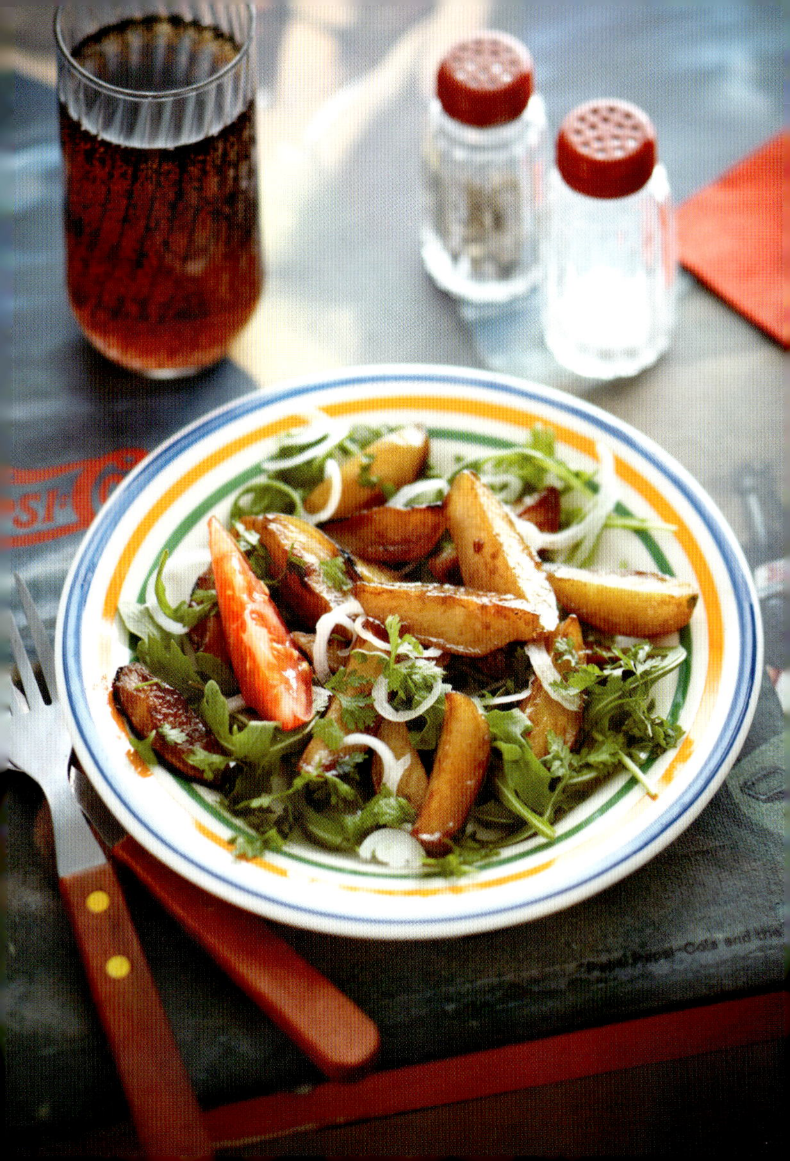

Jardinière de mini-légumes au Pepsi

POUR 4 PERSONNES
PRÉPARATION : 20 min
CUISSON : 20 min environ

> 6 petites pommes de terre (type rattes)
> 1 petit panais
> 2 petits navets
> 2 oignons nouveaux
> 6 mini-carottes
> 2 jeunes poireaux
> 50 g de lardons en allumettes
> 3 c. à soupe d'huile d'olive
> 33 cl de Pepsi-Cola®
> sel et poivre

1. Épluchez les légumes et lavez-les. Coupez les pommes de terre, le panais, les navets et les oignons nouveaux en quartiers. Coupez les carottes en deux et taillez les poireaux en tronçons.

2. Dans une sauteuse, faites suer les lardons 3 min sans matière grasse. Égouttez-les sur du papier absorbant.

3. Dans la même sauteuse, faites chauffer l'huile d'olive, puis faites sauter tous les légumes de 10 à 12 min, en veillant à ce qu'ils restent croquants.

4. Ajoutez les lardons, puis versez le Pepsi et déglacez. Salez, poivrez et laissez cuire encore 3 ou 4 min, puis servez.

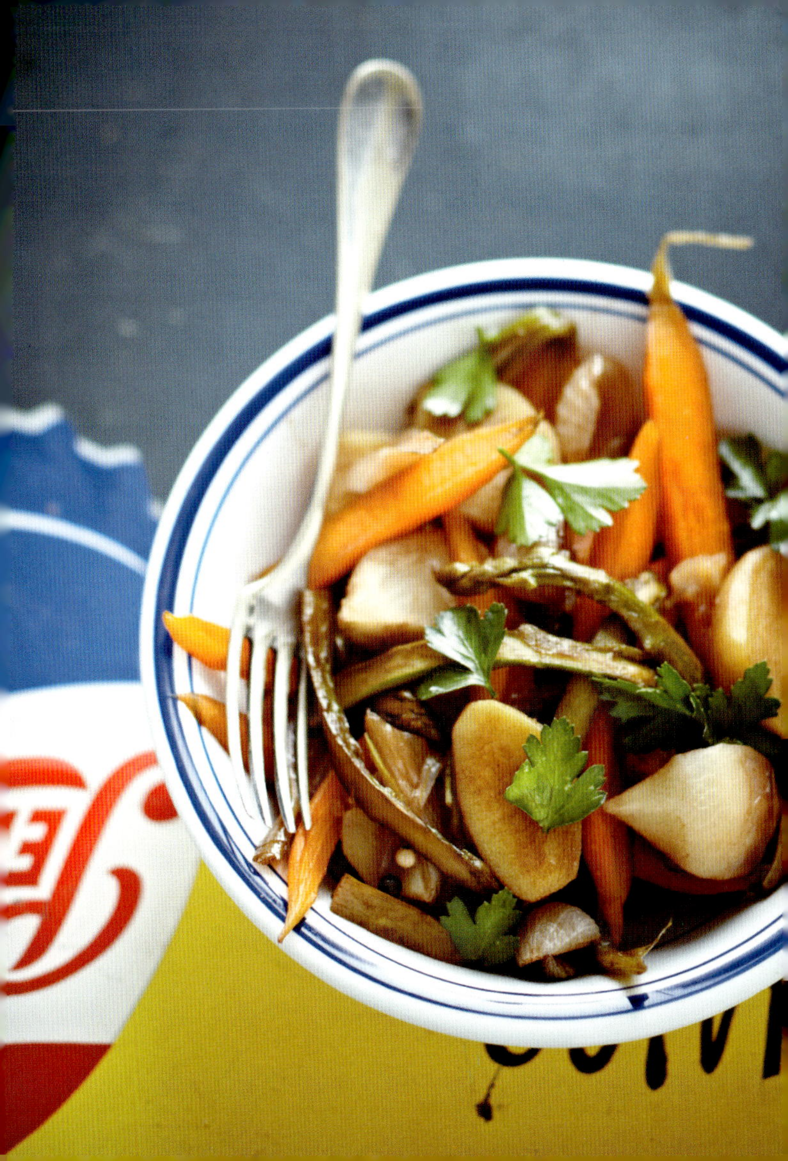

Risotto au Pepsi

POUR 4 PERSONNES
PRÉPARATION : 10 min
CUISSON : 30 min

> 1 oignon
> 3 c. à café d'huile d'olive
> 250 g de riz arborio ou de riz rond
> 45 cl de bouillon de poule instantané chaud
> 35 cl de Pepsi-Cola®
> 30 g de beurre
> 25 g de parmesan
> 150 g de fines tranches de poitrine fumée
> 1 petit bouquet de ciboulette
> sel et poivre

1. Épluchez l'oignon et hachez-le. Dans une sauteuse, faites chauffer l'huile d'olive, puis faites revenir l'oignon 3 min. Ajoutez le riz et faites-le revenir 2 min sans cesser de remuer jusqu'à ce que les grains soient translucides.

2. Versez une louchée de bouillon de poule et laissez cuire jusqu'à ce que le riz l'ait complètement absorbé. Renouvelez l'opération jusqu'à épuisement du bouillon. Versez le Pepsi dans le riz presque cuit et laissez absorber : le riz doit être cuit mais légèrement croquant.

3. Hors du feu, incorporez le beurre et le parmesan, puis couvrez.

4. Dans une poêle bien chaude, faites dorer les tranches de poitrine fumée, puis coupez-les en morceaux et mettez-les dans la sauteuse. Rincez la ciboulette, puis ciselez-la au-dessus du risotto. Salez, poivrez, mélangez et servez sans attendre.

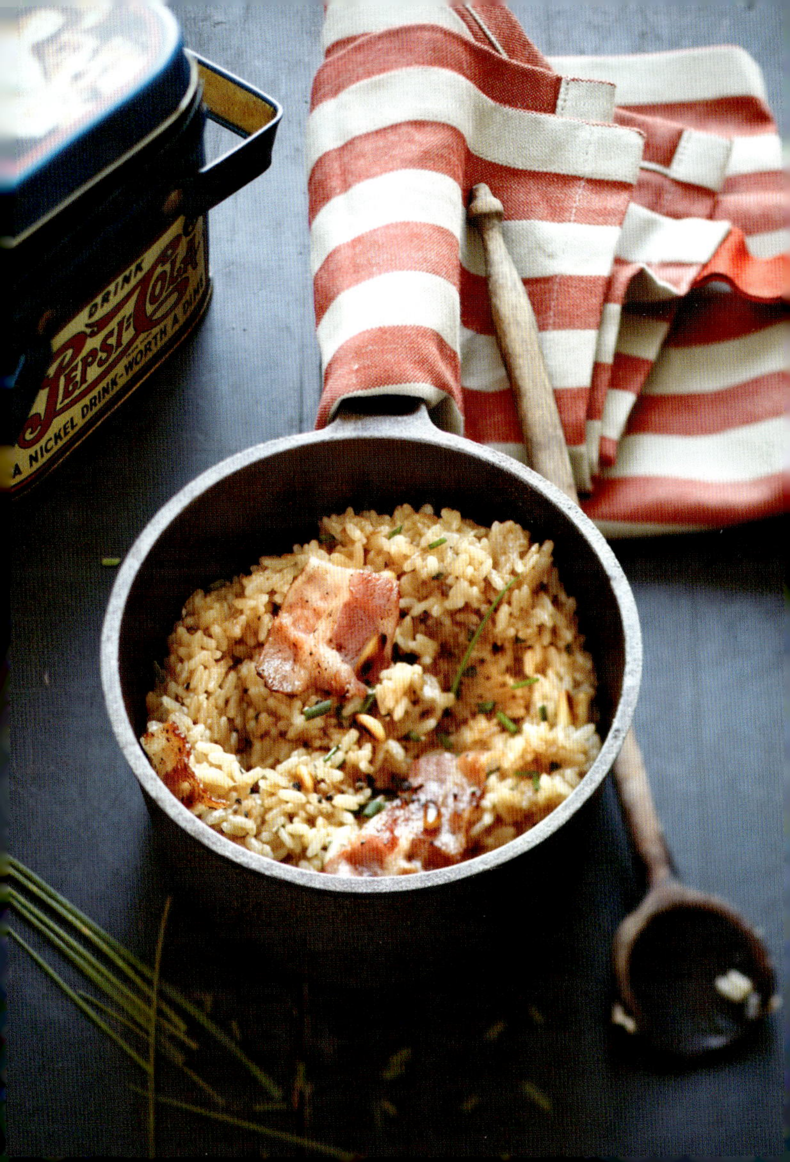
DRINK
A NICKEL DRINK-WORTH A

Brochettes de gambas au Pepsi

POUR 4 PERSONNES
PRÉPARATION : 15 min
CUISSON : 20 min

> 12 belles gambas crues
> 1 c. à soupe de sucre en poudre
> 1 c. à soupe de miel liquide
> 20 cl de Pepsi-Cola®
> 10 g de noix de coco râpée
> sel et poivre

1. Décortiquez les gambas en prenant soin de laisser le dernier anneau avec la queue.

2. Dans une poêle antiadhésive, faites chauffer le sucre, le miel et le Pepsi jusqu'à obtenir un liquide sirupeux.

3. Plongez les gambas trois par trois dans la poêle et faites-les cuire 3 min à feu vif en les enrobant de sirop. Déposez-les au fur et à mesure sur une plaque tapissée de papier sulfurisé.

4. Piquez 3 gambas sur des piques en bois pour former des brochettes. Salez, poivrez légèrement et saupoudrez de noix de coco râpée. Servez les brochettes de gambas accompagnées d'une salade verte et d'un quartier de citron vert.

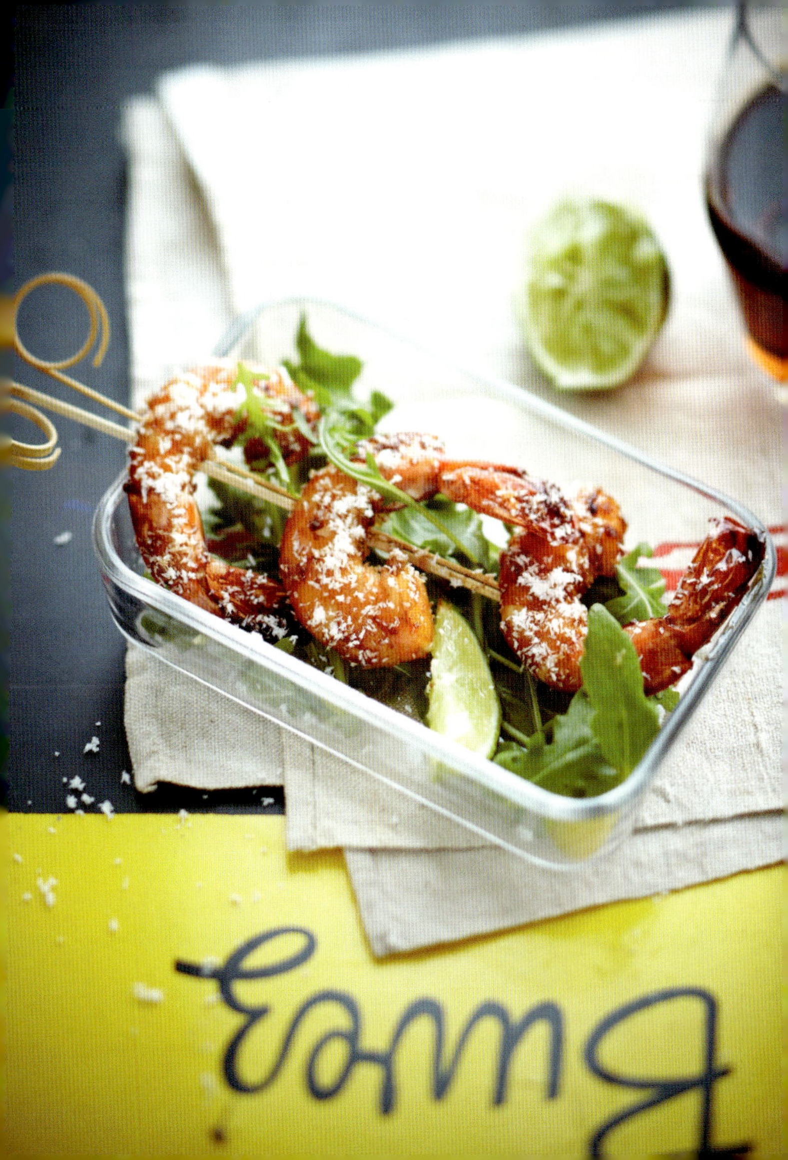

Sucettes de saumon mariné au Pepsi

POUR 4 PERSONNES
PRÉPARATION : 15 min
MARINADE : 1 h au moins
CUISSON : 10 min

> 4 pavés de saumon
> 30 g de graines de pavot

Pour la marinade

> 2 gousses d'ail
> 5 brins de persil plat
> 25 cl de Pepsi-Cola®
> 3 c. à soupe d'huile d'olive
> le jus de 1/2 citron
> 1 c. à soupe de miel liquide
> 1 c. à soupe de ketchup
> 1 c. à soupe de moutarde
> 1 c. à soupe d'herbes de Provence
> sel et poivre

1. Préparez la marinade. Épluchez l'ail et pressez-le. Rincez le persil plat et ciselez-le. Mélangez tous les ingrédients de la marinade dans un bol.

2. Taillez chaque pavé de saumon en 3 ou 4 bandes égales. Enfilez un bâtonnet en bois sur toute la longueur de chaque bande, puis déposez les sucettes dans un plat creux. Enrobez-les généreusement de marinade à l'aide d'un pinceau, puis laissez reposer au moins 1 h au frais.

3. Préparez le barbecue ou faites chauffer une poêle antiadhésive. Versez les graines de pavot dans un plat.

4. Saisissez les sucettes de saumon sur le gril et faites-les dorer sur tous les côtés. Roulez-les dans les graines de pavot, puis servez chaud avec une sauce barbecue maison et des pousses de poireaux.

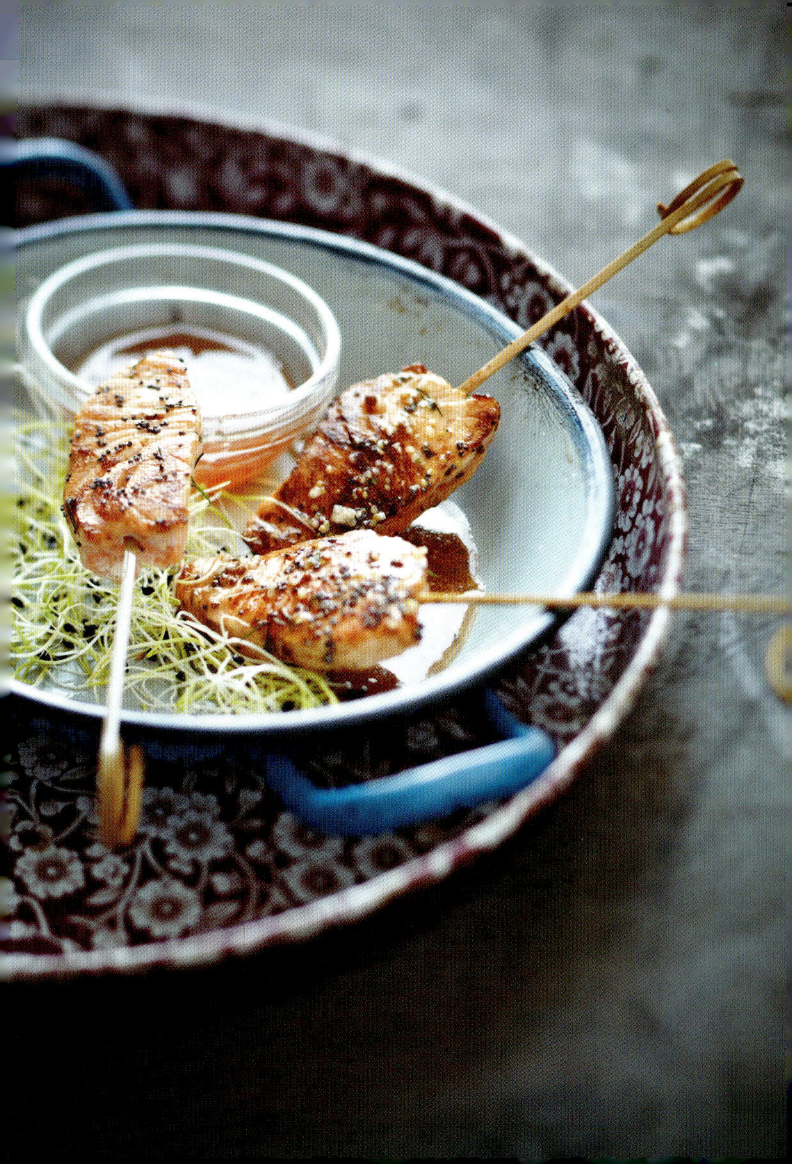

Poulet au Pepsi

POUR 4 PERSONNES
PRÉPARATION : 15 min
REPOS : 1 h
CUISSON : 50 min à 1 h

> 1 poulet de 1,5 kg coupé en morceaux
> 5 c. à soupe d'huile d'olive
> 1/2 c. à café de piment en poudre
> 1 c. à soupe de cinq-épices
> 3 échalotes
> 1 petit morceau de gingembre
> 1 l de Pepsi-Cola®
> 4 branches de persil plat
> 20 g de beurre
> sel et poivre

1. Mettez les morceaux de poulet dans un plat creux. Badigeonnez-les d'huile d'olive, puis salez, poivrez et saupoudrez de piment et de cinq-épices. Couvrez de film alimentaire et placez au frais pour 1 h.

2. Épluchez les échalotes et le gingembre, puis émincez-les. Faites chauffer 1 cuillerée à soupe d'huile d'olive dans une sauteuse, puis faites revenir les échalotes et le gingembre pendant 3 min.

3. Égouttez les morceaux de poulet, puis mettez-les dans la sauteuse et faites-les dorer sur feu vif. Versez le Pepsi, couvrez et laissez cuire à feu doux de 30 à 45 min.

4. Sortez les morceaux de poulet de la sauteuse et disposez-les dans un plat creux.

5. Rincez le persil plat, puis ciselez-le. Dans une poêle, faites réduire le jus de cuisson, puis incorporez le beurre. Versez le jus sur le poulet, puis parsemez de persil plat. Servez bien chaud avec du riz blanc ou une poêlée de carottes.

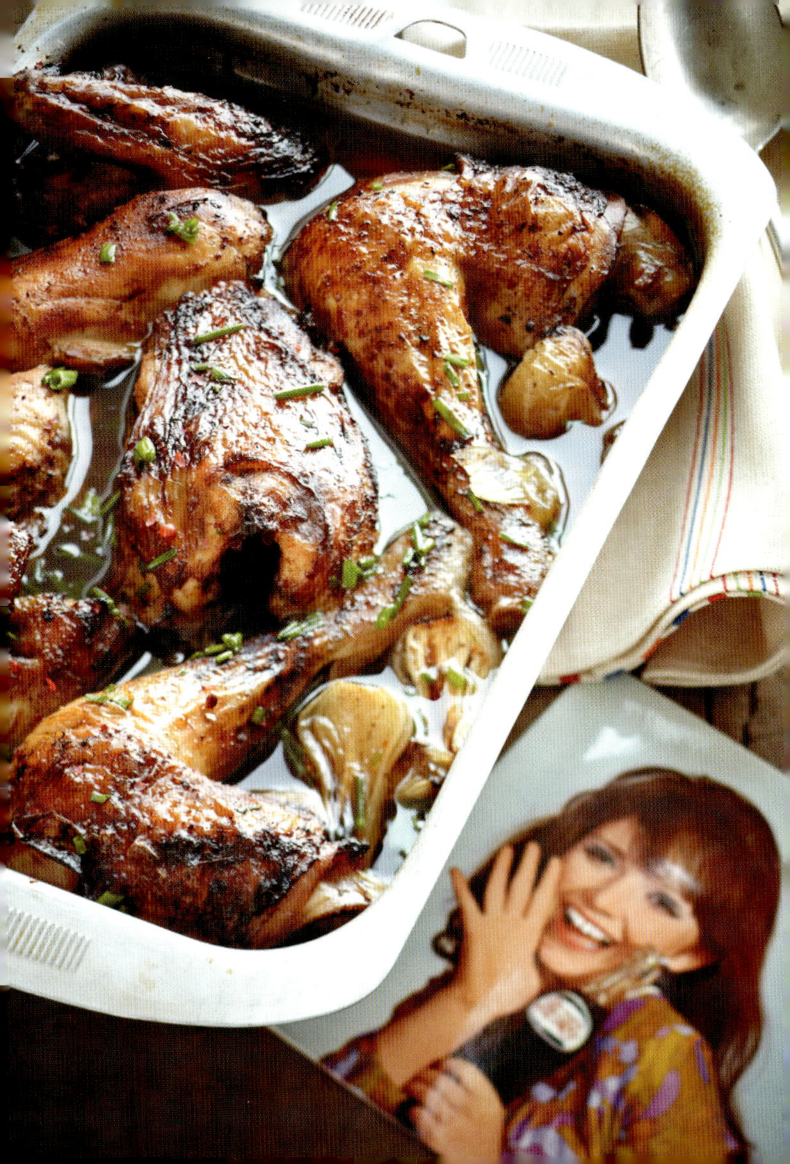

Magrets de canard croustillants au Pepsi

POUR 4 PERSONNES
PRÉPARATION : 15 min
MARINADE : 3 h
CUISSON : 30 min

> 2 magrets de canard avec la peau
> 2 cives

Pour la marinade

> 50 cl de Pepsi-Cola®
> le jus de 1 citron
> 2 c. à soupe de miel liquide
> 2 c. à soupe de sauce soja
> 1 c. à café de Worcestershire sauce
> 1 c. à café de sauce hoisin
> 1 c. à café de gingembre en poudre
> 1 c. à café de graines d'anis vert
> 1 bâton de cannelle
> 1 étoile de badiane
> sel et poivre

1. Préparez la marinade en mélangeant tous les ingrédients dans un bol. Placez les magrets de canard dans un plat creux allant au four, côté peau au-dessus, puis badigeonnez-les de marinade et versez le reste dans le plat. Couvrez d'un film alimentaire et laissez mariner 3 h à température ambiante.

2. Préchauffez le four à 250 °C (therm. 8-9).

3. Enfournez les magrets pour 15 min, puis sortez le plat du four, retournez les magrets, arrosez-les du jus de cuisson et enfournez de nouveau pour 15 min en baissant le four à 180 °C (therm. 6).

4. Rincez les cives, puis émincez-les finement. Sortez les magrets du four, puis coupez-les en fines tranches. Parsemez-les de rondelles de cive et servez avec du riz.

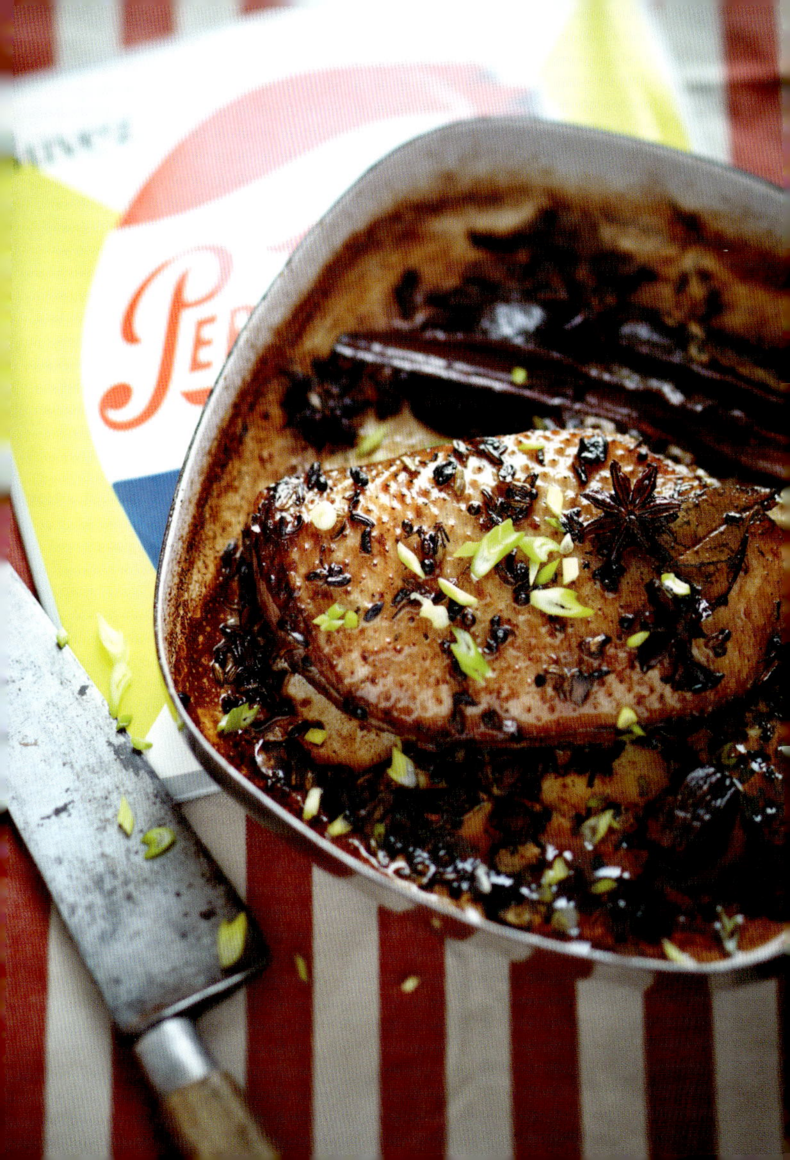

Carré d'agneau glacé au Pepsi

POUR 4 PERSONNES
PRÉPARATION : 5 min
CUISSON : 25 à 30 min

> 20 cl de Pepsi-Cola®
> 250 g de miel liquide
> 1 carré d'agneau (de 6 côtes environ)
> 3 c. à soupe d'huile d'olive
> 70 g de beurre
> 2 brins de thym
> sel et poivre

1. Préchauffez le four à 210 °C (therm. 7).

2. Dans une casserole, faites chauffer le Pepsi et le miel de 5 à 8 min à feu moyen, jusqu'à obtenir un sirop.

3. Mettez le carré d'agneau dans un plat allant au four, arrosez-le d'huile d'olive, parsemez-le de noix de beurre et ajoutez le thym. Salez, poivrez, puis enfournez pour 10 min, jusqu'à ce qu'il commence à dorer. Badigeonnez le carré d'agneau de sirop de Pepsi à l'aide d'un pinceau et poursuivez la cuisson pendant 10 min en récupérant le jus de cuisson dans le plat et en arrosant le carré toutes les 3 ou 4 min : une croûte dorée va se former en surface.

4. Sortez le carré d'agneau glacé au Pepsi du four, puis servez-le accompagné de pommes de terre sautées à l'ail.

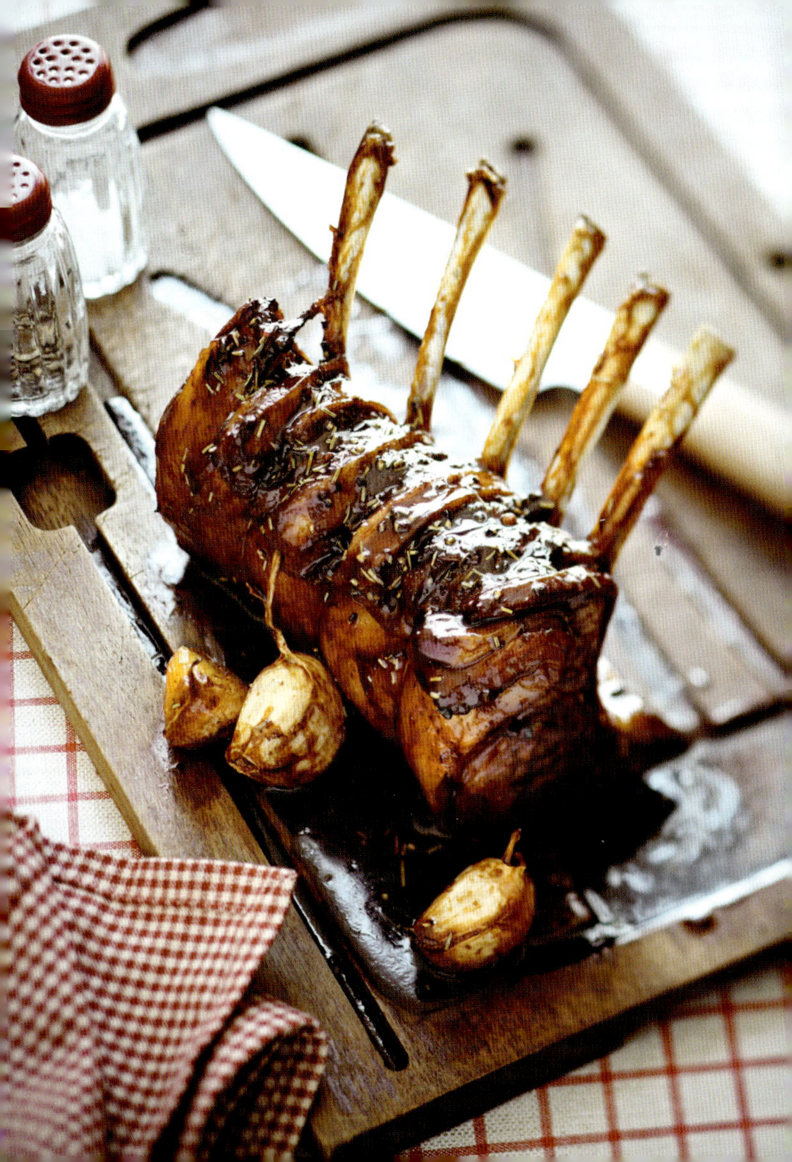

Travers de porc au Pepsi

POUR 6 PERSONNES
PRÉPARATION : 10 min
CUISSON : 2 h

> 3 c. à café de quatre-épices
> 1 c. à café de graines de coriandre
> 1 c. à café de purée de piment
> 3 c. à soupe d'huile d'olive
> 1 kg de travers de porc
> 4 c. à soupe de miel liquide
> 30 cl de Pepsi-Cola®

1. Préchauffez le four à 180 °C (therm. 6).

2. Dans un petit ramequin, mélangez le quatre-épices et les graines de coriandre. Dans un autre petit ramequin, mélangez la purée de piment et l'huile d'olive.

3. Mettez les travers dans un plat creux allant au four. Saupoudrez-les du mélange d'épices, arrosez-les d'huile pimentée et de miel, puis répartissez le mélange de façon à bien en recouvrir la viande. Versez le Pepsi dans le plat, puis enfournez pour 30 min.

4. Baissez la température du four à 150 °C (therm. 5) et prolongez la cuisson de 1 h 30 en arrosant les travers avec le jus de cuisson de temps en temps. Dégustez chaud avec du riz blanc parfumé.

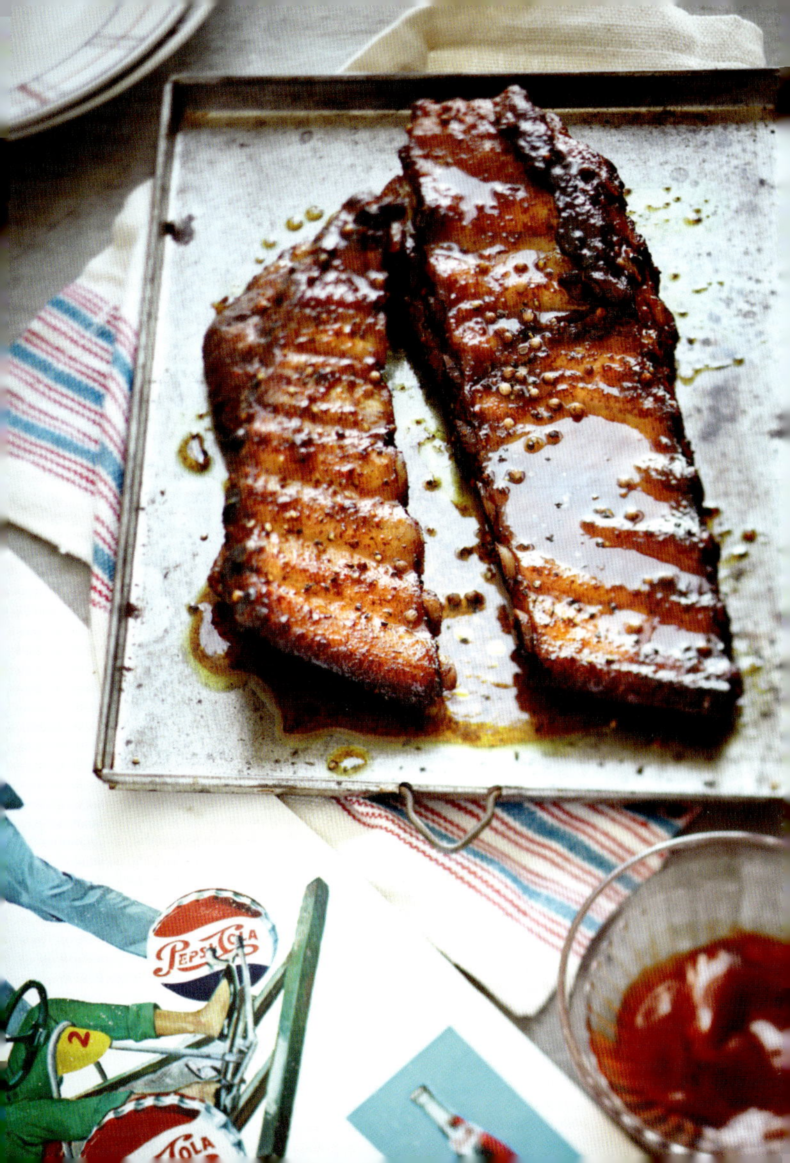

Wok de bœuf et d'oignon au Pepsi

POUR 4 PERSONNES
PRÉPARATION : 20 min
MARINADE : 30 min
CUISSON : 10 min

> 400 g de bœuf dans le filet coupé en lanières
> 4 oignons nouveaux
> un petit bouquet de coriandre
> 3 c. à soupe d'huile d'arachide
> 20 cl de Pepsi-Cola®
> 4 c. à soupe de sauce nuoc-mâm
> 2 c. à soupe de sauce soja
> 2 c. à café de sucre en poudre
> le jus de 3 citrons verts

Pour la marinade

> 2 gousses d'ail
> 4 cm de gingembre
> 4 c. à café de fécule de maïs
> 2 c. à soupe de sauce soja

1. Préparez la marinade. Épluchez l'ail et le gingembre, puis hachez-les finement. Mélangez-les avec la fécule de maïs et la sauce soja dans un plat creux. Ajoutez les lanières de bœuf, mélangez et laissez mariner 30 min au frais.

2. Épluchez les oignons nouveaux et émincez-les. Rincez la coriandre et ciselez-la.

3. Faites chauffez un wok, versez l'huile, puis ajoutez les lanières de bœuf avec la marinade. Saisissez le tout 2 min en remuant. Réservez.

4. Mettez les oignons dans le wok et versez le Pepsi. Faites sauter les oignons 2 ou 3 min, puis ajoutez le nuoc-mâm, la sauce soja, le sucre et le jus de citron vert. Laissez cuire 1 min, puis ajoutez la viande et poursuivez la cuisson 3 min en remuant. Parsemez de coriandre et servez.

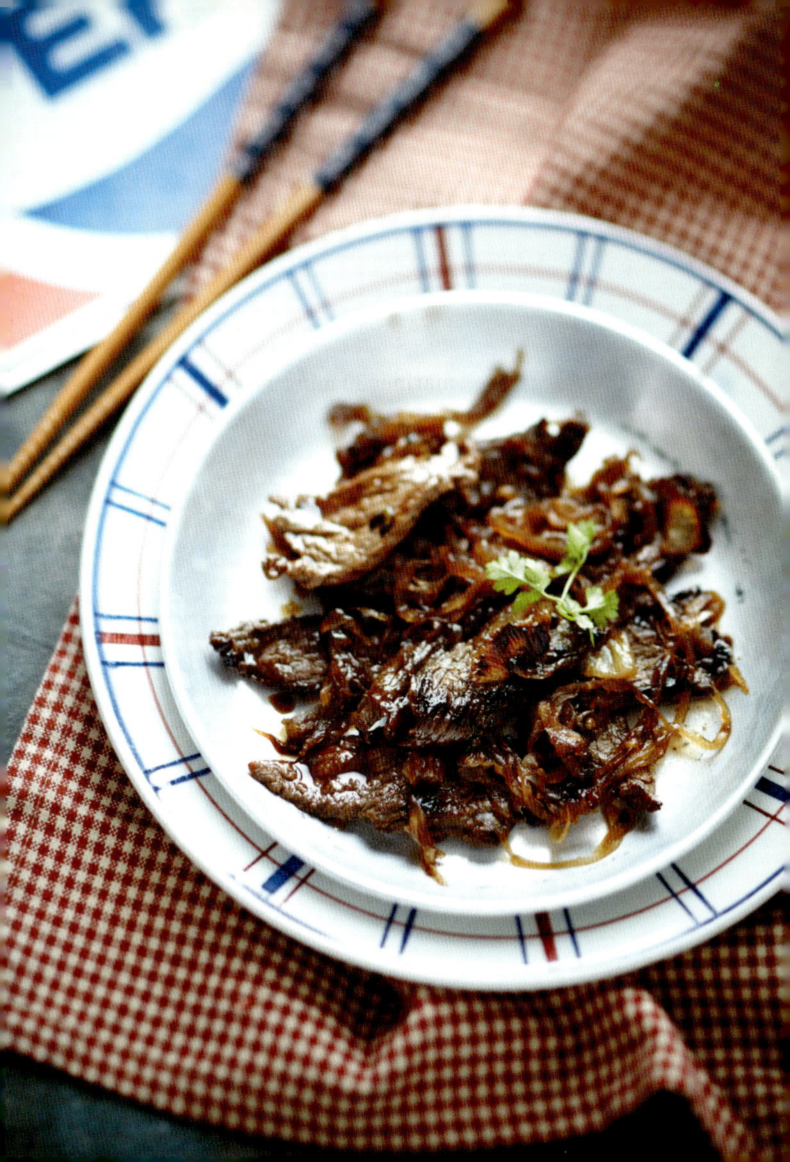

Granité Pepsi-menthe

POUR 6 PERSONNES
PRÉPARATION : 15 min
CUISSON : 20 min
REPOS : 15 min
CONGÉLATION : 4 h au moins

> 60 cl de Pepsi-Cola®
> 350 g de sucre en poudre
> 5 cl de sirop de menthe
> 1 bouquet de menthe

1. Dans une casserole, mélangez le Pepsi et le sucre jusqu'à ce que celui-ci soit dissous, puis portez à ébullition et laissez bouillonner 8 min.

2. Retirez la casserole du feu, versez le sirop de menthe, mélangez et laissez refroidir.

3. Lavez la menthe, effeuillez-la, puis ciselez-la finement.

Versez le sirop froid dans un moule plat. Parsemez de menthe ciselée et mélangez délicatement. Placez la préparation au congélateur pour au moins 4 h, en la grattant à la fourchette de temps en temps pour éviter la cristallisation.

4. Au moment de servir, répartissez le granité Pepsi-menthe dans des verres à soda et servez aussitôt avec une longue cuillère ou une paille.

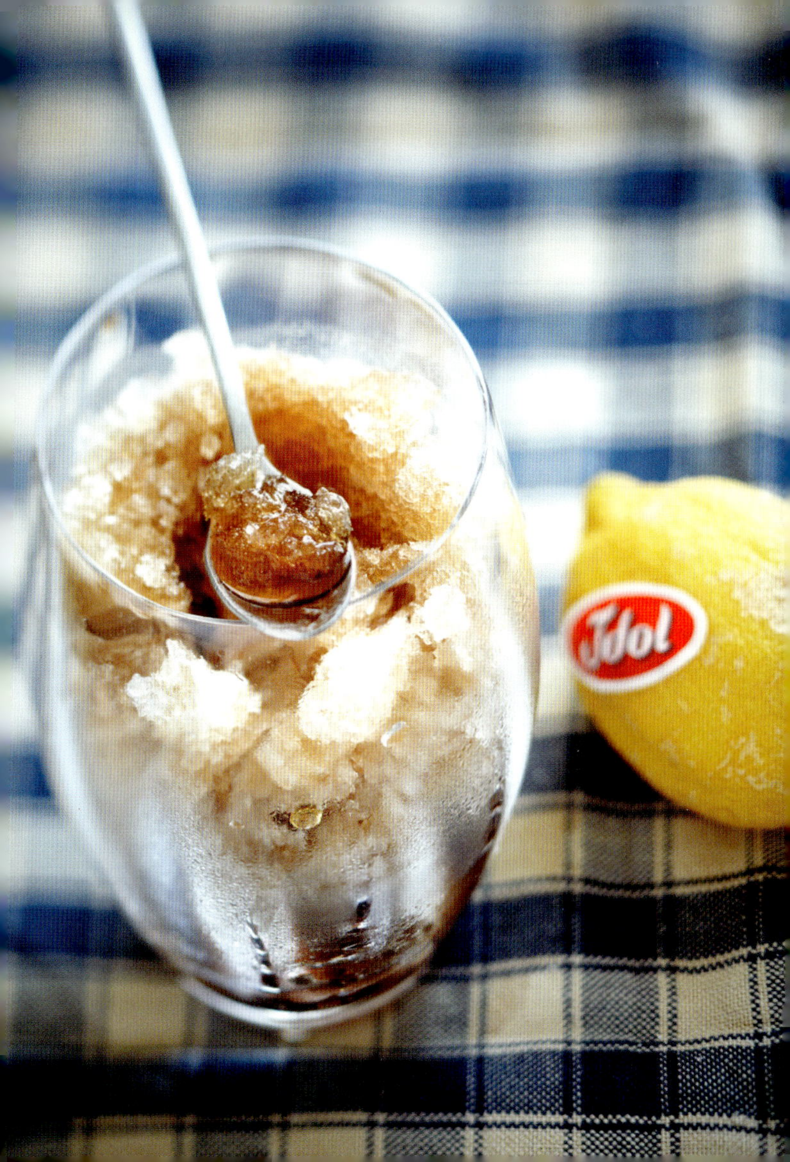

Calimucho

POUR 1 VERRE
PRÉPARATION : 2 min

> 4 cl de vin rouge
> 4 cl de Pepsi-Cola®
> quelques glaçons
> 1 quartier de citron non traité

1. Dans un verre type tumbler – verre utilisé pour les long drinks (30 à 35 cl) avec des glaçons –, mélangez le vin avec le Pepsi.

2. Ajoutez les glaçons et le quartier de citron et dégustez bien frais avec des pop-corn.

Petite histoire : Le calimucho est une boisson très consommée lors des fêtes de Bayonne. Dans la région du centre du Portugal, ce cocktail est connu sous le nom de traçadinho ou droguinha. En Angola, il est connu sous le nom de catembe.

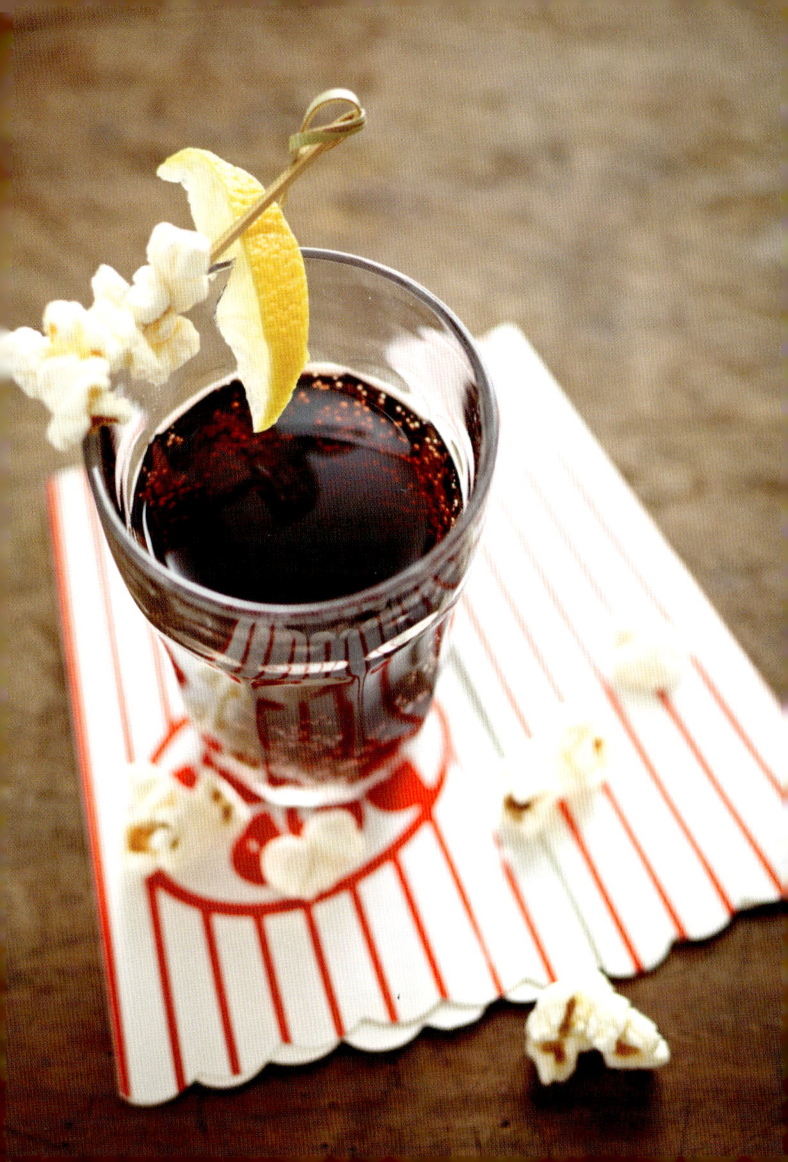

Glace au Pepsi

POUR 4 PERSONNES
PRÉPARATION : 5 min
CUISSON : 10 min
REPOS : 15 min
CONGÉLATION : 2 h au moins

> 5 cl de Pepsi-Cola®
> 2 c. à soupe de lait
> 10 bonbons gélifiés au cola + 5 pour le décor
> 8 petits-suisses

1. Versez le Pepsi dans un bol, puis fouettez-le jusqu'à ce qu'il n'y ait plus de bulles.

2. Dans une casserole sur feu moyen, faites chauffer le Pepsi, le lait et les bonbons jusqu'à ce que ceux-ci fondent. Mélangez délicatement jusqu'à obtenir un sirop. Laissez refroidir.

3. Dans un bol, travaillez les petits-suisses à la fourchette afin de les rendre plus souples, puis incorporez le sirop. Versez la préparation dans un bac à glace, ajoutez des bonbons au cola pour le décor et placez au congélateur pour au moins 2 h.

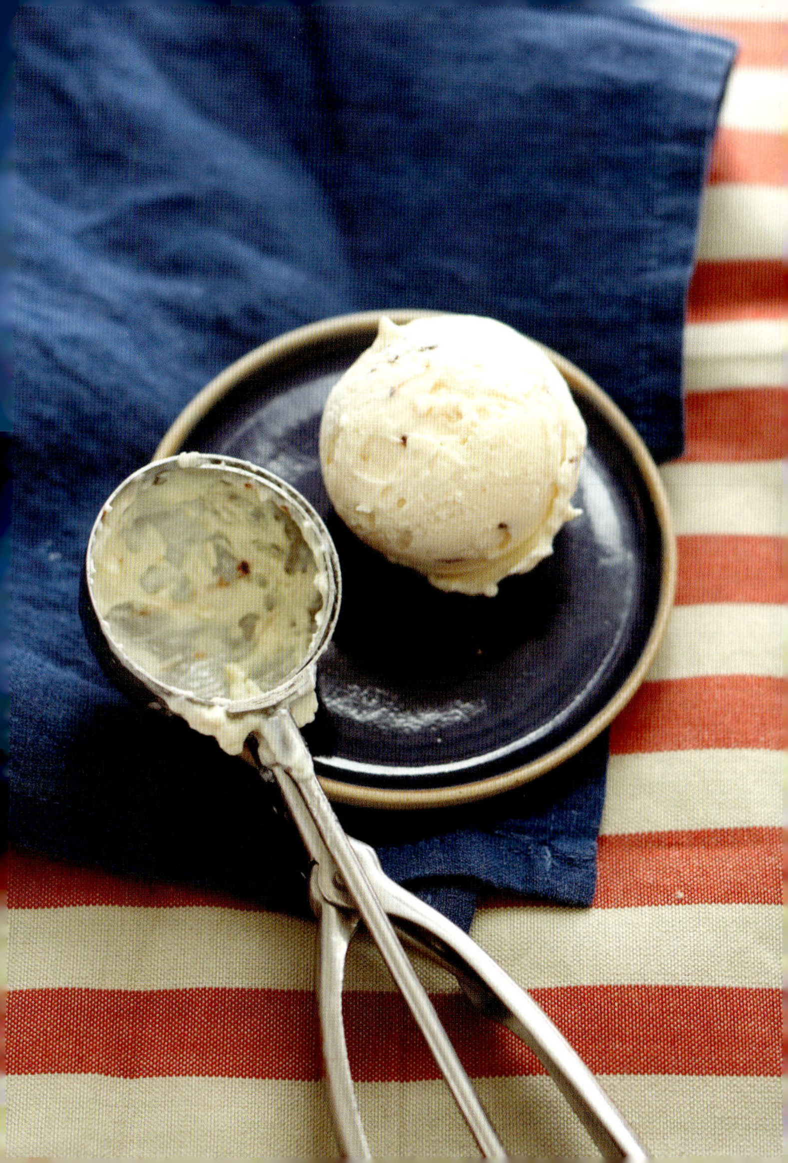

Yaourts au Pepsi

POUR 8 YAOURTS
PRÉPARATION : 10 min
FERMENTATION : 10 h
RÉFRIGÉRATION : 4 h

> 25 cl de Pepsi-Cola®
> 1 yaourt nature entier
> 2 c. à café d'arôme cola (dans les épiceries spécialisées ou sur Internet)
> 2 c. à café de sucre en poudre
> 80 cl de lait entier

1. Versez le Pepsi dans un bol, puis fouettez-le jusqu'à ce qu'il n'y ait plus de bulles.

2. Dans un bol à bec verseur, fouettez le yaourt entier, puis incorporez le Pepsi, l'arôme cola, le sucre et le lait. Placez des pots de yaourt dans une yaourtière, puis remplissez-les avec la préparation et lancez la programmation pour 10 h de fermentation.

3. Placez les yaourts au Pepsi au frais pour au moins 4 h.

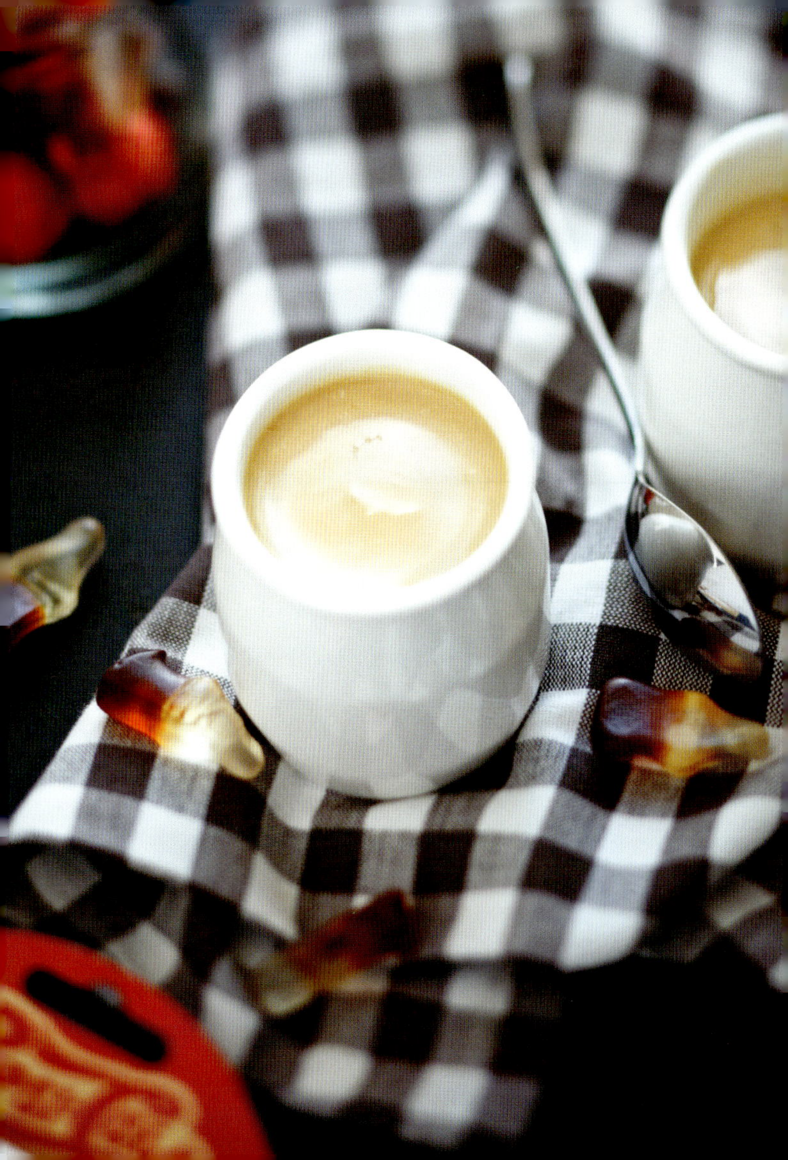

Panna cotta à la gelée de Pepsi

POUR 4 PERSONNES
PRÉPARATION : 10 min
CUISSON : 5 min
REPOS : 4 h

> 3 feuilles de gélatine
> 3 citrons verts non traités
> 10 cl de crème liquide entière
> 50 g de cassonade
> 15 cl de lait
> 1 gousse de vanille

Pour la gelée
> 2 feuilles de gélatine
> 30 cl de Pepsi-Cola®

1. Mettez la gélatine à ramollir dans de l'eau froide. Lavez les citrons verts, prélevez-en finement le zeste et pressez-les pour obtenir 10 cl de jus. Dans une casserole, fouettez la crème liquide, la cassonade ainsi que la moitié des zestes et le jus de citron. Incorporez le lait. Fendez la gousse de vanille, grattez les graines et ajoutez la gousse. Faites chauffer à feu doux environ 5 min sans atteindre l'ébullition.

2. Sortez la casserole du feu, retirez la gousse de vanille, puis incorporez la gélatine essorée. Versez la préparation dans des petites verrines, puis placez au frais pour 3 h.

3. Préparez la gelée. Mettez la gélatine à ramollir dans un bol d'eau froide. Faites chauffer le Pepsi pendant 3 min, puis, hors du feu, incorporez la gélatine essorée. Répartissez la gelée sur les panna cotta, puis placez de nouveau les verrines au frais pour 1 h.

4. Démoulez les panna cotta et parsemez-les des zestes de citron vert restants.

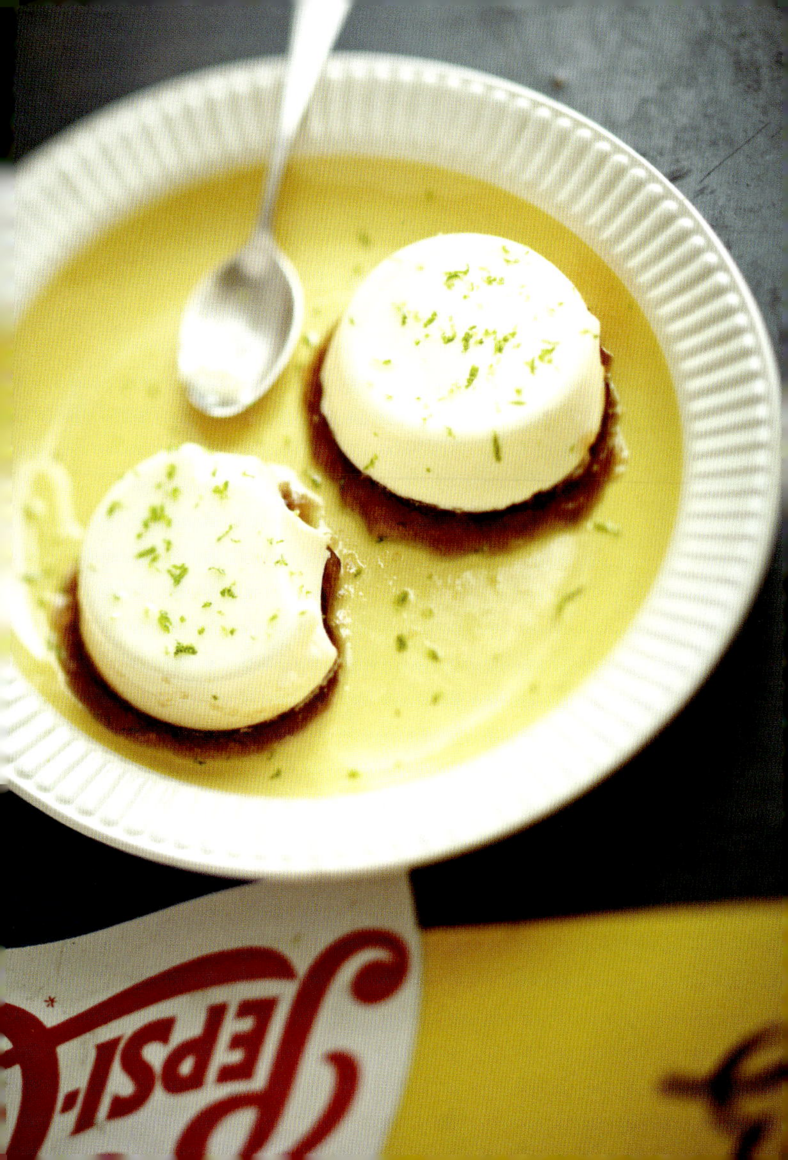

Mini-charlottes au Pepsi et aux griottes

POUR 4 MINI-CHARLOTTES
PRÉPARATION : 1 h
REPOS : 15 min
RÉFRIGÉRATION : 3 h au moins

> 8 bonbons gélifiés au cola
> 20 cl de Pepsi-Cola®
> 250 g de mascarpone
> 1 sachet de sucre vanillé
> 2 blancs d'œufs
> 1 pincée de sel
> 20 cl de crème liquide entière bien froide
> 500 g de cerises au sirop
> 28 biscuits roses de Reims

1. Dans une casserole, à feu doux, faites fondre les bonbons gélifiés avec 15 cl de Pepsi. Mélangez et laissez tiédir.

2. Fouettez le mascarpone et le sucre vanillé, puis incorporez le sirop tiédi, toujours en fouettant jusqu'à obtenir un mélange homogène. Battez les blancs d'œufs en neige ferme avec le sel, puis incorporez-les à la préparation.

3. Montez la crème liquide très froide en chantilly, puis incorporez-la également à la préparation.

4. Égouttez les cerises au sirop. Faites rapidement tremper les biscuits de Reims dans le Pepsi restant, puis tapissez chaque moule à charlotte de 5 biscuits. Répartissez-y la mousse au mascarpone jusqu'à mi-hauteur, disposez une couche de cerises, puis couvrez de mousse au mascarpone. Fermez chaque charlotte avec 2 biscuits imbibés et placez au frais pour au moins 3 h.

5. Au moment de servir, démoulez délicatement les mini-charlottes et garnissez-les des cerises restantes.

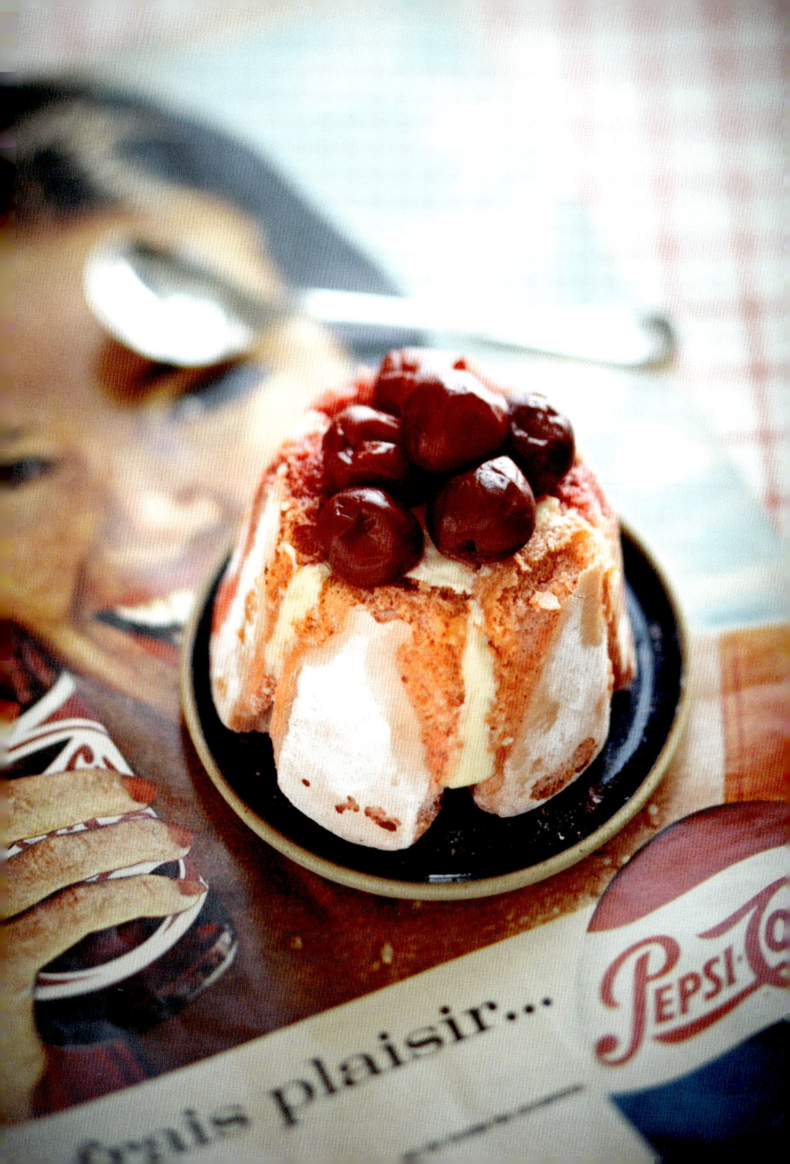
plaisir...

Pepsi cupcakes

POUR 10 CUPCAKES
PRÉPARATION : 15 min
CUISSON : 20 min

> 125 g de beurre
> 17,5 cl de Pepsi-Cola®
> 2 c. à soupe de cacao amer en poudre
> 1 œuf
> 12,5 cl de lait fermenté
> 1 c. à café d'extrait de vanille
> 200 g de farine
> 200 g de cassonade
> 1/2 c. à café de bicarbonate de soude
> 1 pincée de sel

Pour le glaçage

> 150 g de mascarpone
> 4 ou 5 gouttes d'arôme cola (dans les boutiques spécialisées ou sur Internet)
> 110 g de sucre glace
> 10 bonbons gélifiés au cola

1. Préchauffez le four à 180 °C (therm. 6).

2. Faites fondre le beurre dans une casserole sur feu doux avec le Pepsi et le cacao amer. Lissez bien.

3. Dans un saladier, battez ensemble l'œuf, le lait fermenté et l'extrait de vanille. Dans un autre saladier, mélangez la farine, la cassonade, le bicarbonate de soude et le sel, puis incorporez le beurre fondu cacaoté. Ajoutez l'œuf et le lait battus en fouettant, jusqu'à ce que la pâte soit homogène.

4. Placez des caissettes en papier dans les empreintes d'un moule à cupcakes. Répartissez la pâte à mi-hauteur, puis enfournez pour 20 min. Sortez les cupcakes du four et laissez-les refroidir.

5. Préparez le glaçage. Fouettez le mascarpone avec l'arôme cola et le sucre glace jusqu'à obtenir une crème lisse. Mettez-la dans une poche à douille cannelée, puis garnissez-en chaque cupcake. Décorez d'un bonbon au cola.

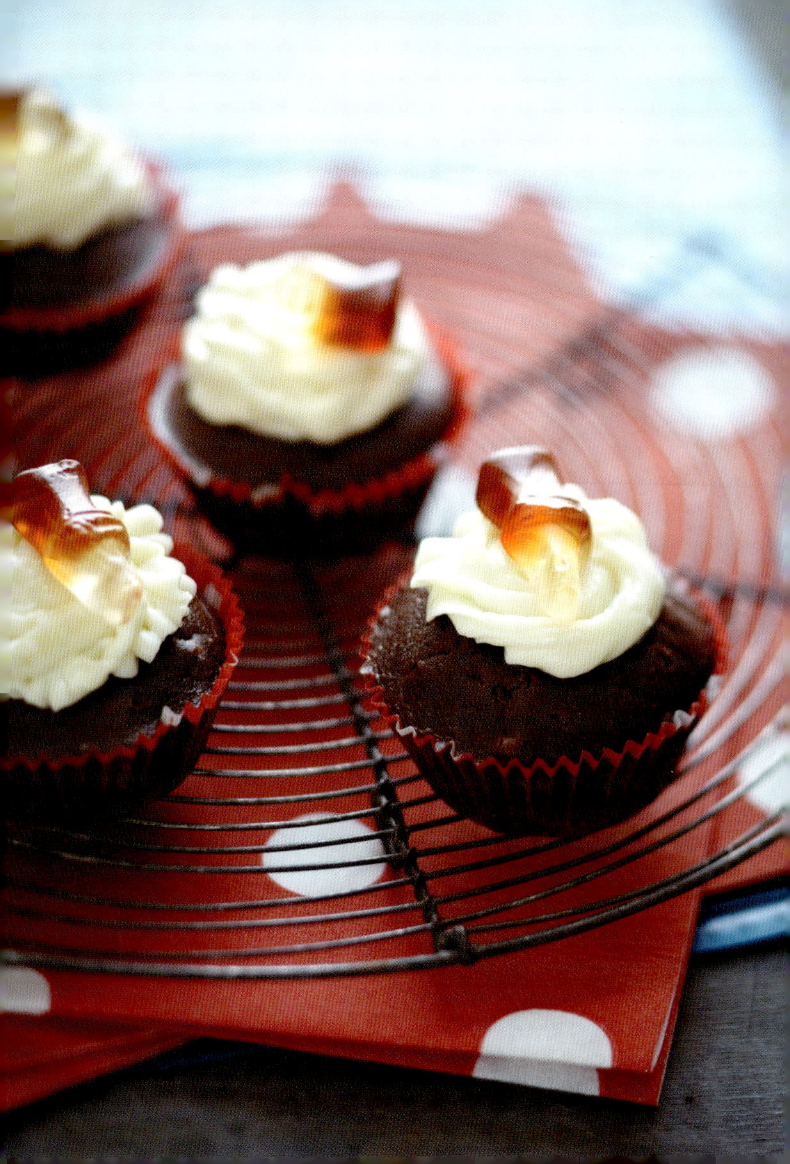

Moelleux Pepsi-chocolat

POUR 6 PERSONNES
PRÉPARATION : 15 min
CUISSON : 30 à 40 min

> 200 g de chocolat noir
> 20 cl de Pepsi-Cola®
> 3 œufs
> 150 g de sucre en poudre
> 80 g de farine
> 150 g de fromage blanc

1. Préchauffez votre four à 180 °C (therm. 6).

2. Mettez le chocolat à fondre dans un bol au bain-marie. Versez le Pepsi dans un autre bol, puis fouettez-le jusqu'à ce qu'il n'y ait plus de bulles.

3. Dans un saladier, battez les œufs avec le sucre jusqu'à ce que le mélange blanchisse. Ajoutez la farine, puis le fromage blanc et enfin le Pepsi. Remuez jusqu'à obtenir un mélange homogène, puis incorporez le chocolat fondu.

4. Versez la pâte dans un moule à cake beurré, puis enfournez pour 30 à 40 min. À la fin de le cuisson, la pointe d'un couteau plantée à cœur doit ressortir sèche.

5. Dégustez tiède ou froid.

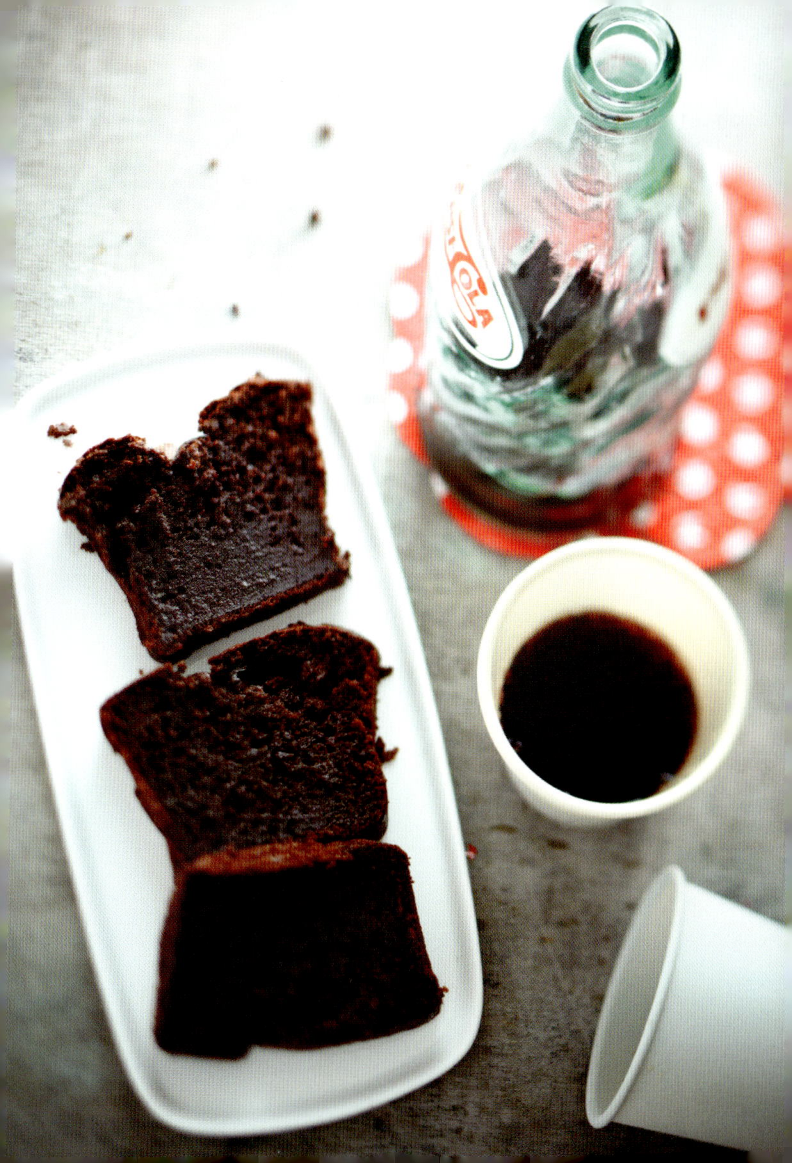

Gâteau croquant au Pepsi

POUR 8 PERSONNES
PRÉPARATION : 40 min
CUISSON : 45 min

> 1 c. à café de bicarbonate de soude
> 12,5 cl de lait fermenté
> 30 g de guimauves
> 300 g de farine
> 200 g de sucre en poudre
> 4 c. à soupe de cacao amer en poudre
> 2 œufs
> 1 c. à café d'extrait de vanille
> 100 g de beurre
> 10 cl d'huile de tournesol
> 25 cl de Pepsi-Cola®

Pour le glaçage

> 3 c. à soupe de noisettes
> 1 c. à soupe de cassonade
> 100 g de beurre
> 4 c. à soupe de cacao amer en poudre
> 6 c. à soupe de Pepsi-Cola®
> 300 g de sucre glace
> 1 c. à café d'extrait de vanille

1. Préchauffez le four à 180 °C (therm. 6). Dissolvez le bicarbonate de soude dans le lait fermenté.

2. Coupez les guimauves en dés. Mélangez-les avec la farine, le sucre et le cacao amer. Battez les œufs avec l'extrait de vanille. Portez le beurre, l'huile et le Pepsi à ébullition, puis incorporez-les au mélange sec ainsi que le lait fermenté et les œufs sucrés.

3. Versez la pâte dans un moule tapissé de papier sulfurisé, puis enfournez pour 40 min.

4. Préparez le glaçage. Faites caraméliser les noisettes avec la cassonade dans une poêle, puis concassez-les. Faites fondre le beurre avec le cacao amer et le Pepsi. Incorporez le sucre glace, puis l'extrait de vanille. Nappez le gâteau de glaçage, puis parsemez d'éclats de noisettes.

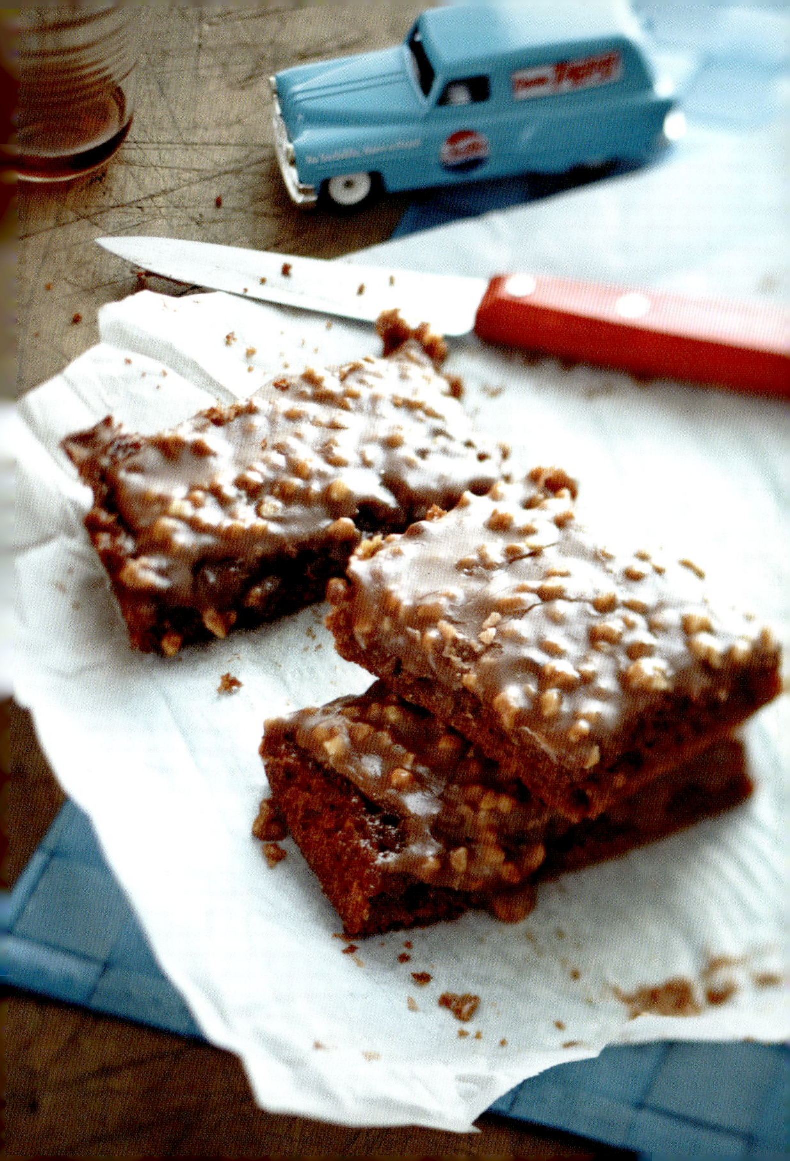

Macarons au Pepsi

POUR 20 MACARONS
PRÉPARATION : 20 min
CUISSON : 30 min
REPOS : 45 min

Pour les coques

> 95 g d'amandes en poudre
> 155 g de sucre glace
> 75 g de blancs d'œufs (soit le blanc de 3 petits œufs)
> 1 pincée de sel
> 50 g de sucre en poudre
> 3 g de colorant noir en poudre (dans les boutiques spécialisées ou sur Internet)
> cacao amer en poudre ou sucre glace

Pour la ganache

> 10 cl de crème liquide
> 6 cl de Pepsi-Cola®
> 20 bonbons gélifiés au cola avec du sucre pétillant

1. Préparez les coques. Dans un saladier, tamisez les amandes en poudre et le sucre glace.

2. Dans un bol, montez les blancs d'œufs en neige avec le sel. Lorsqu'ils commencent à monter, saupoudrez-les de sucre, en trois fois, puis de colorant noir jusqu'à obtenir une neige ferme. Incorporez-la délicatement aux amandes en poudre en travaillant le mélange à la spatule jusqu'à ce qu'il soit bien lisse.

3. Remplissez de meringue une poche munie d'une douille, puis formez des petits disques de 3 cm de diamètre sur une plaque à pâtisserie tapissée de papier sulfurisé. Tapotez la plaque sur le plan de travail pour étaler un peu les meringues, puis laissez reposer 30 min à température ambiante – une légère croûte doit se former en surface.

4. Préchauffer le four à 150 °C (therm. 5).

5. Enfournez les meringues pour 20 min.

6. Préparez la ganache. Dans une casserole, portez la crème liquide et le Pepsi à ébullition, puis laissez bouillir 1 min. Ajoutez les bonbons gélifiés dans la crème et faites-les fondre sur feu doux en remuant régulièrement. Laissez la ganache refroidir, puis placez-la au frais pour qu'elle se fige un peu.

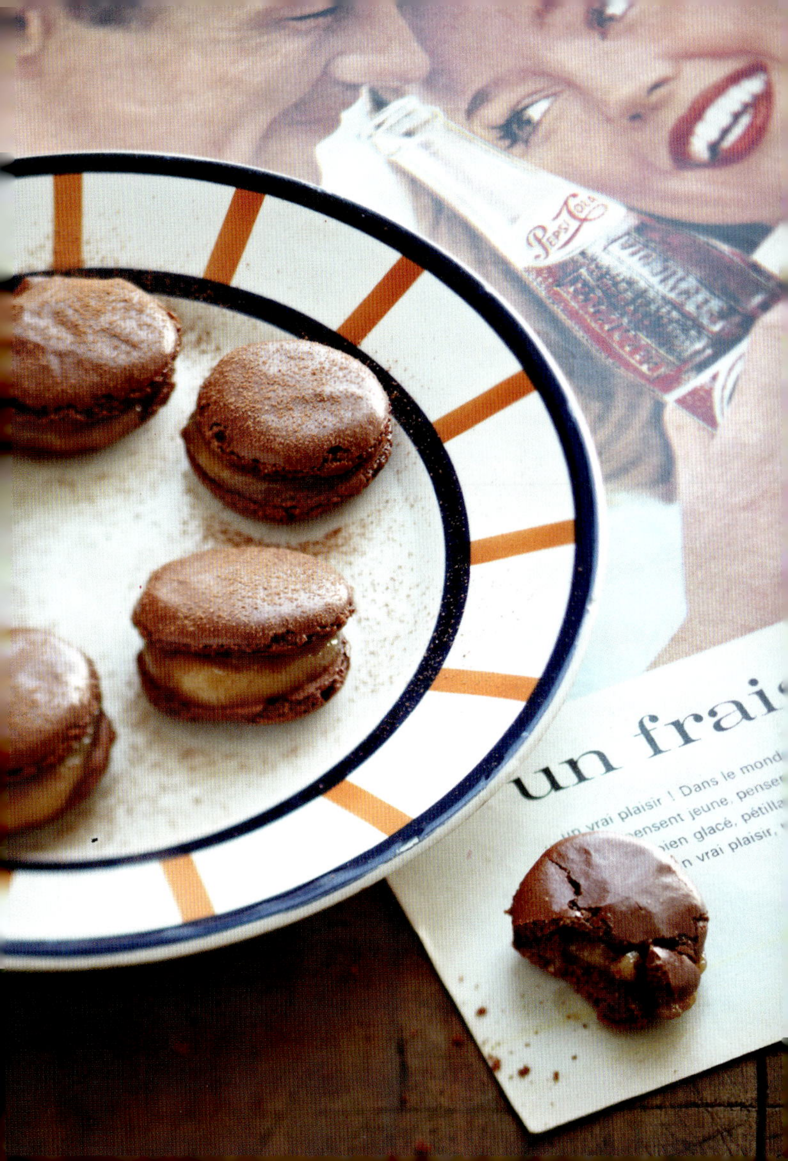
Pepsi-Cola
un frai

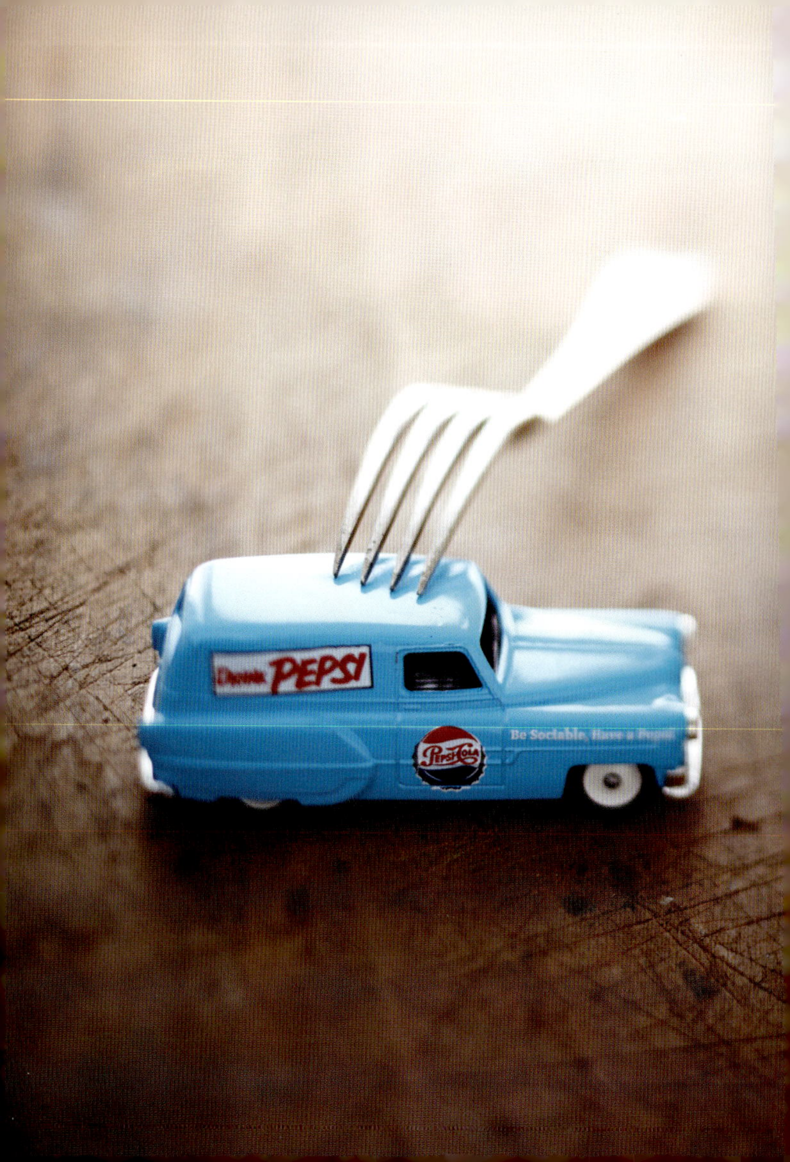
PEPSI
Pepsi-Cola
Be Sociable, Have a Pepsi

7. Sortez les meringues du four et laissez-les refroidir quelques minutes.

8. Sortez la ganache du réfrigérateur. Décollez les coques de meringue délicatement, puis garnissez-en la moitié de ganache. Collez les coques deux par deux pour former les macarons, puis saupoudrez ceux-ci de cacao amer ou de sucre glace. Dégustez.

Conseil : Vous pouvez conserver ces macarons dans une boîte hermétique au réfrigérateur pendant 1 semaine.

Pepsi cake pops

POUR 30 SUCETTES
PRÉPARATION : 40 min
REPOS : 1 h 15

> 50 g de chocolat noir
> 150 g de mascarpone
> 1 moelleux Pepsi-chocolat de la veille (voir recette p.40)

Pour le décor

> 100 g de chocolat noir
> crêpes dentelle écrasées
> billes de sucre colorées
> vermicelles en chocolat
> noix de coco râpée
> sucre en poudre coloré
> sucre pétillant au cola (dans les boutiques spécialisées ou sur Internet)

1. Faites fondre le chocolat au bain-marie, puis incorporez le mascarpone.

2. Cassez le moelleux en morceaux, puis mixez ceux-ci au robot. Ajoutez la crème au chocolat et mixez de nouveau jusqu'à ce que la pâte ne colle plus. Mettez-la dans un saladier. Prélevez de petites portions de pâte et roulez-les en boules de la taille d'une noix dans le creux de vos mains. Déposez-les sur une plaque recouverte de papier sulfurisé et réservez au moins 1 h au frais.

3. Préparez le décor. Faites fondre le chocolat au bain-marie et répartissez les décors dans des petites assiettes. Plantez des bâtonnets en bois dans les boules au chocolat, puis plongez chaque sucette successivement dans le chocolat fondu, puis dans un décor sucré. Laissez les cake pops reposer, plantés dans une pomme ou une boîte à œufs pendant quelques minutes avant de les déguster.

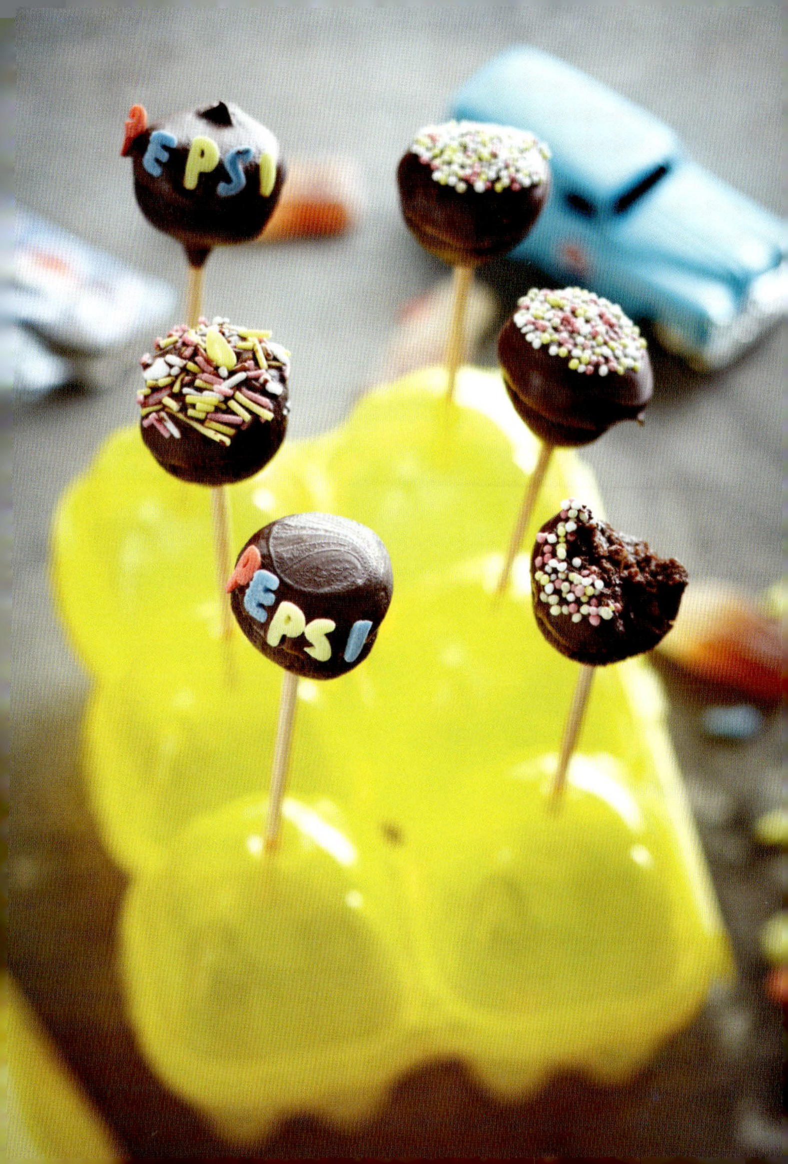

Guimauves au Pepsi

POUR 500 G DE GUIMAUVES
PRÉPARATION : 30 min
CUISSON : 10 à 15 min
REPOS : 2 h

> 7 feuilles de gélatine
> 3 blancs d'œufs
> 20 cl de Pepsi-Cola®
> 20 g de miel liquide
> 250 g de sucre en poudre
> quelques gouttes d'arôme cola (dans les boutiques spécialisées ou sur Internet)
> 100 g de fécule de pomme de terre
> 100 g de sucre glace

1. Faites ramollir la gélatine dans un saladier d'eau froide.

2. Battez les blancs d'œufs jusqu'à ce qu'ils doublent de volume sans monter en neige. Dans une casserole, portez le Pepsi, le miel, le sucre et l'arôme cola à ébullition, puis laissez chauffer jusqu'à ce qu'un thermomètre de cuisine indique 130 °C – le caramel doit être transparent.

3. Hors du feu, incorporez la gélatine essorée au caramel, puis versez celui-ci sur les blancs d'œufs tout en fouettant. Continuez de battre au moins 5 min jusqu'à ce que les blancs soient tièdes.

4. Versez la pâte à guimauve dans un moule rectangulaire légèrement huilé, égalisez la surface à l'aide d'une spatule et laissez reposer 2 h à température ambiante.

5. Tamisez la fécule et le sucre glace dans une assiette. Démoulez la guimauve et coupez-la en cubes de 4 cm de côté – trempez la lame du couteau dans de l'eau chaude pour qu'elle n'accroche pas. Roulez les guimauves dans le mélange poudreux, puis tapotez-les pour retirer l'excédent.

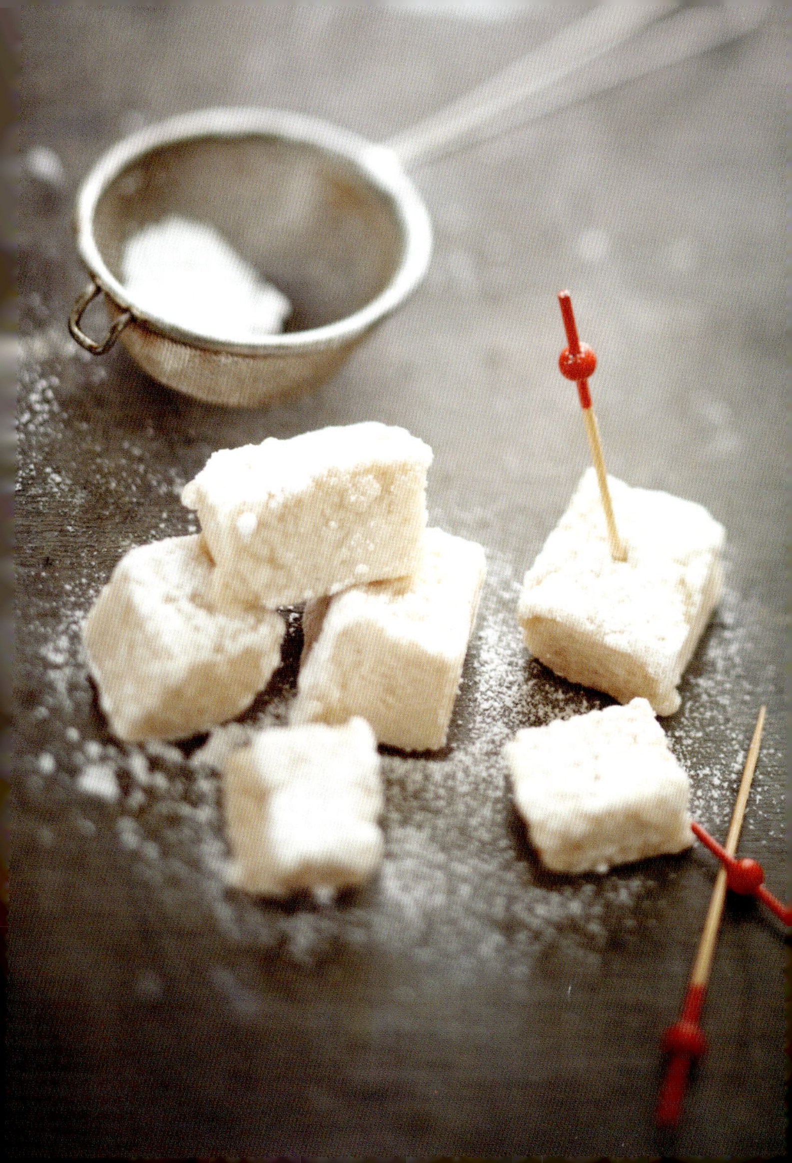

Pâte de fruits frizzy au Pepsi

POUR 50 PÂTES DE FRUITS
PRÉPARATION : 15 min
CUISSON : 20 min
REPOS : 2 h

> 40 cl de Pepsi-Cola®
> 200 g de sucre en poudre
> 450 g de purée de pomme
> 50 g de sirop de glucose (en pharmacie ou dans les boutiques spécialisées)
> le jus de 1/2 citron
> 50 g de sucre pétillant au cola (dans les boutiques spécialisées ou sur Internet)
> 50 g de sucre cristal

1. Dans une casserole, faites réduire le Pepsi avec le sucre jusqu'à obtenir un sirop. Ajoutez la purée de pomme et portez à ébullition. Versez le sirop de glucose et laissez cuire 7 min à gros bouillons, sans cesser de remuer, jusqu'à ce que la pâte soit épaisse et se détache des parois de la casserole (un thermomètre de cuisine doit indiquer 106 °C environ). Incorporez le jus de citron.

2. Versez la pâte de fruits dans un grand moule rectangulaire sur une épaisseur de 2 cm, puis laissez refroidir 2 h à température ambiante.

3. Mettez le sucre pétillant et le sucre cristal dans des petites assiettes. Coupez la pâte de fruits en cubes de 2 cm de côté, puis passez rapidement ceux-ci dans chaque sucre. Conservez les pâtes de fruits au frais jusqu'à 7 jours dans une boîte hermétique, en les espaçant et en séparant les couches avec du papier sulfurisé.

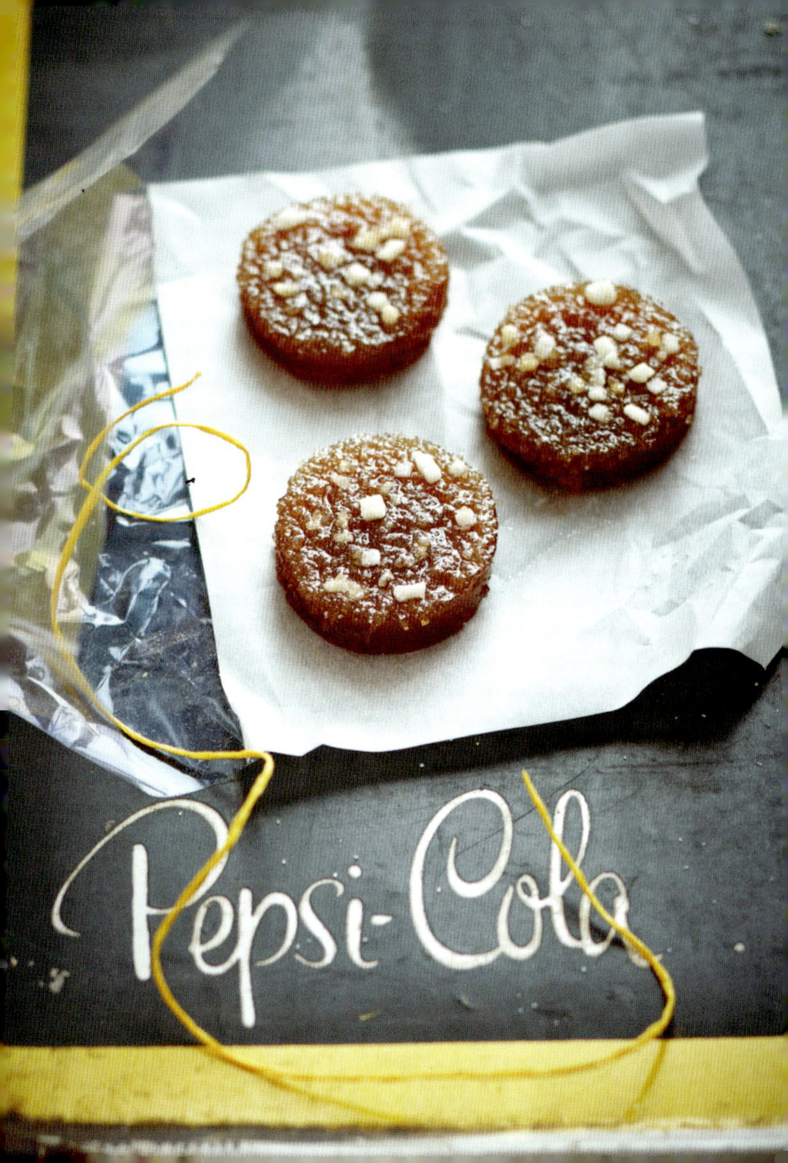
Pepsi-Cola

Sucettes au Pepsi

POUR 12 SUCETTES
PRÉPARATION : 10 min
CUISSON : 20 min
REPOS : 1 h

> 350 g de sucre en poudre
> 10 cl de Pepsi-Cola®
> 50 g de sirop de glucose (en pharmacie ou dans les boutiques spécialisées)
> 1 c. à café d'arôme cola (dans les boutiques spécialisées ou sur Internet)

1. Mettez le sucre dans une casserole, couvrez de Pepsi, puis portez à ébullition. Ajoutez le sirop de glucose et amenez de nouveau à gros bouillons. Incorporez l'arôme cola, puis fouettez le mélange tout en gardant l'ébullition, jusqu'à obtenir un caramel brun et homogène (un thermomètre de cuisine doit indiquer 160 °C).

2. Ôtez immédiatement du feu, puis faites couler le caramel sur une plaque de pâtisserie tapissée de papier sulfurisé pour obtenir des disques d'environ 4 cm de diamètre – gardez un peu de caramel dans la casserole. Tapez le dessous de la plaque sur le plan de travail pour étaler légèrement le caramel, puis laissez refroidir 1 h à température ambiante.

3. Faites de nouveau fondre le caramel restant dans la casserole, puis trempez le bout de bâtonnets en bois dedans, sur 1 cm de long environ, et collez rapidement ceux-ci sur chaque disque de caramel pour monter les sucettes. Laissez refroidir.

n frais pla

TABLE DES ÉQUIVALENCES FRANCE – CANADA

Poids	55 g	100 g	150 g	200 g	250 g	300 g	500 g	750 g	1 kg
	2 onces	3,5 onces	5 onces	7 onces	9 onces	11 onces	18 onces	27 onces	36 onces

Ces équivalences permettent de calculer le poids à quelques grammes près (en réalité, 1 once = 28 g).

Capacités	5 cl	10 cl	15 cl	20 cl	25 cl	50 cl	75 cl
	2 onces	3,5 onces	5 onces	7 onces	9 onces	17 onces	26 onces

Pour faciliter la mesure des capacités, une tasse équivaut ici à 25 cl (en réalité, 1 tasse = 8 onces = 23 cl).

Photogravure Turquoise, Émerainville
Imprimé en Chine par Leo Paper Products
Dépôt légal : septembre 2012
309892/01 - 11019906 juin 2012

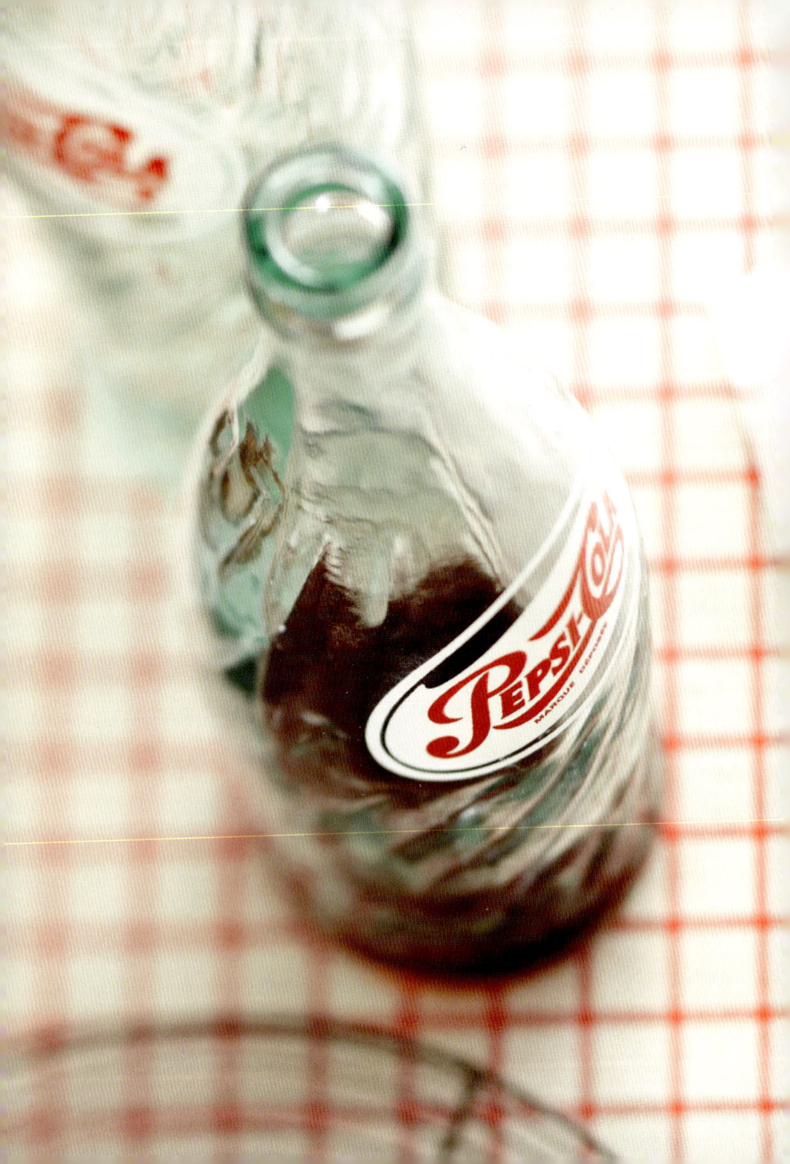

Direction de la publication : **Isabelle Jeuge-Maynart**
et Ghislaine Stora
Direction éditoriale : **Delphine Blétry**
Édition : **Julie Tallet**, assistée de **Candice Roger**
Direction artistique : **Emmanuel Chaspoul**,
assisté d'**Anna Bardon**
Informatique éditoriale : **Marion Pépin** et **Philippe Cazabet**
Couverture : **Véronique Laporte**
Fabrication : **Annie Botrel**

NUTELLA® est une marque déposée de la société Ferrero.

ISBN 301-0-00-002289-3
© Larousse 2012

Toute reproduction ou représentation intégrale ou partielle, par quelque procédé que ce soit, du texte et/ou de la nomenclature contenus dans le présent ouvrage, et qui sont la propriété de l'Éditeur, est strictement interdite.

Les Éditions Larousse utilisent des papiers composés de fibres naturelles, renouvelables, recyclables et fabriquées à partir de bois issus de forêts qui adoptent un système d'aménagement durable. En outre, les Éditions Larousse attendent de leurs fournisseurs de papier qu'ils s'inscrivent dans une démarche de certification environnementale reconnue.

NUTELLA®

LAROUSSE

21 rue du Montparnasse 75283 Paris Cedex 06

SOMMAIRE

Coulants au coco cœur NUTELLA® 4
Palets de riz soufflé au NUTELLA® 6
Petits croissants au NUTELLA® 8
Petits palmiers coco-NUTELLA® 10
Financiers cœur NUTELLA® 12
Nems à la mangue et au NUTELLA® 14
Macarons au NUTELLA® 16
Panna cotta au NUTELLA® 20
Milk-shake à la banane et au NUTELLA® 22
Mousse au NUTELLA® 24
Crème brûlée au NUTELLA® 26
Petites crèmes au NUTELLA® 28
Cigares au NUTELLA® 30

Roses des sables au NUTELLA® 32

Truffes au NUTELLA® 34

Tuiles au NUTELLA® 36

Petites meringues cœur NUTELLA® 38

Crumble aux poires et au NUTELLA® 40

Tartelettes aux bananes
et au NUTELLA® 42

Gâteau roulé au NUTELLA® 44

Whoopies au NUTELLA® et à l'orange 46

Galette des rois au NUTELLA® 48

Cheesecake au NUTELLA® 50

Bûche au NUTELLA® 52

Charlotte au NUTELLA® 54

Coulants au coco cœur NUTELLA®

POUR 4 COULANTS
PRÉPARATION : 20 min
CUISSON : 15 min

> 1 œuf entier + 2 blancs
> 140 g de noix de coco râpée
> 80 g de sucre glace
> 40 g de beurre ramolli
> 100 g de crème de noix de coco
> 1 pincée de sel
> 4 c. à café de NUTELLA®

1. Préchauffez le four à 180 °C (therm. 6).

2. Cassez l'œuf, en séparant le blanc du jaune. Dans un saladier, mélangez la noix de coco, le sucre glace, le beurre, le jaune d'œuf et la crème de noix de coco.

3. Montez les 3 blancs d'œufs en neige bien ferme avec le sel, puis incorporez-les délicatement à la préparation au coco.

4. Beurrez et farinez quatre ramequins et versez-y la pâte. Déposez 1 cuillerée à café de NUTELLA® au centre de chaque ramequin en l'enfonçant dans la pâte. Enfournez pour 15 min.

5. Sortez les coulants du four, laissez-les reposer pendant 5 min, puis démoulez-les délicatement.

Conseil : Il est important que le NUTELLA® soit recouvert de pâte au coco, sinon il se dessèche à la cuisson et forme alors une croûte.

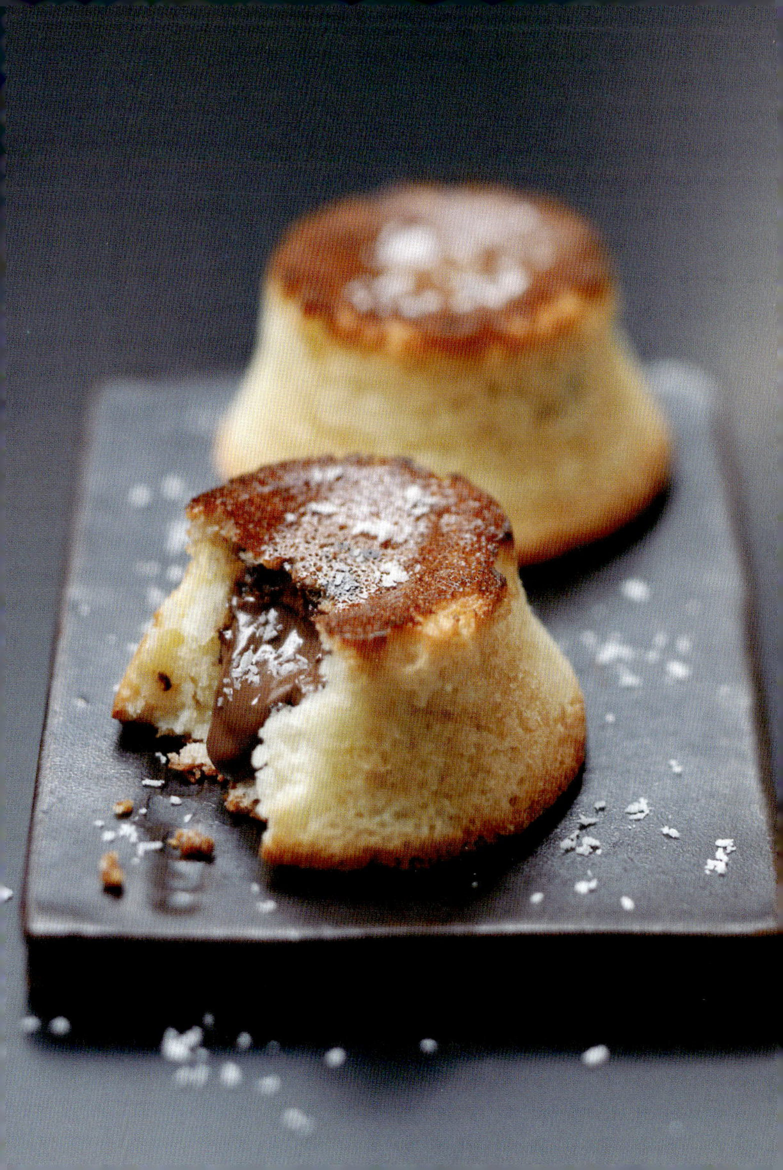

Palets de riz soufflé au NUTELLA®

POUR 25 PALETS
PRÉPARATION : 30 min
CUISSON : 5 min
RÉFRIGÉRATION : 2 h

> 100 g de NUTELLA®
> 80 g de chocolat blanc
> 190 g de riz soufflé

1. Faites fondre le NUTELLA® et le chocolat blanc au bain-marie dans des récipients différents.

2. Écrasez grossièrement le riz soufflé à la main. Répartissez-le également dans le NUTELLA® et le chocolat blanc fondus. Laissez refroidir.

3. Étalez les préparations au NUTELLA® et au chocolat blanc sur une plaque recouverte de papier sulfurisé et, à l'aide d'un emporte-pièce de 3 cm de diamètre, formez des palets.

4. Placez les palets pendant 2 h au frais pour les faire durcir. Décollez-les délicatement et conservez-les dans une boîte hermétique.

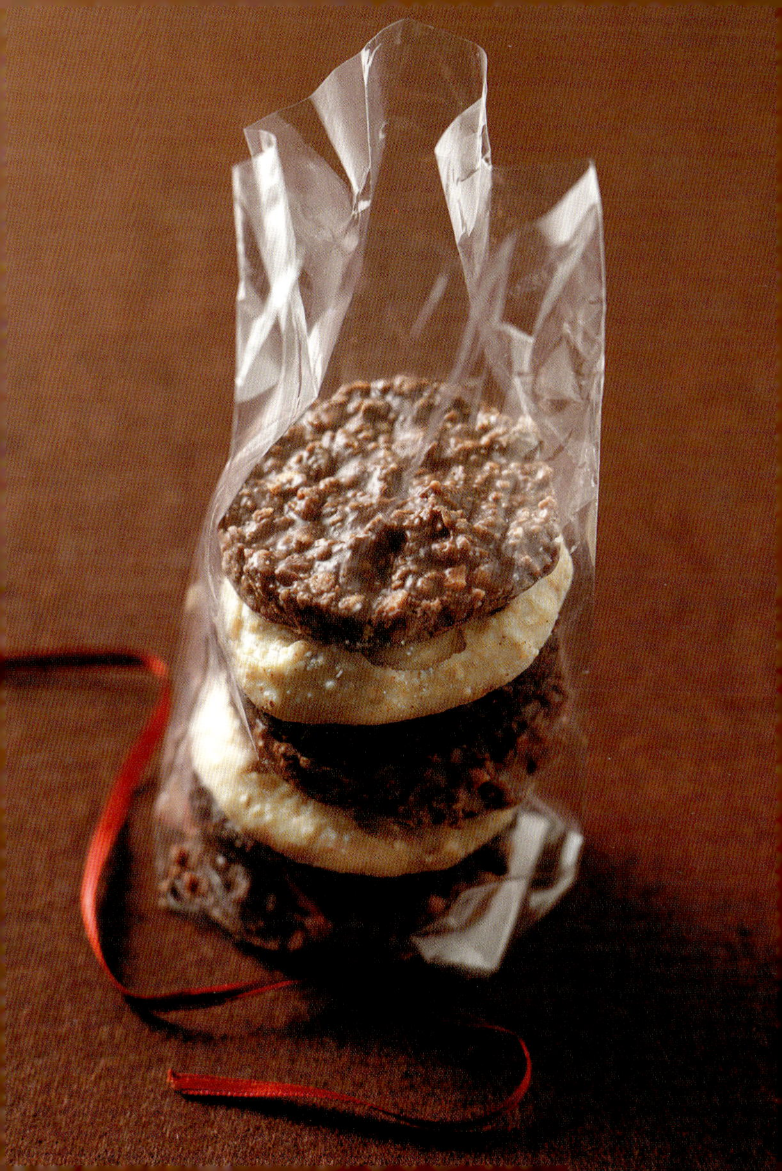

Petits croissants au NUTELLA®

POUR 16 CROISSANTS
PRÉPARATION : 10 min
CUISSON : 20 min

> 1 pâte feuilletée préétalée
> 150 g de NUTELLA®
> 1 jaune d'œuf

1. Préchauffez le four à 180 °C (therm. 6).

2. Déroulez la pâte feuilletée, puis recouvrez-la d'une couche épaisse de NUTELLA®.

3. À l'aide d'un couteau bien aiguisé, découpez la pâte en 16 parts triangulaires. Roulez celles-ci sur elles-mêmes en partant de la base des triangles vers le sommet, de façon à former des petits croissants.

4. À l'aide d'un pinceau, badigeonnez les croissants de jaune d'œuf.

5. Faites cuire les croissants au four pendant 20 min. Laissez-les refroidir sur une grille. Dégustez chaud ou tiède.

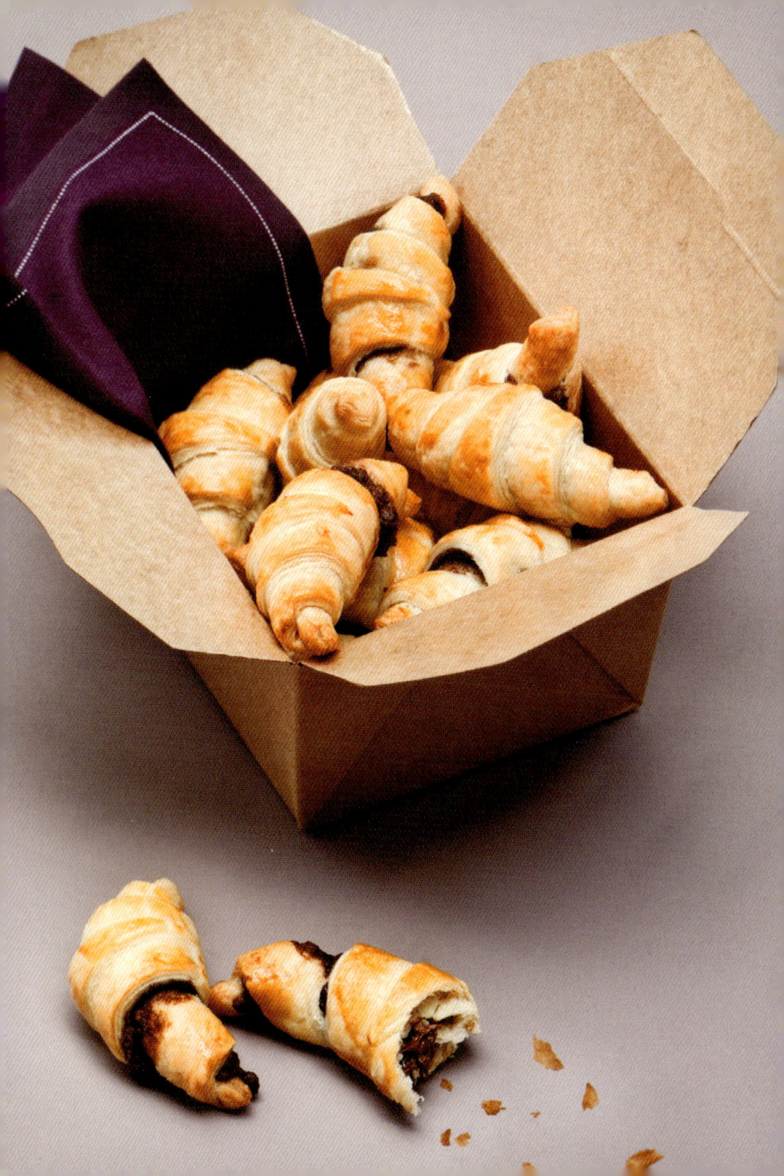

Petits palmiers coco-NUTELLA®

POUR 30 PALMIERS
PRÉPARATION : 5 min
CONGÉLATION : 30 min
CUISSON : 15 min

> 1 pâte feuilletée préétalée
> 150 g de NUTELLA®
> 15 g de noix de coco râpée

1. Préchauffez le four à 180 °C (therm. 6).

2. Déroulez la pâte feuilletée et tartinez-la de NUTELLA®.

3. Roulez la pâte jusqu'à son milieu, puis faites la même chose de l'autre côté, de sorte que les deux rouleaux se rejoignent au centre.

4. Placez la pâte au congélateur pour 30 min : cela facilitera la découpe des palmiers.

5. Coupez la pâte en tronçons de 0,5 cm d'épaisseur et déposez-les sur une plaque recouverte de papier sulfurisé.

6. Faites cuire au four pendant 15 min ; à mi-cuisson, saupoudrez les petits palmiers de noix de coco râpée. Dégustez tiède ou froid.

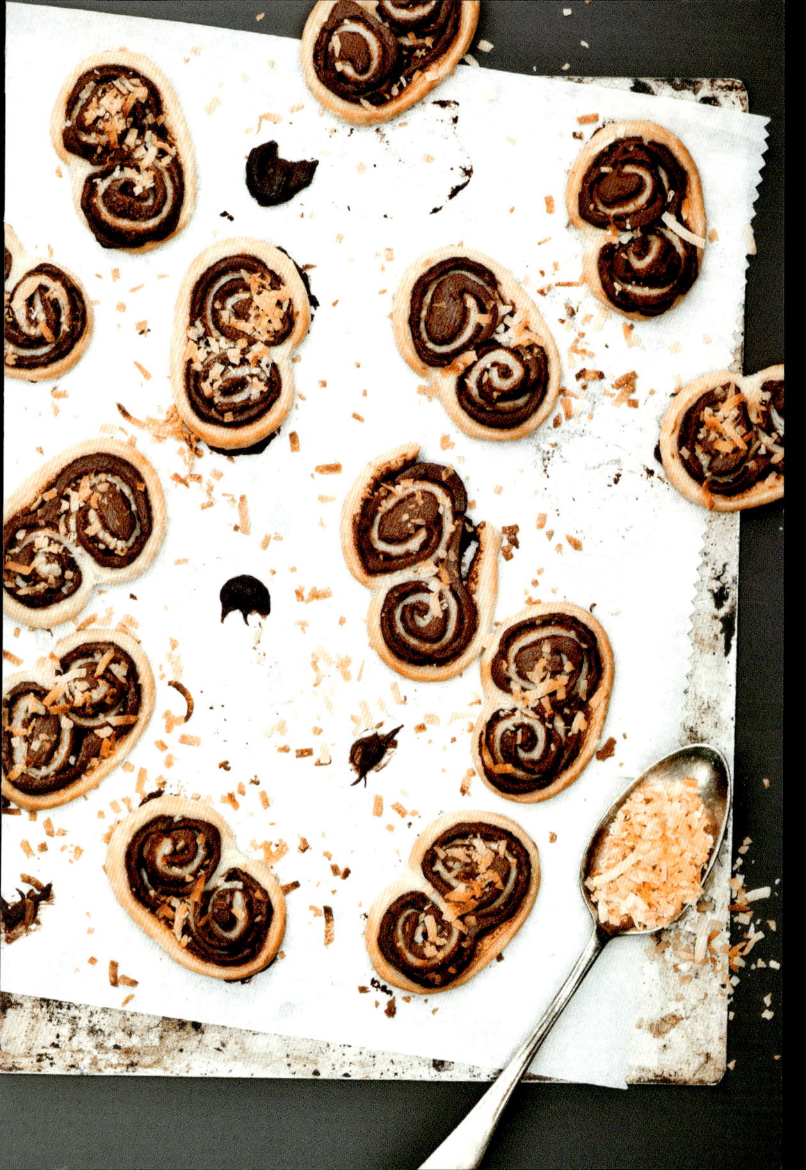

Financiers cœur NUTELLA®

POUR 18 FINANCIERS
PRÉPARATION : 10 min
CUISSON : 10 à 12 min

> 70 g de beurre
> 50 g de farine
> 130 g de sucre glace
> 70 g d'amandes en poudre
> 4 blancs d'œufs
> 100 g de NUTELLA®

1. Préchauffez le four à 210 °C (therm. 7).

2. Dans une petite casserole, faites fondre le beurre à feu doux.

3. Dans un saladier, mélangez la farine, le sucre glace et les amandes en poudre. Incorporez un par un les blancs d'œufs, puis ajoutez le beurre. Mélangez bien.

4. Beurrez les moules à financiers. Remplissez-les à moitié avec la pâte. Ajoutez 1 cuillerée à café de NUTELLA® dans chaque empreinte, puis recouvrez de pâte restante.

5. Faites cuire les financiers pendant 10 à 12 min. Laissez-les refroidir avant de les déguster.

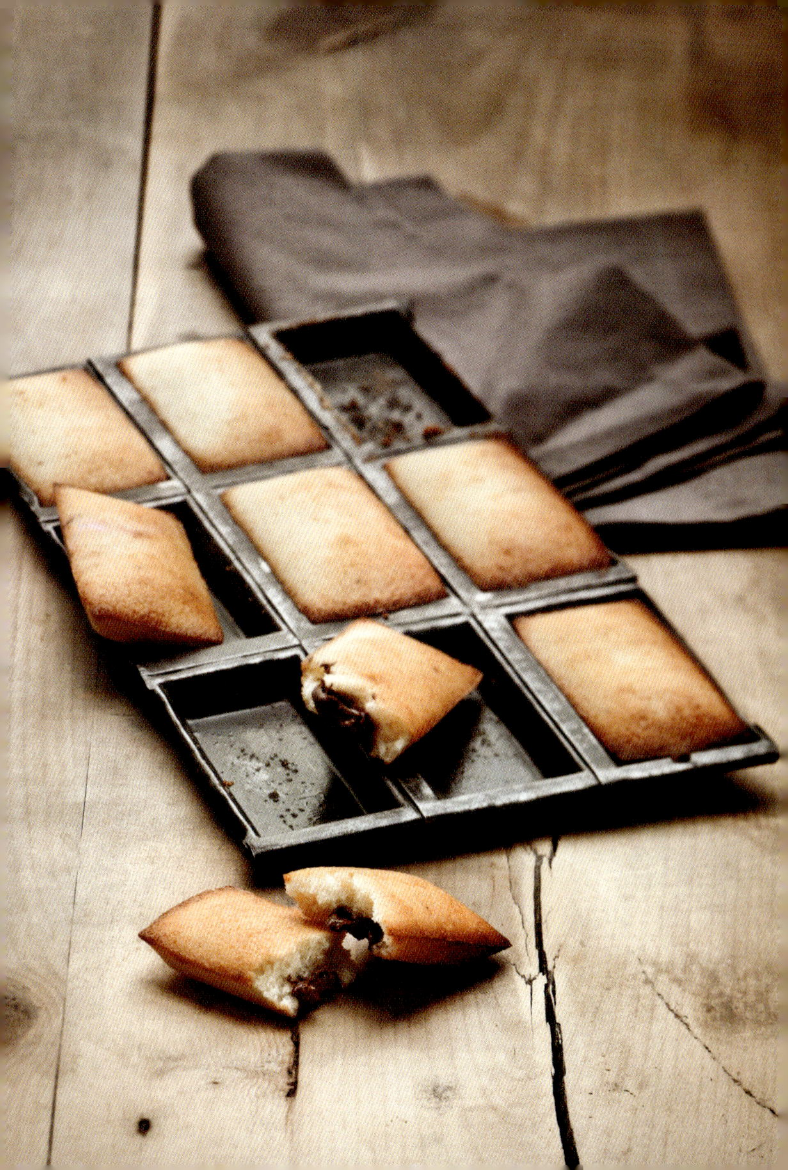

Nems à la mangue et au NUTELLA®

POUR 10 NEMS
PRÉPARATION : 15 min
CUISSON : 10 min

> 1 mangue
> 2 c. à soupe d'amandes effilées
> 25 g de beurre
> 5 feuilles de brick
> 100 g de NUTELLA®

1. Pelez la mangue, détachez la chair de chaque côté du noyau et coupez-la en petits dés. Dans une poêle, faites griller à sec les amandes effilées. Faites fondre le beurre.

2. Préchauffez le four à 200 °C (therm. 6-7).

3. Coupez les feuilles de brick en deux à l'aide de ciseaux puis recoupez la partie arrondie de chaque demi-feuille sur 2 cm pour obtenir une forme plus rectangulaire. (Gardez les autres feuilles en attente sous un linge humide car la pâte se dessèche rapidement.)

4. Déposez quelques dés de mangue au milieu du grand côté, près du bord. Ajoutez 2 cuillerées à café de NUTELLA® et quelques amandes effilées. Commencez par rouler le nem jusqu'à la moitié de la feuille, rabattez les bords vers le milieu et finissez de rouler la feuille. Préparez ainsi les autres nems.

5. À l'aide d'un pinceau, badigeonnez les nems de beurre fondu. Disposez-les sur une plaque recouverte de papier sulfurisé. Faites cuire 10 min, jusqu'à ce que les nems prennent une jolie couleur dorée. Dégustez tiède ou froid.

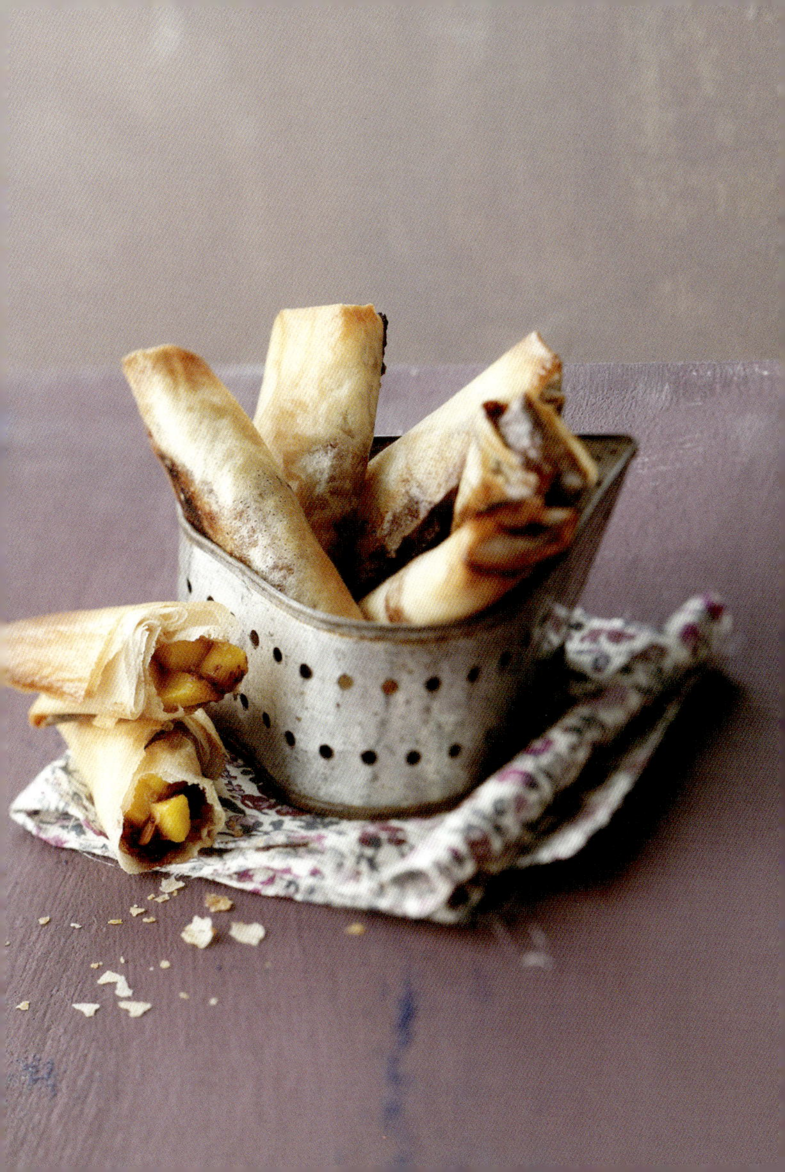

Macarons au NUTELLA®

POUR 40 PETITS MACARONS
PRÉPARATION : 40 min
CUISSON : 15 min
REPOS : 20 min

> 6 blancs d'œufs
> 260 g de sucre glace
> 240 g d'amandes en poudre
> 30 g de cacao
> 200 g de sucre en poudre
> 400 g de NUTELLA®

1. Cassez les œufs pour récupérer les blancs au moins 4 h à l'avance. Gardez les blancs à température ambiante.

2. Préchauffez le four à 140 °C (therm. 4-5).

3. Mixez le sucre glace avec les amandes en poudre et le cacao afin d'obtenir une poudre très fine. Tamisez le tout au-dessus d'un saladier.

4. Fouettez les blancs d'œufs ; lorsqu'ils deviennent mousseux, ajoutez la moitié du sucre en poudre et continuez de fouetter. Quand les blancs commencent à devenir fermes, versez le reste de sucre et battez encore pour obtenir une meringue épaisse. Incorporez délicatement le mélange tamisé. Travaillez en gestes doux et larges, au moins 2 min, en allant des bords du récipient vers le centre. La pâte doit être brillante, lisse, et former un ruban en retombant.

5. Recouvrez une plaque à pâtisserie de papier sulfurisé et tracez des cercles d'environ 3,5 cm de diamètre, à intervalle régulier et en quinconce.

6. Versez la pâte dans une poche munie d'une douille lisse et formez des boules du même diamètre que celui des cercles.

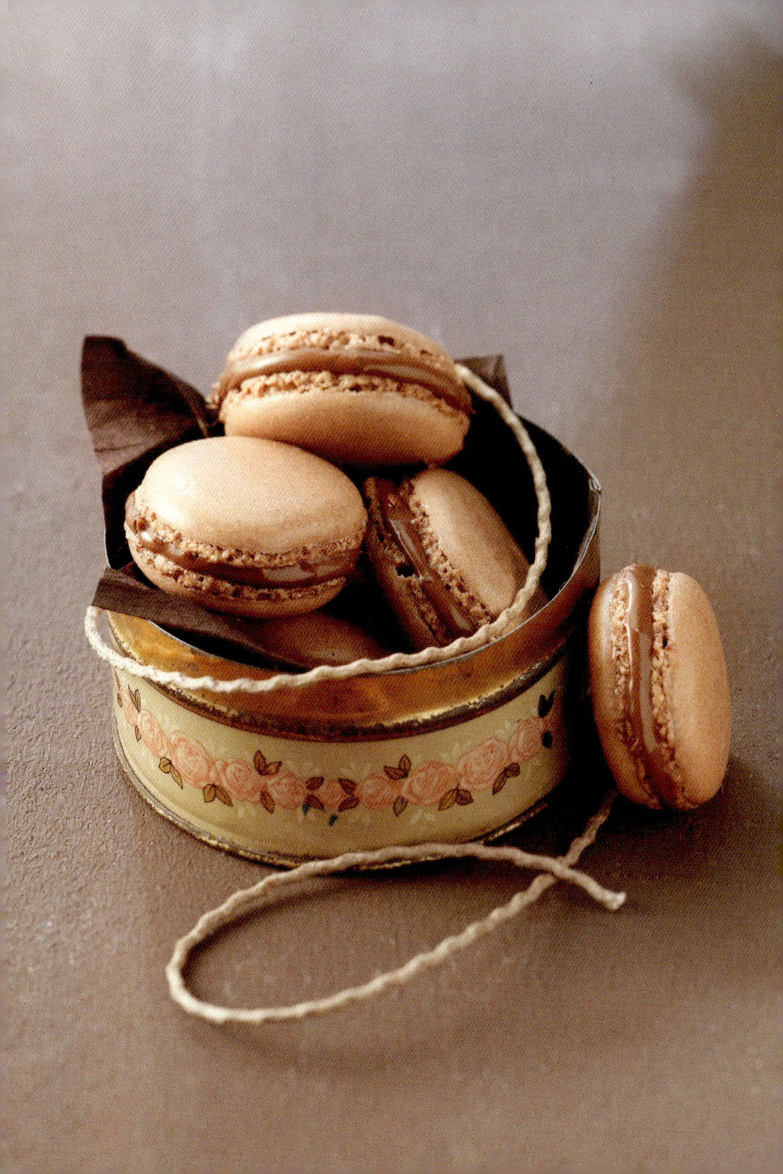

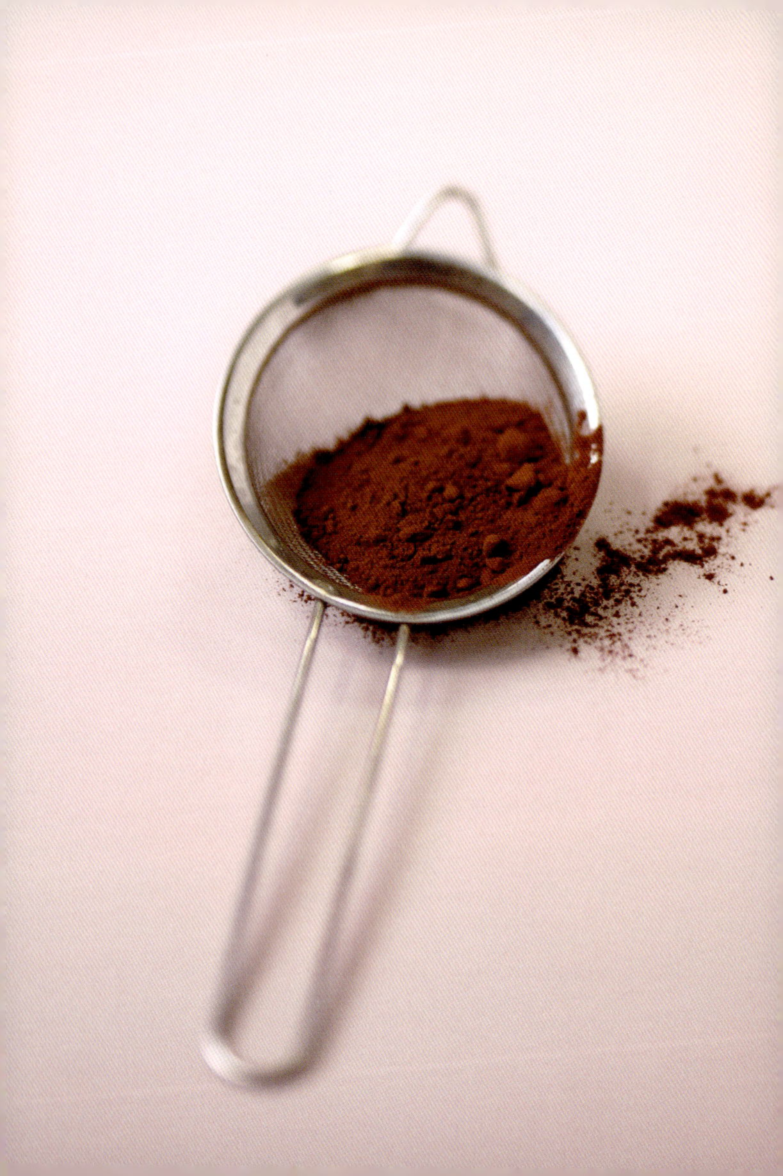

7. Laissez les macarons reposer pendant 20 min à température ambiante et dans un endroit sec pour qu'une croûte se forme à la surface.

8. Avant d'enfourner, posez la plaque avec les macarons sur une autre plaque ; ainsi les fonds des gâteaux ne seront pas trop cuits et il se formera la petite collerette si caractéristique du macaron. Faites cuire pendant 15 min en maintenant la porte du four légèrement entrouverte.

9. Laissez tiédir les macarons entre 5 et 10 min, puis retirez-les de la plaque.

10. Lorsque les coques de macarons sont froides, garnissez-en la moitié de NUTELLA® et assemblez-les avec les coques restantes.

Note : Conservez les macarons au réfrigérateur au moins 24 h avant de les déguster, ils seront ainsi plus moelleux.

Panna cotta au NUTELLA®

POUR 4 PERSONNES
PRÉPARATION : 10 min
CUISSON : 3 min
RÉFRIGÉRATION : 3 h au moins

> 2 feuilles de gélatine
> 40 cl de crème liquide
> 160 g de NUTELLA®

1. Faites ramollir les feuilles de gélatine dans un bol d'eau froide.

2. Dans une casserole, portez la crème liquide à ébullition. Ajoutez le NUTELLA® et mélangez à l'aide d'une spatule de façon à obtenir une crème bien homogène.

3. Essorez la gélatine et, hors du feu, incorporez-la à la crème au NUTELLA®.

4. Répartissez la préparation dans quatre verrines. Laissez refroidir, puis placez les panna cotta au frais pendant au moins 3 h.

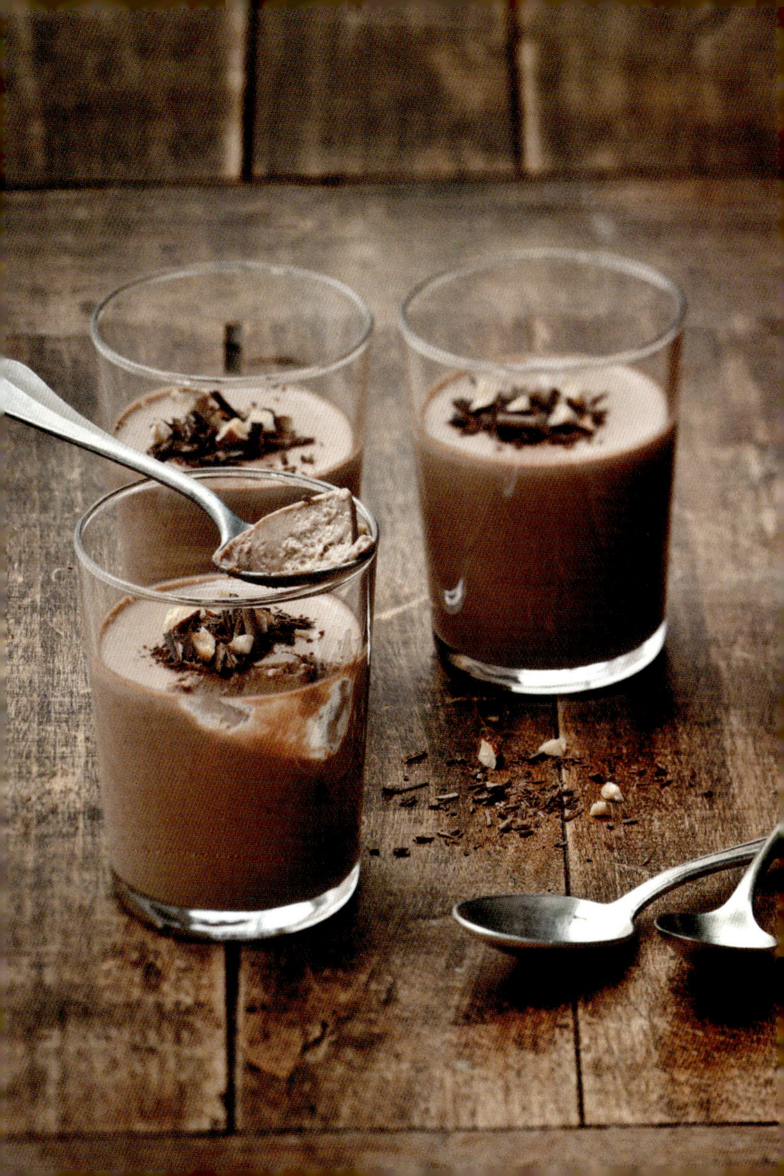

Milk-shake à la banane et au NUTELLA®

POUR 2 PERSONNES
PRÉPARATION : 10 min

> 2 bananes
> 40 cl de lait bien froid
> 3 c. à soupe de NUTELLA®
> 1 c. à soupe de sucre en poudre
> 4 ou 5 glaçons

1. Pelez les bananes et coupez-les en rondelles.

2. Mixez les bananes avec le lait froid, le NUTELLA®, le sucre et les glaçons pendant 1 minute pour obtenir un mélange bien onctueux et mousseux.

3. Versez le milk-shake dans deux verres et dégustez aussitôt.

Variante : Vous pouvez remplacer les glaçons par deux boules de glace à la vanille, mais supprimez alors le sucre.

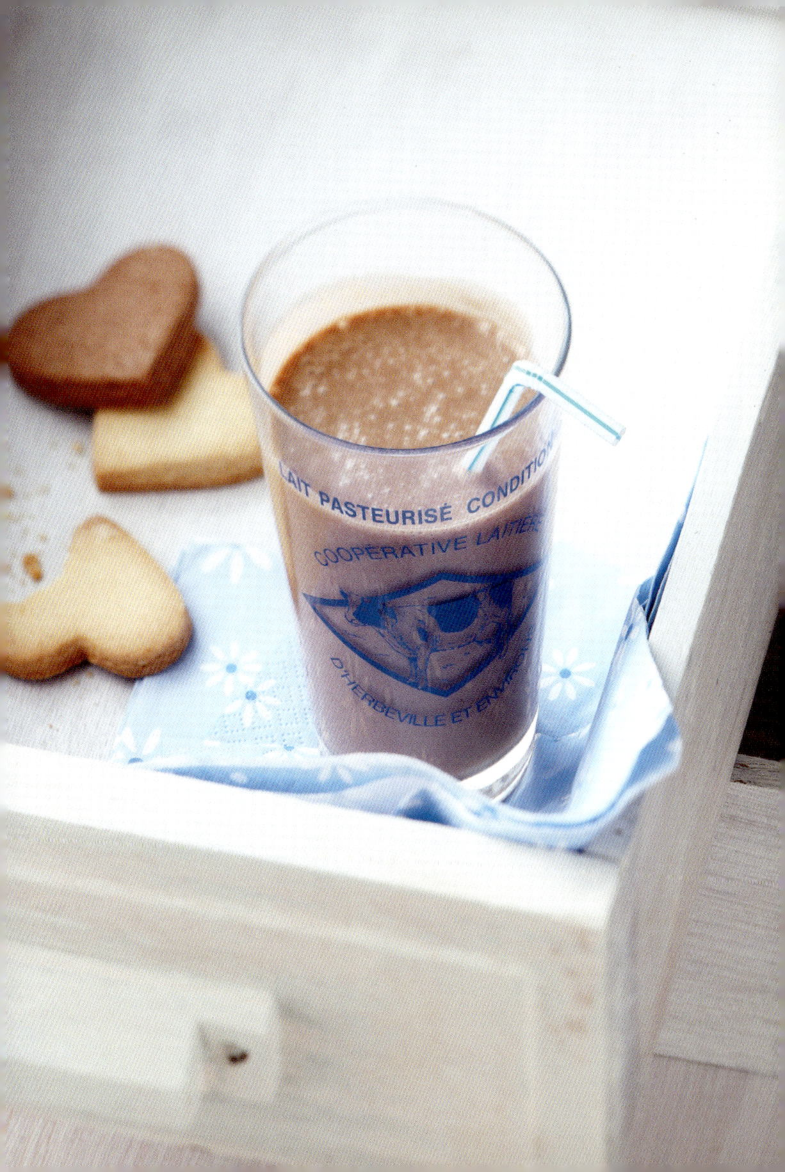
LAIT PASTEURISÉ
COOPÉRATIVE
D'HERBEVILLE ET

Mousse au NUTELLA®

POUR 8 MOUSSES
PRÉPARATION : 15 min
CUISSON : 5 min
RÉFRIGÉRATION : 6 h au moins

> 4 œufs entiers + 2 blancs
> 2 c. à soupe de sucre en poudre
> 200 g de NUTELLA®
> 50 g de beurre
> 50 g de crème fraîche épaisse
> noisettes grillées et concassées

1. Cassez les œufs en séparant les jaunes des blancs. Fouettez vivement les jaunes d'œufs avec le sucre jusqu'à ce que le mélange blanchisse et devienne mousseux.

2. Faites fondre le NUTELLA® avec le beurre dans un saladier en verre placé sur un bain-marie. Laissez tiédir. Mélangez la préparation au NUTELLA® aux jaunes battus, puis incorporez la crème fraîche.

3. Montez les 6 blancs d'œufs en neige ferme. À l'aide d'une spatule, incorporez-les délicatement au mélange précédent.

4. Tapissez le fond de huit ramequins individuels d'une fine couche de noisettes grillées et concassées.

5. Répartissez la mousse dans les ramequins et placez-les au réfrigérateur pour au moins 6 h.

Conseil : L'idéal est de placer la mousse au congélateur pendant environ 30 min avant de servir : elle sera plus ferme.

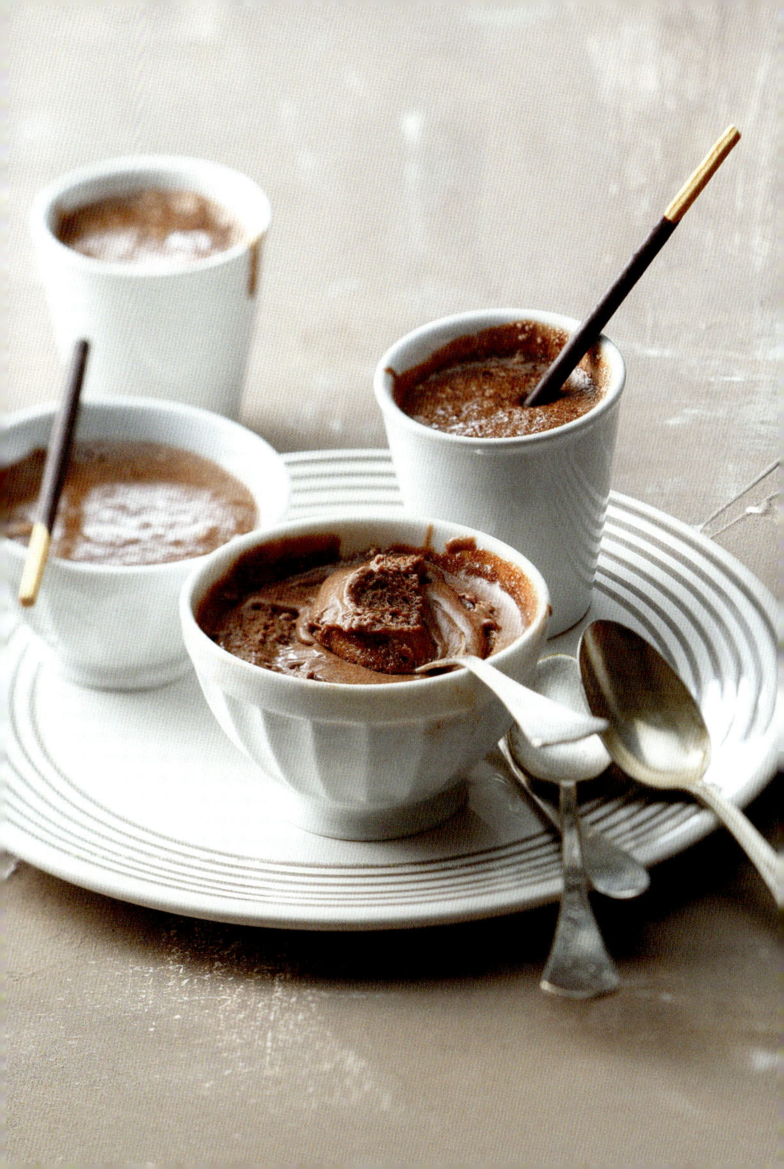

Crème brûlée au NUTELLA®

POUR 4 PERSONNES
PRÉPARATION : 15 min
CUISSON : 1 h
RÉFRIGÉRATION : 12 h au moins

> 6 jaunes d'œufs
> 75 g de sucre en poudre
> 1 gousse de vanille
> 15 cl de lait entier
> 25 cl de crème liquide
> 160 g de NUTELLA®
> 40 g de cassonade

1. Préchauffez le four à 100 °C (therm. 4). Fouettez les jaunes d'œufs avec le sucre jusqu'à ce qu'ils blanchissent.

2. Fendez la gousse de vanille en deux dans le sens de la longueur. Grattez les graines contenues à l'intérieur et ajoutez-les aux jaunes d'œufs battus. Versez dessus progressivement le lait et la crème, qui doivent être à température ambiante, et mélangez.

3. Disposez dans le fond de quatre petits plats à crème brûlée la valeur d'une bonne cuillerée à soupe de NUTELLA®, soit environ 40 g. Versez dessus la crème vanillée. Placez les plats à mi-hauteur dans le four et faites cuire 1 h.

4. Retirez les crèmes du four et laissez-les refroidir. Réservez-les ensuite au réfrigérateur pendant au moins 12 h.

5. Juste avant de servir, saupoudrez les crèmes de cassonade et faites caraméliser la surface à l'aide d'un chalumeau (ou passez les crèmes pendant 1 minute sous le gril du four).

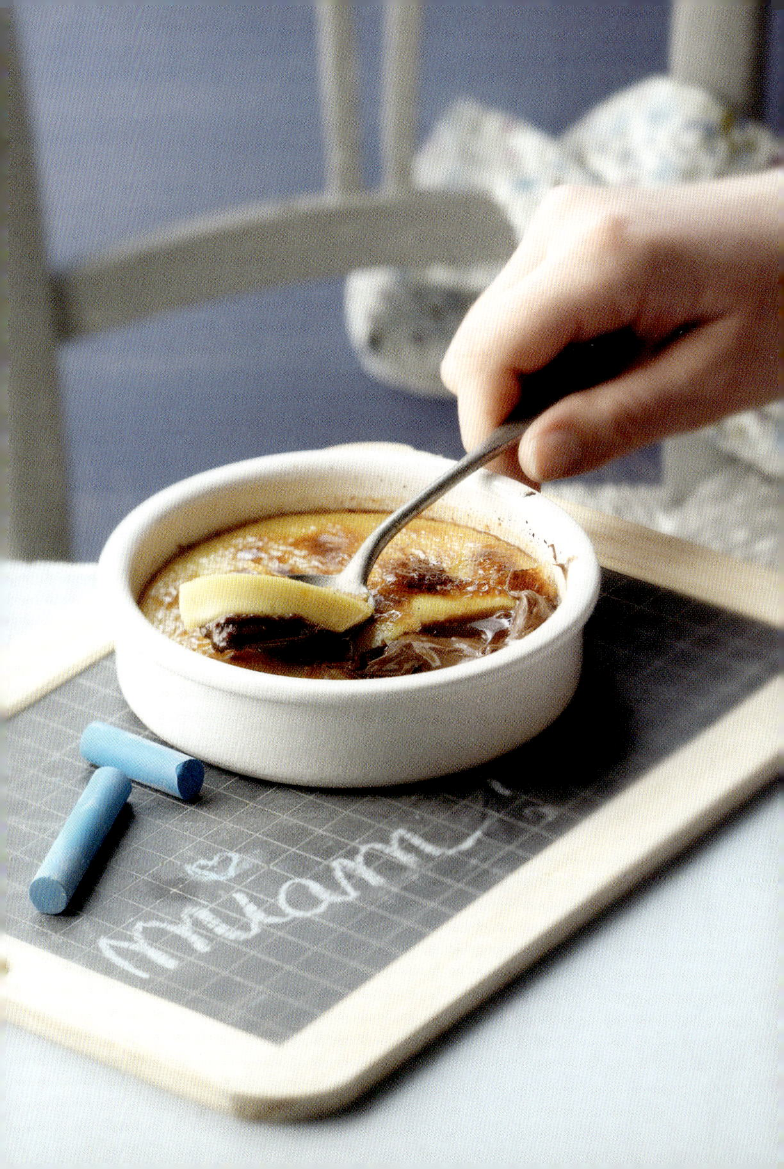
miam

Petites crèmes au NUTELLA®

POUR 4 PERSONNES
PRÉPARATION : 20 min
CUISSON : 10 min
RÉFRIGÉRATION : 4 h

> 3 jaunes d'œufs
> 25 g de sucre en poudre
> 25 cl de lait entier
> 12,5 cl de crème liquide
> 180 g de NUTELLA®

1. Dans un saladier, fouettez les jaunes d'œufs avec le sucre jusqu'à ce qu'ils blanchissent et deviennent mousseux.

2. Dans une casserole, portez à ébullition le lait et la crème fraîche. Versez ce mélange chaud sur les jaunes tout en fouettant. Reversez l'ensemble dans la casserole et faites cuire à feu moyen en remuant sans cesse jusqu'à la limite du frémissement.

3. Hors du feu, laissez tiédir pendant 10 min, puis ajoutez peu à peu le NUTELLA® en mélangeant pour obtenir une préparation homogène.

4. Versez la crème dans quatre ramequins individuels ou dans quatre pots à yaourt en verre et placez au réfrigérateur pour au moins 4 h.

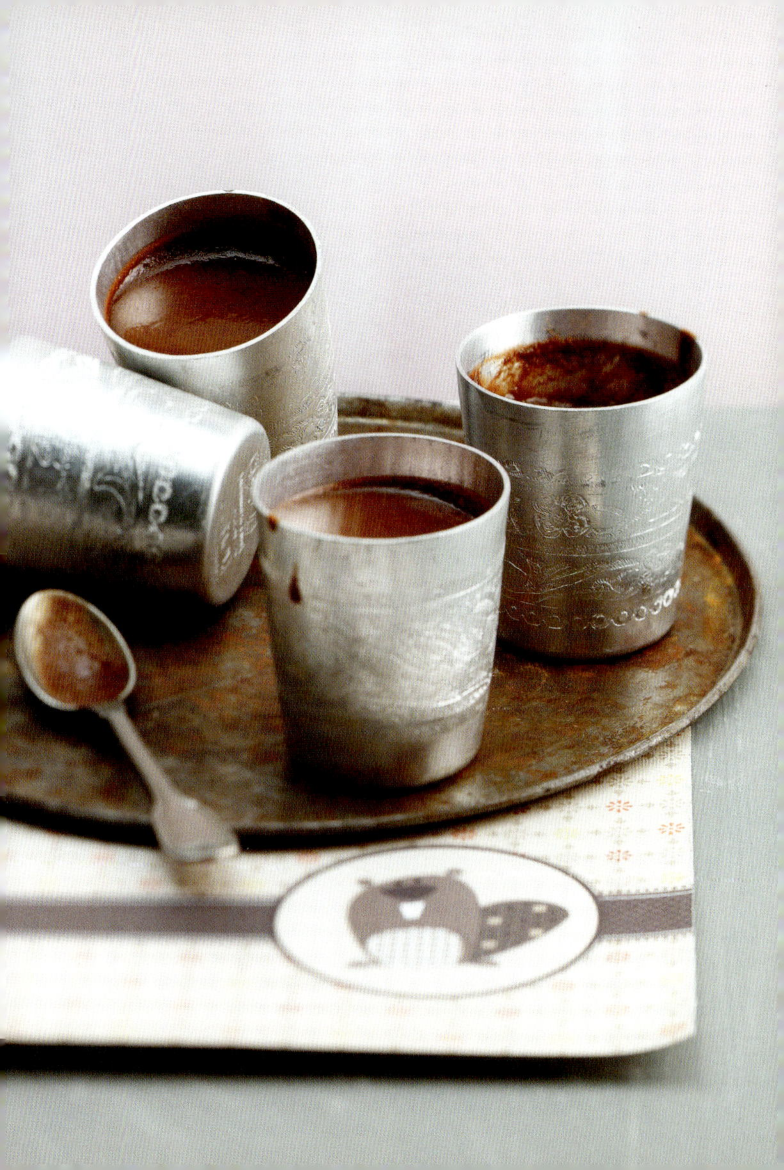

Cigares au NUTELLA®

POUR 30 CIGARES
PRÉPARATION : 15 min
CUISSON : 8 min
RÉFRIGÉRATION : 2 h

> 100 g de beurre ramolli
> 100 g de sucre glace
> 90 g de farine
> 50 g de blancs d'œufs (2 ou 3)
> 150 g de NUTELLA®

1. Dans un bol, mélangez vivement le beurre avec le sucre glace à l'aide d'une spatule pendant 2 min. Ajoutez la farine, mélangez, puis incorporez les blancs d'œufs, un à un, jusqu'à l'obtention d'une pâte lisse. Laissez la pâte reposer pendant 2 h au frais.

2. Préchauffez le four à 200 °C (therm. 6-7). À l'aide d'une grande cuillère, déposez des petites quantités de pâte sur une plaque de four recouverte de papier sulfurisé, puis étalez-les légèrement pour obtenir des ronds de 6 cm de diamètre environ. Enfournez pour 8 min. Sortez-les, laissez-les juste tiédir, puis décollez-les délicatement du papier sulfurisé et roulez-les aussitôt avec les mains. Laissez-les durcir.

3. Faites fondre le NUTELLA® au bain-marie. Trempez la moitié de chaque cigare dans le NUTELLA® et déposez-les sur un plat. Placez les cigares quelques minutes au frais jusqu'à ce que le NUTELLA® ait durci, puis sortez-les assez rapidement.

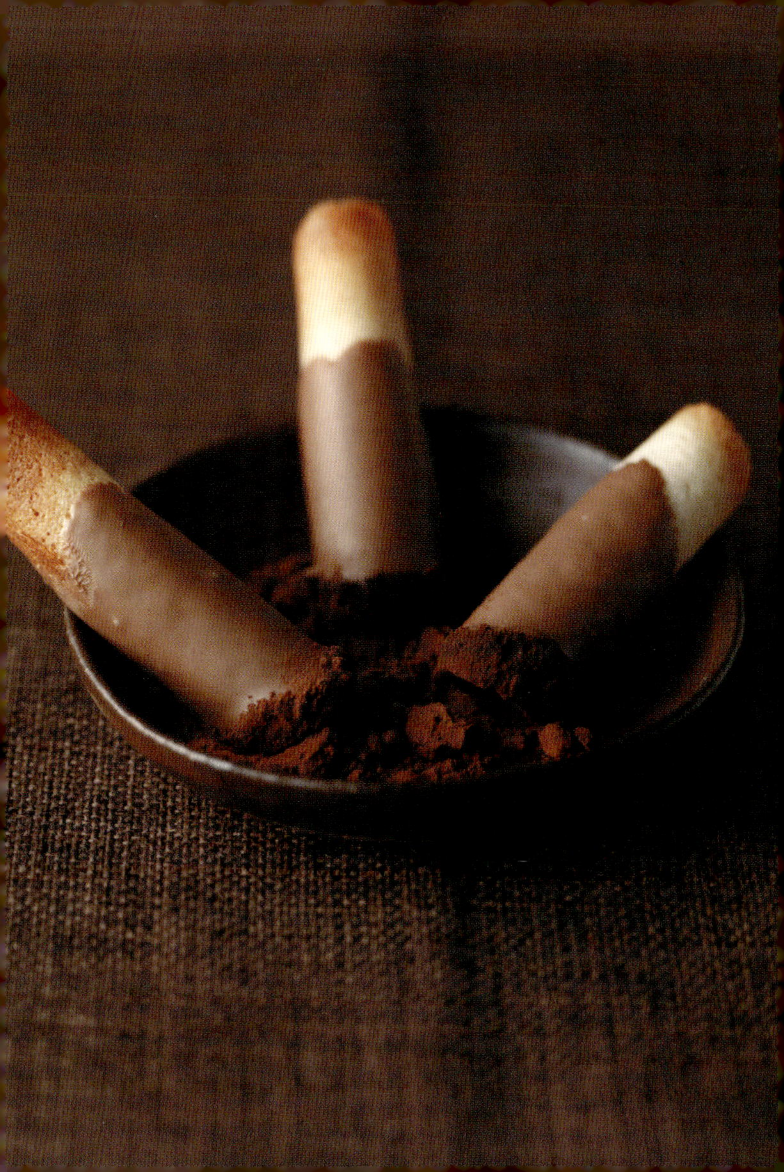

Roses des sables au NUTELLA®

POUR 15 ROSES DES SABLES
PRÉPARATION : 10 min
CUISSON : 5 min
RÉFRIGÉRATION : 2 h

> 90 g chocolat au lait
> 120 g NUTELLA®
> 40 g de pétales de maïs

1. Dans une casserole, faites fondre, à feu doux, le chocolat et le NUTELLA®. Quand le mélange est bien lisse, ajoutez les pétales de maïs.

2. Déposez des petits tas de cette préparation sur une feuille de papier sulfurisé ou dans de petites caissettes.

3. Réservez au frais pendant au moins 2 h avant de déguster.

Would you like
some coffee ?
Let's take
a break
and have a
pleasant chat!
coffee
with
milk

Truffes au NUTELLA®

POUR 15 TRUFFES
PRÉPARATION : 20 min
CUISSON : 5 min
RÉFRIGÉRATION : 30 min

> 30 g de sucre en poudre
> 15 noisettes entières
> 50 g de chocolat noir
> 2 c. à soupe de crème liquide
> 150 g de NUTELLA®
> 30 g de pralin

1. Dans une casserole, faites fondre le sucre en poudre avec 2 cuillerées à soupe d'eau, puis laissez cuire jusqu'à obtenir un caramel. Ajoutez les noisettes et mélangez pour bien les enrober de caramel. Déposez les noisettes caramélisées sur une feuille de papier sulfurisé. Laissez-les sécher.

2. Coupez le chocolat en morceaux. Dans une casserole, faites-le fondre avec la crème liquide et le NUTELLA®. Mélangez. Quand la ganache est bien homogène, retirez la casserole du feu et laissez refroidir.

3. Prélevez une noix de ganache à l'aide d'une petite cuillère. Incorporez-y une noisette caramélisée, puis formez une petite boule dans le creux de votre main. Réalisez des petites boules jusqu'à épuisement de la pâte. Enrobez-les de pralin.

4. Placez les truffes 30 min au réfrigérateur avant de les déguster.

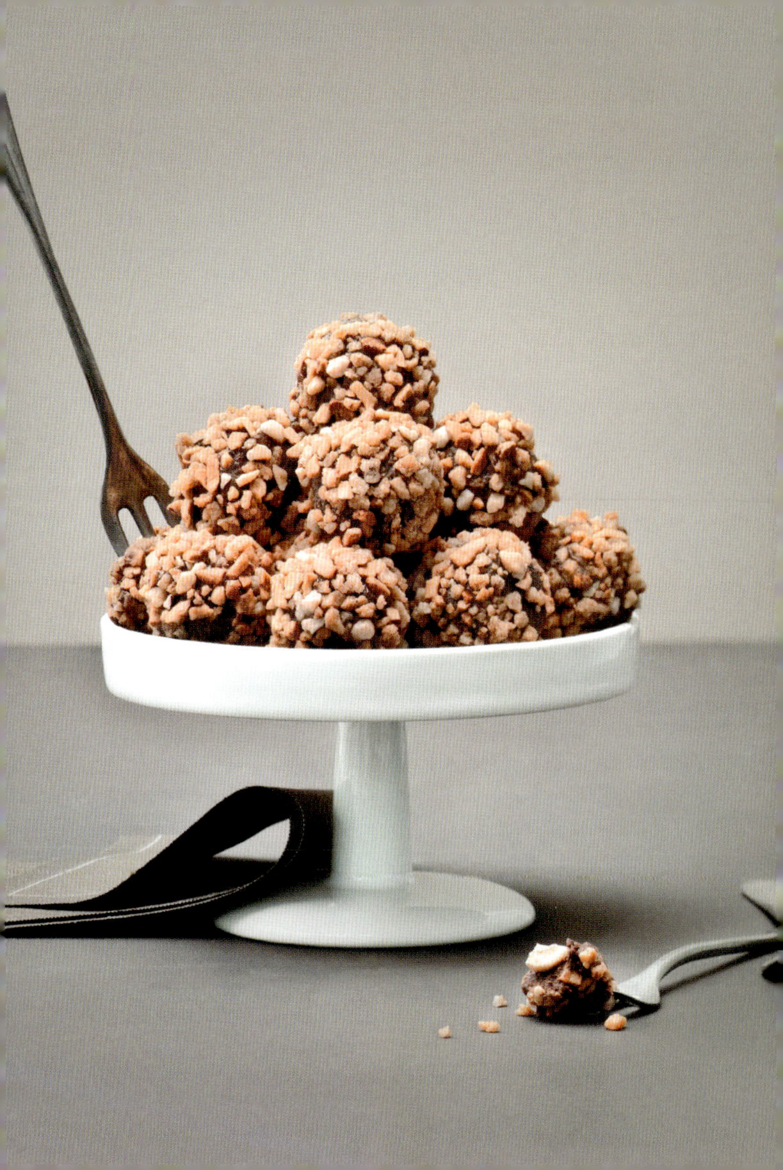

Tuiles au NUTELLA®

POUR 20 TUILES
PRÉPARATION : 20 min
CUISSON : 25 min environ

> 50 g de noisettes
> 35 g de beurre
> 2 blancs d'œufs
> 80 g de sucre en poudre
> 30 g de farine
> 100 g de NUTELLA®

1. Préchauffez le four à 160 °C (therm. 5-6).

2. Versez les noisettes sur une plaque recouverte de papier sulfurisé et enfournez pour 15 min.

3. Placez les noisettes dans un linge propre et frottez-les les unes contre les autres pour retirer les peaux. Concassez-les grossièrement.

4. Dans une casserole, faites fondre le beurre à feu doux. Dans un saladier, mélangez les blancs d'œufs et le sucre. Ajoutez ensuite la farine tamisée, le NUTELLA® et le beurre fondu. Mélangez.

5. À l'aide d'une cuillère, déposez des petits tas de pâte sur la plaque recouverte de nouveau de papier sulfurisé. Aplatissez les tas de pâte avec le dos de la cuillère et saupoudrez-les d'éclats de noisette. Faites cuire au four de 6 à 10 min selon l'épaisseur.

6. Déposez délicatement les tuiles sur un rouleau à pâtisserie ou sur une bouteille. Elles prendront une forme arrondie en refroidissant.

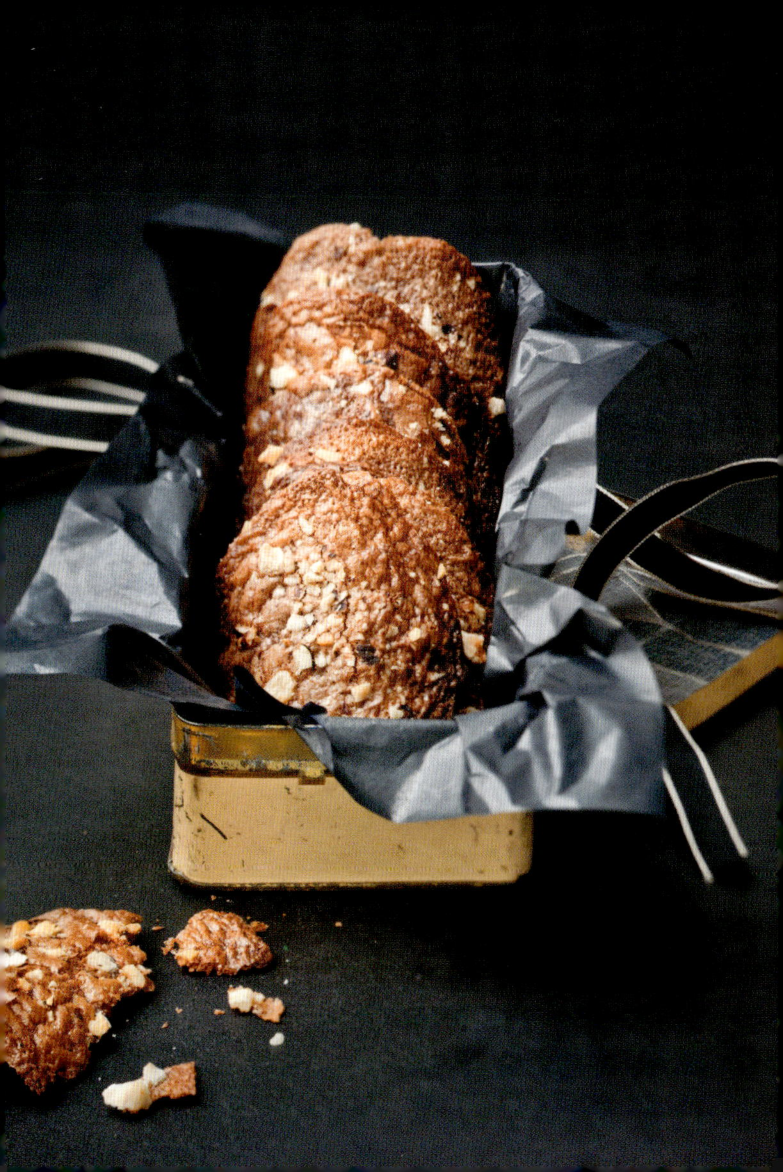

Petites meringues cœur NUTELLA®

POUR 12 MERINGUES
PRÉPARATION : 20 min
CUISSON : 50 min à 1 h
SÉCHAGE DES MERINGUES : 12 h

> 4 blancs d'œufs
> 200 g de sucre en poudre
> 12 c. à café de NUTELLA®

1. Préchauffez le four à 110 °C (therm. 3-4).

2. Sur une feuille de papier sulfurisé, dessinez 12 ovales de 10 cm sur 7 cm. Retournez la feuille et positionnez-la sur une plaque à pâtisserie.

3. Dans un saladier, montez les blancs d'œufs en neige. Lorsqu'ils commencent à être fermes, ajoutez peu à peu le sucre. Continuez de battre jusqu'à ce que le sucre soit bien dissous et que la meringue forme des pointes quand on soulève le fouet.

4. Garnissez de meringue une poche munie d'une douille de 10 mm. Déposez un peu de meringue à l'intérieur de chaque ovale dessiné. Ajoutez dessus 1 cuillerée à café de NUTELLA® puis recouvrez celui-ci de meringue.

5. Faites cuire 20 min. Baissez ensuite la température du four à 70 °C (therm. 2-3) et poursuivez la cuisson pendant encore 30 à 40 min.

6. Sortez les meringues du four et laissez-les sécher toute une nuit avant de les déguster.

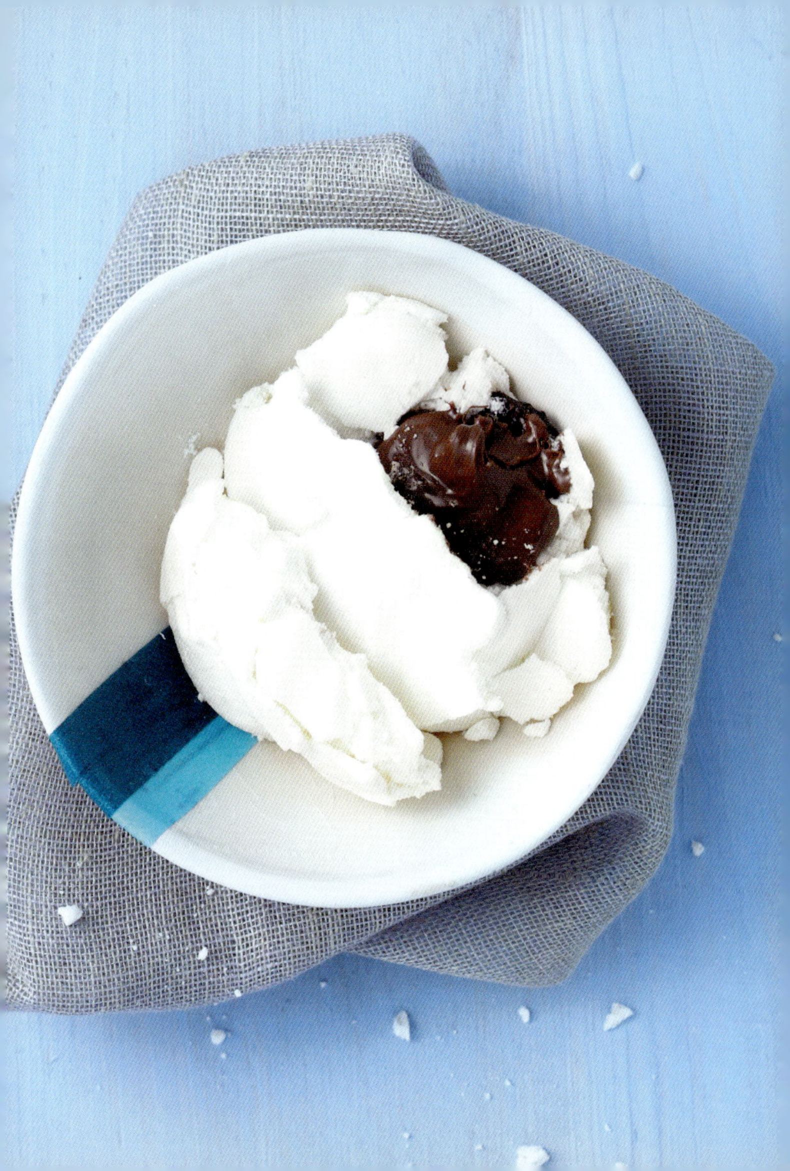

Crumble aux poires et au NUTELLA®

POUR 4 PERSONNES
PRÉPARATION : 15 min
CUISSON : 25 min

> 6 poires
> 200 g de NUTELLA®
> 40 g de beurre
> 30 g de cassonade
> 60 g de farine
> 20 g d'amandes en poudre

1. Préchauffez le four à 180 °C (therm. 6).

2. Lavez les poires, pelez-les et coupez-les en cubes. Disposez-les dans un plat allant au four. Recouvrez-les de NUTELLA® à l'aide d'une cuillère à soupe. Si vous avez du mal à étaler le NUTELLA®, placez le pot dans de l'eau chaude pendant 2 ou 3 min pour rendre la pâte plus liquide et donc plus facile à étaler.

3. Coupez le beurre en petits morceaux. Dans un saladier, réunissez la cassonade, le beurre, la farine et les amandes en poudre. Travaillez tous les ingrédients du bout des doigts jusqu'à obtenir un mélange granuleux.

4. Répartissez ce mélange sur le NUTELLA® et enfournez pour 25 min environ ; le crumble doit prendre une jolie couleur dorée. Servez tiède.

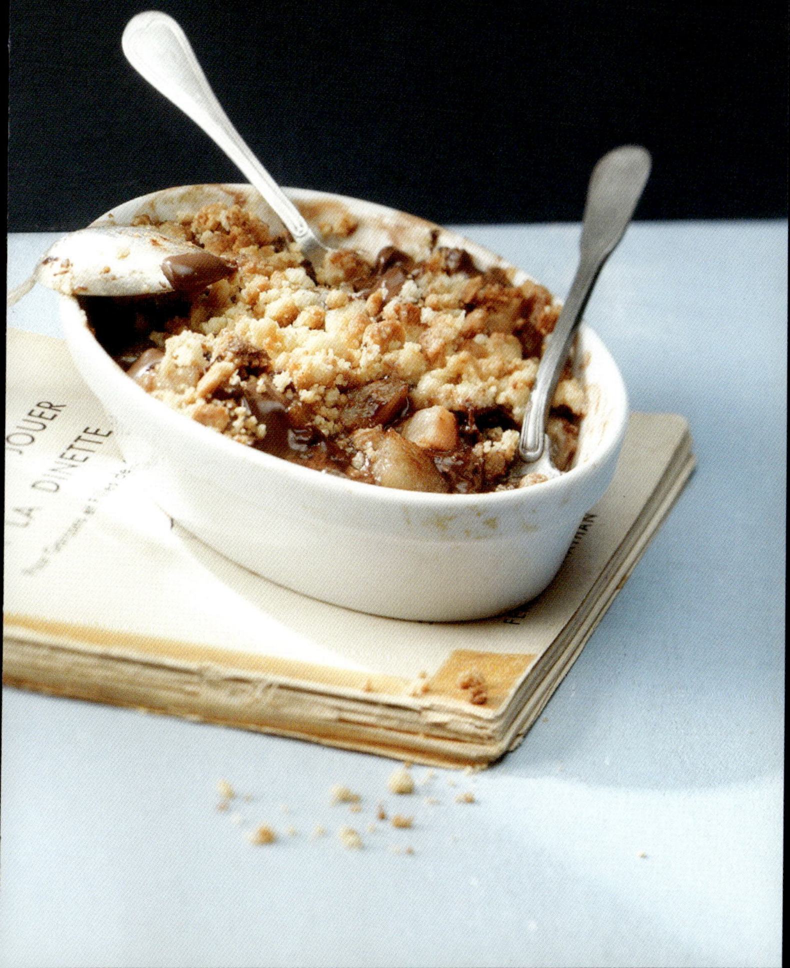
JOUER
LA DINETTE

Tartelettes aux bananes et au NUTELLA®

POUR 6 TARTELETTES
PRÉPARATION : 20 min
REPOS DE LA PÂTE : 1 h
CUISSON : 20 min

> 3 bananes
> 6 c. à soupe bien remplies de NUTELLA®
> 2 c. à soupe de noix de macadamia grillées et concassées

Pour la pâte brisée

> 180 g de beurre
> 2 pincées de sel fin
> 1 c. à soupe de sucre en poudre
> 2 jaunes d'œufs
> 5 cl de lait à température ambiante
> 255 g de farine

1. Préparez la pâte. Coupez le beurre en petits morceaux. Travaillez-le à la spatule pour le rendre crémeux. Ajoutez le sel, le sucre, les jaunes d'œufs et le lait tout en remuant, puis, peu à peu, la farine et malaxez la pâte à la main. Mettez-la au frais pour 1 h, enveloppée dans du film alimentaire.

2. Préchauffez le four à 200 °C (therm. 6-7).

3. Étalez la pâte sur 3 mm d'épaisseur. Beurrez six moules à tartelette de 10 cm de diamètre. Découpez dans la pâte 6 disques au diamètre légèrement supérieur à celui des moules. Foncez-en les moules et piquez le fond à la fourchette en plusieurs endroits. Faites cuire au four pendant 10 min.

4. Coupez les bananes en rondelles de 5 mm d'épaisseur. Sur chaque fond de tartelette, étalez 1 cuillerée à soupe de NUTELLA®. Disposez dessus les rondelles de banane et enfournez pour 10 min. Avant de les déguster, tièdes ou froides, parsemez les tartelettes de noix de macadamia.

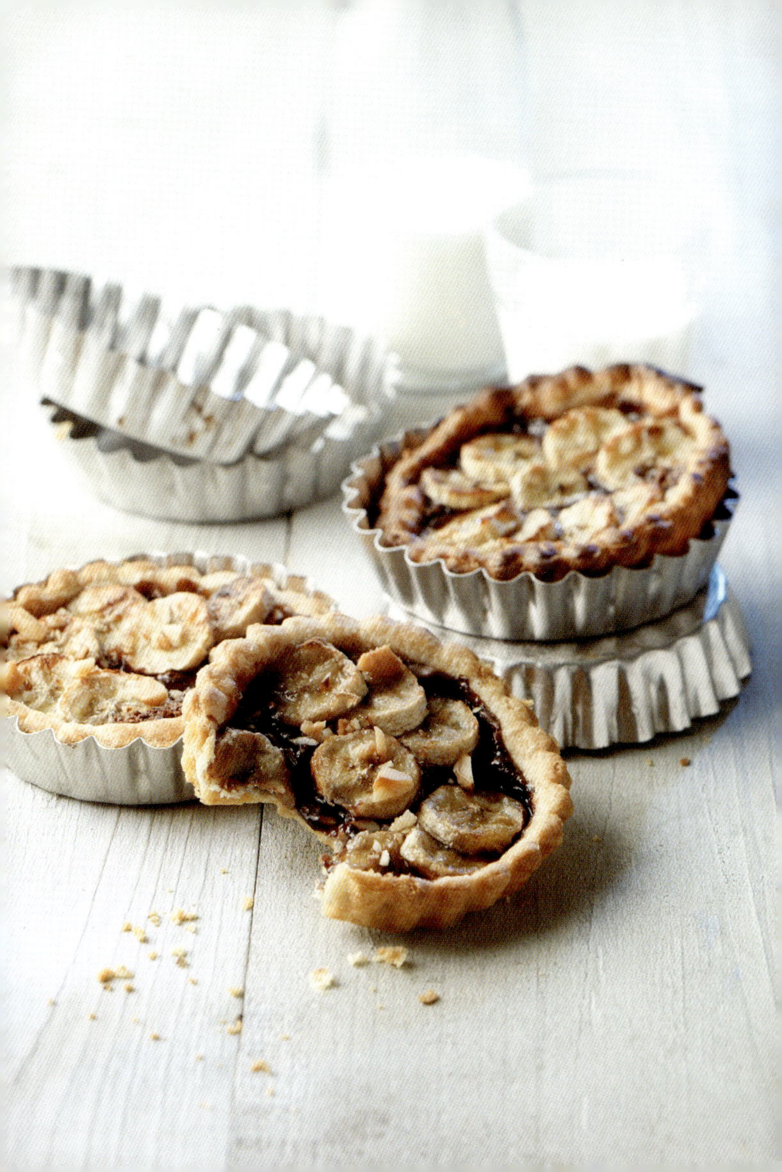

Gâteau roulé au NUTELLA®

POUR 4 MINI-BÛCHETTES
PRÉPARATION : 20 min
CUISSON : 15 min environ

> 4 œufs
> 120 g de sucre en poudre
> 40 g de farine
> 1 pincée de sel
> 200 g de NUTELLA®

Pour le glaçage
> 50 g de chocolat pâtissier

1. Préchauffez le four à 180 °C (therm. 6).

2. Cassez les œufs en séparant les blancs des jaunes. Fouettez les jaunes avec le sucre jusqu'à ce qu'ils blanchissent et deviennent mousseux. Ajoutez la farine.

3. Montez les blancs d'œufs en neige avec la pincée de sel. À l'aide d'une spatule, incorporez-les délicatement à la préparation précédente.

4. Versez la pâte sur une plaque à pâtisserie de 40 x 30 cm, recouverte de papier sulfurisé. Enfournez pour 10 à 15 min.

5. Sortez le biscuit du four. Découpez-le aussitôt en 4 parts égales, mais sans séparer les morceaux ni retirer le papier sulfurisé. Roulez le biscuit aussitôt. Laissez refroidir quelques minutes.

6. Déroulez le biscuit, retirez le papier sulfurisé et tartinez les 4 parts de NUTELLA®. Roulez indépendamment les parts afin d'obtenir de petites bûchettes.

7. Préparez le glaçage. Coupez le chocolat en petits morceaux. Faites-le fondre au bain-marie. À l'aide d'un couteau ou d'une spatule, recouvrez les bûchettes de chocolat. Laissez durcir à température ambiante.

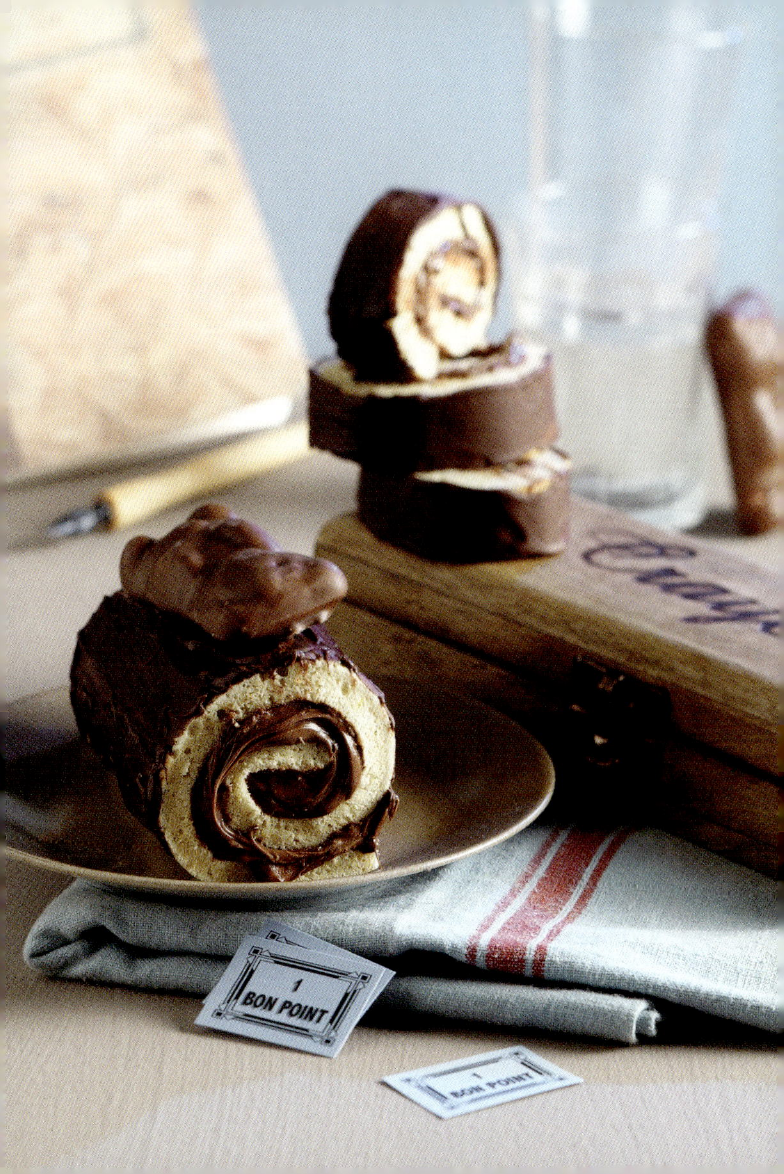
1
BON POINT
1
BON POINT

Whoopies au NUTELLA® et à l'orange

POUR 15 PETITS WHOOPIES
PRÉPARATION : 30 min
CUISSON : 10 min
RÉFRIGÉRATION : 60 min

Pour la crème
> 1 orange non traitée
> 75 g de beurre
> 50 g de sucre en poudre
> 1 œuf
> 75 g de petits-suisses

Pour les biscuits
> 125 g de farine
> 1/2 sachet de levure chimique (soit 6 g environ)
> 1 pincée de sel
> 40 g de beurre ramolli
> 40 g de sucre en poudre
> 1 œuf
> 100 g de NUTELLA®
> 20 g de cacao en poudre
> 10 cl de lait

1. Préchauffez le four à 180 °C (therm. 6).

2. Préparez la crème. Râpez le zeste de l'orange et pressez le jus. Faites fondre le beurre dans un saladier placé au bain-marie. Ajoutez-y le sucre, l'œuf, le zeste et le jus d'orange. Fouettez régulièrement jusqu'à ce que le mélange épaississe. Retirez du feu et laissez refroidir. Incorporez ensuite les petits-suisses. Réservez au frais.

3. Préparez les biscuits. Mélangez la farine, la levure et le sel. Dans un saladier, travaillez le beurre et le sucre. Ajoutez l'œuf, le NUTELLA®, le cacao et le lait, et mélangez. Incorporez ensuite le mélange farine-levure. Déposez des petits tas de pâte sur une plaque recouverte de papier sulfurisé. Enfournez pour 10 à 15 min. Laissez les biscuits refroidir

4. Tartinez la moitié des biscuits avec la crème. Assemblez-les avec les biscuits restants pour former les whoopies.

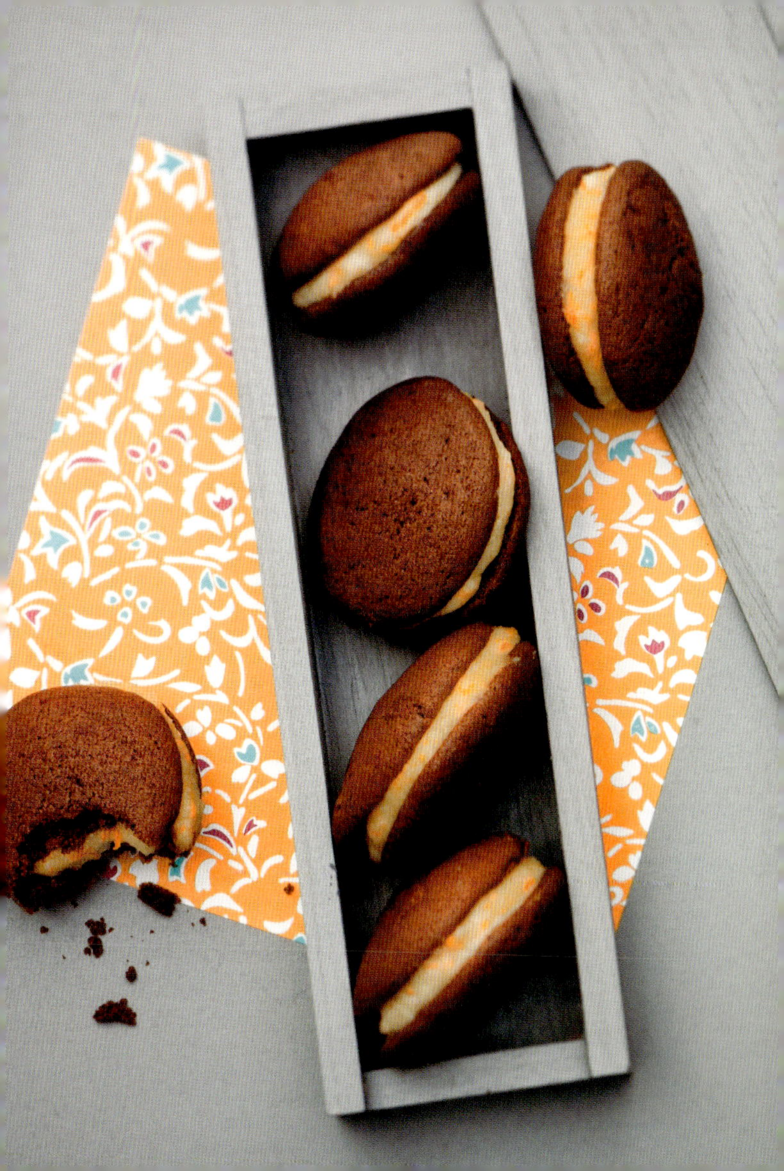

Galette des rois au NUTELLA®

POUR 8 PERSONNES
PRÉPARATION : 15 min
CUISSON : 25 min

> 220 g de NUTELLA®
> 2 œufs entiers + 1 jaune pour la dorure
> 120 g de noisettes en poudre
> 2 pâtes feuilletées préétalées

1. Préchauffez le four à 220 °C (therm. 7-8).

2. Dans un saladier, mélangez le NUTELLA® avec les 2 œufs et les noisettes en poudre.

3. Déroulez la première pâte feuilletée sur une plaque recouverte de papier sulfurisé. Étalez délicatement la préparation au NUTELLA® en laissant un bord de 1,5 cm afin de pouvoir ensuite souder les deux pâtes. Déposez une ou plusieurs fèves.

4. Déroulez la deuxième pâte et posez-la sur la première. Soudez les bords en réalisant un bourrelet sur tout le pourtour de la galette.

5. À l'aide d'un pinceau, badigeonnez la surface de la galette avec le jaune d'œuf, puis tracez un large quadrillage à la pointe d'un couteau. Faites cuire au four pendant 25 min. Dégustez tiède ou froid.

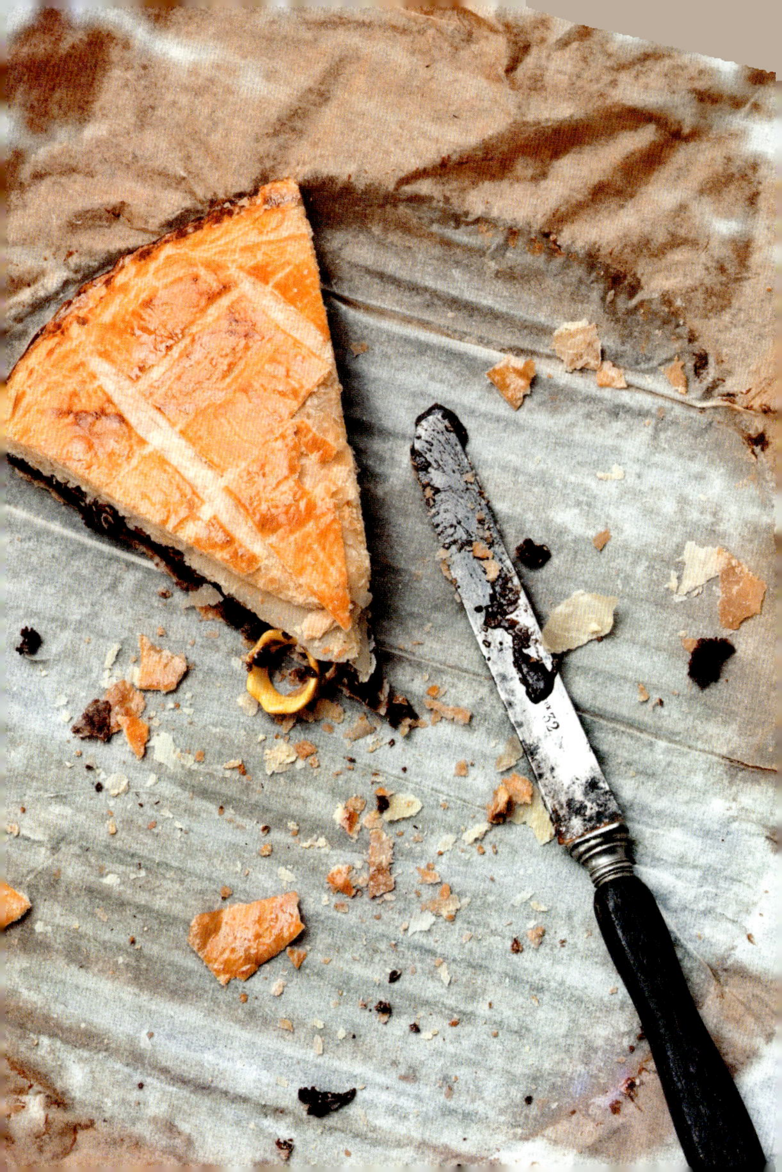

Cheesecake au NUTELLA®

POUR 8 PERSONNES
PRÉPARATION : 15 min
CUISSON : 1 h 30
RÉFRIGÉRATION : 30 min + 12 h

> 100 g de beurre
> 250 g de petits-beurre (ou gâteaux secs de votre choix)
> 50 g de chocolat noir
> 150 g de NUTELLA®
> 20 cl de crème liquide
> 600 g de fromage frais (type Philadelphia ou St Môret)
> 4 œufs

1. Préchauffez le four à 150 °C (therm. 5). Beurrez un moule (à fond amovible de préférence).

2. Faites fondre le beurre. Dans un bol, émiettez les petits-beurre et versez le beurre fondu. Mélangez, puis mettez cette pâte dans le moule en la tassant à l'aide d'un verre par exemple. Réservez au frais pendant au moins 30 min.

3. Dans une casserole à fond épais, faites fondre le chocolat avec le NUTELLA® et la crème liquide.

4. Dans un saladier, battez à l'aide d'un fouet le fromage frais et les œufs. Ajoutez ensuite la crème au NUTELLA®. Versez ce mélange sur le fond de pâte.

5. Enfournez pour 1 h. Éteignez le four et laissez le cheese-cake encore 30 min à l'intérieur. Réservez au frais pendant au moins 12 h avant de servir.

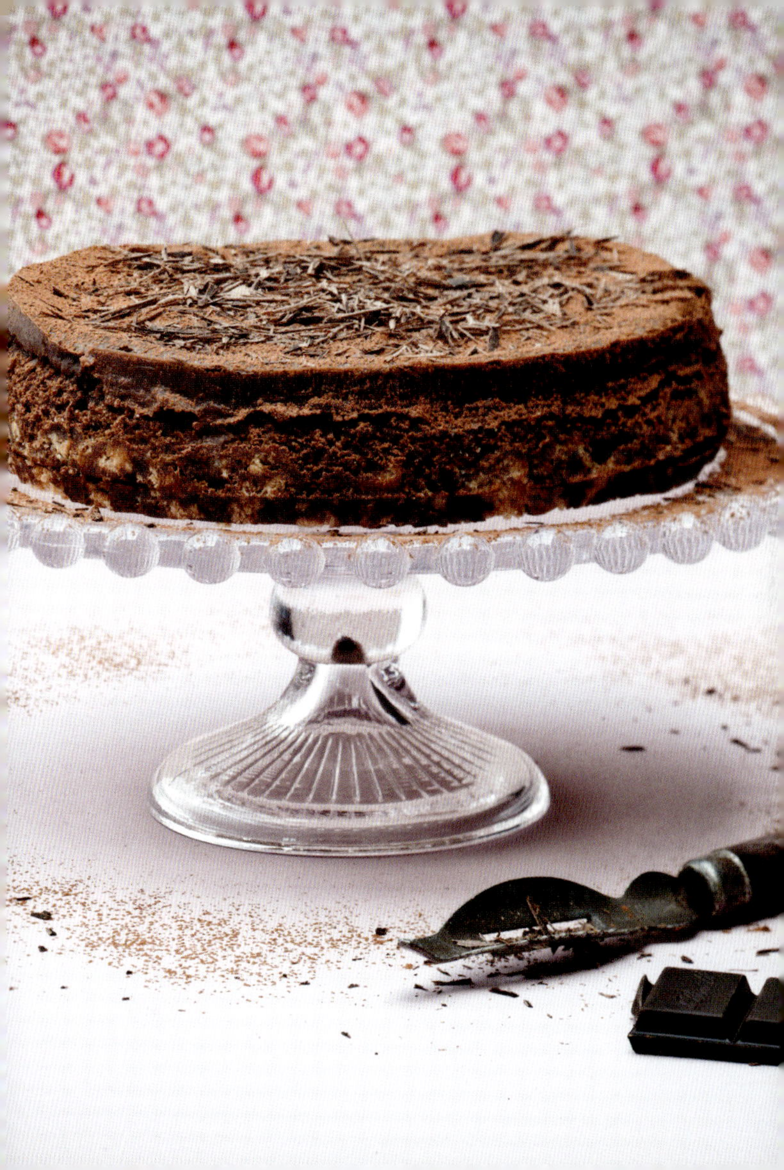

Bûche au NUTELLA®

POUR 4 PERSONNES
PRÉPARATION : 1 h
CUISSON : 15 min
RÉFRIGÉRATION : 12 h

> 8 oursons en guimauve + pour le décor

Pour le biscuit

> 2 œufs
> 60 g de sucre en poudre
> 30 g de farine
> 15 g de cacao en poudre

Pour la mousse

> 100 g de chocolat au lait
> 100 g de NUTELLA®
> 20 cl de crème liquide
> 2 g d'agar-agar

1. Préparez le biscuit. Préchauffez le four à 180 °C (therm. 6). Battez les œufs et le sucre 4 ou 5 min au batteur électrique. Incorporez délicatement à l'aide d'une spatule la farine et le cacao tamisé. Étalez la pâte sur une plaque recouverte de papier sulfurisé. Enfournez pour 15 min. Laissez le biscuit refroidir sur un torchon humide, puis découpez-y un rectangle de la taille d'un moule à cake (20 cm x 8 cm).

2. Préparez la mousse. Faites fondre le chocolat au lait et le NUTELLA® au bain-marie. Portez à ébullition 5 cl de crème liquide avec l'agar-agar. Hors du feu, incorporez ce mélange à la préparation au NUTELLA® ; laissez refroidir. Fouettez le reste de crème liquide en chantilly ferme et incorporez-y délicatement le mélange au NUTELLA®.

3. Chemisez le moule à cake avec les oursons. Versez-y la mousse, puis déposez le rectangle de biscuit. Placez le moule au réfrigérateur pour 12 h.

4. Passez rapidement le moule sous l'eau chaude puis démoulez délicatement la bûche sur un plat et collez quelques oursons sur les côtés. Servez frais.

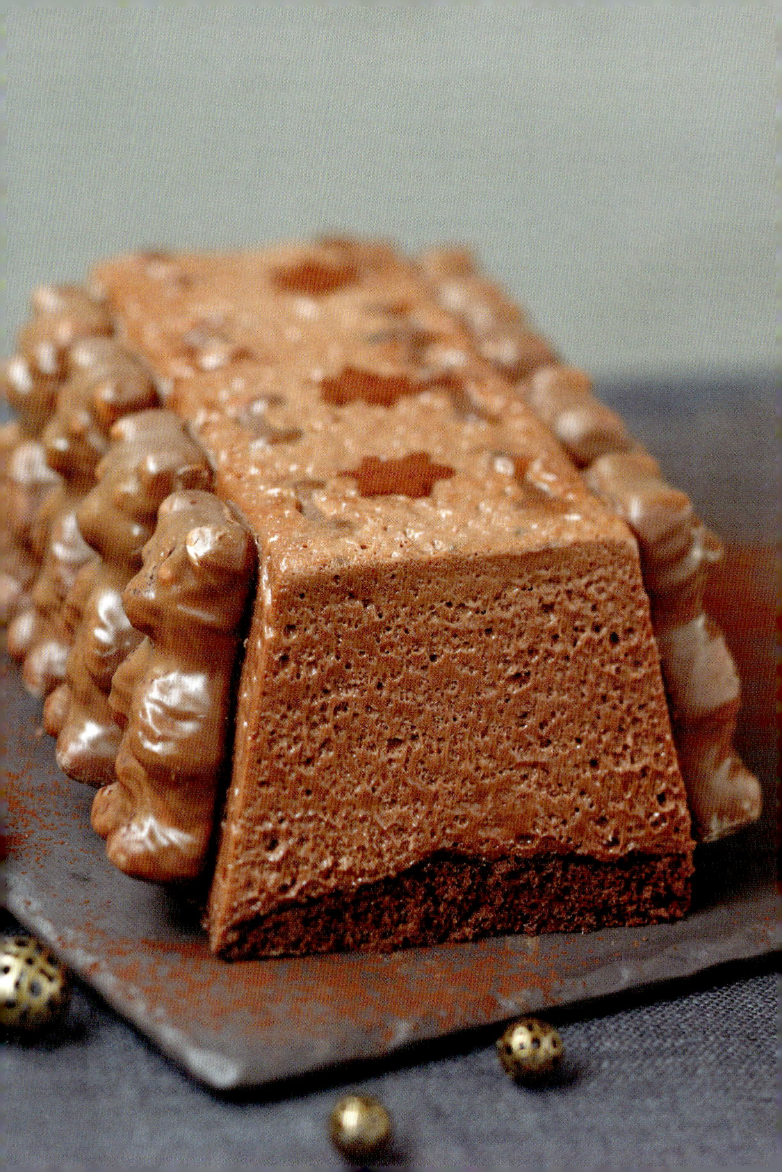

Charlotte au NUTELLA®

POUR 4 PERSONNES
PRÉPARATION : 20 min
RÉFRIGÉRATION : 12 h au moins

> 50 cl de lait
> 4 c. à café de cacao en poudre
> 50 g de sucre en poudre
> 275 g de biscuits roses de Reims ou de biscuits à la cuillère
> 25 cl de crème liquide très froide
> 300 g de NUTELLA®

1. Faites chauffer un demi-verre de lait. Dans un saladier, mélangez le cacao avec le sucre et diluez-les avec le lait chaud, puis ajoutez le lait restant. Trempez rapidement un à un les biscuits dans ce lait chocolaté. Tapissez-en le fond et le tour d'un moule à charlotte d'environ 12 à 15 cm de diamètre. Serrez bien les biscuits les uns contre les autres afin que la charlotte, une fois démoulée, tienne bien.

2. Versez la crème liquide dans un saladier et montez-la en chantilly bien ferme à l'aide d'un fouet. Incorporez-y délicatement le NUTELLA® en soulevant la masse à l'aide d'une spatule.

3. Versez la crème au NUTELLA® jusqu'à mi-hauteur du moule, puis disposez à nouveau une couche de biscuits imbibés de lait chocolaté. Recouvrez du reste de crème en allant jusqu'en haut du moule. Couvrez de film alimentaire et placez la charlotte au réfrigérateur pendant au moins 12 h.

Conseil : Afin de faciliter le démoulage, vous pouvez tapisser le moule de film alimentaire.

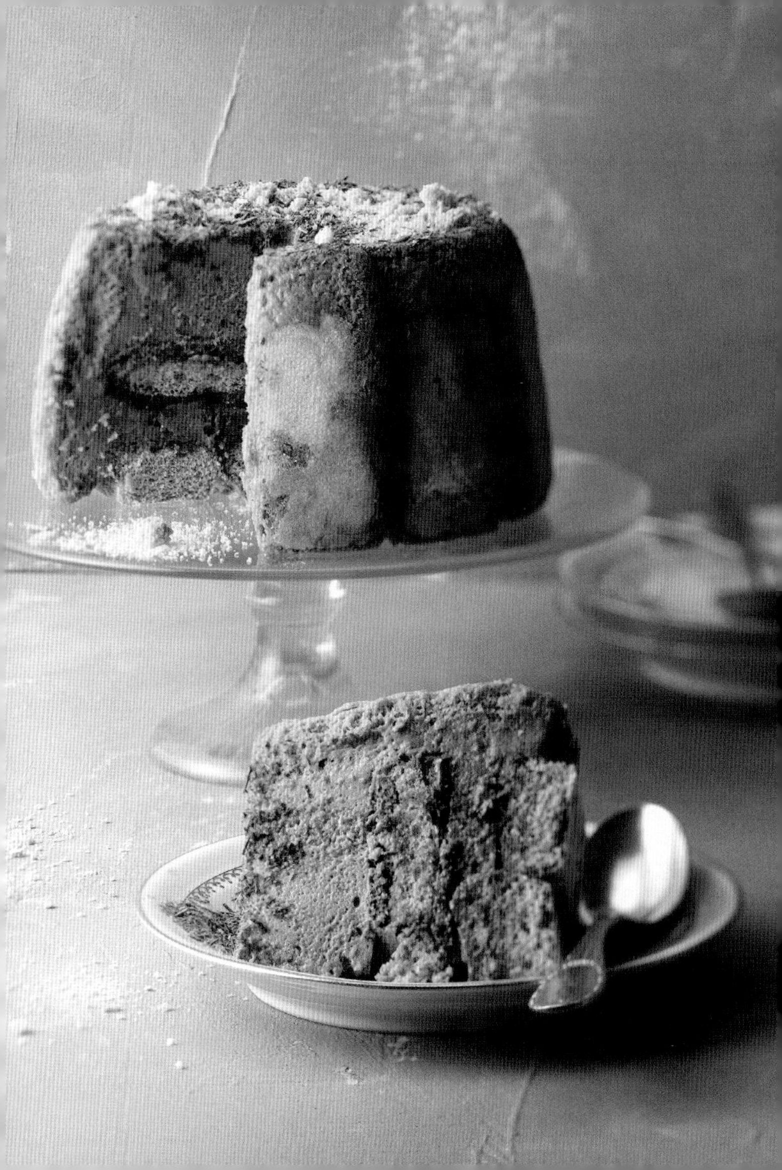

Crédits photographiques

Caroline Faccioli © coll. Larousse (stylisme Corinne Jausserand) : pages 2, 15, 17, 19, 23, 25, 27, 29, 41, 43, 45 et 55.
Pierre-Louis Viel © coll. Larousse (stylisme Valéry Drouet) : pages 5, 7, 31, 53.
Stéphane Bahic © coll. Larousse (stylisme Sophie Dupuis-Gaulier) : pages 9, 11, 13, 21, 33, 35, 37, 47, 49 et 51.
Olivier Ploton © coll. Larousse : page 18 et les pages de garde.
Amélie Roche © coll. Larousse (stylisme Aline Caron) : page 39.

TABLE DES ÉQUIVALENCES FRANCE – CANADA

Poids	55 g	100 g	150 g	200 g	250 g	300 g	500 g	750 g	1 kg
	2 onces	3,5 onces	5 onces	7 onces	9 onces	11 onces	18 onces	27 onces	36 onces

Ces équivalences permettent de calculer le poids à quelques grammes près (en réalité, 1 once = 28 g).

Capacités	5 cl	10 cl	15 cl	20 cl	25 cl	50 cl	75 cl
	2 onces	3,5 onces	5 onces	7 onces	9 onces	17 onces	26 onces

Pour faciliter la mesure des capacités, une tasse équivaut ici à 25 cl (en réalité, 1 tasse = 8 onces = 23 cl).

Photogravure Turquoise, Émerainville
Imprimé en Chine par Leo Paper Products
Dépôt légal : septembre 2012
309892/01 - 11019906 juin 2012

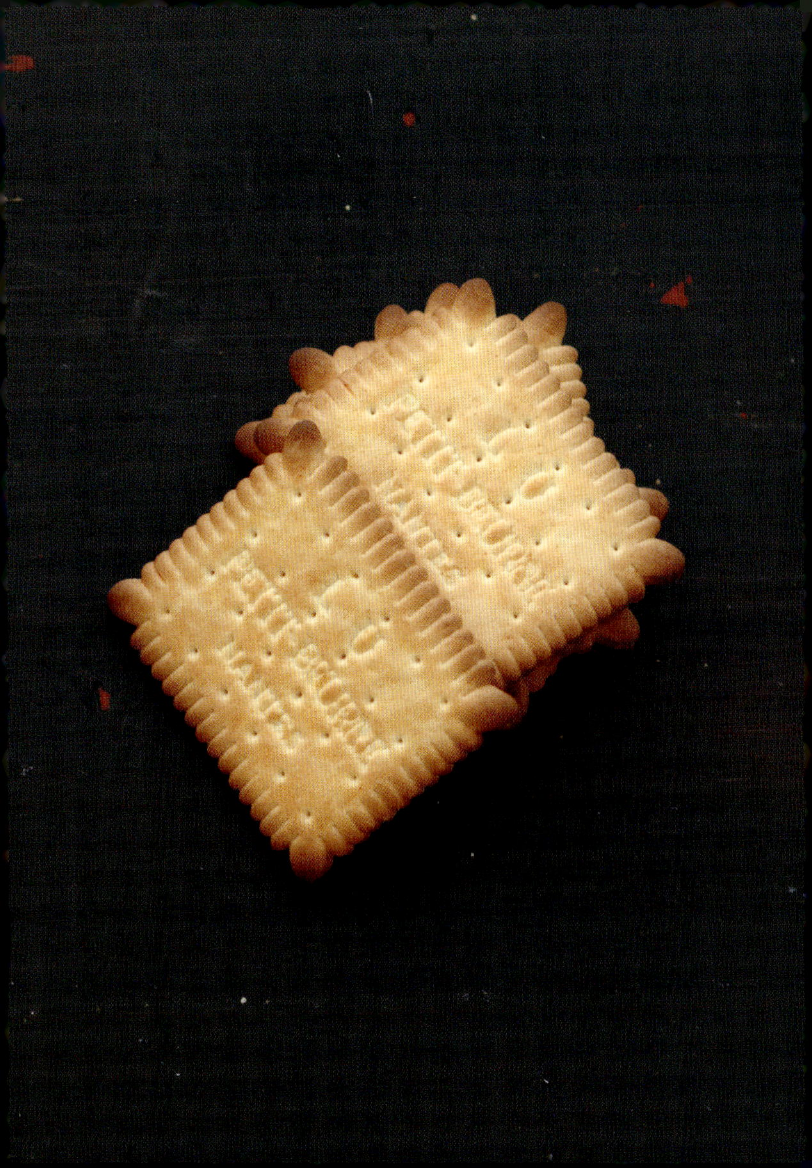

Direction de la publication : **Isabelle Jeuge-Maynart**
et **Ghislaine Stora**
Direction éditoriale : **Delphine Blétry**
Édition : **Julie Tallet**, assitée de **Candice Roger**
Direction artistique : **Emmanuel Chaspoul,**
assisté de **Anna Bardon**
Informatique éditoriale : **Marion Pépin** et **Philippe Cazabet**
Lecture-correction : **Joëlle Narjollet**
Couverture : **Véronique Laporte**
Fabrication : **Annie Botrel**

Cet ouvrage a été réalisé avec l'aimable autorisation de Kraft Foods.

ISBN 301-0-00-002290-9
© Larousse 2012

Toute reproduction ou représentation intégrale ou partielle, par quelque procédé que ce soit, du texte et/ou de la nomenclature contenus dans le présent ouvrage, et qui sont la propriété de l'Éditeur, est strictement interdite.

Les Éditions Larousse utilisent des papiers composés de fibres naturelles, renouvelables, recyclables et fabriquées à partir de bois issus de forêts qui adoptent un système d'aménagement durable. En outre, les Éditions Larousse attendent de leurs fournisseurs de papier qu'ils s'inscrivent dans une démarche de certification environnementale reconnue.

VÉRITABLE PETIT BEURRE LU®

LAROUSSE

21 RUE DU MONTPARNASSE 75283 PARIS CEDEX 06

SOMMAIRE

Trifles aux petits-beurre, fraises et ricotta 6
Sabayons de fruits rouges et petits-beurre 8
Crémeux aux petits-beurre comme un opéra 10
Parfaits glacés, pralinés et petits-beurre 12
Sablés de petits-beurre au citron 14
Fondant de petits-beurre et caramel 16
Cake choco petits-beurre, façon marbré 18
Tarte aux petits-beurre et crème aux fraises 20
Mille-feuilles de petits-beurre
au chocolat 22
Roses des sables chocolat, pistaches
et petits-beurre 24
Moelleux aux petits-beurre et au café 26
Truffes au chocolat, cerises
et petits-beurre 28
Pudding vanillé aux petits-beurre 30

Mousses à l'orange et petits-beurre
en verrines 32
Tartelettes aux pommes et aux petits-beurre........... 34
Brownie aux éclats de petits-beurre et aux noix.......36
Banoffee aux petits-beurre 38
Palets de petits-beurre, praliné
et chocolat blanc 40
Sabayon de poires et caramel de petits-beurre 42
Bananes rôties aux petits-beurre et pistaches 44
Crumble de pêches, noisettes et petits-beurre 46
Tiramisu banane, coco et petits-beurre 48
Charlotte aux petits-beurre et caramel 50
Barres chocolatées aux mendiants
petits-beurre 52
Macarons petits-beurre, chocolat
et noix de pécan 54

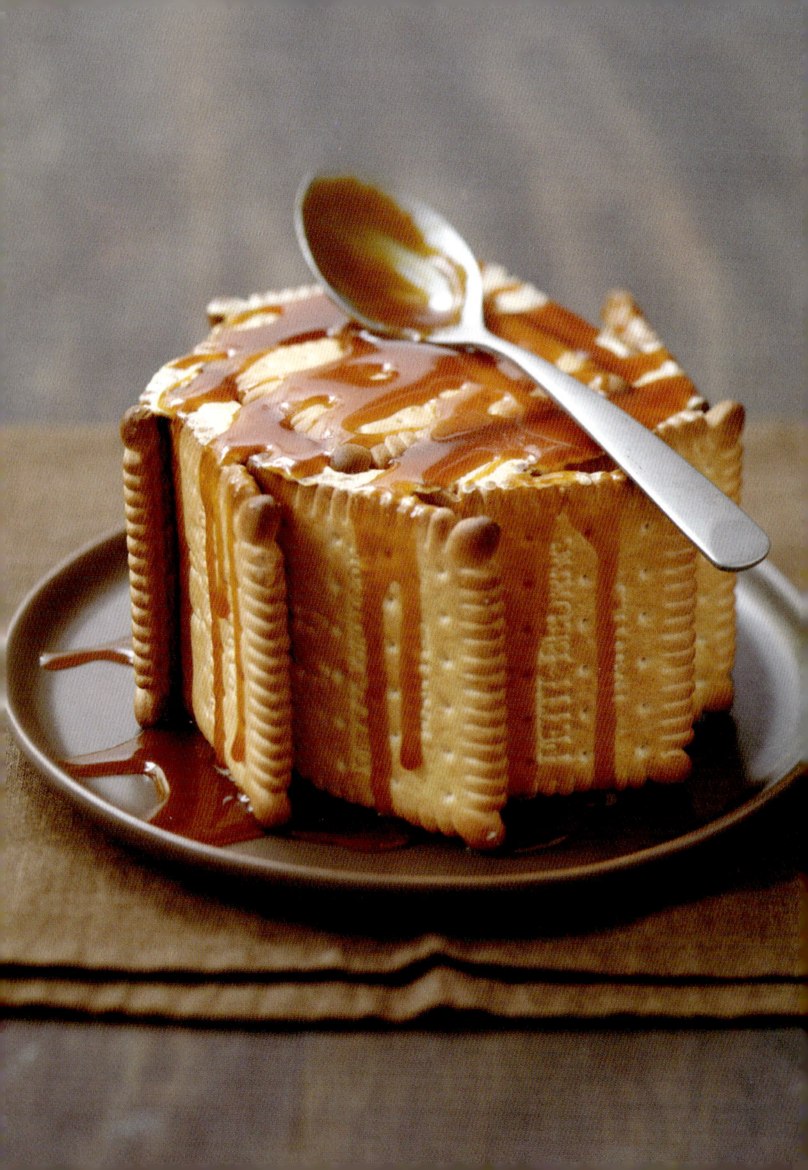

Introduction

Les Véritable Petit Beurre LU® ont déjà régalé plus de huit générations de croqueurs d'oreilles !

Leur simplicité et leur goût de beurre permet la réalisation d'une multitude de desserts aussi délicieux les uns que les autres.

Vous aimez la saveur inimitable du Véritable Petit Beurre LU® ? Ce biscuit à la fois croquant et fondant vous séduit ? Découvrez des recettes inédites qui rendent hommage à ce produit culte.

Comment utiliser ces biscuits ? Dans ces recettes, ils sont soit employés entiers, soit, le plus souvent, concassés ou réduits en poudre avant d'être manipulés.

Le Véritable Petit Beurre LU ® : un grand classique, idéal pour des desserts originaux !

Trifles aux petits-beurre, fraises et ricotta

POUR 4 PERSONNES
PRÉPARATION : 25 min
RÉFRIGÉRATION : 4 h

> 250 g de fraises
> le jus de 2 citrons
> 90 g de sucre en poudre
> 250 g de ricotta
> 10 cl de crème liquide
> 100 g de Véritable Petit Beurre LU®

1. Préparez le coulis de fraises. Lavez, équeutez et coupez les fraises en morceaux. Mettez-en la moitié dans le bol d'un mixeur avec le jus de 1 citron et 40 g de sucre. Mixez pendant 2 min jusqu'à obtenir un coulis.

2. Fouettez la ricotta dans un récipient avec le reste de sucre, la crème et le jus du second citron.

3. Placez les petits-beurre dans un sac congélation. Écrasez-les grossièrement à l'aide d'un rouleau à pâtisserie pour les réduire en poudre.

4. Coupez le reste des fraises en petits dés et ajouter-les au coulis. Répartissez la moitié des petits-beurre écrasés dans le fond de 4 verres. Versez la moitié du coulis dessus, puis la moitié de la ricotta. Recommencez une nouvelle fois pour atteindre le haut du verre.

5. Placez les trifles au moins 4 h au réfrigérateur. Décorez la surface avec des miettes de petits-beurre au moment de servir.

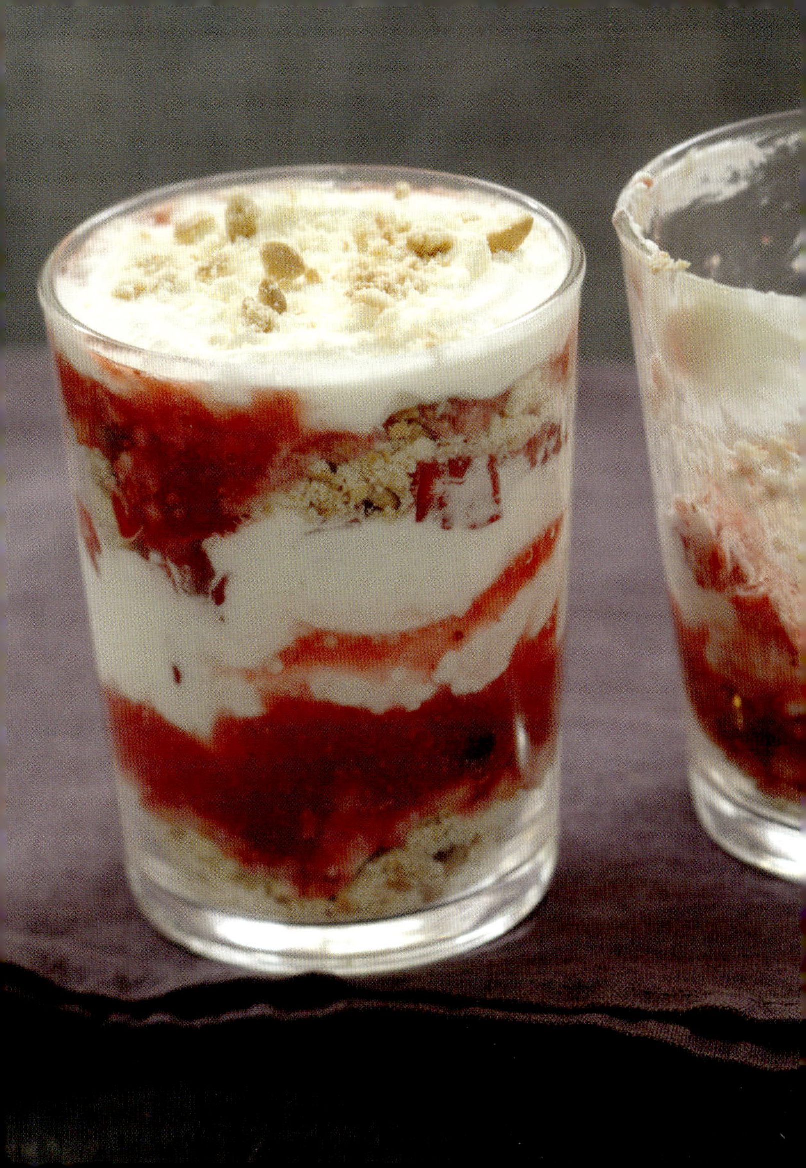

Sabayons de fruits rouges et petits-beurre

POUR 4 PERSONNES
PRÉPARATION : 30 min
CUISSON : 10 min

> 150 g de myrtilles
> 2 c. à soupe de sirop d'orgeat
> 8 Véritable Petit Beurre LU®
> 200 g de fraises
> 250 g de framboises
> 6 jaunes d'œufs
> 60 g de sucre en poudre
> 3 c. à soupe de liqueur de fraise (ou de floc de Gascogne)

1. Faites saisir dans une poêle sur feu vif les myrtilles avec le sirop d'orgeat pendant 2 min. Une fois que les myrtilles sont fendues, retirez-les du feu et laissez la préparation refroidir. Écrasez grossièrement les petits-beurre.

2. Lavez les fraises, équeutez-les, puis coupez-les en quatre. Dans un récipient, mélangez les fraises, les framboises et les myrtilles au sirop. Répartissez-les ensuite dans 4 plats à gratin individuels.

3. Préchauffez le gril du four à 180 °C (therm. 6). Dans une casserole, mélangez les jaunes d'œufs avec le sucre et la liqueur de fraise. Faites cuire 5 à 7 min sur feu doux sans cesser de fouetter pour obtenir un sabayon. Hors du feu, continuez de fouetter encore 2 min, puis ajoutez les petits-beurre écrasés.

4. Répartissez le sabayon sur les fruits rouges et mettez les plats à gratiner quelques minutes sous le gril du four. Sortez du four et servez aussitôt.

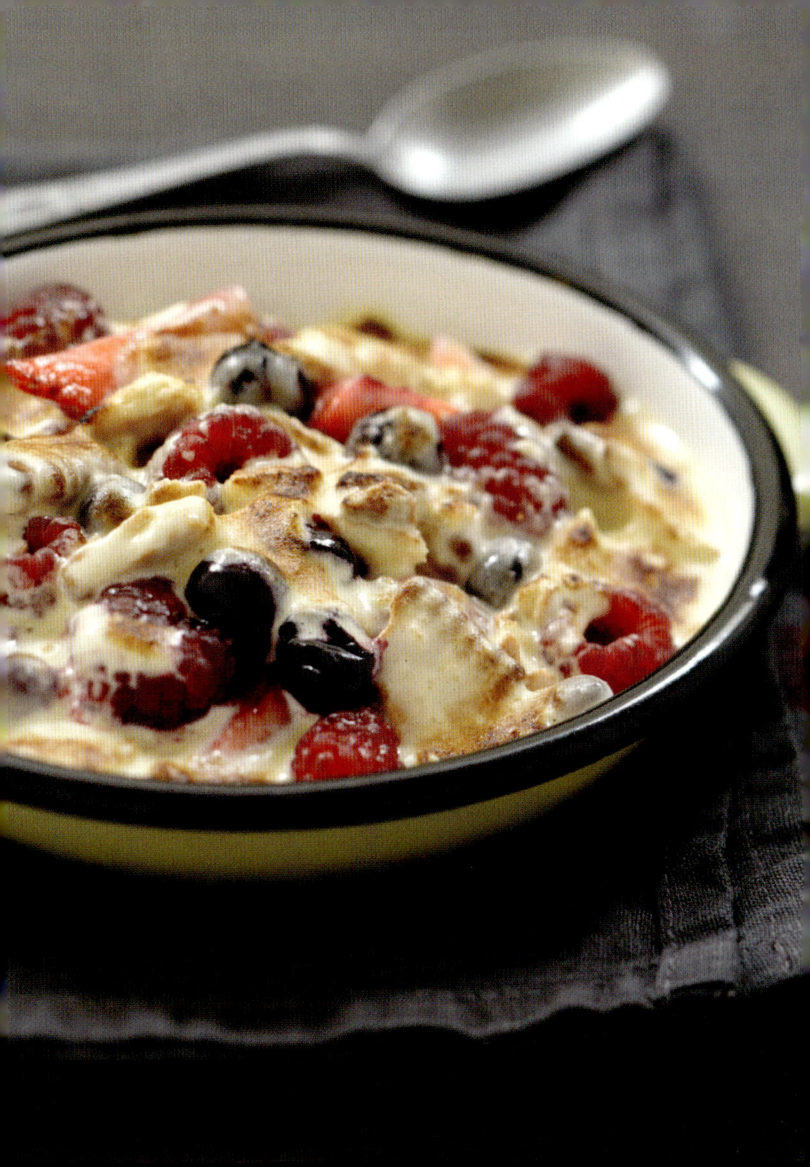

Crémeux aux petits-beurre comme un opéra

POUR 4 À 6 PERSONNES
PRÉPARATION : 40 min
CUISSON : 15 min
RÉFRIGÉRATION : 4 h

> 95 g de sucre en poudre
> 2 œufs
> 180 g de beurre mou
> 5 cl d'extrait de café
> 120 g de chocolat noir
> 10 cl de crème liquide
> 120 g de Véritable Petit Beurre LU®
> 15 cl de café fort

1. Faites cuire à feu moyen le sucre dans une casserole avec 5 cl d'eau de 6 à 8 min afin d'obtenir un sirop épais.

2. Battez les œufs au batteur électrique pendant environ 8 min dans un récipient au bain-marie jusqu'à ce qu'ils doublent de volume. Hors du feu, versez doucement le sirop en continuant de battre pendant 6 à 8 min. Ajoutez le beurre mou peu à peu et l'extrait de café en mélangeant avec un fouet.

3. Hachez le chocolat noir et mettez-le dans un récipient. Portez à ébullition la crème dans une casserole, puis versez-la sur le chocolat. Mélangez pour obtenir une ganache bien lisse et laissez refroidir à température ambiante.

4. Trempez la moitié des petits-beurre dans le café et tapissez-en le fond d'un cadre en Inox de 20 x 20 cm. Versez la préparation à l'extrait de café dessus, lissez la surface, puis trempez le reste des petits-beurre dans le café et déposez-les dessus. Versez la ganache au chocolat et lissez la surface.

5. Placez le gâteau pendant 4 h au réfrigérateur. Retirez le cadre, découpez et dégustez.

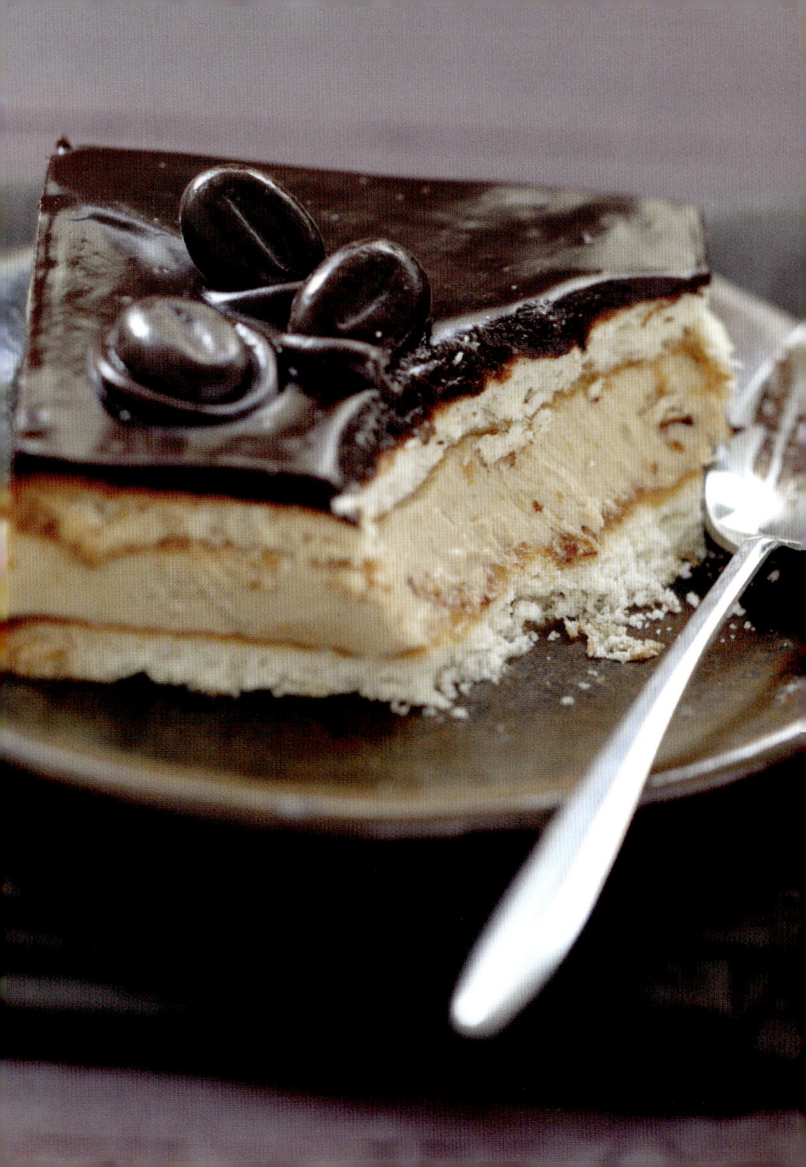

Parfaits glacés, pralinés et petits-beurre

POUR 4 PERSONNES
PRÉPARATION : 30 min
CUISSON : 8 à 10 min
CONGÉLATION : 6 h

> 10 Véritable Petit Beurre LU®
> 20 cl de crème liquide bien froide
> 80 g de sucre en poudre
> 2 blancs d'œufs
> 2 c. à soupe de pralin liquide en pot (dans une épicerie fine
> ou chez le pâtissier)
> 80 g de pralin en poudre

1. Écrasez grossièrement 8 petits-beurre entre vos mains. Répartissez-en les deux tiers dans le fond de 4 cercles à pâtisserie en Inox de 10 cm de diamètre posés sur une plaque.

2. Montez la crème en chantilly bien ferme et gardez-la au réfrigérateur.

3. Préparez la meringue. Faites cuire le sucre avec 5 cl d'eau dans une casserole sur feu moyen pendant 8 à 10 min pour obtenir un sirop légèrement épais. Dans un récipient, montez les blancs en neige, puis versez le sirop tiède dedans en continuant de fouetter pendant 6 à 8 min. Ajoutez le pralin liquide et le pralin en poudre, puis mélangez. Incorporez ensuite la crème fouettée et le reste des petits-beurre écrasés.

4. Garnissez les cercles en Inox avec la préparation. Cassez les deux derniers petits-beurre en gros morceaux et plantez-les dans les parfaits.

5. Placez les parfaits pendant 6 h au congélateur. Au moment de servir, chauffez légèrement le tour des cercles en Inox en les passant sous l'eau tiède pour faciliter le démoulage. Retirez les cercles et servez aussitôt.

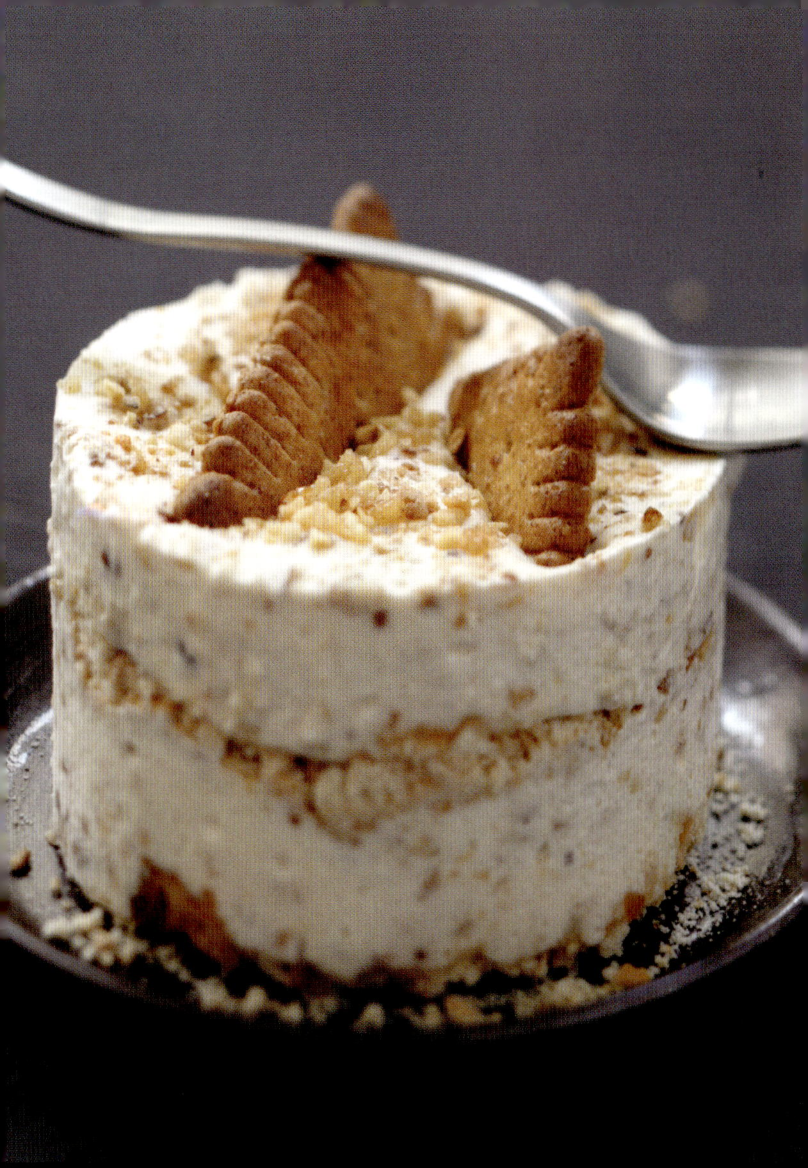

Sablés de petits-beurre au citron

POUR 20 SABLÉS ENVIRON
PRÉPARATION : 20 min
RÉFRIGÉRATION : 3 h
CUISSON : 15 min

> 10 Véritable Petit Beurre LU®
> 3 citrons bio
> 150 g de beurre mou
> 150 g de sucre glace
> 220 g de farine
> 1 œuf entier + 1 jaune

1. Placez les petits-beurre dans un sac congélation. Écrasez-les avec un rouleau à pâtisserie pour les réduire en poudre.

2. Brossez les citrons, prélevez leur zeste et hachez-les. Mélangez le beurre mou avec le sucre glace dans un grand récipient. Ajoutez la farine, la poudre de petits-beurre, les zestes de citron, puis l'œuf entier et le jaune.

3. Travaillez la pâte pendant 3 min pour la rendre homogène. Formez une boule, enveloppez-la dans du film alimentaire et laissez-la reposer 3 h au réfrigérateur.

4. Préchauffez le four à 200 °C (therm. 6-7). Sortez la pâte, étalez-la sur un plan de travail fariné, sur 3 ou 4 mm d'épaisseur. Taillez des ronds de 5 cm de diamètre à l'aide d'un emporte-pièce (ou d'un verre de même diamètre). Déposez les sablés sur une plaque de four recouverte de papier sulfurisé. Enfournez pour 12 à 15 min.

5. Sortez les sablés du four et laissez-les refroidir.

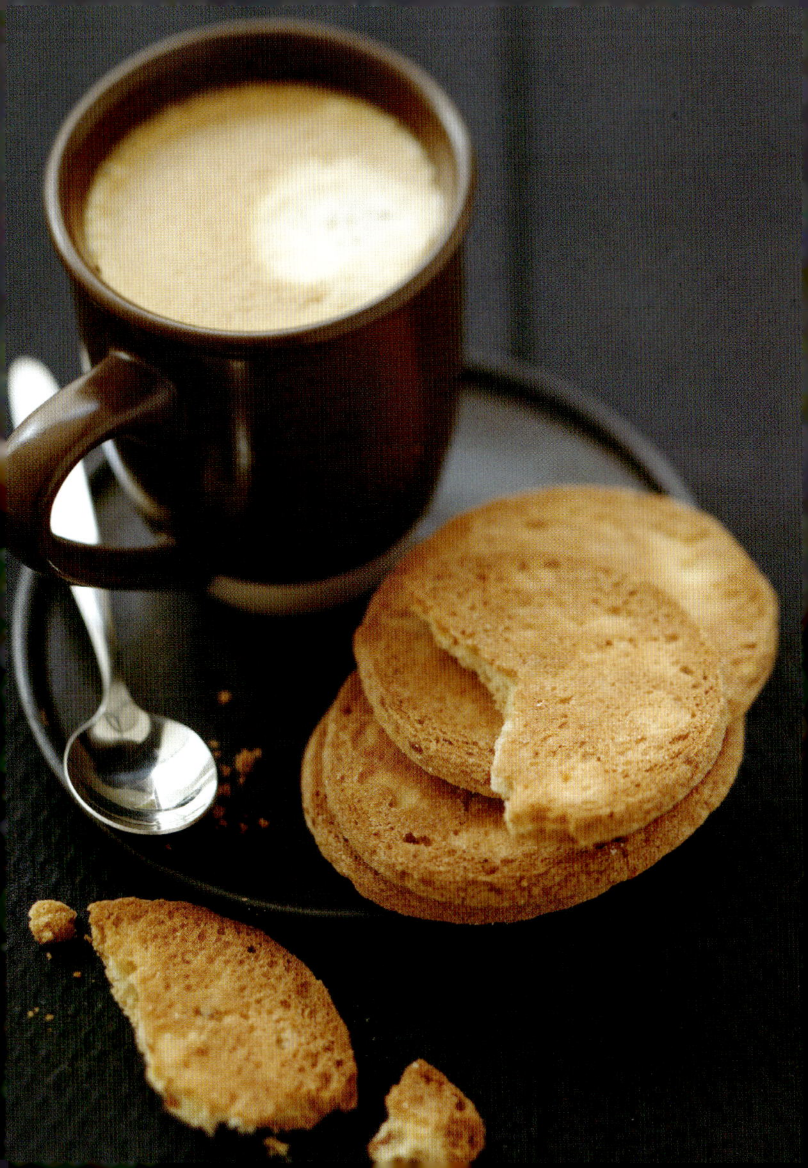

Fondant de petits-beurre et caramel

POUR 4 PERSONNES
PRÉPARATION : 20 min
RÉFRIGÉRATION : 4 h
CUISSON : 15 min

> 110 g de Véritable Petit Beurre LU®
> 120 g de beurre
> 400 g de lait concentré sucré en boîte
> 40 g de chocolat noir ou au lait

1. Mettez les petits-beurre dans un sac congélation. Écrasez-les avec un rouleau à pâtisserie pour les réduire en poudre.

2. Faites fondre 80 g de beurre dans une casserole. Mélangez les biscuits et le beurre fondu dans un récipient.

3. Recouvrez une plaque de four de papier sulfurisé. Déposez dessus un cadre de pâtisserie en Inox de 15 x 20 cm ou un moule rectangulaire à fond amovible. Étalez le mélange beurre et biscuits dans le fond, en tassant bien. Placez le biscuit 1 h au réfrigérateur.

4. Mettez le lait concentré dans une casserole avec le beurre restant. Faites cuire le tout 10 à 15 min environ sur feu moyen, en remuant sans cesse avec un fouet pour obtenir un caramel légèrement brun. Versez le caramel sur le biscuit durci, replacez le tout 2 ou 3 h au frais.

5. Sortez le fondant, découpez-le en bandes de 2 cm de large. Faites fondre le chocolat au micro-ondes et nappez-en le fondant. Dégustez avec de la crème anglaise.

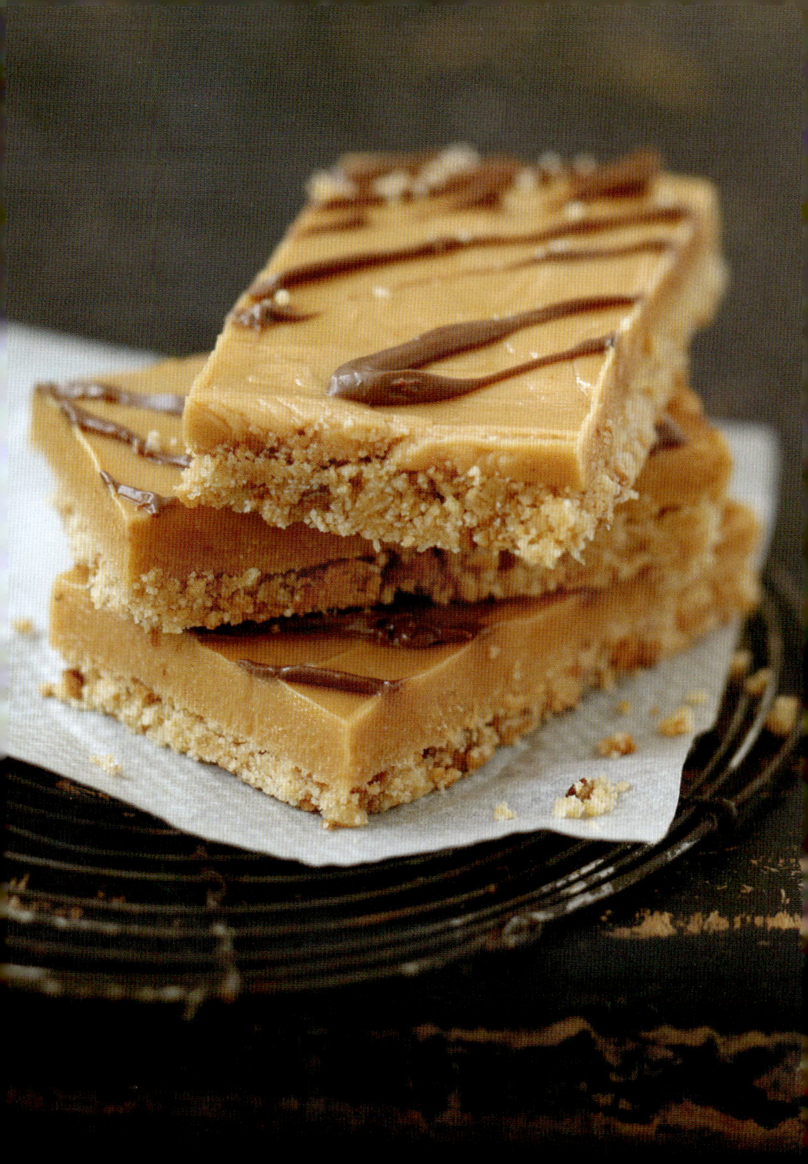

Cake choco petits-beurre, façon marbré

POUR 4 PERSONNES
PRÉPARATION : 25 min
CUISSON : 45 min

> 120 g de chocolat au lait
> 160 g de beurre + 10 g pour le moule
> 60 g de Véritable Petit Beurre LU®
> 3 œufs
> 160 g de cassonade
> 170 g de farine
> 1/2 sachet de levure

1. Préchauffez le four à 160 °C (therm. 5-6). Hachez le chocolat au lait et mettez-le à fondre dans un bol au four à micro-ondes ou au bain-marie. Coupez le beurre en morceaux et faites-le fondre dans une casserole à feu doux. Écrasez grossièrement les petits-beurre.

2. Battez les œufs dans un récipient avec la cassonade, puis ajoutez la farine et la levure en mélangeant. Ajoutez le beurre et le chocolat fondus ainsi que les morceaux de petits-beurre. Mélangez le tout.

3. Beurrez un moule à cake et versez la préparation dans le moule. Mettez le cake à cuire pendant 45 min.

4. Laissez le cake tiédir 10 min avant de le démouler.

Suggestion : Pour les gourmands, vous pouvez accompagner ce cake d'une sauce au chocolat au lait.

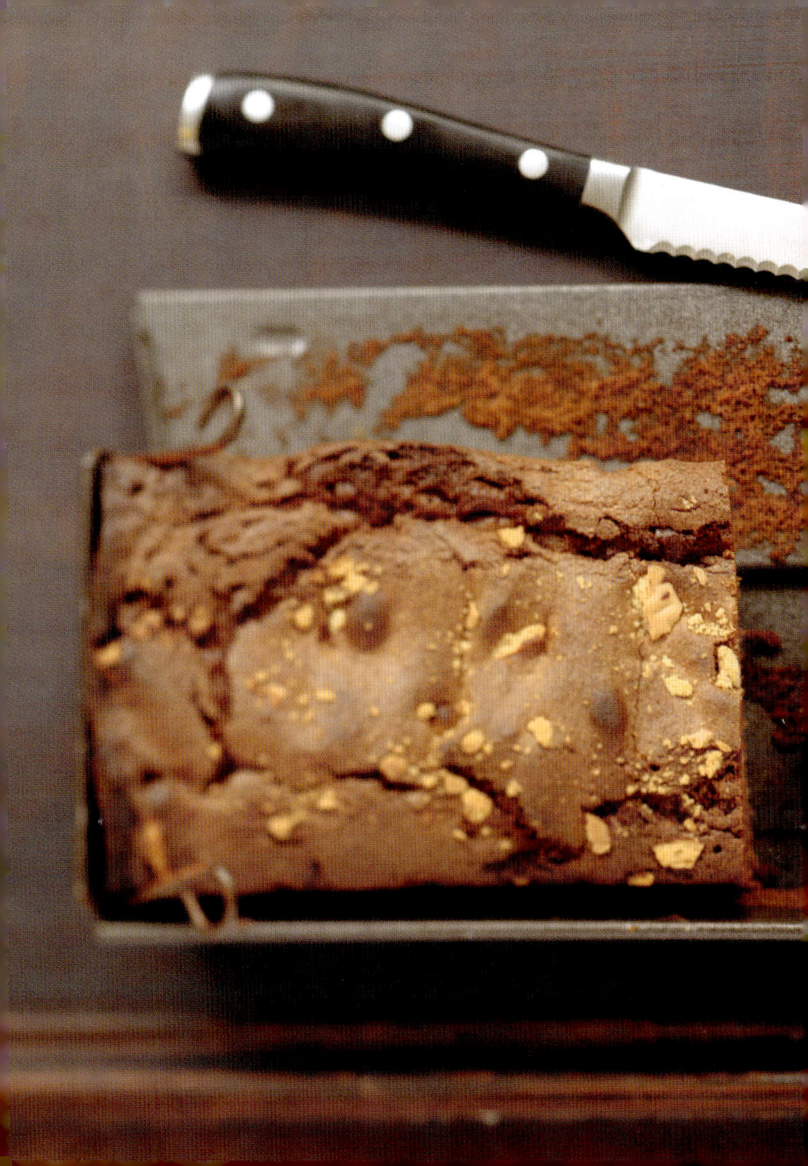

Tarte aux petits-beurre et crème aux fraises

POUR 4 PERSONNES
PRÉPARATION : 45 min
RÉFRIGÉRATION : 3 h

> 130 g de Véritable Petit Beurre LU®
> 150 g de beurre
> 250 g de fraises
> 10 cl de crème liquide
> 40 g de sucre glace

1. Mettez les petits-beurre dans un sac congélation. Écrasez-les avec un rouleau à pâtisserie pour les réduire en poudre fine. Faites fondre 100 g de beurre dans une casserole. Mélangez le beurre fondu et les petits-beurre dans un récipient.

2. Recouvrez le fond d'un moule à tarte de papier sulfurisé, puis tapissez le moule avec la préparation beurre et biscuits en tassant bien. Placez 2 h au réfrigérateur.

3. Lavez, équeutez, puis mixez 140 g de fraises pour obtenir un coulis. Faites tiédir celui-ci dans une casserole. Montez la crème en chantilly bien ferme. Dans un récipient, mélangez 50 g de beurre mou avec le sucre glace. Incorporez le coulis au fur et à mesure en fouettant, laissez refroidir 15 min au frais, puis incorporez la crème fouettée. Placez la crème au moins 1 h au frais.

4. Démoulez délicatement le fond de tarte. Déposez-le sur un plat. Garnissez-le de crème, puis décorez la tarte avec le reste de fraises coupées en morceaux.

Pour servir : Dégustez la tarte avec un coulis de fraises.

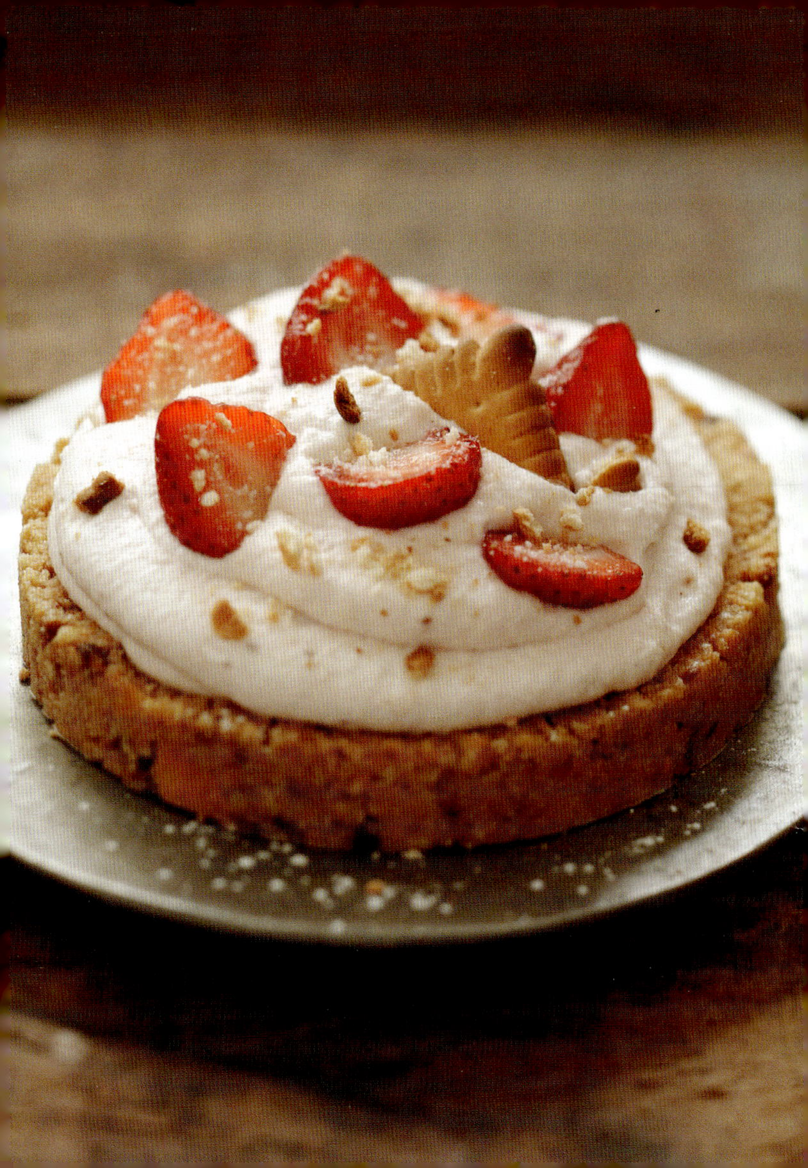

Mille-feuilles de petits-beurre au chocolat

POUR 6 PERSONNES
PRÉPARATION : 20 min
CUISSON : 5 min
RÉFRIGÉRATION : 45 min

> 100 g de crème fraîche épaisse
> 50 g de chocolat noir à 70 % de cacao
> 50 g de chocolat noir à 52 % de cacao
> 2 sachets de sucre vanillé
> 24 Véritable Petit Beurre LU®

1. Dans une casserole, portez à ébullition la crème et le chocolat coupé en petits morceaux. Retirez du feu, ajoutez le sucre vanillé et couvrez. Remuez vivement et laissez prendre légèrement 15 min au réfrigérateur.

2. Montez vos mille-feuilles en commençant par 1 petit-beurre que vous pouvez napper de crème au chocolat à la spatule, ou en utilisant une poche à douille. Superposez-lui un deuxième petit-beurre, et ainsi de suite jusqu'à l'obtention d'un mille-feuille composé de 4 biscuits. Réalisez de la même façon cinq autres mille-feuilles.

3. Placez les mille-feuilles sur un plateau recouvert de film alimentaire et faites-les prendre 30 min au frais.

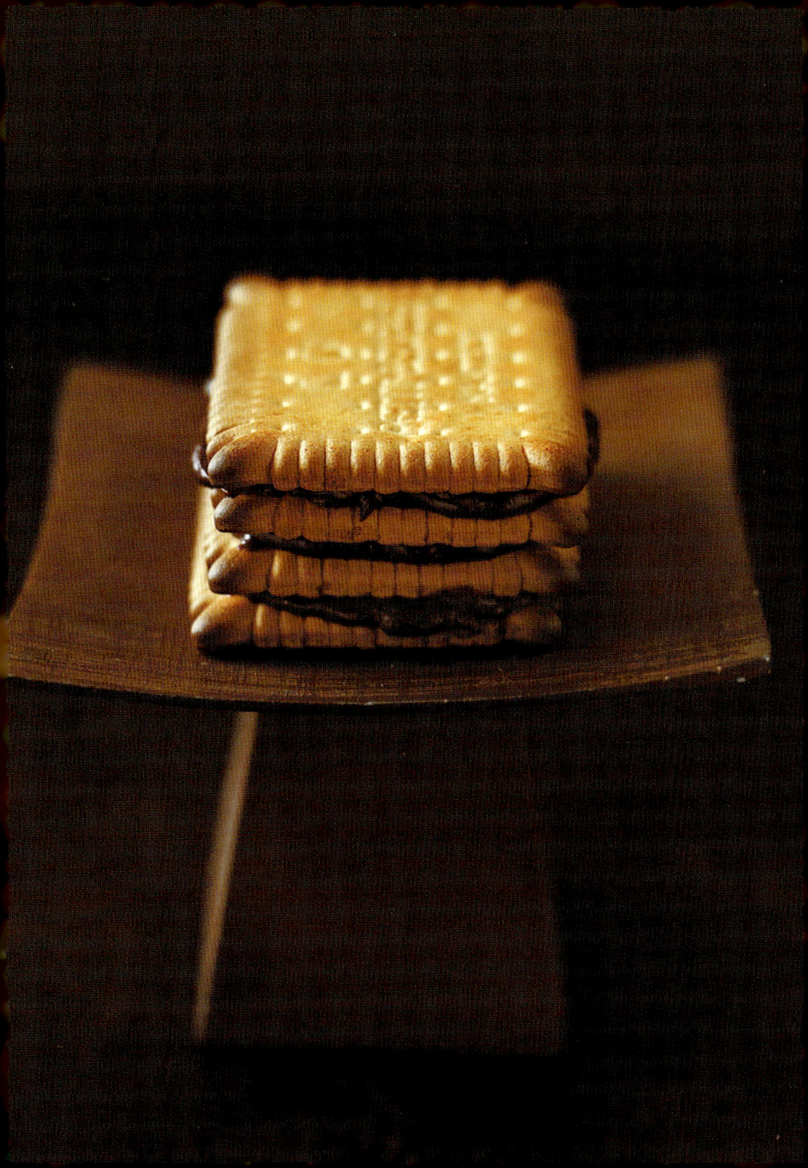

Roses des sables chocolat, pistaches et petits-beurre

POUR 20 ROSES DES SABLES ENVIRON
PRÉPARATION : 15 min
RÉFRIGÉRATION : 3 h

> 140 g de chocolat au lait
> 20 g de beurre
> 50 g de pistaches
> 80 g de Véritable Petit Beurre LU®

1. Hachez le chocolat. Mettez-le dans un récipient avec le beurre et faites fondre le tout au bain-marie ou au four à micro-ondes.

2. Concassez grossièrement les pistaches et écrasez les petits-beurre.

3. Mélangez les pistaches concassées et les petits-beurre écrasés avec le chocolat et le beurre fondus.

4. Posez une feuille de papier sulfurisé sur une plaque de cuisson et déposez de grosses cuillerées de préparation dessus.

5. Placez les roses des sables au moins 3 h au réfrigérateur.

Conseil : Conservez les roses des sables dans une boîte hermétique dans un endroit frais et sec.

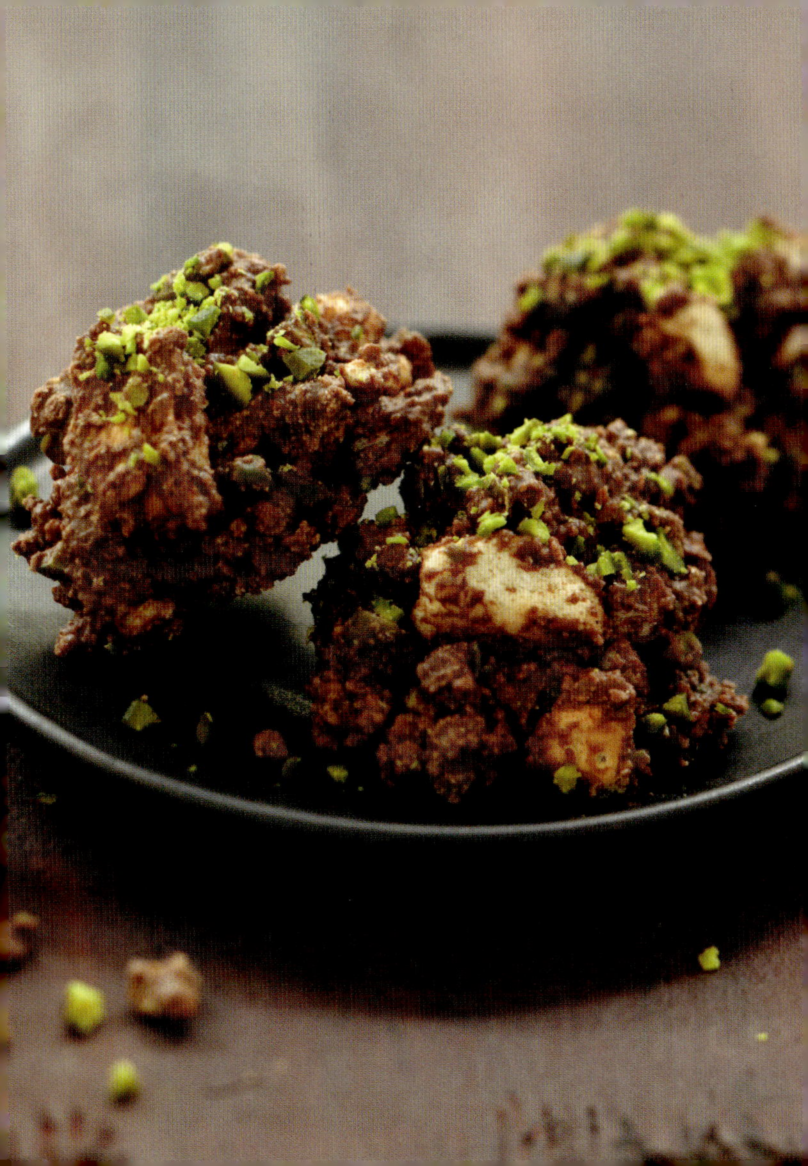

Moelleux aux petits-beurre et au café

POUR 4 PERSONNES
PRÉPARATION : 15 min
CUISSON : 12 à 15 min

> 2 grosses c. à soupe de crème fraîche épaisse
> 5 cl d'extrait de café
> 70 g de Véritable Petit Beurre LU®
> 140 g de beurre mou
> 140 g de vergeoise blonde
> 100 g de farine
> 1/3 de sachet de levure chimique
> 2 œufs

1. Préchauffez le four à 180 °C (therm. 6). Mélangez la crème et l'extrait de café dans un bol.

2. Broyez grossièrement les petits-beurre.

3. Mélangez au fouet le beurre mou et la vergeoise dans un récipient pendant 3 ou 4 min. Ajoutez la farine, la levure et les œufs. Mélangez, puis incorporez la crème au café et les morceaux de petits-beurre.

4. Remplissez 8 moules à muffin aux trois quarts de pâte. Mettez les gâteaux à cuire de 12 à 15 min au four.

5. Sortez les gâteaux du four et laissez-les tiédir avant de les démouler et de les déguster.

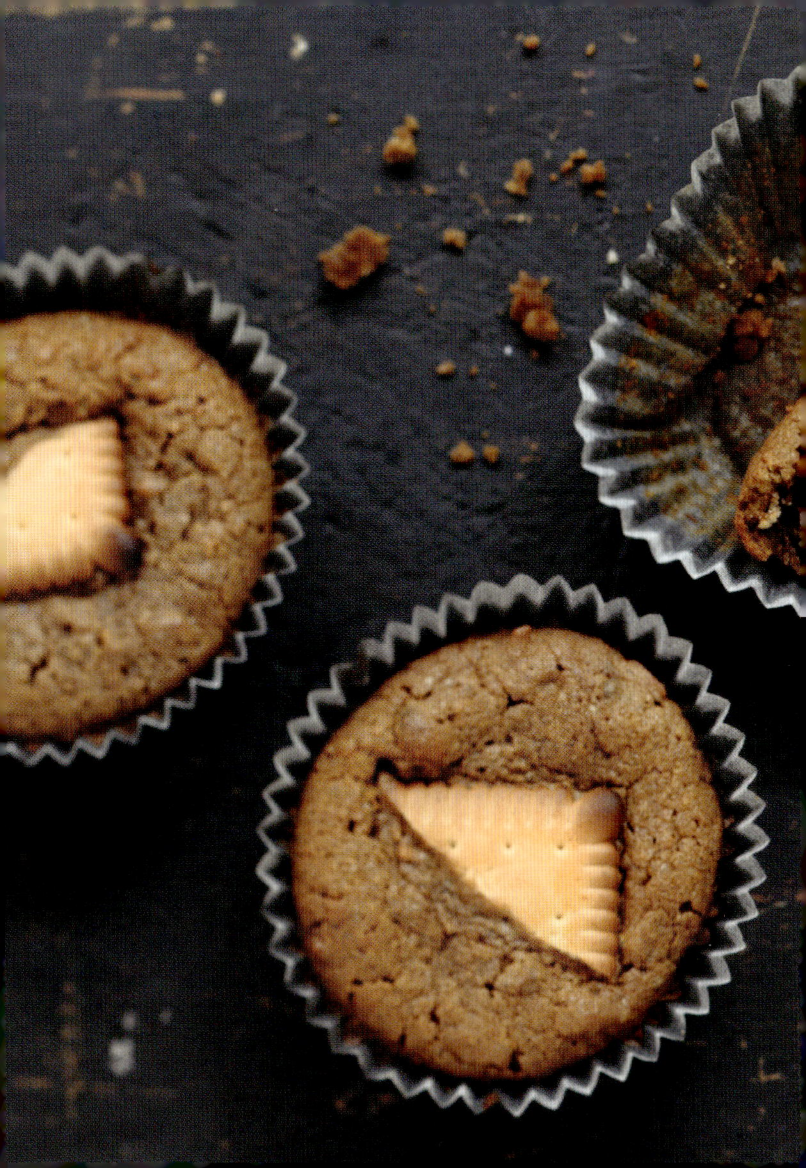

Truffes au chocolat, cerises et petits-beurre

POUR 25 TRUFFES ENVIRON
PRÉPARATION : 30 min
RÉFRIGÉRATION : 3 h

> 200 g de chocolat noir
> 20 cl de crème liquide
> 25 cerises amarena
> 80 g de Véritable Petit Beurre LU®

1. Hachez le chocolat à l'aide d'un gros couteau. Faites bouillir la crème dans une casserole. Éteignez le feu, ajoutez le chocolat en mélangeant au fouet pendant 3 min. Laissez tiédir, puis fouettez de nouveau pendant 5 min. Placez la ganache au frais 15 min, puis fouettez encore 5 min. Recommencez l'opération une fois, jusqu'à ce que la ganache durcisse légèrement.

2. Formez des truffes à l'aide d'une poche à douille, sur une plaque recouverte de papier sulfurisé. Enfoncez délicatement une cerise dans chaque truffe. Placez les truffes 3 h au frais.

3. Pendant ce temps, réduisez les petits-beurre en poudre fine dans un mortier.

4. Sortez les truffes durcies, puis roulez-les une à une dans la chapelure de petits-beurre. Roulez-les dans vos mains pour bien faire pénétrer la chapelure. Plantez une pique dans chaque truffe. Conservez au frais.

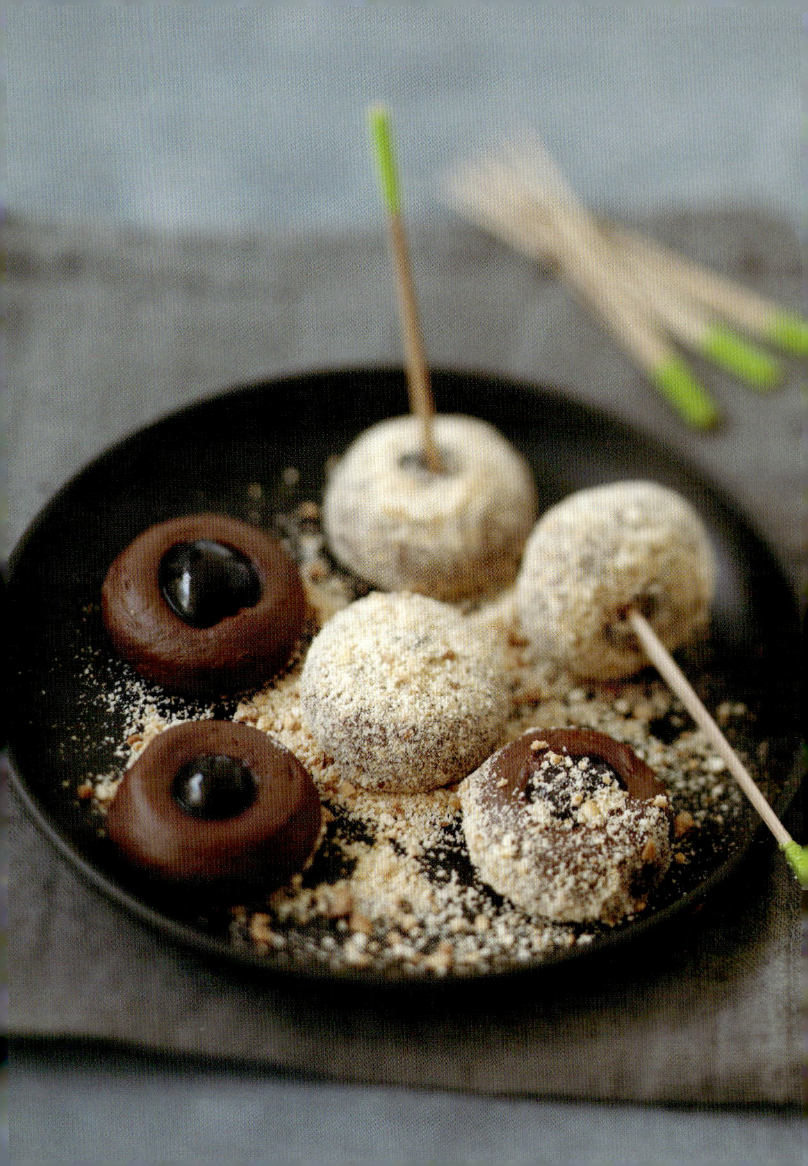

Pudding vanillé aux petits-beurre

POUR 4 PERSONNES
PRÉPARATION : 40 min
CUISSON : 35 min

> 2 œufs
> 120 g de sucre en poudre
> 1 gousse de vanille
> 50 cl de lait
> 10 g de beurre pour le moule
> 150 g de Véritable Petit Beurre LU®
> 1 c. à soupe de sucre glace

1. Battez les œufs entiers avec le sucre dans un récipient. Ajoutez l'intérieur de la gousse de vanille, puis le lait et mélangez.

2. Beurrez une terrine ou un moule de 20 x 15 cm. Répartissez les petits-beurre dans le fond, puis versez la préparation dessus.

3. Laissez les biscuits s'imbiber pendant 30 min.

4. Préchauffez le four à 180 °C (therm. 6) et mettez le pudding à cuire de 30 à 35 min.

5. Sortez le pudding du four, puis saupoudrez-le de sucre glace.

Conseil : Laissez refroidir le pudding avant de déguster.

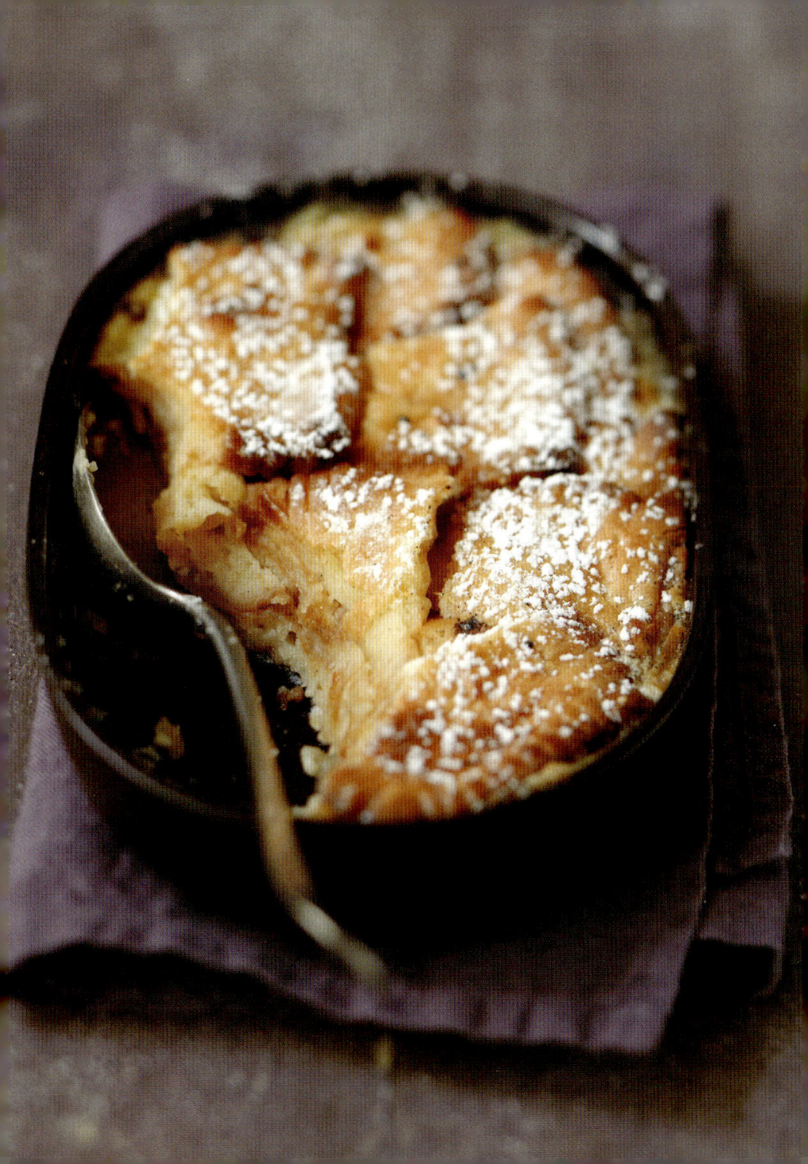

Mousses à l'orange et petits-beurre en verrines

POUR 4 PERSONNES
PRÉPARATION : 30 min
RÉFRIGÉRATION : 4 h

> 2 feuilles de gélatine
> 12 Véritable Petit Beurre LU®
> 25 cl de jus d'orange frais
> 75 g de sucre en poudre
> 25 cl de crème liquide

1. Mettez la gélatine à ramollir dans un bol d'eau froide. Broyez grossièrement les petits-beurre.

2. Dans une casserole, faites chauffer, sans laisser bouillir, le jus d'orange avec le sucre. Ajoutez la gélatine ramollie et égouttée, mélangez, puis laissez refroidir à température ambiante.

3. Fouettez la crème en chantilly bien ferme. Incorporez délicatement le jus d'orange refroidi à la crème fouettée.

4. Répartissez la moitié des petits-beurre écrasés dans le fond de 4 grands verres. Versez la moitié de la mousse à l'orange, le reste des miettes de petits-beurre, puis le reste de mousse. Placez les mousses au moins 4 h au frais.

5. Sortez les mousses du réfrigérateur 10 min avant de les servir.

Pour servir : Décorez les mousses avec des quartiers d'orange, des zestes et des petits-beurre.

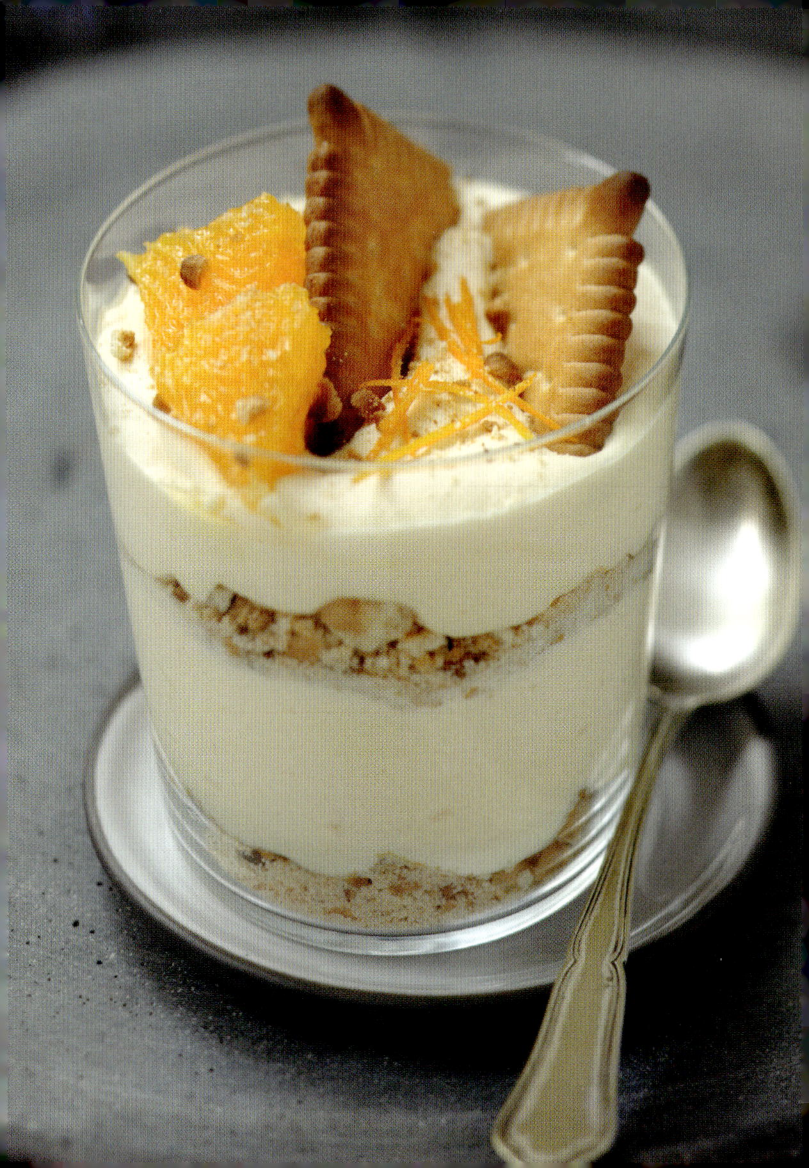

Tartelettes aux pommes et aux petits-beurre

POUR 4 PERSONNES
PRÉPARATION : 30 min
RÉFRIGÉRATION : 1 h 30
CUISSON : 35 min

> 100 g de Véritable Petit Beurre LU®
> 140 g de beurre mou
> 180 g de sucre en poudre
> 80 g de farine
> 2 jaunes d'œufs
> 4 pommes

1. Préparez la pâte. Placez les petits-beurre dans un sac congélation. Réduisez-les en poudre grossière avec un rouleau à pâtisserie. Mélangez-les dans un saladier avec 110 g de beurre, 100 g de sucre, la farine et les jaunes d'œufs. La pâte doit être légèrement friable. Laissez reposer 1 h au frais.

2. Préparez le caramel. Faites cuire dans une casserole à feu moyen 60 g de sucre avec 5 cl d'eau. Une fois prêt, versez le caramel dans quatre moules à tartelette individuels.

3. Épluchez et épépinez les pommes et coupez-les en quartiers. Faites fondre le reste de beurre dans une poêle et faites-y cuire les pommes à feu moyen de 8 à 10 min en les retournant régulièrement. Saupoudrez du reste de sucre, puis laissez-les légèrement caraméliser.

4. Préchauffez le four à 180 °C (therm. 6). Disposez les quartiers de pomme en rosace dans les moules. Répartissez la pâte dessus en l'émiettant et en tassant légèrement. Enfournez pour 20 min. Laissez refroidir les tartelettes, puis placez-les 30 min au frais. Au moment de servir, passez rapidement le dessous des moules sur le feu et démoulez.

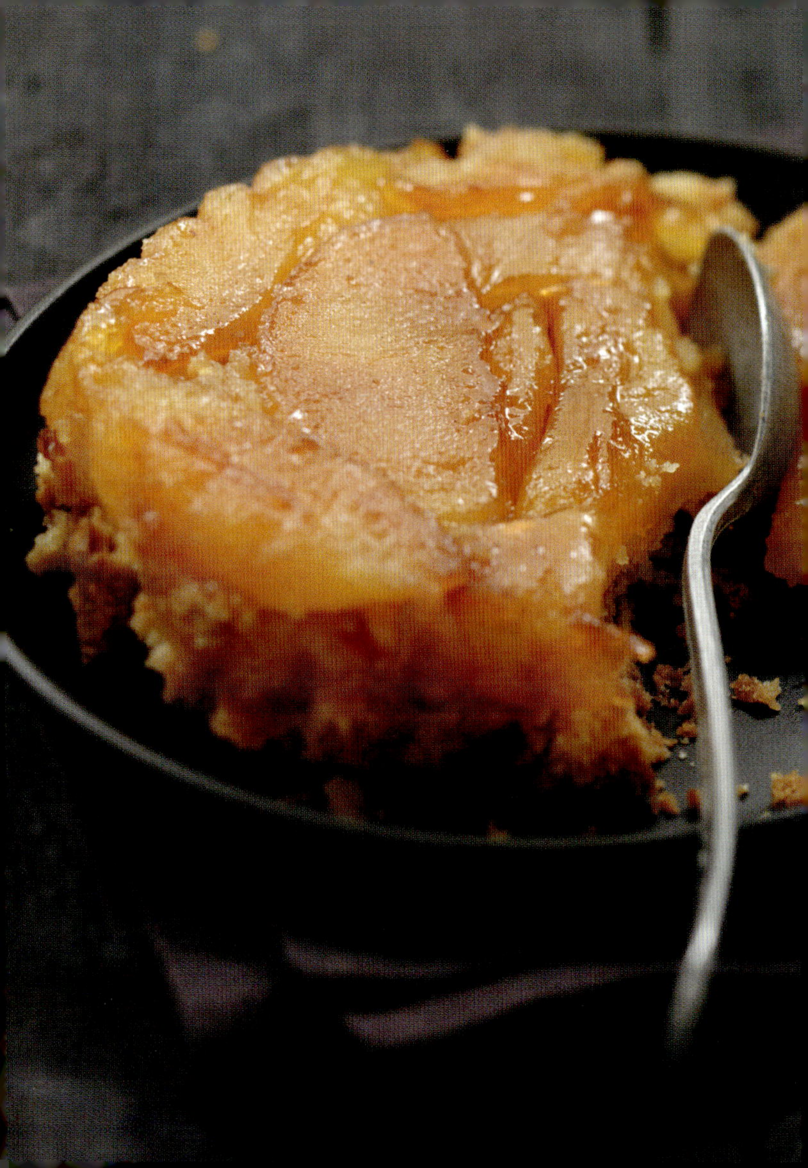

Brownie aux éclats de petits-beurre et aux noix

POUR 4 PERSONNES
PRÉPARATION : 20 min
CUISSON : 20 min

> 110 g de cerneaux de noix
> 100 g de Véritable Petit Beurre LU®
> 180 g de chocolat noir
> 160 g de beurre + 10 g pour le moule
> 3 œufs
> 220 g de sucre en poudre
> 125 g de farine

1. Préchauffez le four à 180 °C (therm. 6). Hachez grossièrement les cerneaux de noix et écrasez les petits-beurre.

2. Coupez le chocolat et le beurre en morceaux et mettez-les à fondre dans un récipient au micro-ondes ou au bain-marie. Dans un autre récipient, battez les œufs avec le sucre et ajoutez la farine. Mélangez, puis ajoutez le beurre et le chocolat fondus.

3. Incorporez les cerneaux de noix et les petits-beurre écrasés. Beurrez un moule de 25 x 25 cm environ sur 3 cm de haut et versez-y la préparation.

4. Enfournez pour 20 min. Laissez ensuite le brownie refroidir avant de le couper en carrés.

Pour servir : Vous pouvez accompagner ce brownie de crème fraîche épaisse ou de crème anglaise.

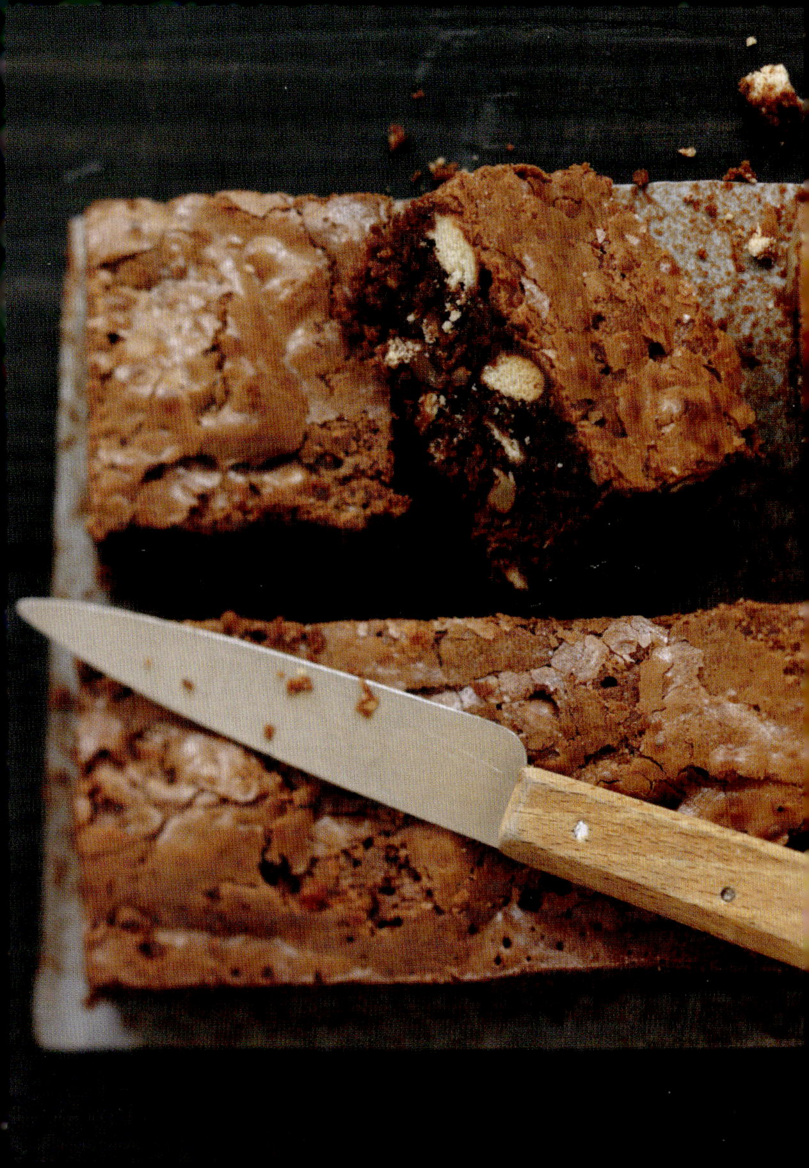

Banoffee aux petits-beurre

POUR 6 PERSONNES
PRÉPARATION : 40 min
REPOS : 3 h 20
CUISSON : 12 min
RÉFRIGÉRATION : 1 h

Pour la base du banoffee

> 12 Véritable Petit Beurre LU®
> 50 g de beurre demi-sel
> 1 banane en rondelles
> 6 c. à café de confiture de lait

Pour la crème

> 100 g de mascarpone
> 25 g de sucre en poudre
> 20 cl de crème liquide bien froide
> 3 c. à soupe de cacao amer

1. Préparez la base du banoffee. Chemisez 6 cercles à pâtisserie de papier sulfurisé. Faites fondre le beurre. Émiettez finement 12 petits-beurre, mélangez-les au beurre fondu, puis tassez-les dans le fond des cercles. Placez-les au frais. Déposez des rondelles de banane dans les cercles. Recouvrez de confiture de lait et placez au frais de nouveau.

2. Préparez la crème. Détendez le mascarpone avec la moitié du sucre. Fouettez la crème fraîche bien froide. Ajoutez le reste de sucre et fouettez de nouveau pour obtenir une crème ferme. Ajoutez le mascarpone et mélangez bien.

3. Garnissez les biscuits. Déposez de la crème sur la confiture de lait puis replacez les banoffees au frais pendant au moins 1 h.

4. Au moment de servir, démoulez délicatement et saupoudrez de cacao.

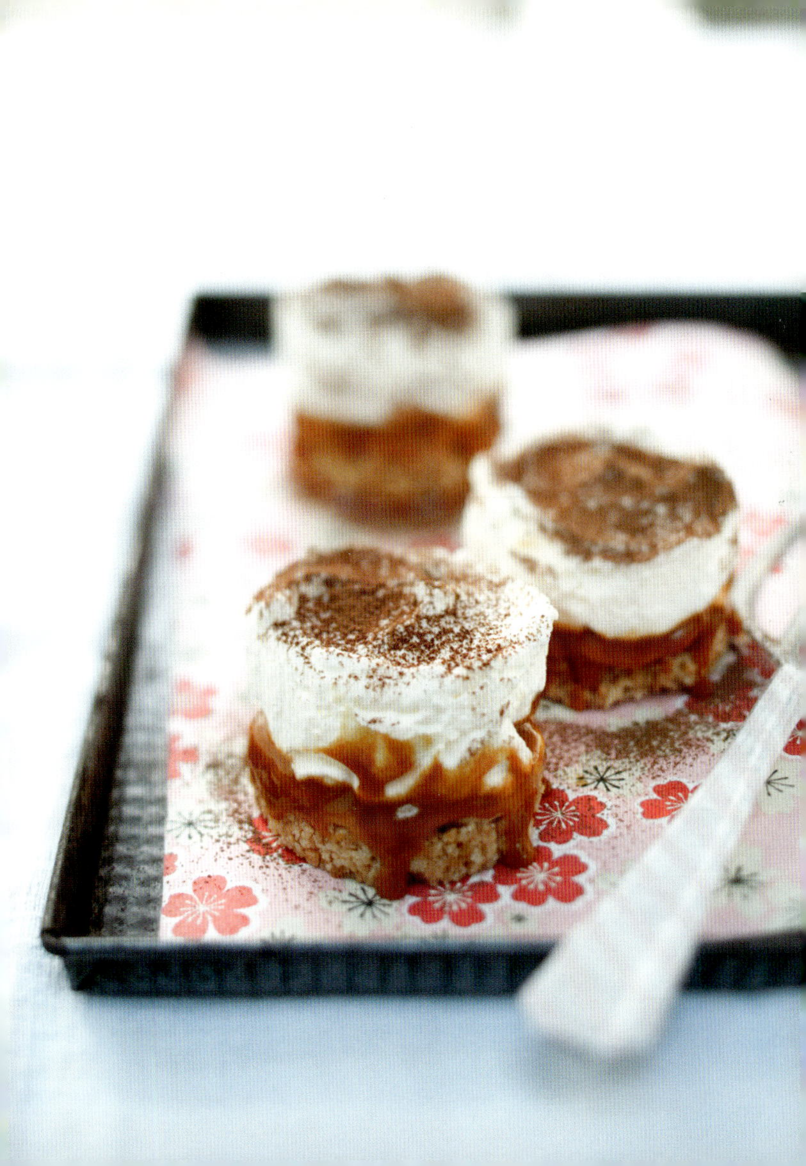

Palets de petits-beurre, praliné et chocolat blanc

POUR 25 À 30 PALETS
PRÉPARATION : 30 min
RÉFRIGÉRATION : 4 h

> 70 g de Véritable Petit Beurre LU®
> 120 g de chocolat blanc
> 75 g de pralin en pot

1. Placez les petits-beurre dans un sac congélation. Écrasez-les à l'aide d'un rouleau à pâtisserie pour les réduire en poudre grossière.

2. Cassez le chocolat blanc en morceaux et faites-le fondre dans un bol au four à micro-ondes ou au bain-marie. Dans un récipient, mettez le chocolat blanc fondu, le pralin et les petits-beurre écrasés, puis mélangez.

3. À l'aide d'une cuillère, versez la préparation en formant des petits ronds de 5 ou 6 cm de diamètre environ sur une grande feuille de papier sulfurisé. Glissez délicatement le tout sur une plaque et placez-la au réfrigérateur pour 4 h, afin de faire durcir les palets.

4. Laissez les palets au frais jusqu'au moment de déguster.

Pour servir : Proposez ces palets avec du café.

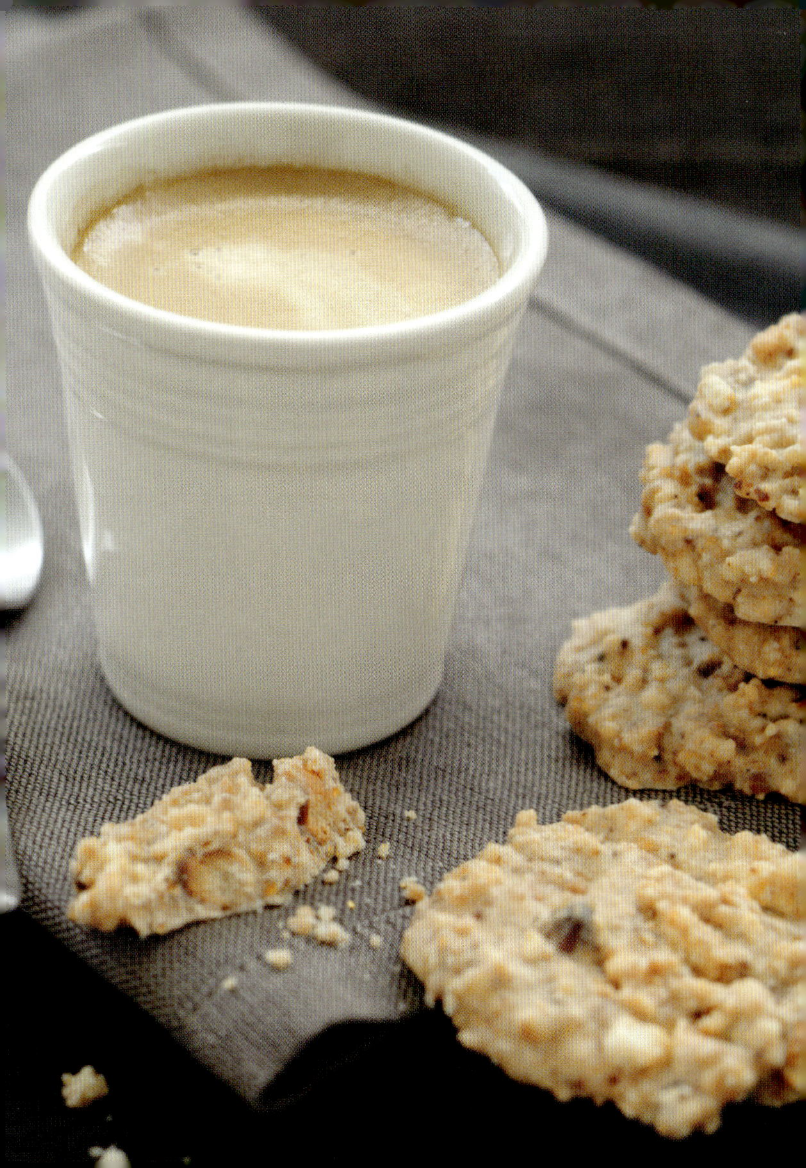

Sabayon de poires et caramel de petits-beurre

POUR 4 PERSONNES
PRÉPARATION : 30 min
CUISSON : 35 min

> 6 Véritable Petit Beurre LU®
> 150 g de sucre en poudre
> 5 cl de crème liquide
> 4 petites poires
> 30 g de beurre
> 3 jaunes d'œufs
> 2 c. à soupe d'alcool de poire

1. Écrasez grossièrement les petits-beurre. Dans une casserole, faites cuire 60 g de sucre avec 3 cuillerées à soupe d'eau de 8 à 10 min pour obtenir un caramel. Hors du feu, ajoutez la crème et les biscuits. Mélangez et versez le caramel sur du papier sulfurisé, en l'étalant légèrement. Laissez refroidir.

2. Préchauffez le four à 180 °C (therm. 6). Épluchez les poires et coupez-les en deux. Dans une poêle, faites-les dorer 3 min avec le beurre. Saupoudrez-les de 40 g de sucre, puis laissez-les caraméliser et déposez-les dans un plat. Enfournez pour 10 à 15 min.

3. Pendant ce temps, dans une casserole, mélangez les jaunes d'œufs avec 50 g de sucre, l'alcool et 2 cuillerées à soupe d'eau. Faites cuire 8 à 10 min sur feu très doux, sans cesser de fouetter, pour obtenir un sabayon.

4. Sortez les poires du four et répartissez-les dans quatre assiettes. Allumez le gril du four. Nappez les poires de sabayon et faites-les gratiner 3 min. Coupez le caramel de petits-beurre en morceaux et servez avec les poires.

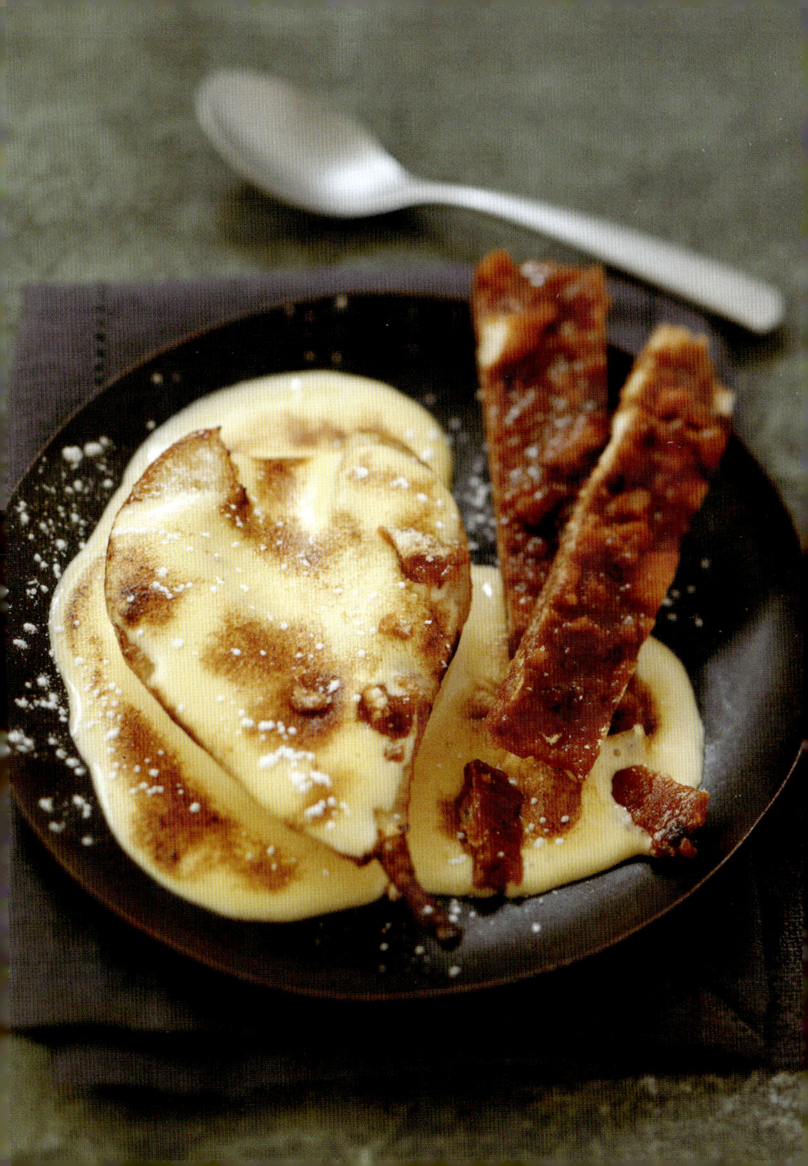

Bananes rôties aux petits-beurre et pistaches

POUR 4 PERSONNES
PRÉPARATION : 20 min
CUISSON : 30 min

> 6 Véritable Petit Beurre LU®
> 25 g de pistaches vertes décortiquées
> 50 g de beurre
> 50 g de cassonade
> 4 bananes
> 4 c. à soupe de caramel laitier (type Salidou)

1. Préchauffez le four à 180 °C (therm. 6). Écrasez grossièrement les petits-beurre et les pistaches avec un couteau. Dans une casserole, faites fondre le beurre. Mélangez-le dans un bol avec la cassonade, les petits-beurre et les pistaches. Mélangez 3 min avec les mains pour obtenir une pâte friable.

2. Étalez cette pâte sur une plaque de four recouverte de papier sulfurisé. Mettez-la à cuire de 12 à 15 min. Sortez la pâte du four, laissez-la refroidir, puis cassez-la en morceaux.

3. Déposez les bananes entières avec leur peau dans un plat allant au four, recouvrez d'une feuille d'aluminium. Mettez les bananes à cuire pendant 10 à 15 min au four : la peau doit devenir noire. Pendant ce temps, faite chauffer le caramel laitier à feu doux.

4. Sortez les bananes, laissez-les légèrement refroidir. Déposez-les sur quatre assiettes, retirez délicatement la peau. Parsemez de morceaux croquants de petits-beurre et pistaches et nappez de caramel laitier.

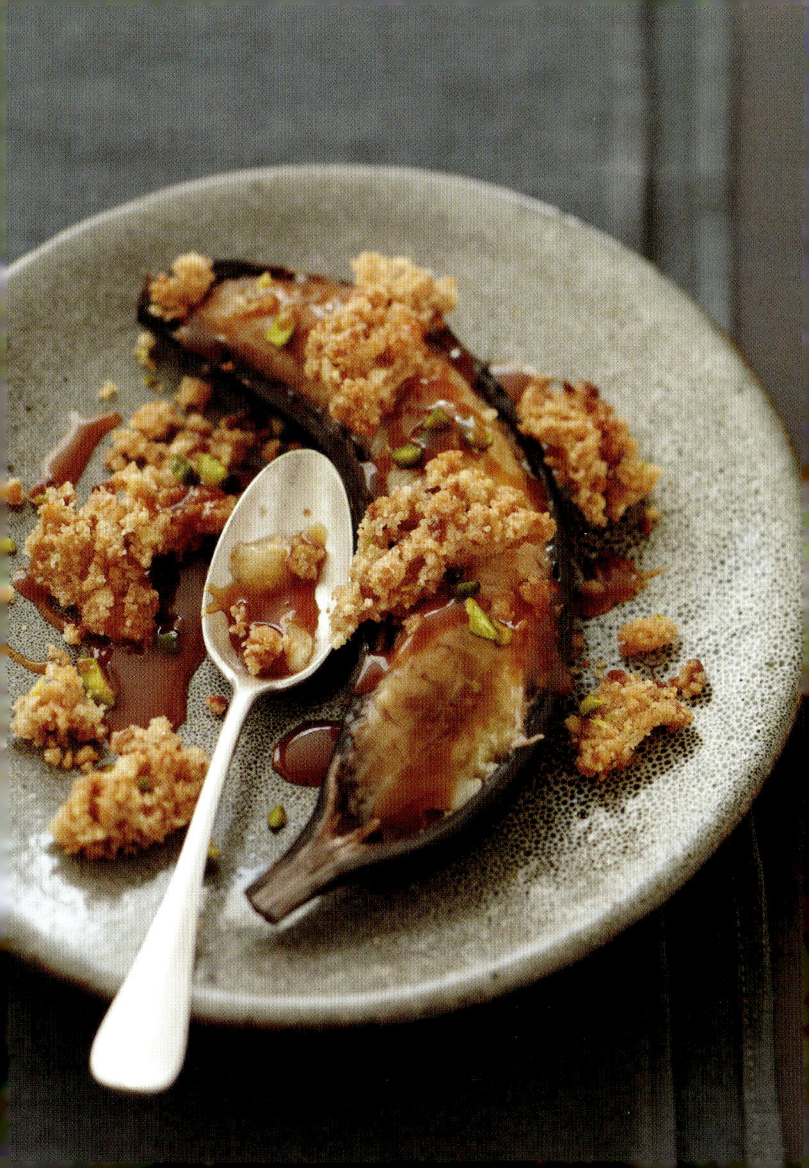

Crumble de pêches, noisettes et petits-beurre

POUR 4 PERSONNES
PRÉPARATION : 30 min
CUISSON : 25 min

> 50 g de noisettes
> 4 grosses pêches
> 135 g de beurre mou
> 2 c. à soupe de miel
> 115 g de cassonade
> 90 g de farine
> 100 g de Véritable Petit Beurre LU®

1. Concassez les noisettes. Épluchez et coupez délicatement les pêches en quartiers. Faites-les cuire dans une poêle avec 20 g de beurre 3 min sur feu vif en les remuant. Une fois les pêches dorées, arrosez-les de miel, ajoutez les noisettes et laissez légèrement caraméliser le tout pendant 2 min. Laissez tiédir.

2. Préchauffez le four à 180 °C (therm. 6).

3. Mélangez dans un récipient le reste du beurre mou avec la cassonade et la farine et malaxez pour obtenir une pâte à crumble. Écrasez grossièrement les petits-beurre et incorporez-les à la pâte.

4. Répartissez les pêches et les noisettes caramélisées dans quatre ramequins individuels. Émiettez la préparation dessus.

5. Mettez le crumble à cuire 20 min. Sortez-le du four et laissez-le ensuite légèrement tiédir 5 min avant de le déguster.

Pour servir : Accompagnez le crumble d'une boule de glace au pain d'épices.

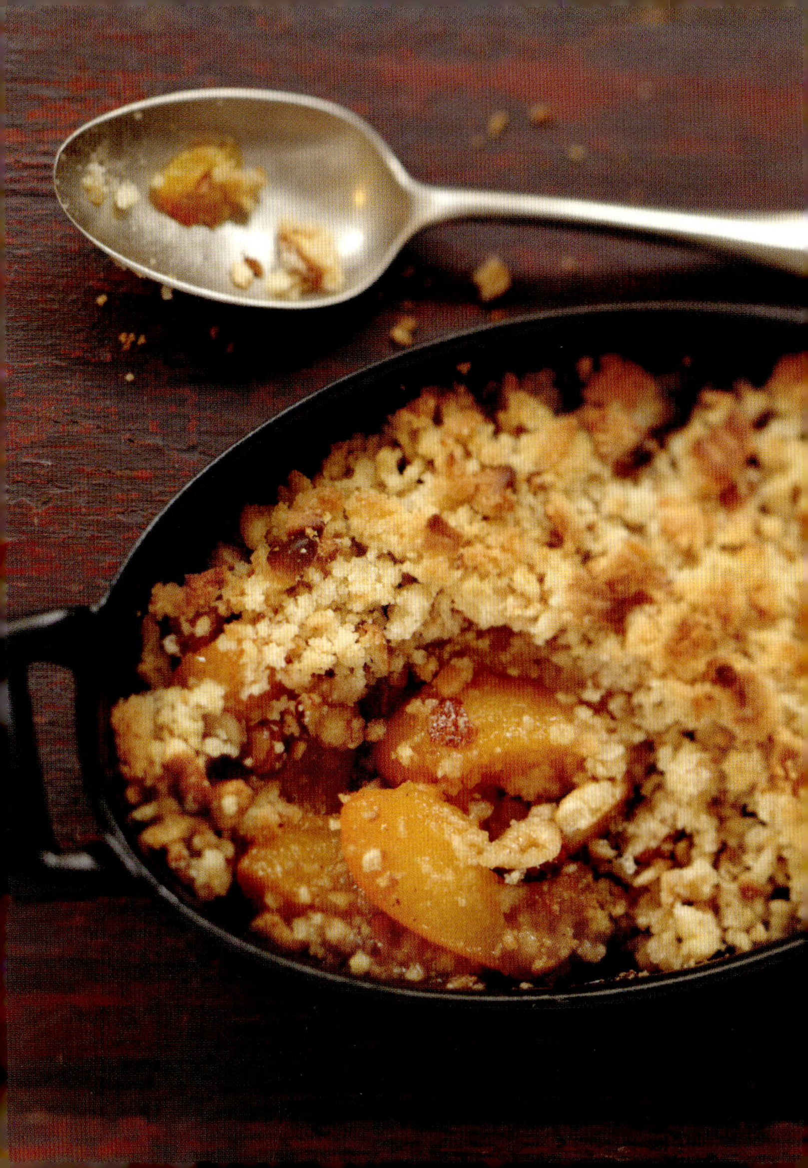

Tiramisu banane, coco et petits-beurre

POUR 4 PERSONNES
PRÉPARATION : 30 MIN
RÉFRIGÉRATION : 6 H

- 2 bananes
- 40 g de cassonade
- 10 cl de lait de coco
- 110 g de sucre en poudre
- 250 g de mascarpone
- 3 œufs
- 40 g de noix de coco râpée
- 10 cl de café fort
- 1 c. à soupe de rhum
- 12 Véritable Petit Beurre LU®

1. Épluchez 1 banane, coupez-la en rondelles de 5 mm d'épaisseur et déposez celles-ci sur une plaque de cuisson. Saupoudrez-les de la moitié de la cassonade, puis caramélisez-les délicatement à l'aide d'un chalumeau.

2. Portez le lait de coco à ébullition. Hors du feu, ajoutez le sucre, mélangez et laissez refroidir.

3. Dans un saladier, fouettez le mascarpone avec les jaunes d'œufs. Ajoutez le lait de coco sucré froid et la noix de coco râpée. Dans un autre saladier, montez les blancs en neige bien ferme, puis incorporez-les délicatement au mascarpone.

4. Répartissez la moitié de la préparation dans un grand plat ou 4 petits ramequins individuels. Dans un bol, mélangez le café au rhum et trempez-y les petits-beurre.

5. Déposez les petits-beurre sur la préparation, puis ajoutez les bananes caramélisées et versez le reste de la préparation dessus. Placez les tiramisus pendant 6 h au réfrigérateur. Avant de servir, coupez la seconde banane en rondelles, saupoudrez celles-ci du reste de cassonade et caramélisez-les au chalumeau. Déposez-les sur le tiramisu.

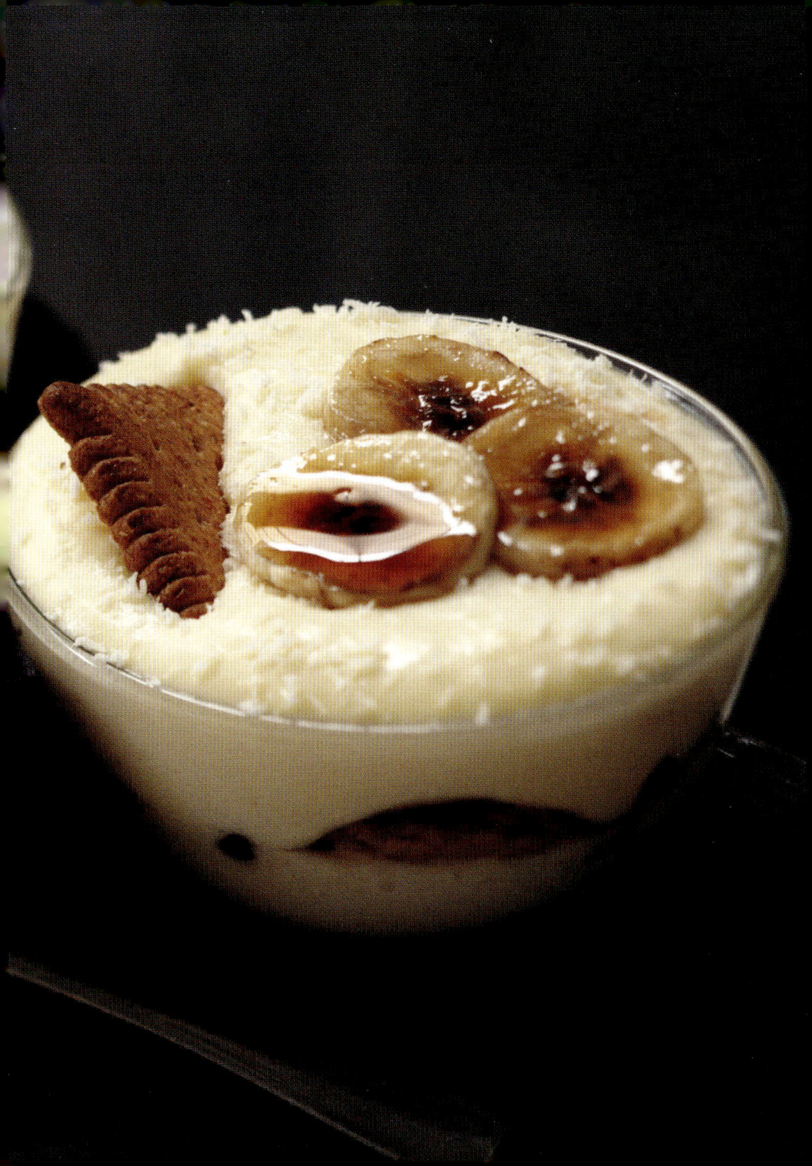

Charlotte aux petits-beurre et caramel

POUR 4 PERSONNES
PRÉPARATION : 30 min
RÉFRIGÉRATION : 4 h

> 2 feuilles de gélatine
> 20 Véritable Petit Beurre LU®
> 20 cl de crème liquide entière bien froide
> 200 g de caramel laitier en pot (type Salidou)

1. Mettez la gélatine à tremper dans un bol d'eau froide.

2. Sur une assiette, déposez un cercle de pâtisserie en Inox de 20 cm de diamètre et 10 cm de haut. Recouvrez le tour avec une douzaine de petits-beurre, écrasez-en grossièrement 4 et mettez-les dans le fond.

3. Fouettez la crème en chantilly bien ferme. Chauffez doucement le caramel laitier dans une casserole, sans le faire bouillir. Quand il est chaud, ajoutez les feuilles de gélatine égouttées, mélangez, puis laissez refroidir. Incorporez délicatement le caramel à la crème fouettée. Versez la moitié de la préparation dans le moule.

4. Écrasez le reste de petits-beurre sur le dessus, puis versez la seconde moitié de crème au caramel. Lissez la surface.

5. Placez la charlotte au moins 4 h au frais. Sortez la charlotte et retirez délicatement le cercle en Inox.

Pour servir : Nappez la charlotte de caramel laitier ou de crème anglaise.

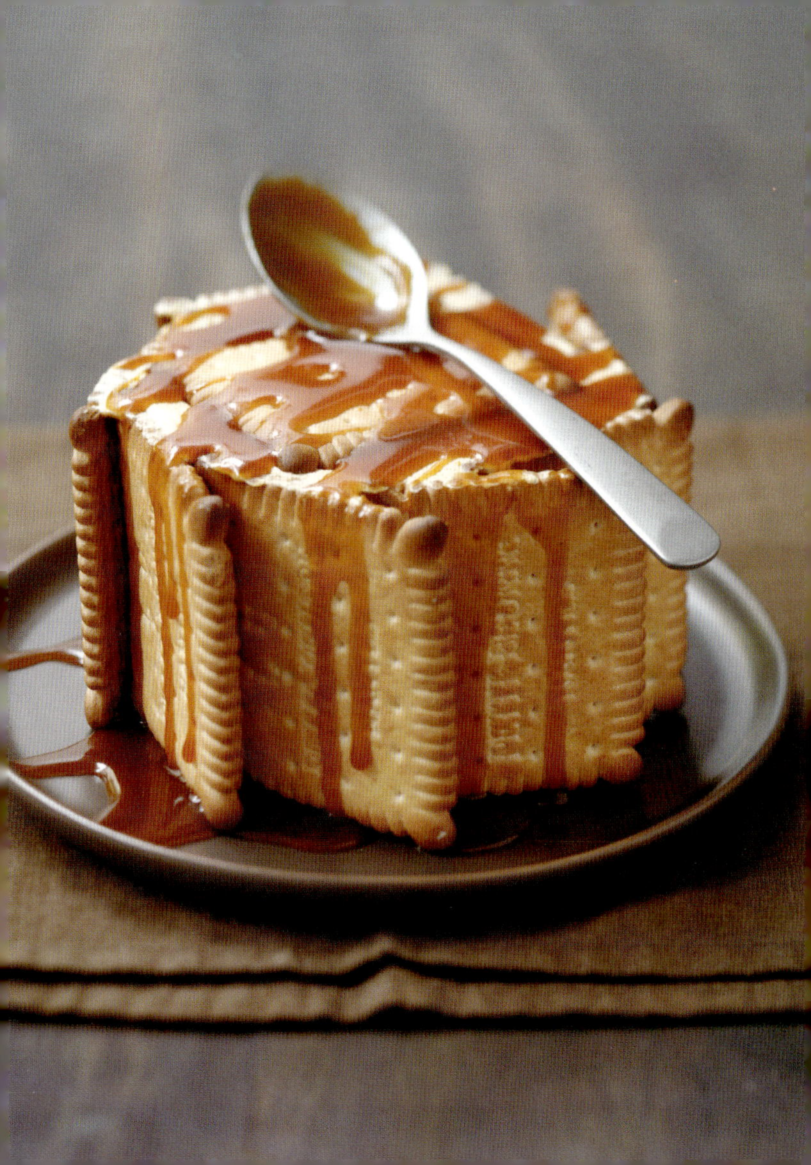

Barres chocolatées aux mendiants petits-beurre

POUR 4 À 6 PERSONNES
PRÉPARATION : 25 min
RÉFRIGÉRATION : 6 h

> 150 g de chocolat
> 15 cl de crème liquide
> 90 g de mélange de fruits secs et de raisins secs moelleux
> 16 Véritable Petit Beurre LU®

1. Hachez le chocolat avec un gros couteau. Faites bouillir la crème dans une casserole. Éteignez le feu, ajoutez le chocolat à la crème, mélangez pour lisser la ganache, laissez refroidir.

2. Hachez grossièrement les fruits secs et écrasez grossièrement 8 petits-beurre. Déposez du papier sulfurisé sur une plaque, placez un cadre de pâtissier en Inox de 20 x 20 cm dessus. Tapissez le fond du cadre avec le reste des petits-beurre.

3. Mélangez les petits-beurre à la ganache, versez le tout dans le cadre. Répartissez les fruits secs et les raisins secs sur le dessus en les enfonçant légèrement. Mettez au frais pendant 6 h.

4. Passez la lame d'un couteau chaud autour du cadre et retirez celui-ci délicatement. Coupez les barres chocolatées avec un couteau bien tranchant trempé dans de l'eau chaude.

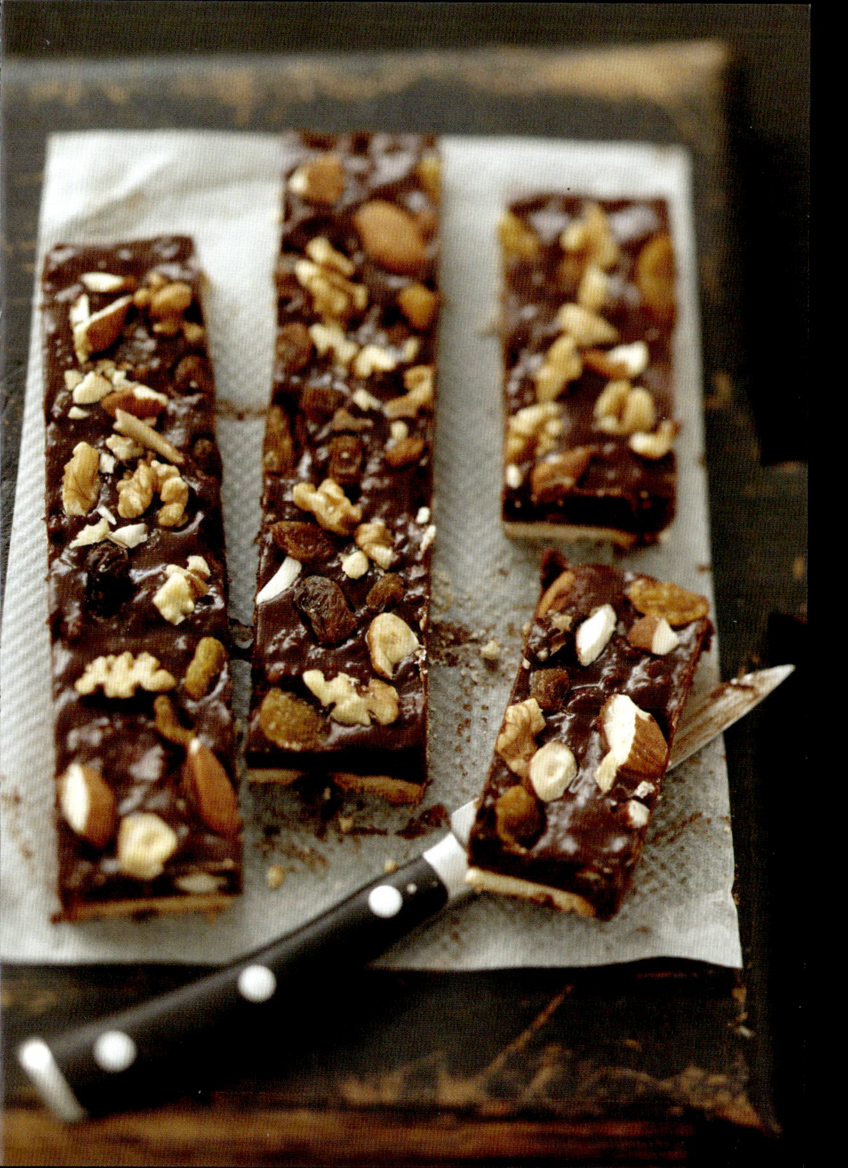

Macarons petits-beurre, chocolat et noix de pécan

POUR 15 MACARONS ENVIRON
PRÉPARATION : 1 h
CUISSON : 12 min

> 70 g de Véritable Petit Beurre LU®
> 90 g de sucre glace
> 3 petits blancs d'œufs
> 1 pincée de sel
> 50 g de sucre en poudre
> 30 g de noix de pécan
> 10 cl de crème liquide
> 100 g de chocolat noir

1. Mixez les petits-beurre et le sucre glace pour obtenir une poudre très fine. Montez les blancs d'œufs en neige avec une pincée de sel. Incorporez la moitié du sucre. Continuez de battre 2 min, ajoutez le reste du sucre, puis la poudre de biscuits.

2. Formez les macarons à l'aide d'une poche à douille sur une plaque recouverte de papier sulfurisé. Laissez-les « croûter » 30 min à l'air libre. Préchauffez le four à 140 °C (therm. 4-5). Faites cuire les macarons 5 ou 6 min, ouvrez légèrement la porte du four et continuez la cuisson 5 à 7 min. Sortez les macarons, laissez-les refroidir, puis décollez-les délicatement.

3. Réduisez les noix de pécan en poudre dans un mortier. Faites bouillir la crème dans une casserole. Hors du feu, ajoutez le chocolat pour qu'il fonde. Mélangez, ajoutez les noix de pécan et laissez refroidir.

4. Déposez une noix de ganache sur la moitié des macarons. Collez le reste des macarons dessus, puis conservez au frais.

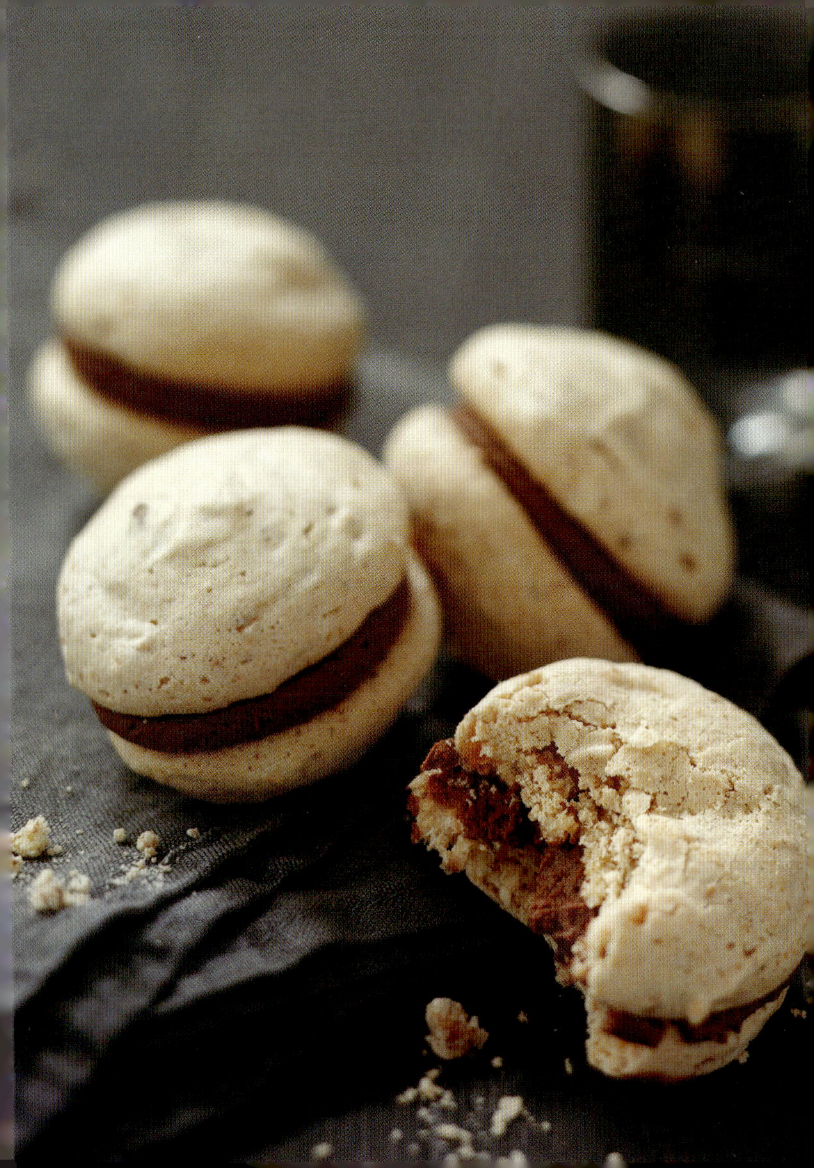

Crédits photographiques

Pierre-Louis Viel © coll. Larousse (stylisme Valéry Drouet) : toutes les photographies à l'exception des pages 23 et 39.
Eric Fénot © coll. Larousse (stylisme Delphine Brunet) : page 23.
Marie-José Jarry © coll. Larousse (stylisme Bérengère Abraham) : page 39.

Textes

Valéry Drouet : tous les textes à l'exception des pages 22 et 38.
Delphine Brunet : page 22.
Bérengère Abraham : page 38.

TABLE DES ÉQUIVALENCES FRANCE – CANADA

Poids	55 g	100 g	150 g	200 g	250 g	300 g	500 g	750 g	1 kg
	2 onces	3,5 onces	5 onces	7 onces	9 onces	11 onces	18 onces	27 onces	36 onces

Ces équivalences permettent de calculer le poids à quelques grammes près (en réalité, 1 once = 28 g).

Capacités	5 cl	10 cl	15 cl	20 cl	25 cl	50 cl	75 cl
	2 onces	3,5 onces	5 onces	7 onces	9 onces	17 onces	26 onces

Pour faciliter la mesure des capacités, une tasse équivaut ici à 25 cl (en réalité, 1 tasse = 8 onces = 23 cl).

Photogravure Turquoise, Émerainville
Imprimé en Chine par Leo Paper Products
Dépôt légal : septembre 2012
309892/01 - 11019906 juin 2012

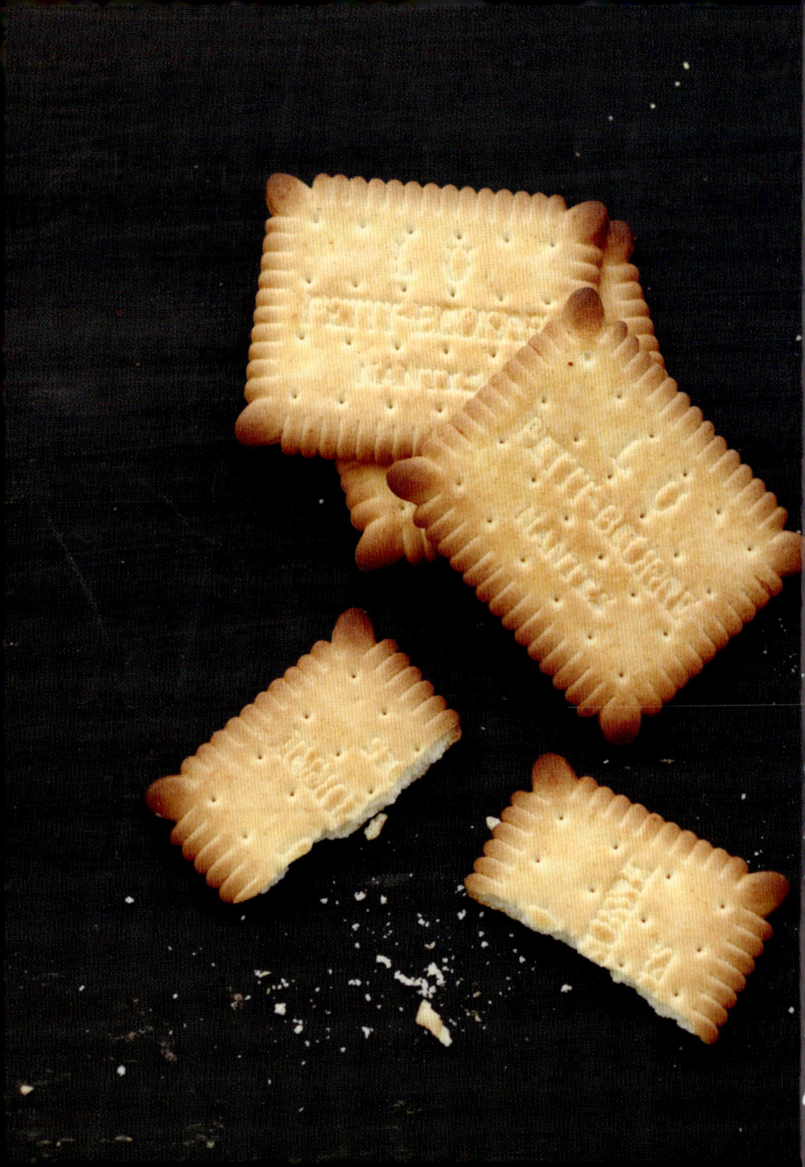

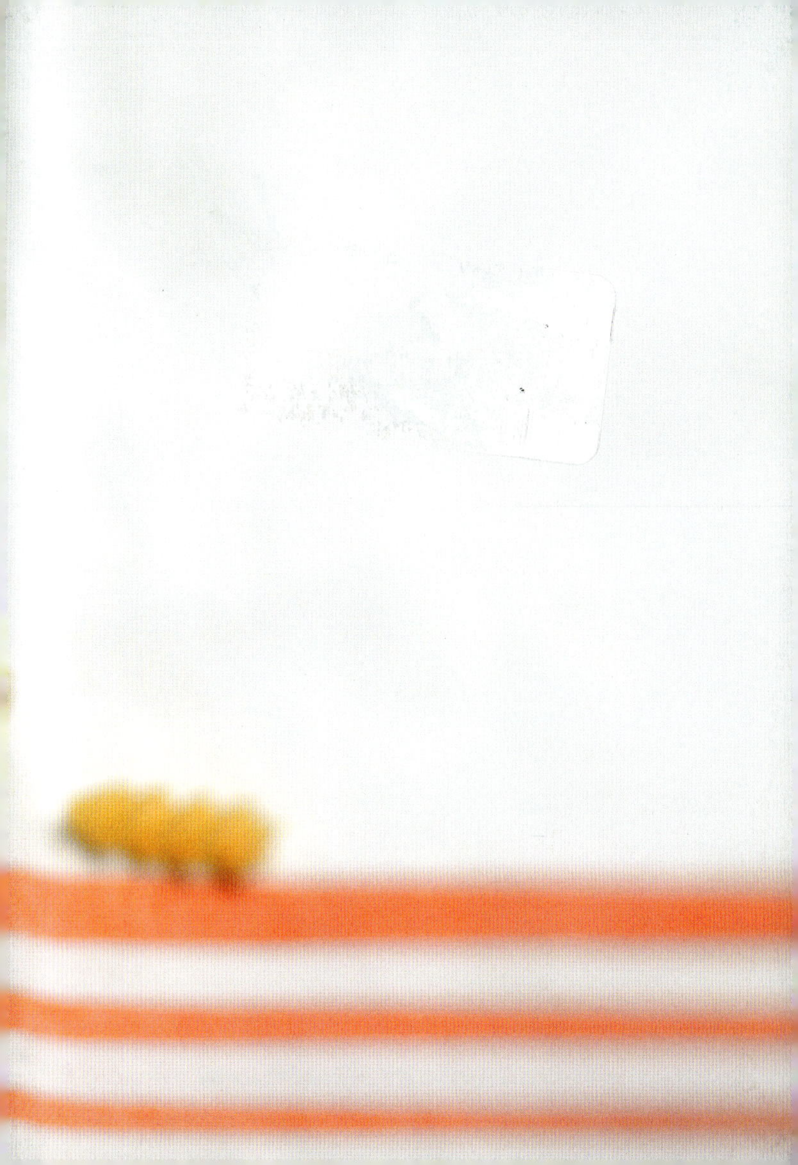

Direction de la publication : **Isabelle Jeuge-Maynart
et Ghislaine Stora**
Direction éditoriale : **Delphine Blétry**
Édition : **Julie Tallet, assistée de Candice Roger**
Direction artistique : **Emmanuel Chaspoul,
assisté de Anna Bardon**
Informatique éditoriale : **Marion Pépin et Philippe Cazabet**
Lecture-correction : **Sylvie Porté**
Couverture : **Véronique Laporte**
Fabrication : **Annie Botrel**

L'auteur tient à remercier Ressources et Claudine Rouyer
pour ses précieux secrets de grand-mère.

ISBN 301-0-00-002296-1
© Larousse 2012

Toute reproduction ou représentation intégrale ou partielle, par quelque procédé que ce soit, du texte et/ou de la nomenclature contenus dans le présent ouvrage, et qui sont la propriété de l'Éditeur, est strictement interdite.

Les Éditions Larousse utilisent des papiers composés de fibres naturelles, renouvelables, recyclables et fabriquées à partir de bois issus de forêts qui adoptent un système d'aménagement durable. En outre, les Éditions Larousse attendent de leurs fournisseurs de papier qu'ils s'inscrivent dans une démarche de certification environnementale reconnue.

Coquillettes et Lustucru®

Alexia Janny
Photographies de Pierre Chivoret

LAROUSSE

21 rue du Montparnasse 75283 Paris Cedex 06

SOMMAIRE

Farfalles au petit-suisse et au jambon 6
Raviolis bœuf sauce tomate........ 8
Pasta party !............10
Gâteau de pâtes au comté 12
Salade de pâtes froides façon grecque 14
Spaghettis à la bolognaise........16
Minestrone 18
Torsettes au viandox et au poulet pané........ 20
Croquettes au bacon et aux coquillettes......... 22
Velouté de tomate aux vermicelles 24
Légumes farcis aux coquillettes 26
Nids aux champignons à la crème 28
Tagliatelles au saumon........ 30

Gratin de coquillettes au jambon................................32
Gnocchis aux 3 fromages.. 34
Spaghettis verts 36
Soufflé de coquillettes au thon 38
Risotto coquillettes potiron... 40
Pâtes aux saucisses et à La vache qui rit® 42
Omelette au pesto et aux coquillettes........................ 44
Torsettes aux tomates et
aux croûtons dorés... 46
Mini-cakes coquillettes-chorizo 48
Spaghettis à la cassonade... 50
Incroyable tarte aux pâtes...52
Vermicelles au miel 54

Pâtes aux œufs frais

MMMHH

Introduction

À qui les pâtes semblent-elles destinées en priorité ?
Les mots « nouilles », « coquillettes » ou « vermicelles » devraient vous mettre sur la voie : à notre chère marmaille, bien sûr, qui répondra toujours à la question « qu'est-ce que tu veux manger aujourd'hui ? » par un sempiternel « des pââtes ! ».

Mais la vérité, c'est que les grands aussi les adorent et ont souvent envie de retrouver les délicieuses saveurs d'enfance d'un gratin de coquillettes ou des raviolis à la sauce tomate.

Alors, puisque tout le monde réclame des pâtes, en voici !
Et profitons-en pour, à partir d'un ingrédient mythique, développer un nombre infini de recettes… épatantes !

Farfalles au petit-suisse et au jambon

POUR 6 PERSONNES
PRÉPARATION : 15 min
CUISSON : 10 min

> 1 pincée de gros sel
> 300 g de farfalles fraîches
> 20 g de beurre
> 50 g de dés de jambon
> 50 g de petit-suisse
> 100 g de crème fraîche épaisse
> sel et poivre

1. Versez 1 l d'eau dans une casserole avec du gros sel et portez à ébullition. Versez les farfalles et laissez cuire selon les indications mentionnées sur le paquet, mélangez régulièrement afin d'éviter qu'elles ne collent.

2. Égouttez les farfalles. Elles doivent êtres légèrement fermes. Versez-les à nouveau dans la casserole et ajoutez la moitié du beurre, mélangez et réservez.

3. Dans une poêle, faites fondre le reste de beurre et revenir les dés de jambon pendant 1 min. Ajoutez le petit-suisse et mélangez. Incorporez délicatement la crème jusqu'à l'obtention d'un mélange bien onctueux.

4. Versez les pâtes dans un plat creux et nappez-les avec la sauce crémeuse. Salez et poivrez.

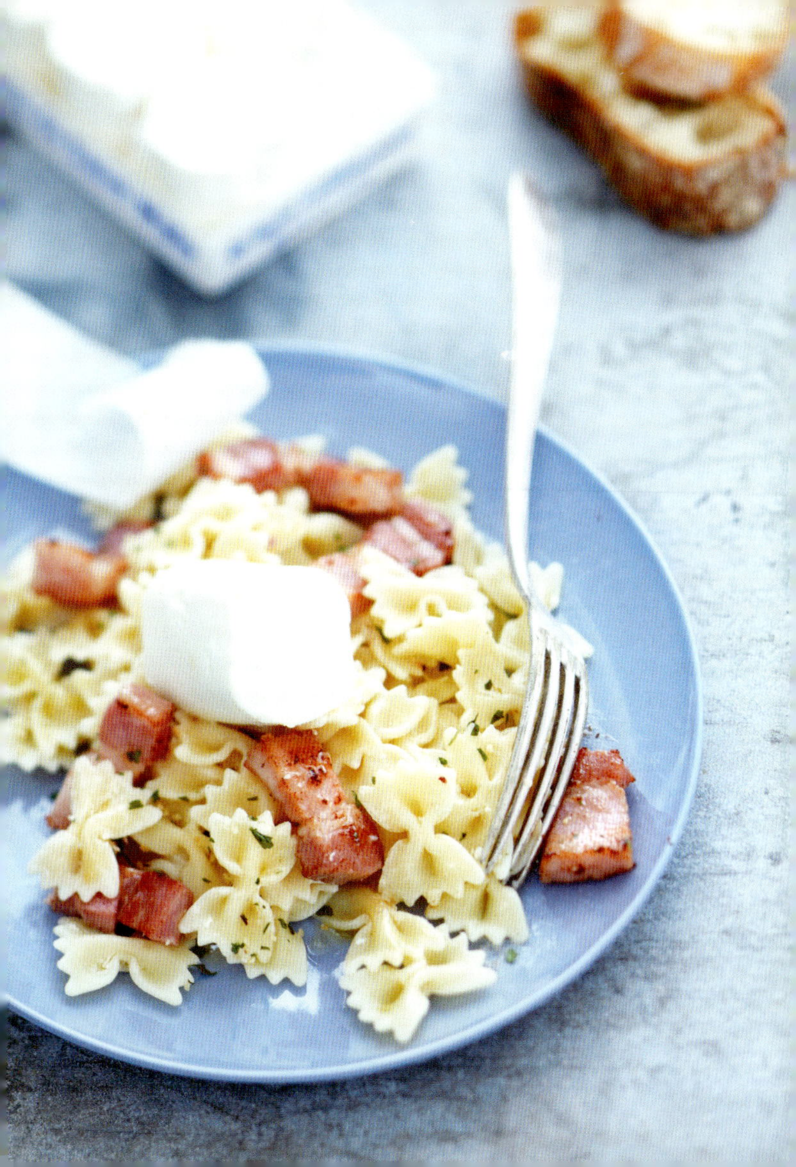

Raviolis bœuf sauce tomate

POUR 4 PERSONNES
PRÉPARATION : 20 min
CUISSON : 1 h

> 90 g de beurre
> 1 c. à soupe d'huile d'olive
> 2 gousses d'ail pilées
> 2 boîtes de tomates pelées
> 1/2 c à café de paprika
> 2 c. à café de romarin frais ciselé
> 1 c. à café de basilic frais en fines lanières
> 1 pincée de gros sel
> 400 g de raviolis frais au bœuf
> sel et poivre

1. Préparez la sauce tomate : mélangez le beurre et l'huile dans une petite casserole. Faites revenir l'ail. Ajoutez les tomates concassées avec leur jus, le paprika, le romarin, le sel et le poivre. Mélangez bien et portez à ébullition. Baissez le feu. Couvrez et laissez mijoter 1 h à feu très doux en remuant régulièrement. Ajoutez le basilic en dernier.

2. Préparez les raviolis. Faites-les cuire dans une casserole d'eau bouillante salée selon les indications mentionnées sur le paquet. Mélangez-les régulièrement afin d'éviter qu'ils ne collent. Égouttez-les ensuite délicatement dans une passoire. Ils doivent être légèrement fermes.

3. Versez les raviolis dans un plat creux et nappez-les délicatement de sauce tomate chaude. Rectifiez l'assaisonnement.

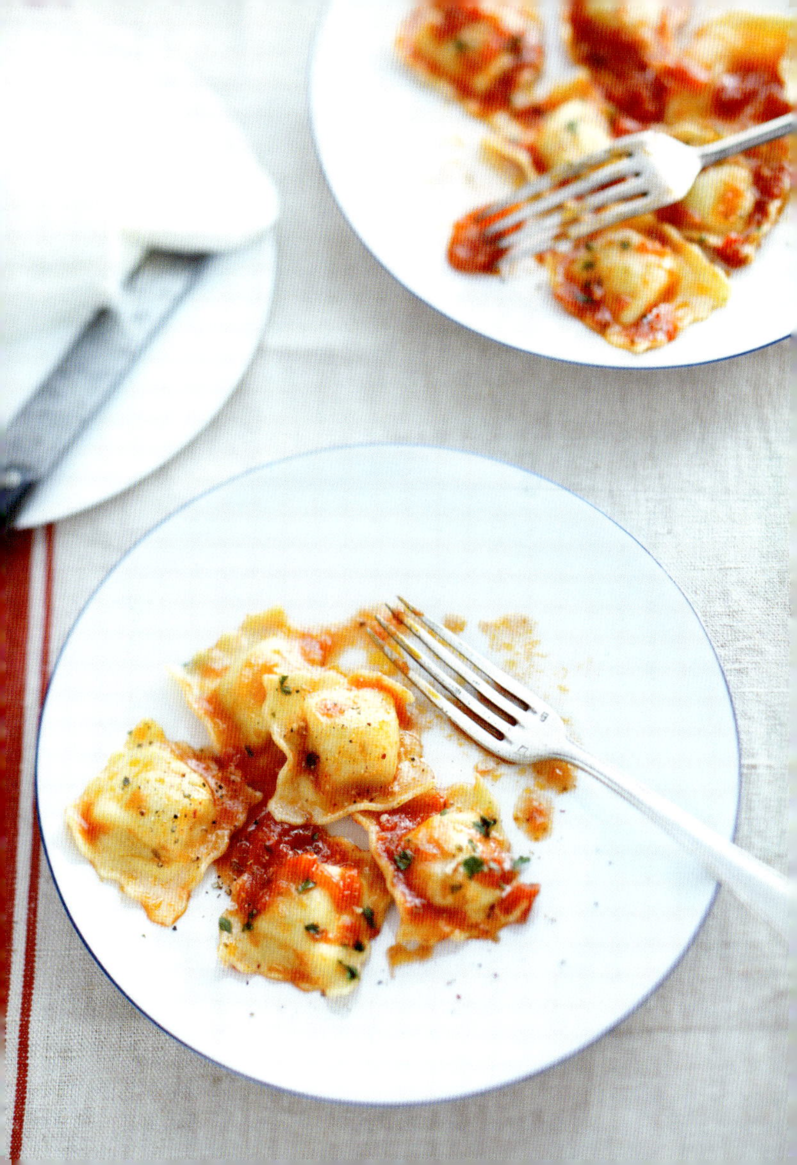

Pasta party !

POUR 4 PERSONNES

PRÉPARATION : 5 min par sauce

CUISSON : 5 min pour la sauce aux fromages et 40 min pour la sauce aux tomates confites

Pour la sauce aux fromages

> 50 g de beurre
> 50 g de farine
> 50 cl de lait
> 2 pincées de noix de muscade
> 80 g de fromage râpé au choix (comté, gruyère, parmesan, etc.)
> 10 cl de crème fraîche épaisse
> sel et poivre

Pour la sauce aux tomates confites maison

> 8 petites tomates bien fermes
> huile d'olive
> sucre en poudre
> sel et poivre

1. Préparez la sauce aux fromages. Dans une casserole, faites chauffer le beurre. Une fois fondu, ajoutez la farine. Mélangez, versez le lait froid. Tournez pendant 5 min et laissez épaissir la sauce. Salez, poivrez, ajoutez la noix muscade, le fromage râpé et la crème fraîche.

2. Préparez la sauce aux tomates confites maison. Préchauffez le four à 180 °C (therm. 6). Lavez les tomates, coupez-les en deux et ôtez les pépins. Disposez-les dans un plat, versez un filet d'huile d'olive, salez et poivrez, saupoudrez de sucre. Enfournez pendant 40 min.

Note : Servez les sauces avec les pâtes de votre choix. Vous pouvez aussi préparer une sauce au pesto (voir recette p. 44) ou une sauce tomate sicilienne (voir recette p. 46).

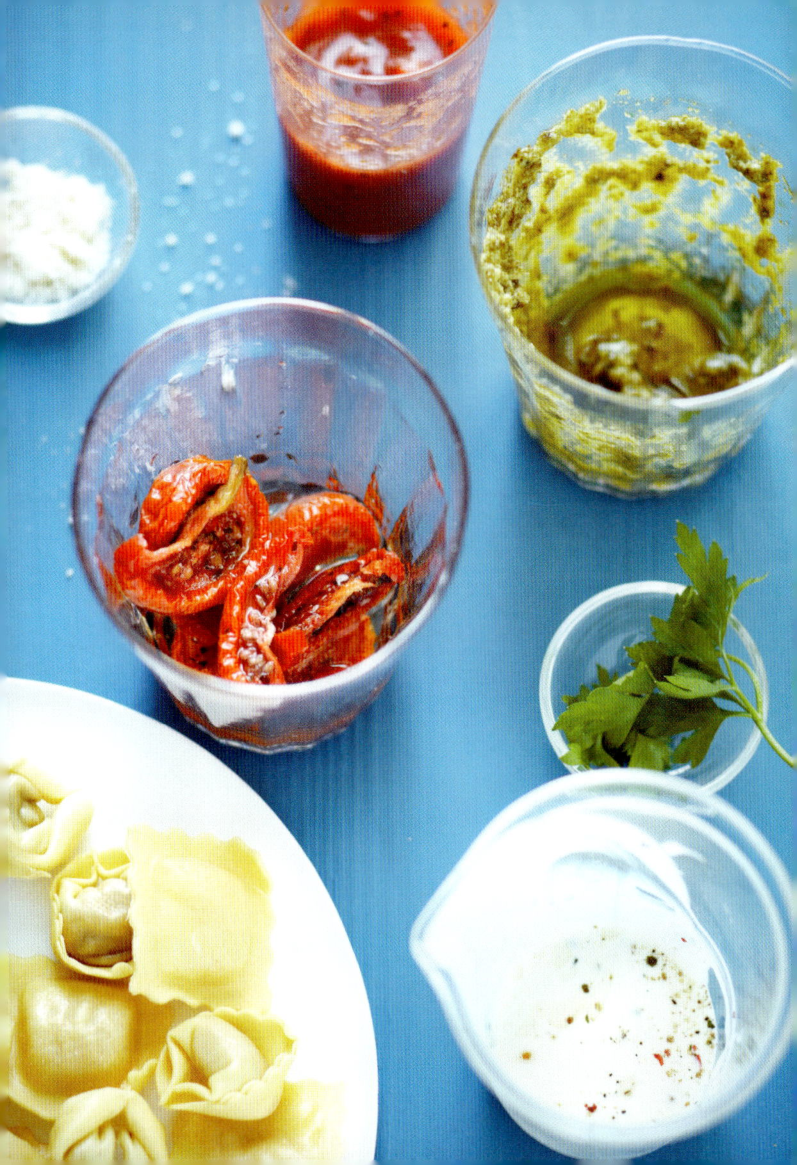

Gâteau de pâtes au comté

POUR 4 À 6 PERSONNES
PRÉPARATION : 10 min
CUISSON : 10 min

> 20 cl de lait concentré non sucré
> 1 pincée de sel
> 250 g de pâtes type coquillettes
> 1 œuf
> 20 cl de crème fraîche épaisse
> 100 g de comté coupé en dés
> sel et poivre

1. Préchauffez le four à 200 °C (therm. 6-7).

2. Dans une casserole, portez le lait salé à ébullition. Versez les pâtes et laissez cuire un petit peu plus qu'indiqué sur le paquet (jusqu'à ce qu'elles soient fondantes). Égouttez-les.

3. Dans un bol, battez l'œuf en omelette, ajoutez la crème fraîche, puis les dés de comté. Salez et poivrez. Incorporez les pâtes à cette préparation. Versez le mélange dans un moule beurré et enfournez pendant 10 min environ.

4. Démoulez et servez aussitôt accompagné d'une salade verte.

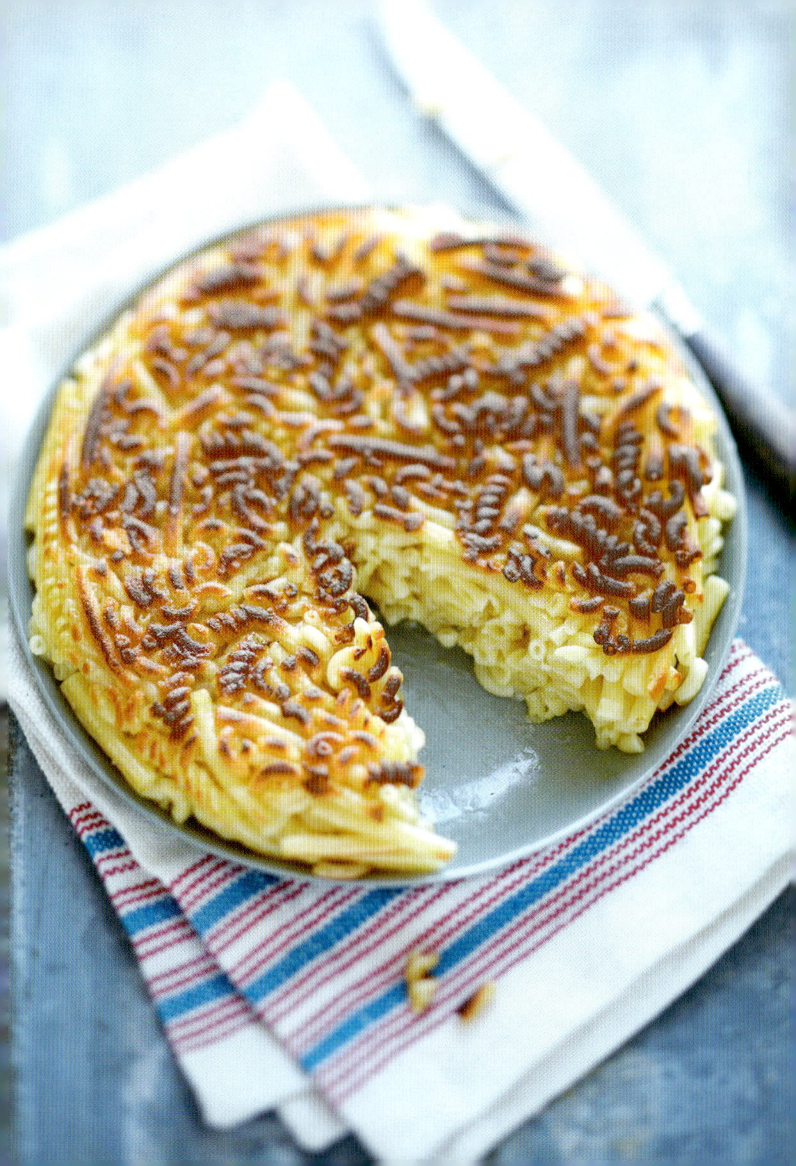

Salade de pâtes froides façon grecque

POUR 4 PERSONNES
PRÉPARATION : 15 min

> 150 g de feta nature
> 1/2 poivron rouge
> 1/2 poivron vert
> 1/2 poivron jaune
> 1/2 oignon rouge
> 50 g d'olives noires dénoyautées
> 250 g de pâtes type tagliatelles cuites (al dente) et refroidies au choix

Pour la vinaigrette

> 1/2 gousse d'ail
> 1 c. à café de moutarde de Dijon
> 1/2 c. à café de flocons de piment sec
> 1 c. à café d'origan séché
> 1 c. à café de miel
> 5 cl de jus de citron pressé
> 3 c. à soupe d'huile d'olive
> sel et poivre

1. Coupez la feta et les poivrons en dés, émincez l'oignon rouge et les olives noires, réservez.

2. Préparez la vinaigrette : dans un grand récipient, mélangez vivement l'ail finement haché, la moutarde, le sel, le poivre, le piment, l'origan, le miel et le jus de citron, versez l'huile en filet.

3. Ajoutez les pâtes, la feta, les poivrons, l'oignon et les olives, et mélangez délicatement l'ensemble. Dégustez.

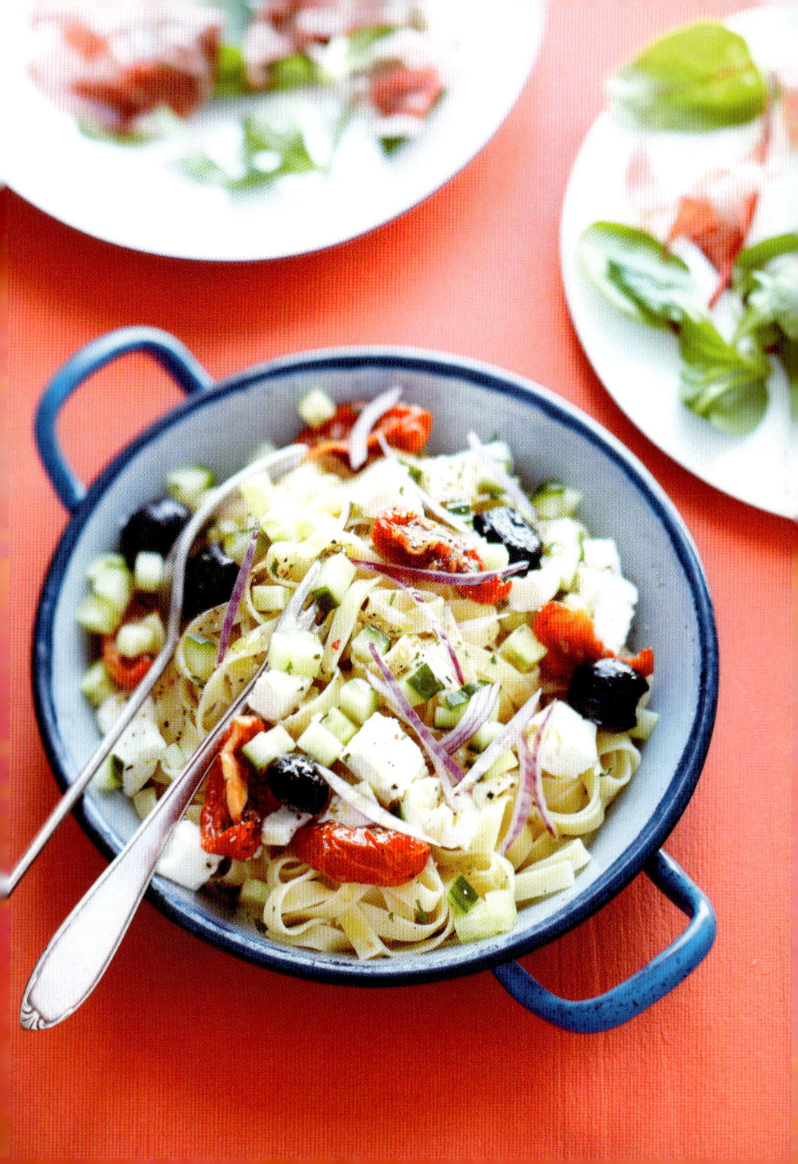

Spaghettis à la bolognaise

POUR 4 PERSONNES
PRÉPARATION : 15 min
CUISSON : 1 h

> 5 belles tomates bien mûres (à défaut, une boîte de tomates entières cuites)
> 2 oignons
> 2 gousses d'ail
> 2 c. à soupe d'huile d'olive
> 150 g de viande de bœuf hachée
> 1 brin de thym
> 2 feuilles de laurier
> 300 g de spaghettis
> parmesan selon votre goût
> sel et poivre

1. Mondez les tomates en les plongeant 30 s chacune dans l'eau bouillante afin d'en ôter plus facilement la peau, puis coupez-les en dés.

2. Dans une sauteuse, faites revenir les oignons et l'ail dans l'huile jusqu'à ce qu'ils soient fondants, puis ajoutez la viande hachée. Saisissez-la et détachez-la en petits morceaux à l'aide d'une cuillère en bois. Salez et poivrez.

3. Ajoutez les tomates coupées et mélangez avec la viande et les oignons.

4. Ajoutez ensuite le brin de thym et les feuilles de laurier et laissez mijoter à feu doux au moins 40 min jusqu'à ce que la sauce tomate épaississe et que l'eau s'évapore. Rectifiez l'assaisonnement si nécessaire.

5. Faites cuire les spaghettis al dente. Servez-les avec la sauce bolognaise et du parmesan râpé.

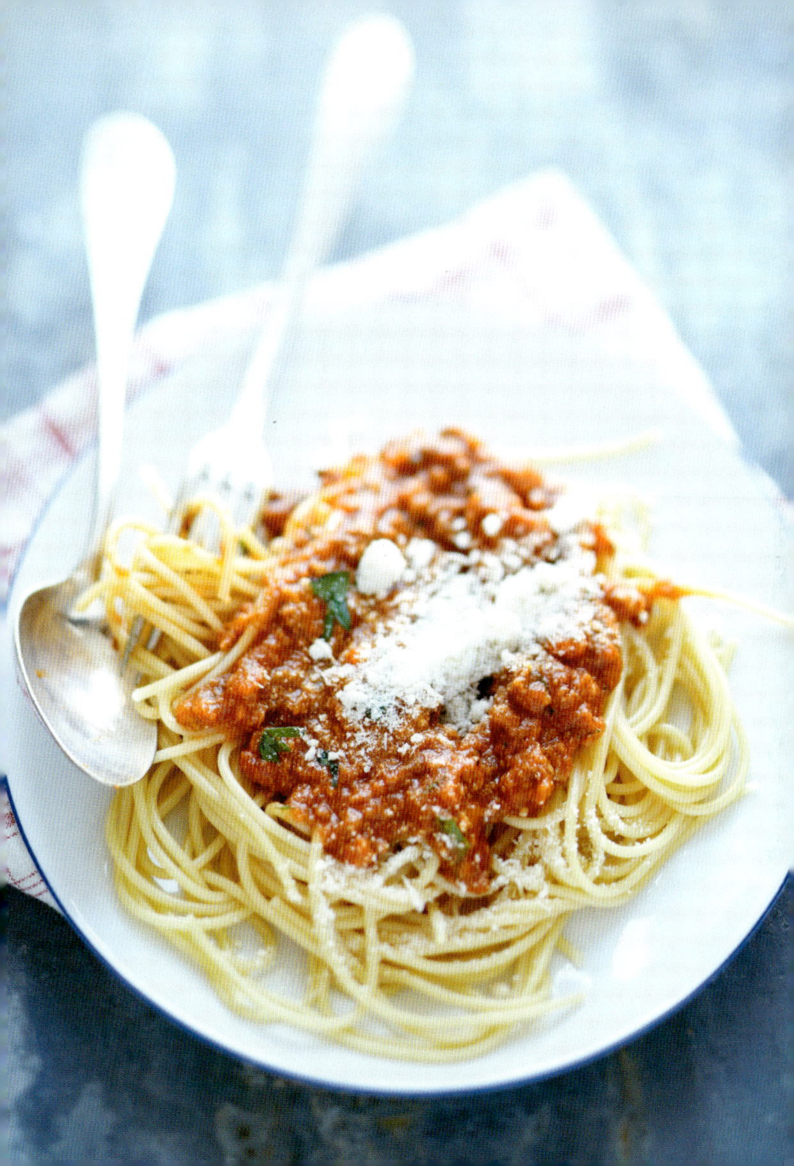

Minestrone

POUR 4 PERSONNES
PRÉPARATION : 10 min
CUISSON : 1 h

> 50 g de haricots cocos
> 1 cube de bouillon aromatique
> 1 oignon
> 1 branche de céleri
> 1 courgette
> 1 tomate
> 1 pomme de terre
> 1 navet
> 1 carotte
> 1 poireau
> 50 g de haricots verts
> 50 g de petits pois
> 50 g de fèves
> 80 g de macaronis
> 50 g de lardons fumés
> 1 l de bouillon de légumes
> 3 c. à soupe d'huile d'olive
> basilic
> sel et poivre

1. Faites cuire les haricots cocos dans le bouillon aromatique, égouttez, puis réservez.

2. Taillez en brunoise l'oignon, le céleri, la courgette, la tomate, la pomme de terre, le navet, la carotte et le poireau. Réservez. Plongez les haricots verts, petits pois et fèves dans l'eau bouillante pendant 5 min. Rafraîchissez sous l'eau bien froide et réservez.

3. Faites cuire les macaronis puis coupez-les en trois.

4. Dans une cocotte, faites suer à l'huile d'olive l'oignon, le céleri, la carotte, le poireau, le navet et les lardons. Mouillez au bouillon de légumes. Un quart d'heure avant la fin, ajoutez la pomme de terre et terminez la cuisson. Au dernier moment, ajoutez tomate, macaronis, petits pois, haricots verts, fèves, haricots cocos et courgettes. Rectifiez l'assaisonnement si nécessaire, décorez de quelques feuilles de basilic et servez aussitôt.

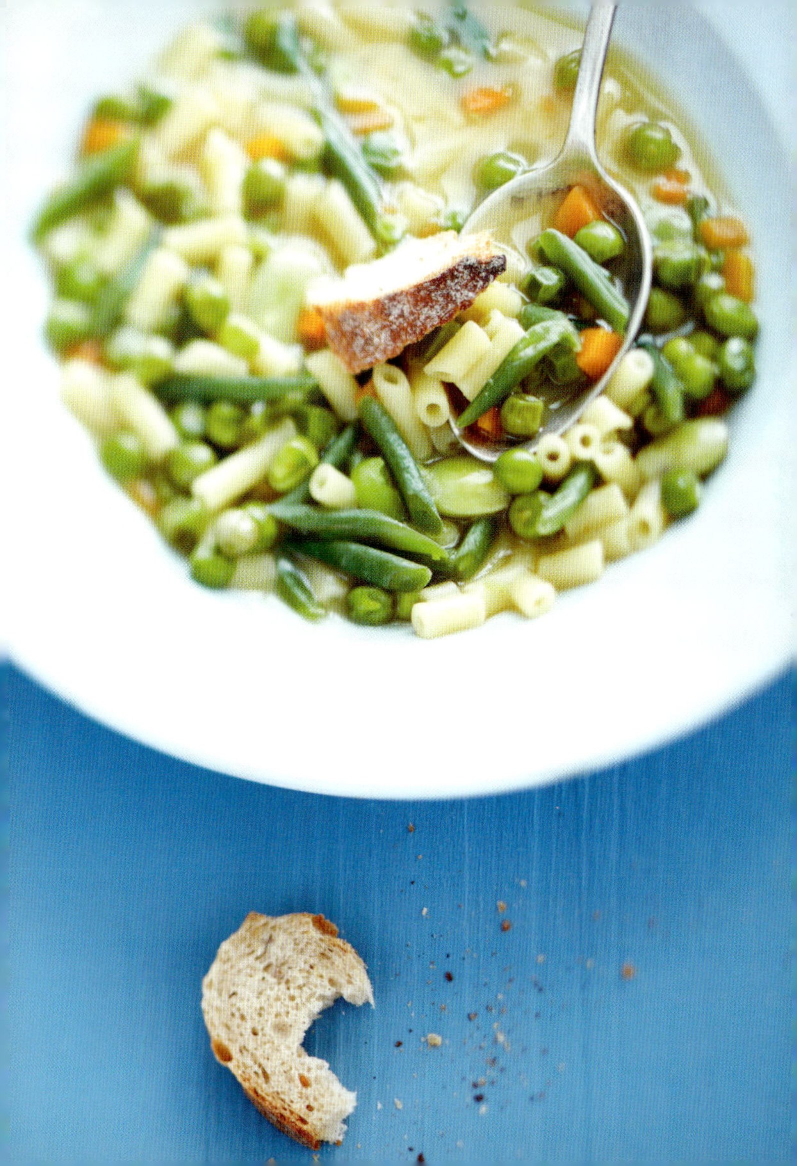

Torsettes au Viandox et au poulet pané

POUR 4 PERSONNES
PRÉPARATION : 15 min
CUISSON : 10 min

> 50 g de farine
> 10 cl de lait
> 1 œuf
> 50 g de chapelure
> 100 g de parmesan râpé
> 600 g d'aiguillettes de poulet
> 1 noix de beurre
> 250 g de torsettes
> quelques gouttes de Viandox
> basilic
> thym
> sel et poivre

1. Préparez trois bols : dans le premier, versez la farine. Dans le second, versez le lait et ajoutez l'œuf. Battez le mélange à l'aide d'une fourchette. Dans le troisième, mélangez la chapelure et le parmesan.

2. Trempez chaque aiguillette successivement dans la farine, puis le lait et enfin dans le mélange de chapelure et de parmesan. Salez et poivrez. Faites fondre le beurre dans une grande poêle et faites cuire lentement les aiguillettes à feu doux jusqu'à ce que le poulet soit bien doré.

3. Pendant ce temps, faites cuire les torsettes dans une casserole d'eau bouillante en suivant les indications mentionnées sur le paquet.

4. Versez-les ensuite dans un plat creux et ajoutez quelques gouttes de Viandox selon vos goûts. Déposez les aiguillettes de poulet dans l'assiette et parsemez de basilic ou de thym frais selon la saison.

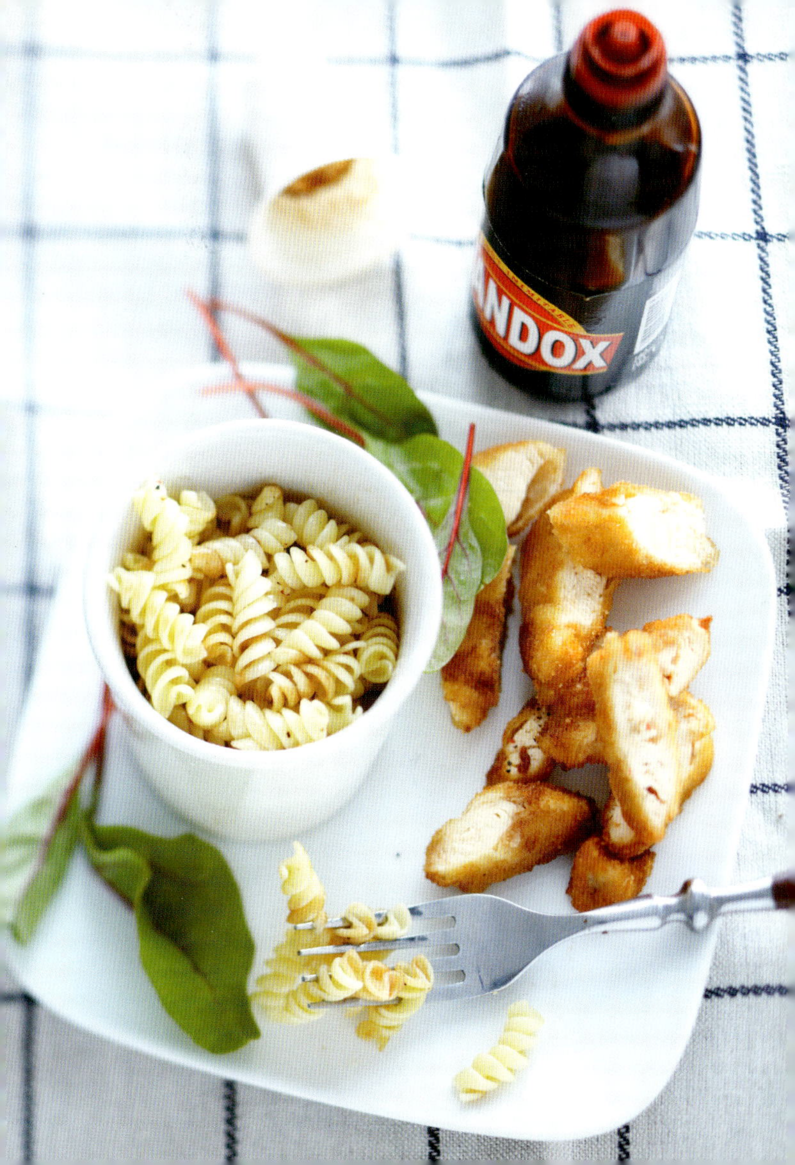
ANDOX

Croquettes au bacon et aux coquillettes

POUR 6 PERSONNES
PRÉPARATION : 15 min
CUISSON : 10 min

> 15 g de beurre
> 3 c. à soupe de farine
> 25 cl de lait
> 30 g de gruyère râpé
> 1 pincée de noix de muscade
> 250 g de coquillettes cuites
> 100 g de bacon coupé en dés
> 1 jaune d'œuf
> 1 œuf battu
> 50 g de chapelure
> 10 cl d'huile d'olive
> sel et poivre

1. Dans une casserole, faites fondre le beurre, puis versez 2 cuillérée à soupe de farine et le lait froid petit à petit pour obtenir une béchamel très épaisse. Ajoutez ensuite le gruyère râpé. Salez, poivrez et ajoutez la noix de muscade.

2. Incorporez les coquillettes cuites et les dés de bacon à la béchamel ainsi que le jaune d'œuf. Mélangez bien.

3. Formez des boulettes de 6 cm de diamètre. Roulez chaque boulette dans la farine restante, dans l'œuf battu et dans la chapelure. Faites-les dorer à la poêle dans l'huile.

4. Égouttez les croquettes sur un papier absorbant avant de servir.

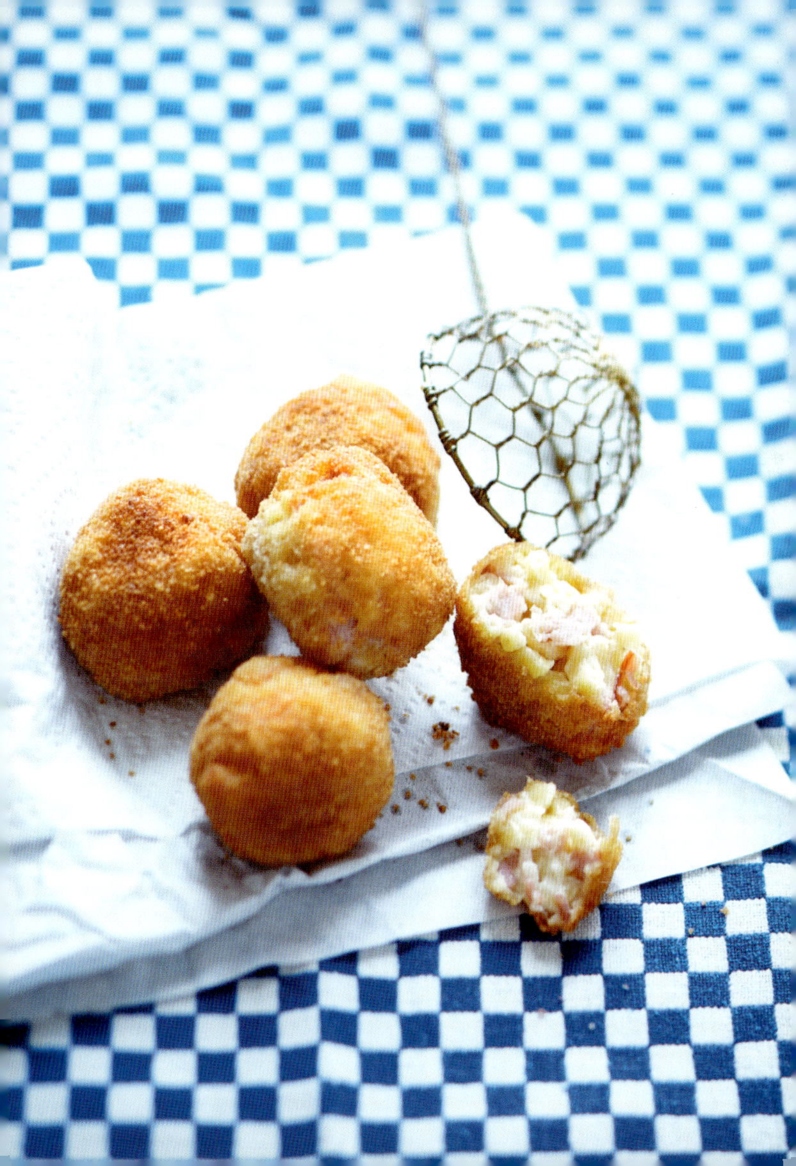

Velouté de tomate aux vermicelles

POUR 4 PERSONNES
PRÉPARATION : 15 min
CUISSON : 45 min environ

> 1 gros oignon
> 1 gousse d'ail
> 2 c. à soupe d'huile
> 2 cubes de bouillon de volaille
> 500 g de tomates
> 300 g de pommes de terre
> 1 c. à café de sucre en poudre
> 3 c. à soupe de vermicelles
> sel et poivre

1. Épluchez et émincez l'oignon et l'ail finement. Faites-les revenir à l'huile dans une sauteuse.

2. Faites chauffer de l'eau dans une casserole avec le bouillon.

3. Lavez et coupez les tomates en petits cubes. Plongez-les dans la sauteuse en laissant cuire quelques minutes. Épluchez et coupez les pommes de terre en petits morceaux. Versez le bouillon chaud dans la sauteuse, ainsi que les pommes de terre, le sucre, le sel et le poivre. Portez à ébullition et laissez cuire environ 40 min.

4. Faites cuire les vermicelles dans une casserole d'eau bouillante pendant 4 ou 5 min.

5. Passez le potage et remettez dans la sauteuse avec les vermicelles égouttés. Ramenez à ébullition quelques minutes et dégustez aussitôt.

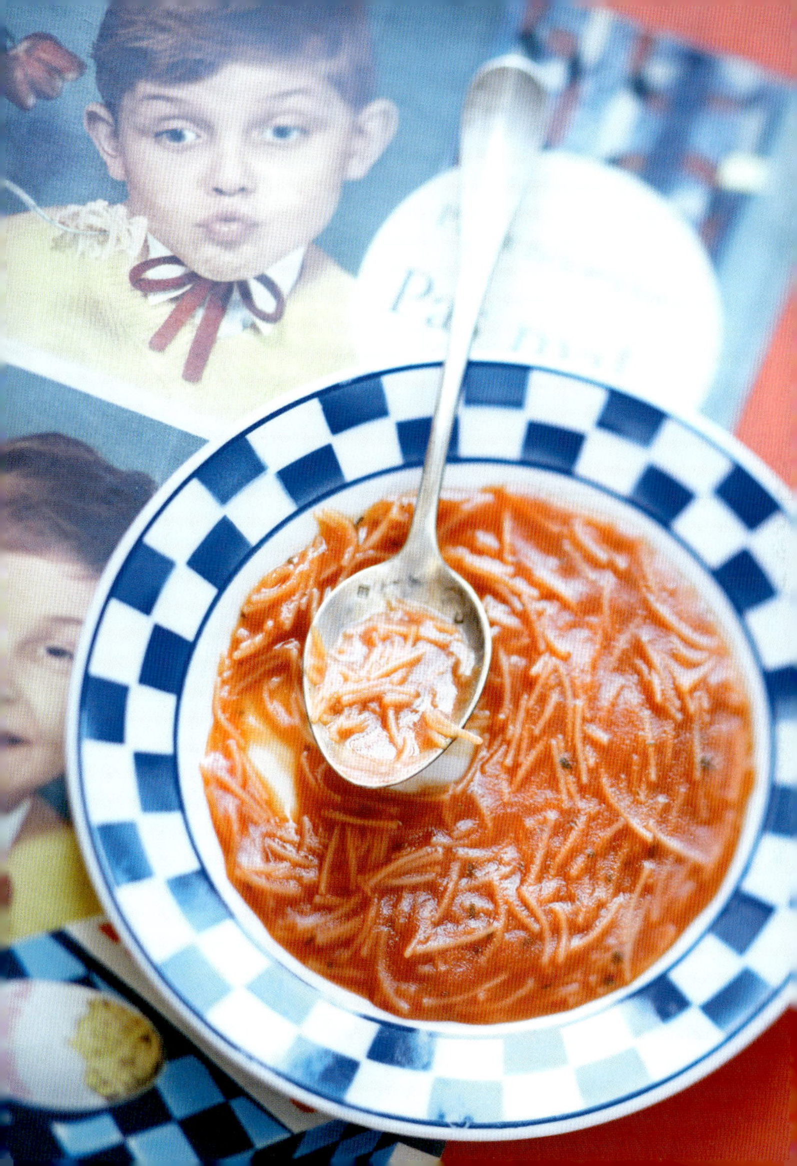

Légumes farcis aux coquillettes

POUR 4 PERSONNES
PRÉPARATION : 15 min
CUISSON : 40 min

> 20 g de coquillettes
> 2 courgettes
> 2 tomates
> 2 beaux champignons de Paris
> 1 c. à café d'huile d'olive
> 1 échalote
> 2 petites carottes
> 200 g de chair à farcir
> 1 c. à soupe de crème fraîche épaisse
> 1 c. à café de fond de légumes
> sel et poivre

1. Préchauffez le four à 200 °C (therm. 6-7). Faites cuire les coquillettes selon les indications mentionnées sur le paquet, égouttez-les et réservez.

2. Découpez des chapeaux sur les courgettes et les tomates et, à l'aide d'une petite cuillère, videz-les. Conservez la chair. Coupez les pieds des champignons.

3. Faites revenir, dans l'huile, l'échalote émincée, ajoutez les carottes en petits dés et la chair à farcir. Ajoutez ensuite la chair des courgettes, la crème fraîche et le fond de légumes. Salez et poivrez. Pour finir, ajoutez les coquillettes cuites.

4. Farcissez tous les légumes et déposez-les dans un plat allant au four. Enfournez pendant 40 min.

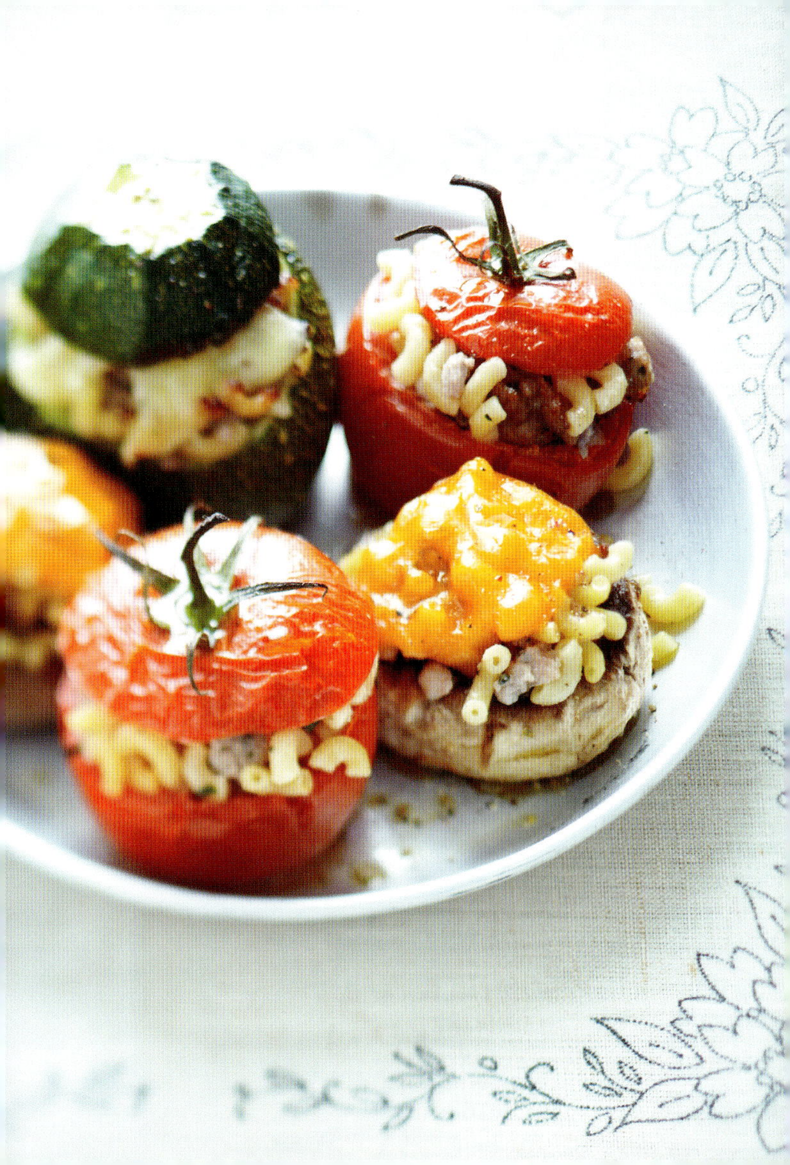

Nids aux champignons à la crème

POUR 4 PERSONNES
PRÉPARATION : 15 min
CUISSON : 15 à 20 min

> 400 g de champignons mélangés selon la saison
> 1 gousse d'ail
> 1 échalote
> 1 c. à soupe d'huile d'olive
> 500 g de nids
> 20 g de parmesan
> 15 cl de crème fraîche épaisse
> 1 jaune d'œuf
> ciboulette et persil ciselés
> sel et poivre

1. Nettoyez les champignons, coupez les gros en lamelles et laissez les petits entiers. Pelez et hachez finement l'ail et l'échalote.

2. Chauffez l'huile dans une sauteuse, ajoutez l'ail, puis l'échalote, laissez-les fondre 3 min à feu doux, joignez-y les champignons et faites cuire encore 6 à 7 min.

3. Pendant ce temps, faites cuire les nids dans une grande quantité d'eau très salée, selon les indications mentionnées sur le paquet.

4. Râpez le parmesan. Versez la crème sur les champignons, ajoutez les pâtes égouttées, mélangez et réchauffez 2 min. Retirez du feu, incorporez le jaune d'œuf, ajoutez la ciboulette et le persil.

5. Mélangez bien, versez dans un plat chaud, saupoudrez de parmesan, rectifiez l'assaisonnement si nécessaire et servez.

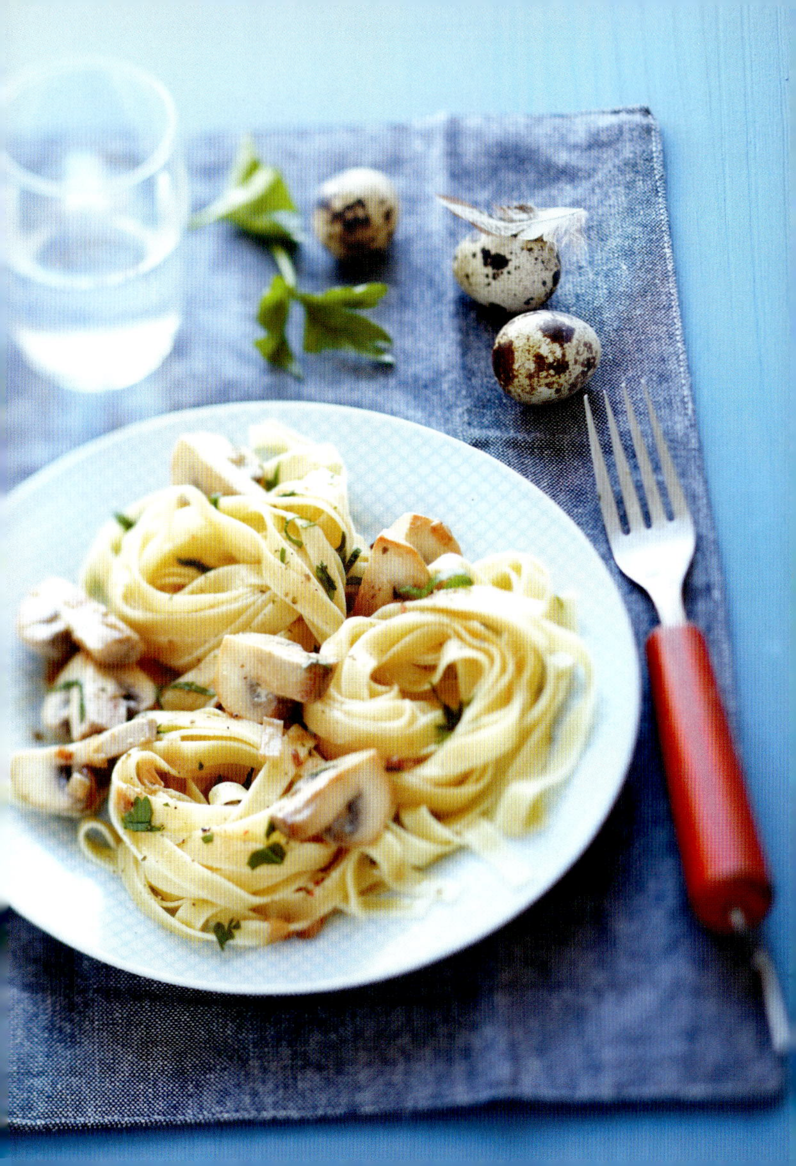

Tagliatelles au saumon

POUR 4 PERSONNES
PRÉPARATION : 10 min
CUISSON : 10 min

> 4 pavés de saumon frais sans la peau
> 2 échalotes
> 15 g de beurre
> 1 verre de vin blanc
> 20 cl de crème liquide entière
> aneth frais
> 300 g de tagliatelles fraîches
> parmesan (facultatif)
> sel et poivre ou baies roses

1. Coupez les pavés de saumon frais en cubes.

2. Faites revenir les échalotes finement ciselées dans le beurre. Lorsqu'elles commencent à colorer, ajoutez les cubes de saumon. Salez légèrement, poivrez et remuez régulièrement. Laissez cuire 5 min. Ajoutez le vin blanc et laissez évaporer à feu vif. Ajoutez la crème et l'aneth. Rectifiez l'assaisonnement si nécessaire et laissez cuire 2 min à feu moyen. Réservez au chaud.

3. Pendant ce temps, faites cuire les tagliatelles dans un grand volume d'eau bouillante salée selon les indications mentionnées sur le paquet.

4. Dans un plat, déposez les tagliatelles, puis ajoutez les cubes de saumon au vin blanc et à la crème d'aneth. Ajoutez un peu de parmesan si vous le souhaitez.

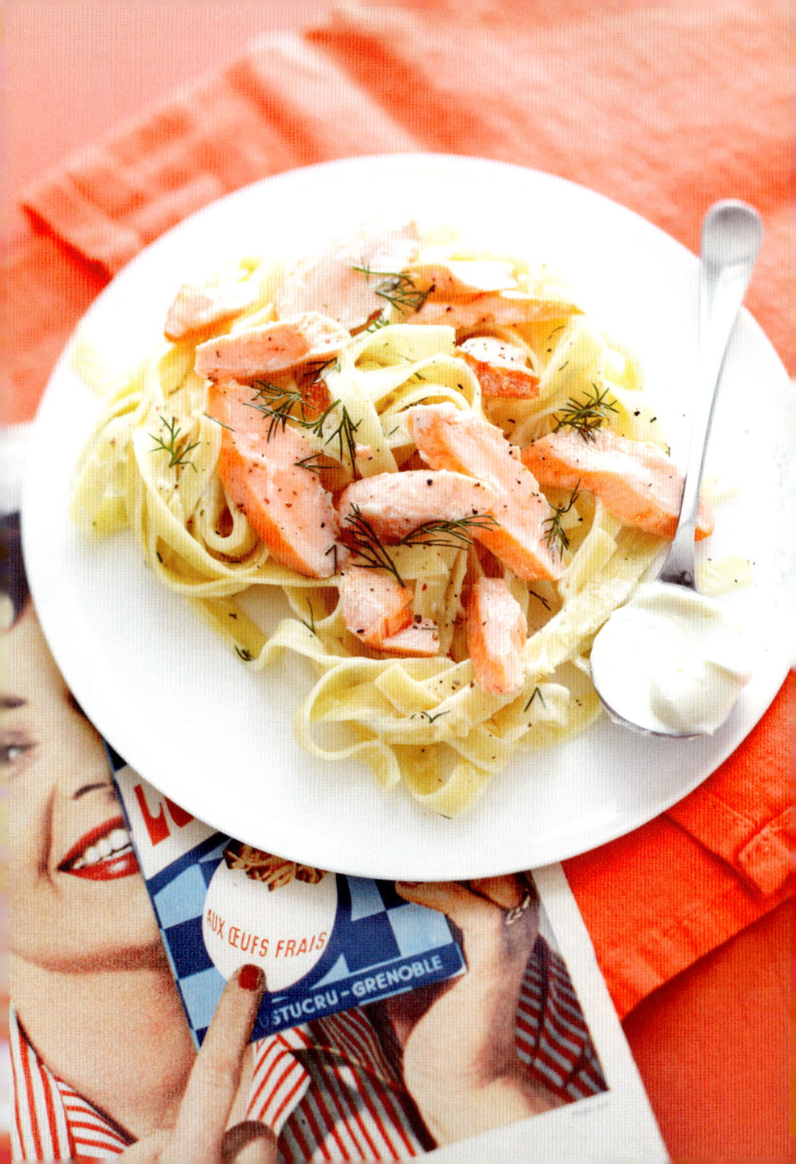
AUX ŒUFS FRAIS
STUCRU - GRENOBLE

Gratin de coquillettes au jambon

POUR 4 PERSONNES
PRÉPARATION : 10 min
CUISSON : 15 min

> 150 g de coquillettes
> huile d'olive
> 20 g de beurre + 10 g
> 20 g de farine
> 25 cl de lait entier
> 20 cl de crème fraîche épaisse
> 2 pincées de noix de muscade râpée
> 2 jaunes d'œufs
> 2 tranches de jambon coupées en dés
> 50 g de comté râpé
> sel et poivre

1. Préchauffez le four à 180 °C (therm. 6). Faites cuire les coquillettes selon les indications mentionnées sur le paquet avec un filet d'huile d'olive. Égouttez-les et réservez.

2. Préparez une béchamel. Faites fondre 20 g de beurre dans une casserole. Ajoutez la farine d'un seul coup et mélangez rapidement pour faire un roux. Ajoutez le lait et la crème petit à petit tout en fouettant. Assaisonnez avec le sel, le poivre et la muscade râpée. Fouettez jusqu'à épaississement. Une fois la béchamel prête, ajoutez les 2 jaunes d'œufs hors du feu. Mélangez.

3. Incorporez au mélange les coquillettes et le jambon en dés. Assaisonnez. Mélangez pour enrober les pâtes de béchamel.

4. Garnissez un plat à gratin beurré de la moitié du mélange de pâtes, ajoutez ensuite la moitié du comté, puis l'autre moitié de pâtes, et terminez par le reste de comté. Parsemez de petites noisettes de beurre et enfournez pendant 10 min.

Pâtes aux oeufs frais
LUSTUCRU
Pâtes aux oeufs frais
LUSTUCRU

Gnocchis aux 3 fromages

POUR 3 OU 4 PERSONNES
PRÉPARATION : 5 min
CUISSON : 25 min

> 50 g de beurre
> 50 g de farine
> 50 cl de lait
> 2 pincées de noix de muscade
> 80 g de 3 fromages de votre choix râpés (comté, chèvre, roquefort, mozzarella, etc.)
> 10 cl de crème fraîche épaisse
> 380 g de gnocchis frais
> sel et poivre

1. Préchauffez le four à 210 °C (therm. 7).

2. Dans une petite casserole, faites chauffer le beurre. Une fois fondu, ajoutez la farine, mélangez, puis versez le lait froid. Fouettez pendant 5 min et laissez épaissir la sauce. Salez, poivrez, ajoutez la noix muscade, 50 g de fromages râpés et la crème fraîche.

3. Plongez les gnocchis dans de l'eau bouillante salée et laissez cuire selon les indications mentionnées sur le paquet. Égouttez-les et disposez-les dans un plat creux allant au four. Nappez les gnocchis avec la sauce et le reste des fromages râpés.

4. Faites gratiner l'ensemble à four chaud pendant 15 min.

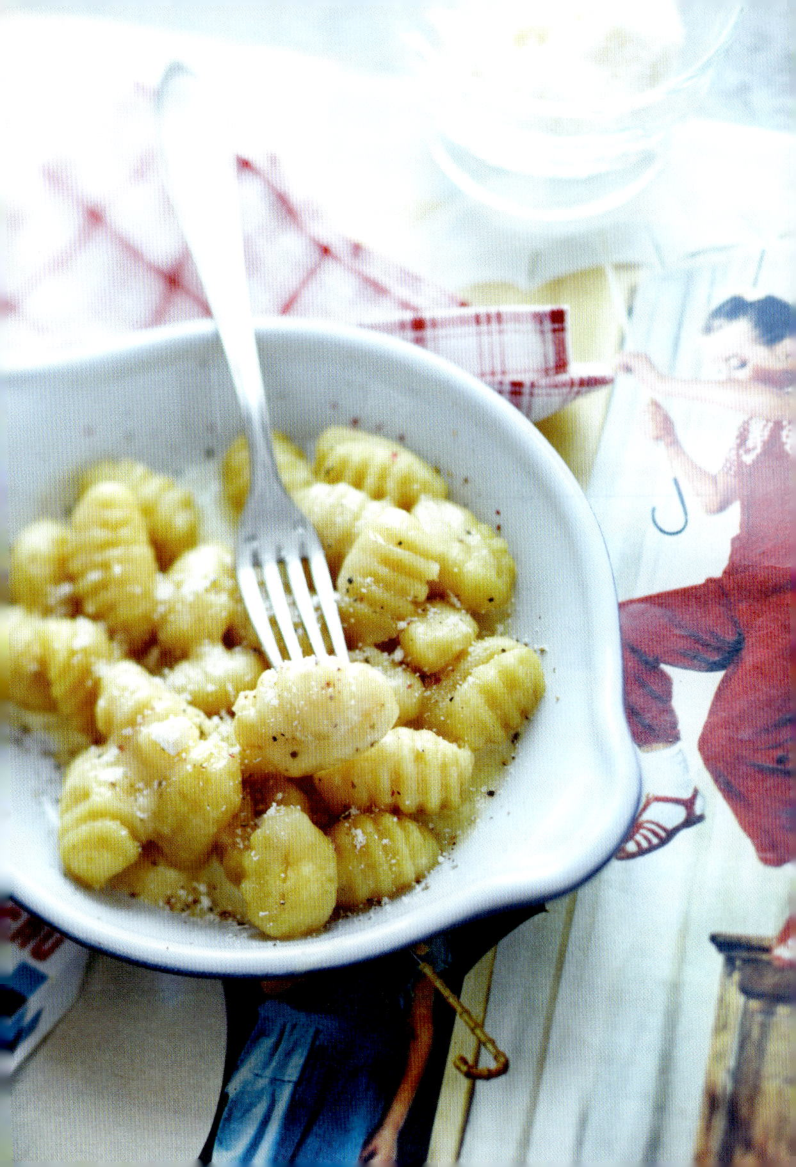

Spaghettis verts

POUR 4 PERSONNES
PRÉPARATION : 15 min
CUISSON : 15 min

> 1 grosse courgette
> 4 c. à soupe d'huile d'olive
> 20 g de pignons de pin
> 350 g de spaghettis
> 1 gousse d'ail
> une dizaine de feuilles de menthe fraîche
> 20 g de parmesan râpé
> 250 g de ricotta fraîche de bufflonne
> sel et poivre

1. Lavez, puis séchez la courgette sans l'éplucher. À l'aide d'une râpe, taillez-la en fines lamelles comme des spaghettis. Placez-les dans un bol et arrosez d'huile d'olive, salez et poivrez. Réservez.

2. Dans une poêle, faites griller à sec les pignons de pin. Réservez.

3. Portez une grande casserole d'eau salée à ébullition. Faites cuire les spaghettis al dente selon les indications mentionnées sur le paquet.

4. Mixez la gousse d'ail, la menthe, le parmesan et la ricotta. Salez légèrement et poivrez.

5. Égouttez les spaghettis, puis placez-les dans un plat creux, ajoutez les lamelles de courgette crue, mélangez délicatement et nappez l'ensemble avec la sauce à la ricotta, répartissez dans des assiettes creuses. Parsemez de pignons de pin grillés. Ajoutez éventuellement un filet d'huile d'olive et du parmesan.

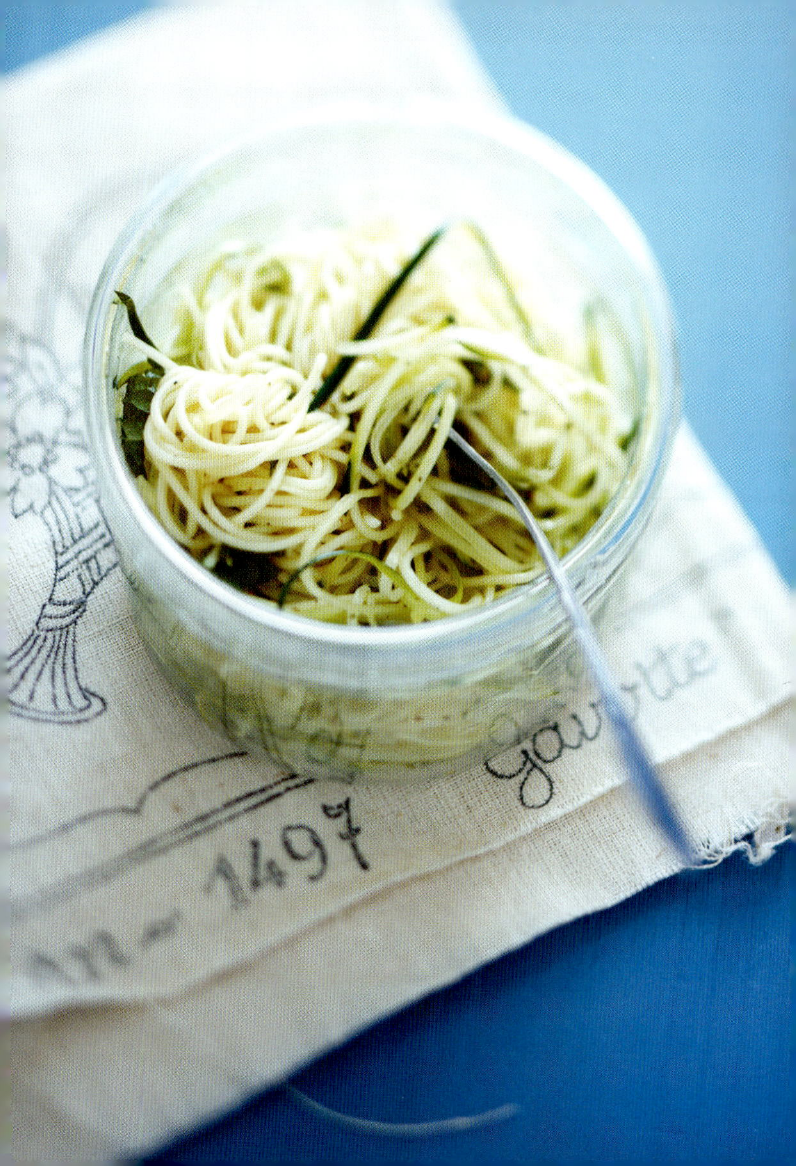
1497

Soufflé de coquillettes au thon

POUR 4 PERSONNES
PRÉPARATION : 10 min
CUISSON : 50 min

> 50 g de beurre
> 50 g de farine
> 1/4 l de lait
> 80 g de gruyère râpé
> 3 œufs
> 100 g de coquillettes cuites
> 1 boîte de thon au naturel de 140 g
> 3 brins de ciboulette
> sel et poivre

1. Préchauffez le four à 210 °C (therm. 7).

2. Préparez une sauce béchamel très épaisse : faites fondre le beurre dans une casserole. Ajoutez la farine d'un seul coup et mélangez rapidement pour faire un roux. Versez-y le lait petit à petit tout en fouettant. Salez et poivrez. Ajoutez le gruyère râpé, puis laissez refroidir.

3. Séparez les jaunes des blancs d'œufs et ajoutez-les un par un à la béchamel. Réservez les blancs. Incorporez les coquillettes, puis le thon émietté et égoutté ainsi que la ciboulette ciselée. Mélangez le tout.

4. Dans un moule à soufflé de 20 cm de diamètre, battez les blancs en neige très ferme, ajoutez progressivement la préparation précédente, puis mélangez bien le tout.

5. Enfournez le soufflé pendant 45 min. Servez aussitôt avec une salade verte.

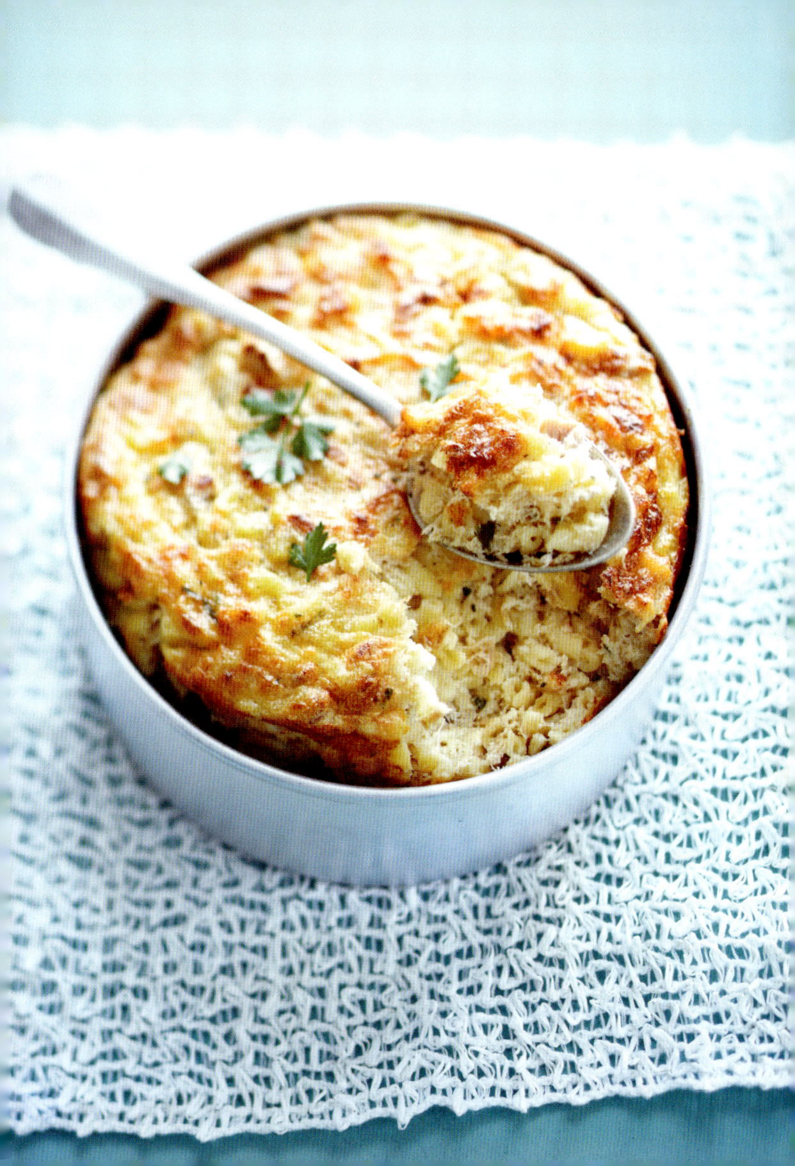

Risotto coquillettes potiron

POUR 4 PERSONNES
PRÉPARATION : 5 min
CUISSON : 20 min

> 2 échalotes
> 30 g de beurre
> 200 g de potiron coupé en petits dés
> 250 g de coquillettes
> 10 cl de vin blanc
> 50 cl de bouillon de poule
> 2 pincées de noix de muscade
> 30 g de parmesan
> 1 c. à soupe de crème fraîche épaisse
> sel et poivre

1. Épluchez et émincez les échalotes. Faites-les revenir dans une sauteuse avec le beurre pendant 2 min.

2. Ajoutez le potiron et les coquillettes, mélangez le tout.

3. Laissez revenir quelques minutes, puis versez le vin. Ajoutez le bouillon, petit à petit, à la façon d'un risotto, jusqu'à ce qu'il soit complètement absorbé.

4. Assaisonnez, ajoutez la noix de muscade râpée, couvrez et laissez cuire à feu moyen pendant 15 min. En fin de cuisson, incorporez le parmesan et la cuillerée de crème. Mélangez et servez aussitôt.

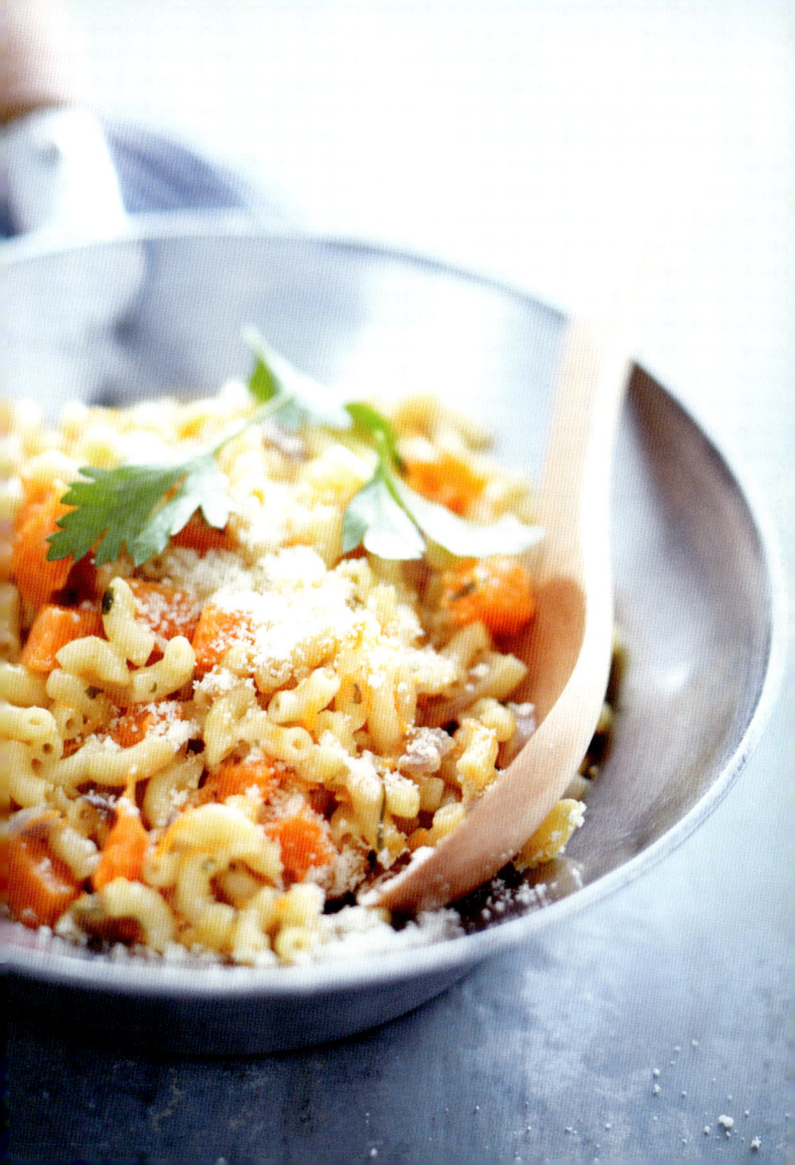

Pâtes aux saucisses et à La vache qui rit®

POUR 4 PERSONNES
PRÉPARATION : 10 min
CUISSON : 20 min environ

> 300 g de pâtes type farfalles au choix
> 6 portions de fromage type La vache qui rit®
> 4 saucisses de Francfort
> 1 noix de beurre

1. Préchauffez le four à 180 °C (therm. 6) en position gril. Faites chauffer une casserole d'eau salée. Lorsque l'eau bout, plongez les pâtes et faites cuire selon les indications mentionnées sur le paquet.

2. Coupez les portions de Vache qui rit® en dés. Réservez.

3. Plongez les saucisses 3 min avant la fin de la cuisson des pâtes. Égouttez le tout, puis coupez les saucisses en rondelles.

4. Mélangez les pâtes, les saucisses, les dés de Vache qui rit®, puis déposez l'ensemble dans un plat à gratin. Enfournez pendant 10 min. Dégustez aussitôt.

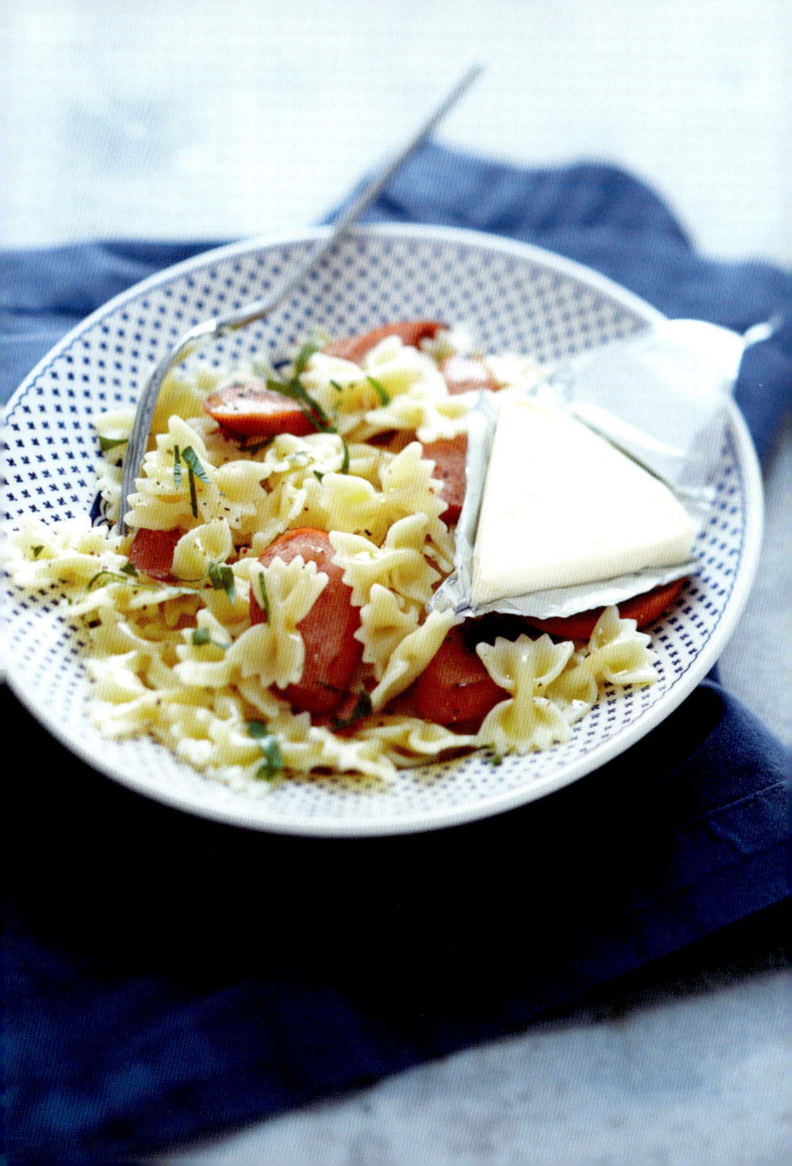

Omelette au pesto et aux coquillettes

POUR 4 PERSONNES
PRÉPARATION : 15 min
CUISSON : 15 min

> 5 œufs
> 5 cl de lait
> 120 g de coquillettes cuites
> 15 g de beurre
> 100 g de fromage (feta, chèvre, parmesan râpé, etc.)
> quelques feuilles de basilic
> sel et poivre

Pour le pesto

> 25 g de parmesan râpé
> 30 g de feuilles de basilic frais (lavées et séchées)
> 25 g de pignons de pin
> 1 gousse d'ail pelée et dégermée
> 5 c. à soupe d'huile d'olive
> sel et poivre

1. Préparez le pesto. Dans le bol d'un mixeur, déposez le parmesan, les feuilles de basilic, les pignons et l'ail. Ajoutez une bonne cuillerée à soupe d'huile d'olive et mixez le tout pendant 2 min. Salez, poivrez, et incorporez l'huile d'olive restante tout en mixant légèrement jusqu'à obtenir une pâte plutôt épaisse.

2. Préparez l'omelette. Cassez les œufs, battez-les dans un bol avec le lait, le sel, le poivre et le pesto. Ajoutez les pâtes et mélangez délicatement.

3. Faites fondre le beurre dans une poêle et versez le mélange. Lorsque l'omelette commence à prendre, déposez les morceaux de fromage. Laissez cuire selon votre goût.

4. Parsemez de feuilles de basilic et servez avec une salade de jeunes pousses d'épinards frais.

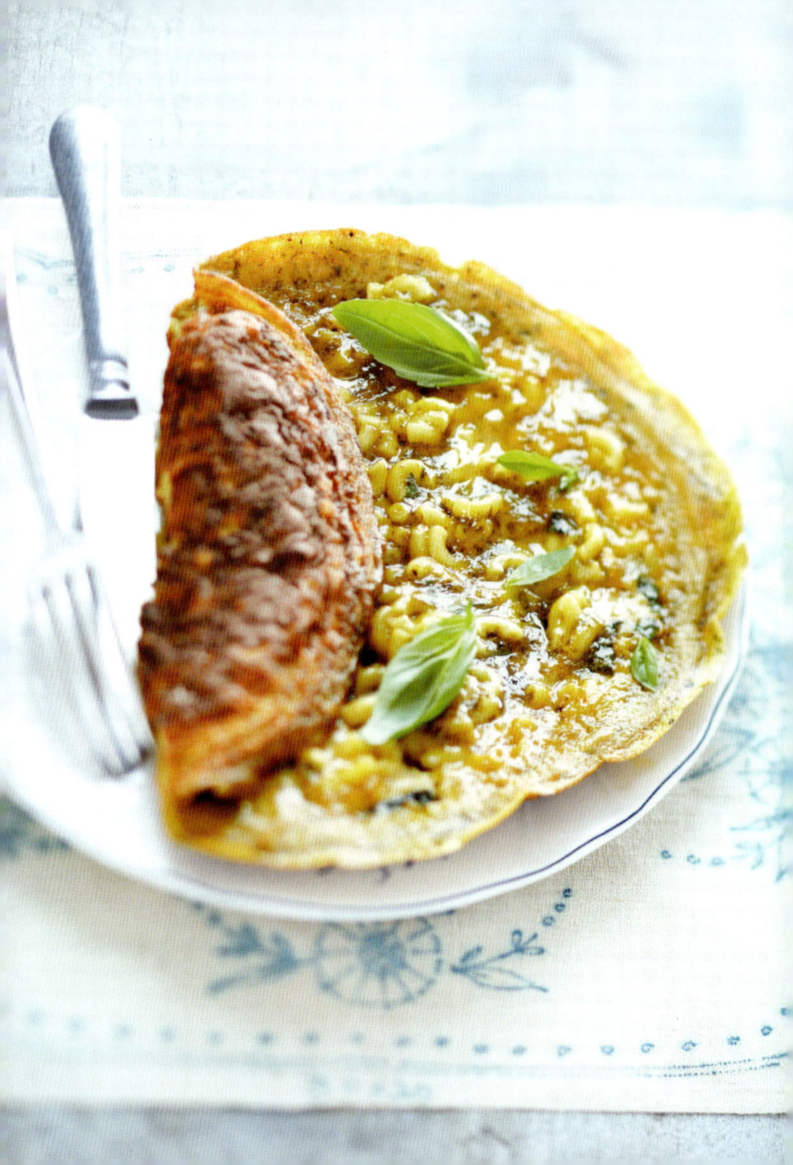

Torsettes aux tomates et aux croûtons dorés

POUR 4 PERSONNES
PRÉPARATION : 20 min
CUISSON : 40 min

> 20 g de beurre + 5 g
> 100 g de pain rassis coupé en petit cubes
> 300 g de torsettes
> 4 tranches de jambon blanc fumé
> 80 g de gruyère râpé

Pour la sauce tomate sicilienne

> 1 oignon épluché
> 400 g de tomates pelées
> 2 gousses d'ail dégermées
> 3 feuilles de basilic
> 3 c. à café de sucre en poudre
> sel et poivre

1. Préparez la sauce tomate. Ciselez l'oignon. Dans le bol d'un mixeur, déposez les tomates, hachez. Ajoutez l'ail, le basilic, l'oignon, le sel, le poivre. Hachez pendant 1 min. Versez la sauce tomate dans une casserole, portez à ébullition, puis laissez mijoter à feu doux. Ajoutez 10 cl d'eau, puis le sucre. Laissez cuire 30 min en mélangeant. Rectifiez l'assaisonnement si nécessaire. Réservez.

2. Dans une poêle, faites fondre 20 g de beurre et revenir les cubes de pain jusqu'à obtenir de beaux croûtons croustillants et dorés, réservez.

3. Faites cuire les torsettes selon les indications du paquet. Égouttez-les et disposez-les dans un plat. Incorporez le reste de beurre et la sauce tomate. Ajoutez les croûtons et mélangez le tout. Servez chaud avec une tranche de jambon blanc et parsemez les assiettes de gruyère râpé.

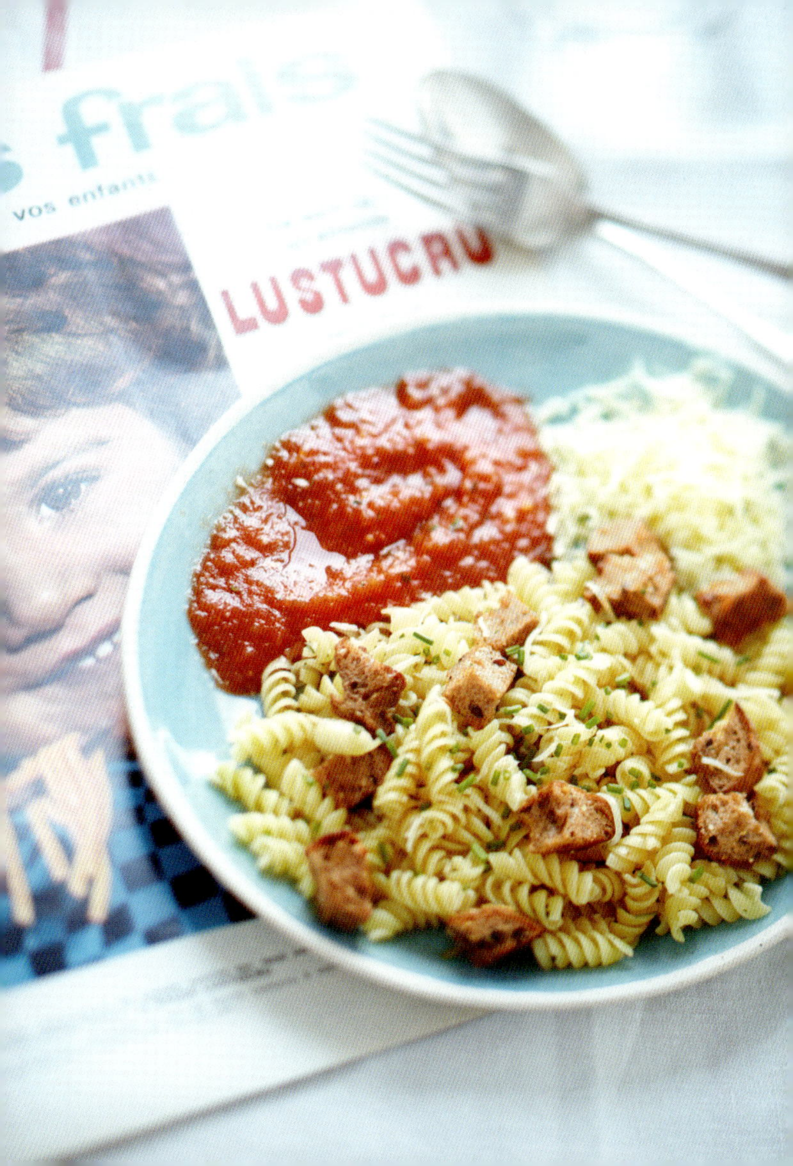
frais
vos enfants
LUSTUCRU

Mini-cakes coquillettes-chorizo

POUR 6 MINI-CAKES
PRÉPARATION : 10 min
CUISSON : 35 min

> 3 œufs
> 150 g de farine
> 1 sachet de levure chimique
> 10 cl d'huile d'olive
> 10 cl de lait concentré non sucré demi-écrémé
> 100 g de gruyère râpé
> 50 g de parmesan
> 1 brin de thym
> 5 c. à soupe de ketchup
> 120 g de coquillettes cuites
> 100 g de chorizo coupé en dés
> sel et poivre

1. Préchauffez le four à 180 °C (therm. 6).

2. Dans un saladier, mélangez les œufs avec la farine et la levure. Incorporez l'huile petit à petit, puis le lait concentré. Ajoutez les fromages, assaisonnez de thym, salez, poivrez et mélangez. Incorporez ensuite le ketchup, les coquillettes et le chorizo.

3. Versez le tout dans des mini-moules à cake en silicone non graissés et enfournez pendant 35 min.

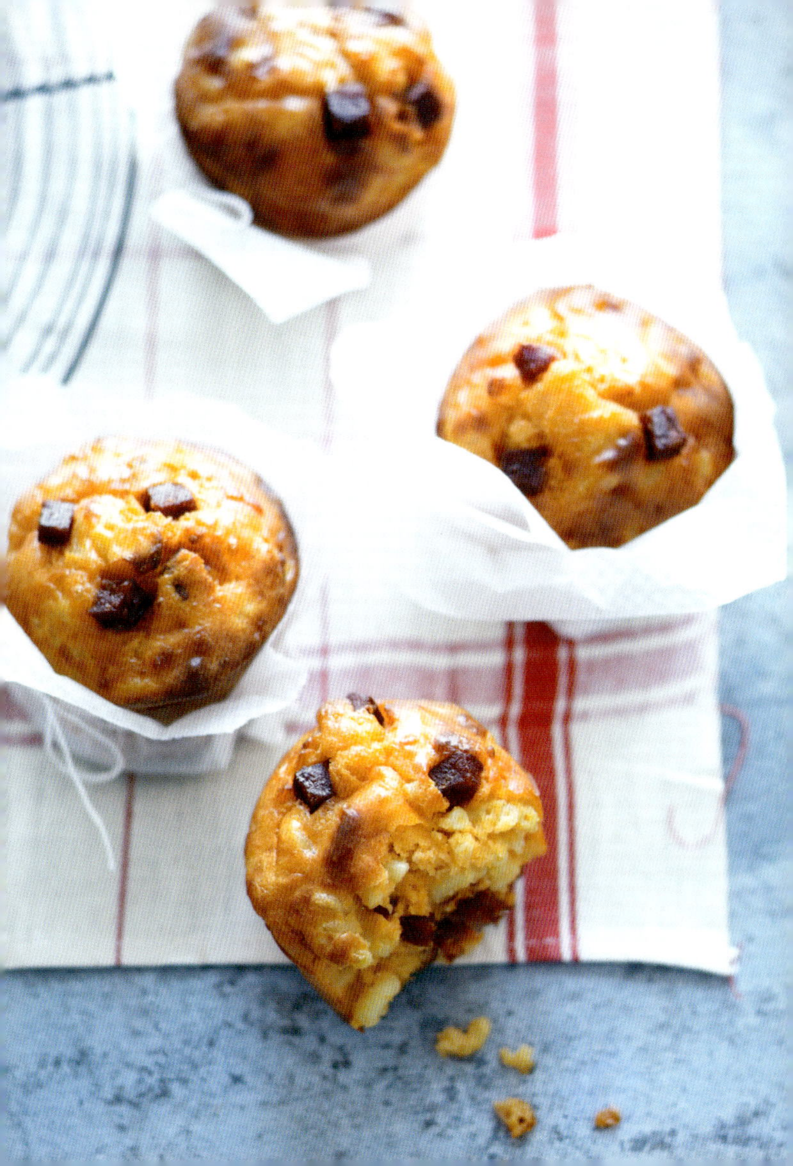

Spaghettis à la cassonade

POUR 4 PERSONNES
PRÉPARATION : 5 min
CUISSON : 10 min

> 250 g de spaghettis
> 30 g de beurre
> 15 g d'amandes en poudre
> 30 g de cassonade
> sel

1. Portez une casserole d'eau salée à ébullition et ajoutez les spaghettis. Mélangez bien afin qu'elles ne collent pas au fond de la casserole. Laissez cuire pendant 10 min jusqu'à ce qu'elles soient bien fondantes.

2. Égouttez les spaghettis et versez-les à nouveau dans la casserole encore chaude, ajoutez le beurre, puis incorporez les amandes en poudre et la cassonade.

3. Dégustez sans attendre.

des œufs frais !..
LUST
AUX ŒUFS FRAIS
... et ces œufs frais font toute la différence...

Incroyable tarte aux pâtes

POUR 4 PERSONNES
PRÉPARATION : 15 min
CUISSON : 45 à 50 min

> 1 pâte sablée préétalée
> 10 g de beurre
> 1 pomme coupée en dés
> 25 cl de lait
> 100 g de tagliatelles
> 120 g de mascarpone
> 100 g de fromage blanc
> 1 jaune d'œuf
> 1 sachet de sucre vanillé
> 30 g de sucre en poudre
> 1/2 c. à café de cannelle
> 40 g de raisins secs blonds

1. Préchauffez le four à 200 °C (therm. 6-7). Dans des moules à tartelette, étalez la pâte et piquez le fond à l'aide d'une fourchette. Faites précuire la pâte sablée pendant 10 min. Réservez.

2. Dans une poêle, faites fondre le beurre et revenir les dés de pomme jusqu'à ce qu'ils soient dorés. Réservez.

3. Dans une casserole, portez le lait à ébullition. Ajoutez les tagliatelles, puis laissez cuire à feu doux jusqu'à ce qu'elles aient totalement absorbé le lait. Remuez pour qu'elles ne collent pas. Laissez refroidir.

4. Dans un bol, à l'aide d'un fouet, mélangez le mascarpone et le fromage blanc. Incorporez le jaune d'œuf, le sucre vanillé, le sucre et la cannelle, battez le tout. Ajoutez les tagliatelles, les dés de pomme, les raisins secs et mélangez à nouveau délicatement.

5. Versez la préparation sur le fond de tarte et enfournez pendant 35 à 40 min jusqu'à ce que la tarte soit dorée. Dégustez froid.

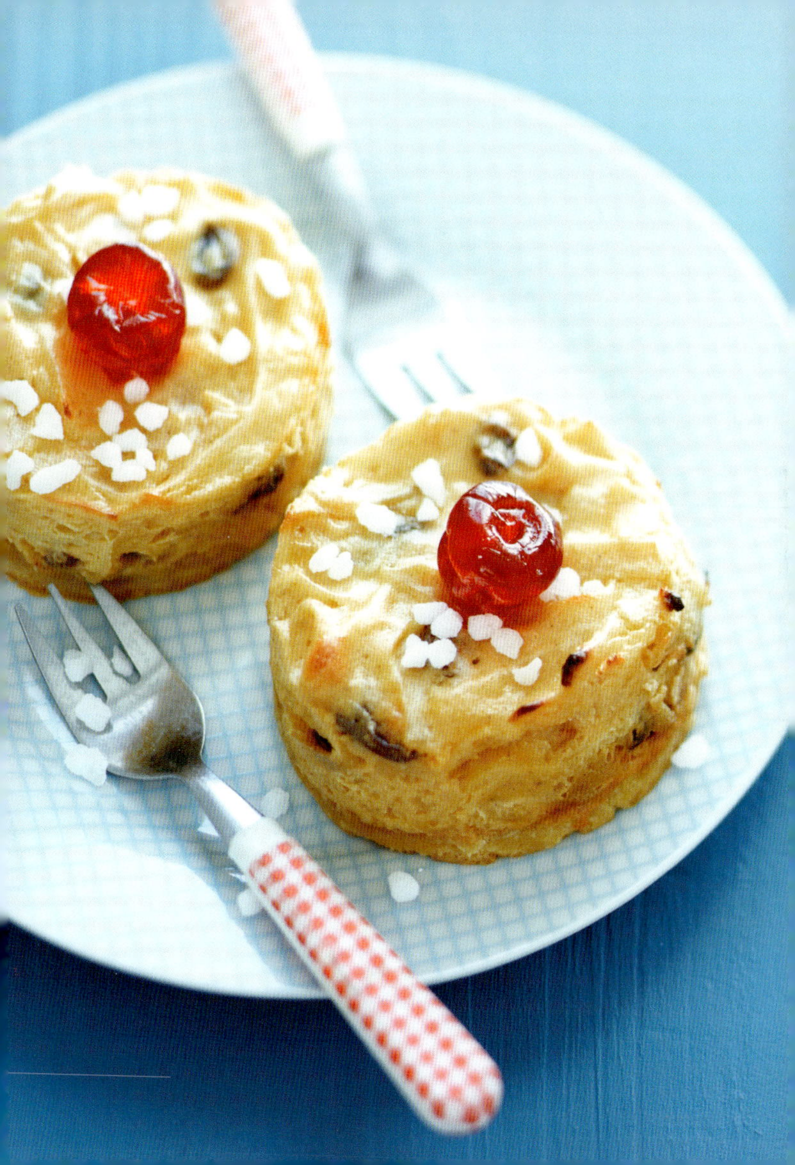

Vermicelles au miel

POUR 4 PERSONNES
PRÉPARATION : 5 min
CUISSON : 5 min

> 100 g de vermicelles
> 20 g de beurre
> 15 g de sucre glace
> 1 c. à café de cannelle
> 4 c. à café de miel
> quelques amandes pour le décor

1. Portez une casserole d'eau à ébullition, puis ajoutez les vermicelles. Veillez à ce qu'ils ne soient pas trop cuits.

2. Égouttez-les à l'aide d'une passoire fine et incorporez le beurre, mélangez. Ajoutez ensuite la moitié du sucre glace et la moitié de la cannelle. Mélangez à nouveau.

3. Disposez les vermicelles dans des petits bols beurrés. Démoulez-les ensuite sur des assiettes à dessert.

4. Saupoudrez les dômes ainsi obtenus du restant de cannelle et de sucre glace. Terminez en déposant au sommet une cuillerée de miel liquide et quelques amandes simplement décortiquées. Servez ce dessert encore tiède accompagné d'un bon thé à la menthe.

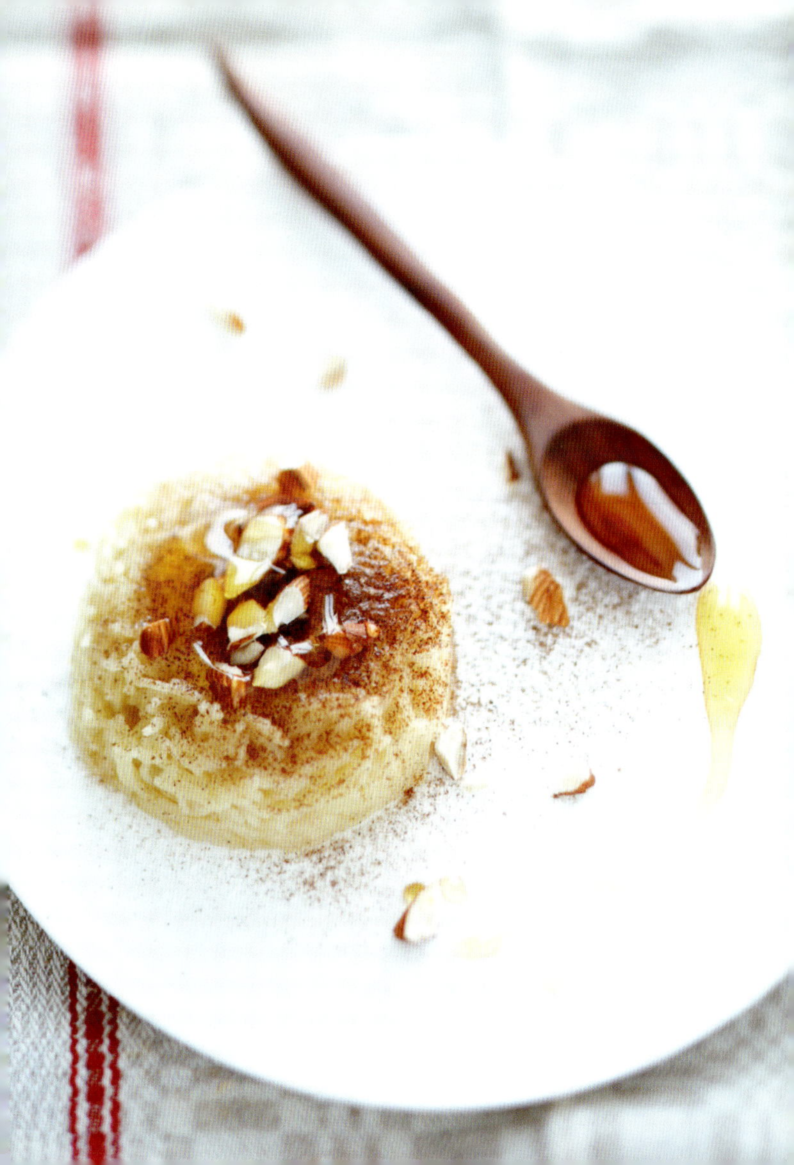

TABLE DES ÉQUIVALENCES FRANCE – CANADA

Poids	55 g	100 g	150 g	200 g	250 g	300 g	500 g	750 g	1 kg
	2 onces	3,5 onces	5 onces	7 onces	9 onces	11 onces	18 onces	27 onces	36 onces

Ces équivalences permettent de calculer le poids à quelques grammes près (en réalité, 1 once = 28 g).

Capacités	5 cl	10 cl	15 cl	20 cl	25 cl	50 cl	75 cl
	2 onces	3,5 onces	5 onces	7 onces	9 onces	17 onces	26 onces

Pour faciliter la mesure des capacités, une tasse équivaut ici à 25 cl (en réalité, 1 tasse = 8 onces = 23 cl).

Photogravure Turquoise, Émerainville
Imprimé en Chine par Leo Paper Products
Dépôt légal : septembre 2012
309892/01 - 11019906 juin 2012

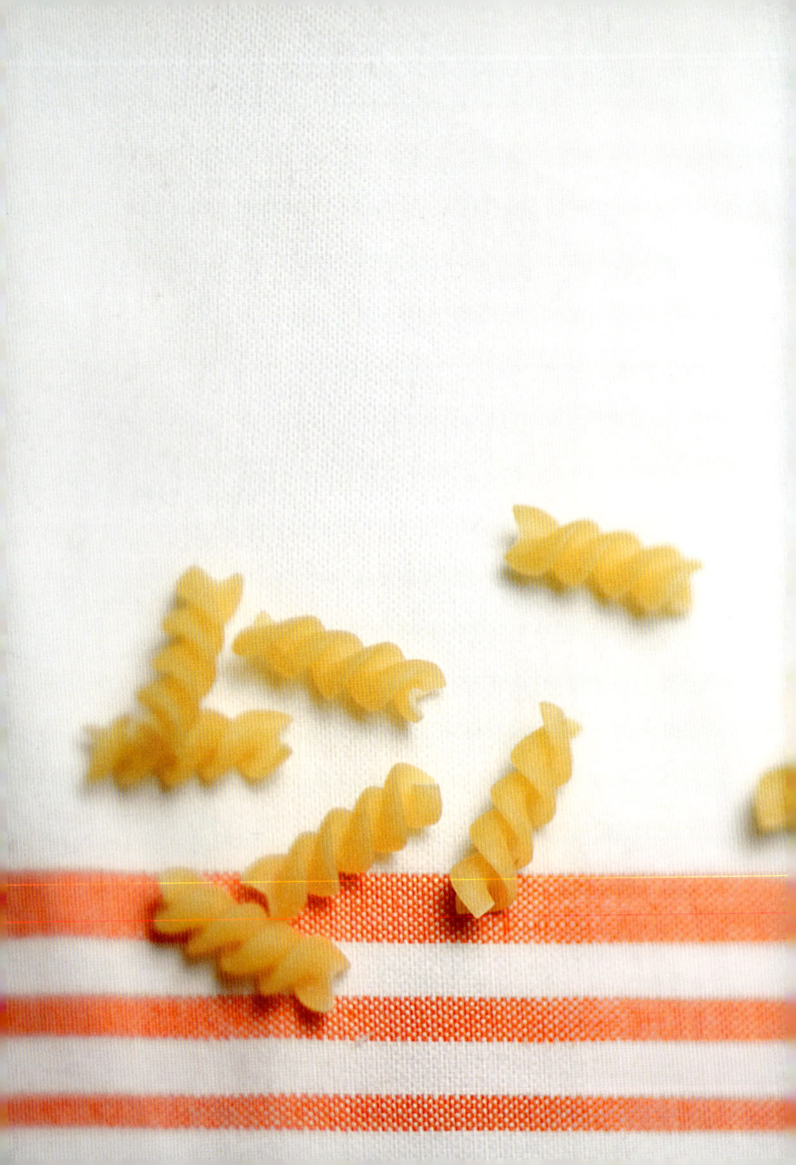

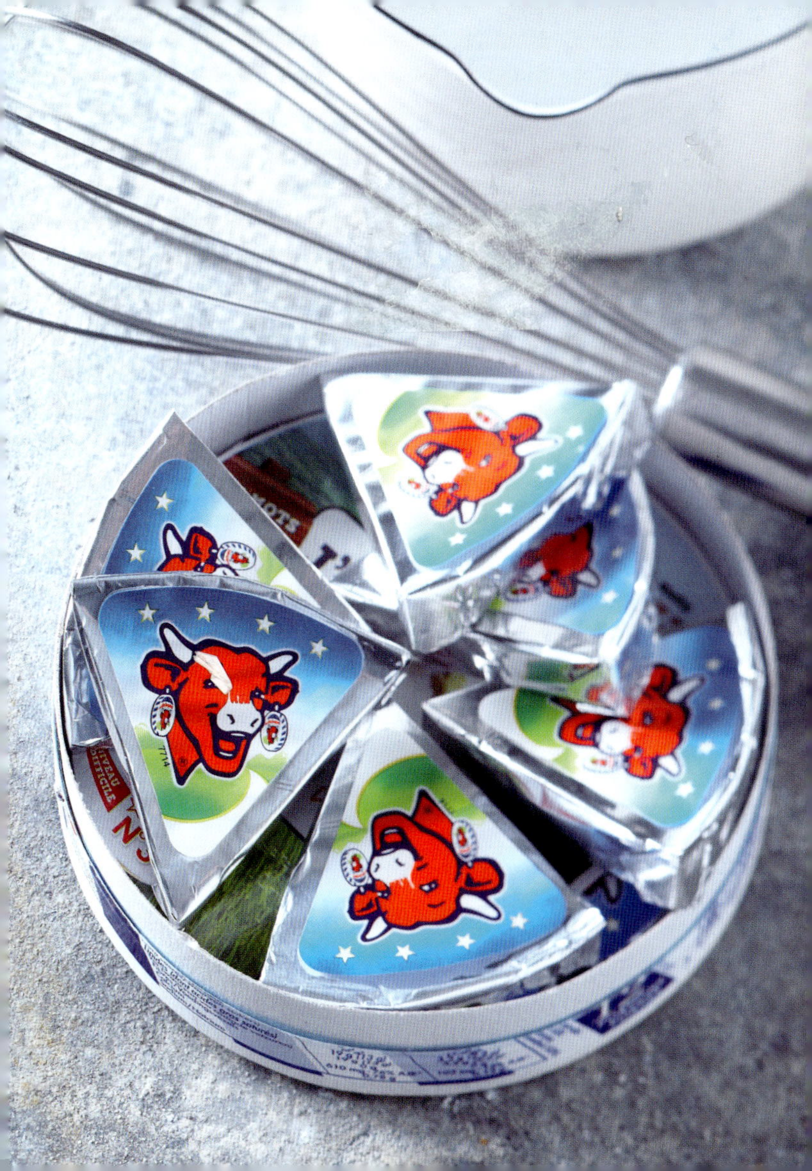

Direction de la publication : **Isabelle Jeuge-Maynart**
et **Ghislaine Stora**
Direction éditoriale : **Delphine Blétry**
Édition : **Julie Tallet, assistée de Candice Roger**
Direction artistique : **Emmanuel Chaspoul**
Informatique éditoriale : **Marion Pépin et Philippe Cazabet**
Lecture-correction : **Joëlle Narjollet**
Couverture : **Véronique Laporte**
Fabrication : **Annie Botrel**

Cet ouvrage a été réalisé avec l'aimable autorisation
des fromageries Bel.

ISBN 301-0-00-002294-7
© Larousse 2012

Toute reproduction ou représentation intégrale ou partielle, par quelque procédé
que ce soit, du texte et/ou de la nomenclature contenus dans le présent ouvrage,
et qui sont la propriété de l'Éditeur, est strictement interdite.

Les Éditions Larousse utilisent des papiers composés de fibres naturelles,
renouvelables, recyclables et fabriquées à partir de bois issus de forêts qui adoptent
un système d'aménagement durable. En outre, les Éditions Larousse attendent
de leurs fournisseurs de papier qu'ils s'inscrivent dans une démarche de certification
environnementale reconnue.

LA VACHE QUI RIT®

Recettes et photographies de
Jean-François Mallet

LAROUSSE

21 rue du Montparnasse 75283 Paris Cedex 06

SOMMAIRE

Verrines de crevettes, mousse
à La vache qui rit® 6
Smoothie à la tomate et à La vache qui rit® 8
Gaspacho de courgettes à La vache qui rit® 10
Verrines de crème d'avocat au saumon cru 12
Tartines grillées aux œufs brouillés 14
Crème de potiron, chips de jambon cru 16
Reinettes au lard et à La vache qui rit® 18
Chaussons au chorizo et à La vache qui rit® 20
Petites quiches au saumon 22
Tarte fine aux lardons et à La vache qui rit® 24
Bricks aux épinards et à La vache qui rit® 26
Croissants au jambon et à La vache qui rit® 28
Croque-monsieur briochés 30

Fondue à La vache qui rit®..32
Spaghettis aux sardines
et aux zestes d'agrumes.................................... 34
Courgettes et émincé de volaille
à La vache qui rit®..36
Paupiettes de veau.. 38
Parmentier à la saucisse et aux fruits secs 40
Mignon de porc farci façon Orloff 42
Endives gratinées au jambon............................... 44
Galettes de pommes de terre aux herbes 46
Gratin de poireaux à La vache qui rit®...................... 48
Tomates farcies au riz 50
Blettes et gnocchis poêlés à La vache qui rit®...........52
Pommes de terre sautées au lard 54

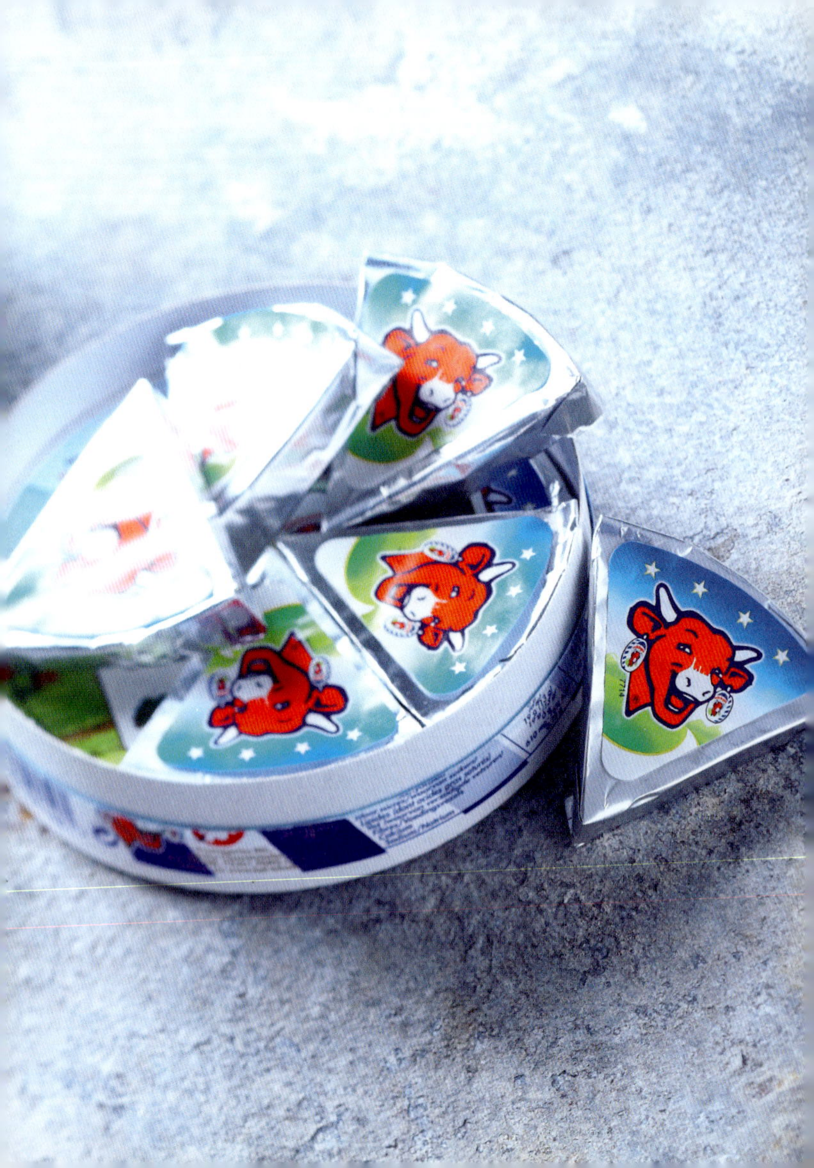

Introduction

Il n'y a pas que les écoliers qui sourient à La vache qui rit !

Depuis plus de 90 ans, ce petit fromage fondu, à l'emballage reconnaissable entre tous, séduit des générations entières. Les fameuses portions triangulaires sont tout aussi appréciées à la fin d'un repas, au goûter qu'en pique-nique...

Mais la célèbre vache rouge trouve également sa place en cuisine. Elle se glisse avec sourire dans toutes sortes de plats pour leur donner crémeux et onctuosité.

Fondue, petits gratins, potages, tartes, quiches... Découvrez sans tarder ces recettes inventives et généreuses !

Verrines de crevettes, mousse à La vache qui rit®

POUR 4 PERSONNES
PRÉPARATION : 15 min
RÉFRIGÉRATION : 15 min

> 20 cl de crème liquide entière
> 1/2 concombre
> 300 g de crevettes roses décortiquées
> 2 c. à soupe d'huile d'olive
> 12 portions de La vache qui rit
> 1 c. à café de paprika
> sel et poivre

1. Versez la crème dans un saladier et faites-la refroidir 15 min au réfrigérateur.

2. Épluchez le concombre, épépinez-le et coupez-le en petits dés. Détaillez les crevettes en petits morceaux et mélangez-les avec les dés de concombre et l'huile d'olive. Répartissez ce mélange dans quatre verrines.

3. Fouettez les portions de fromage pour les assouplir. Salez et poivrez. Montez la crème liquide en chantilly. Incorporez-y délicatement le fromage, ajoutez le paprika. Déposez la mousse dans les verrines.

Pour servir : Dégustez bien frais, avec des toasts de pain grillé.

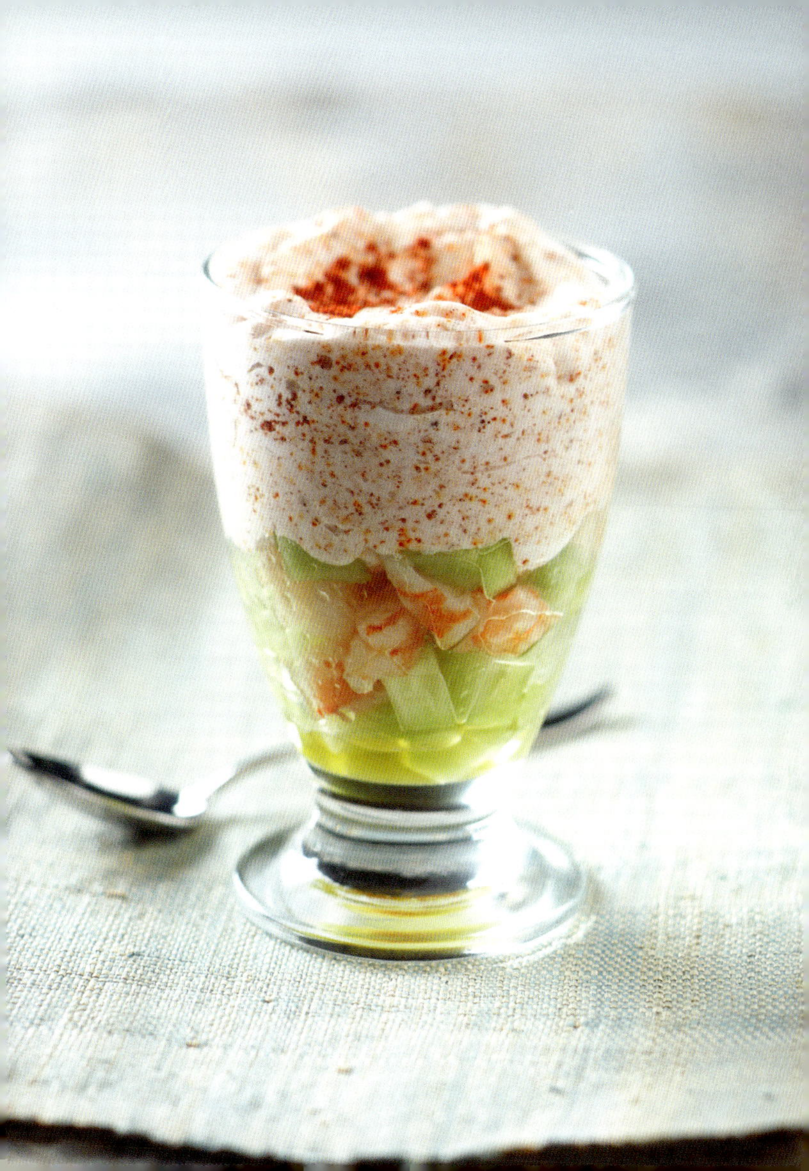

Smoothie à la tomate et à La vache qui rit®

POUR 4 PERSONNES
PRÉPARATION : 10 min

> 8 tomates fraîches et bien mûres (ou 5 tomates pelées en conserve, avec leur jus)
> 1/2 concombre
> 5 brins de coriandre fraîche
> 12 portions de La vache qui rit
> 4 c. à soupe d'huile d'olive
> 1 c. à soupe de curry en poudre
> 6 ou 7 glaçons
> sel et poivre

1. Lavez les tomates. Plongez-les pendant 1 min dans de l'eau bouillante. Pelez-les, coupez-les en deux, retirez les graines, puis concassez la chair. Lavez et hachez la coriandre (y compris les queues). Épluchez le concombre et coupez-le en morceaux.

2. Dans le bol d'un blender, réunissez les tomates, concassées, les portions de fromage, l'huile d'olive, le concombre, la coriandre et le curry. Salez et poivrez, ajoutez les glaçons et mixez afin d'obtenir un mélange lisse et onctueux.

3. Rectifiez l'assaisonnement et versez le smoothie dans quatre verres. Dégustez aussitôt.

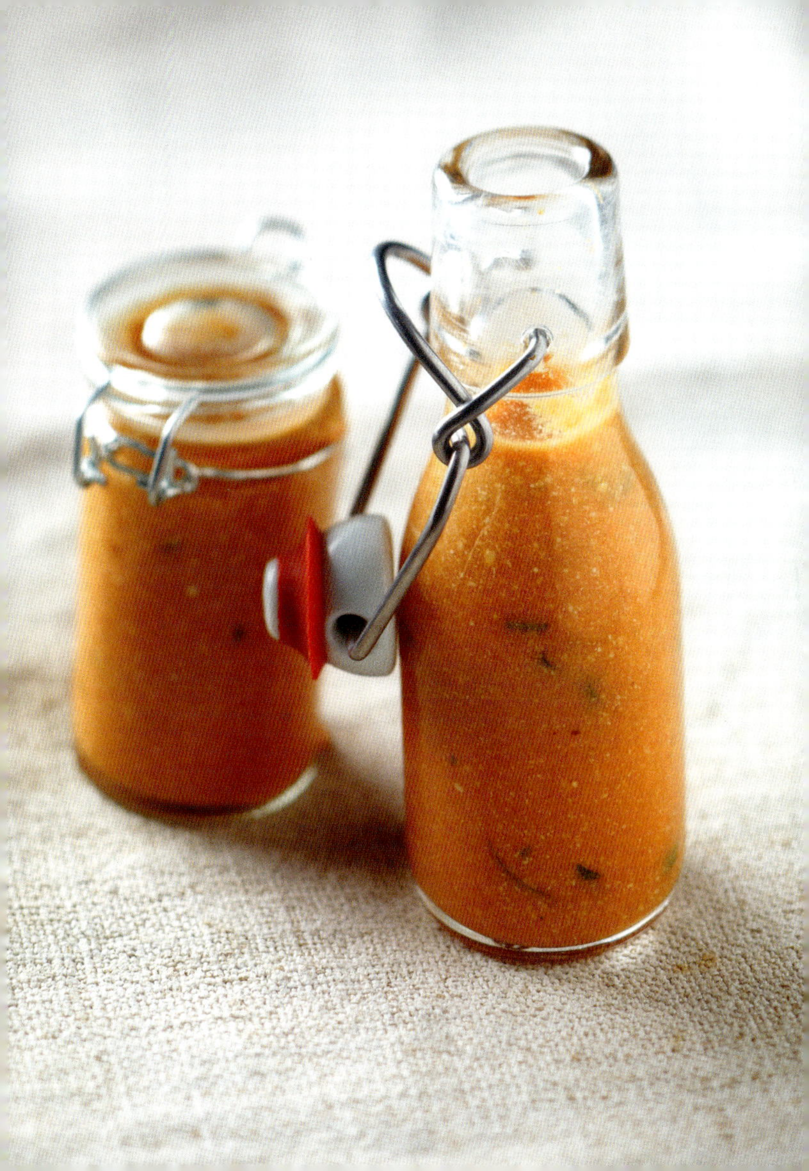

Gaspacho de courgettes à La vache qui rit®

POUR 4 À 6 PERSONNES
PRÉPARATION : 40 min
CUISSON : 25 min
RÉFRIGÉRATION : 1 h

> 2 tranches de pain de campagne
> 4 brins de basilic
> 1 gousse d'ail
> 500 g de courgettes
> 50 cl de bouillon de volaille
> 6 portions de La vache qui rit
> 4 c. à soupe d'huile d'olive
> sel et poivre

1. Faites griller les tranches de pain et coupez-les en petits morceaux. Effeuillez et lavez le basilic. Épluchez et hachez l'ail. Lavez les courgettes et détaillez-les en cubes.

2. Dans une casserole, faites cuire les courgettes pendant 25 min dans le bouillon de volaille. Laissez refroidir.

3. Ajoutez dans la casserole les morceaux de pain, les portions de fromage, le basilic, l'ail et l'huile d'olive. Salez et poivrez. Mixez afin d'obtenir un gaspacho onctueux.

4. Rectifiez l'assaisonnement en sel et poivre, puis laissez bien refroidir.

Pour servir : Dégustez le gaspacho bien frais, accompagné de gressins.

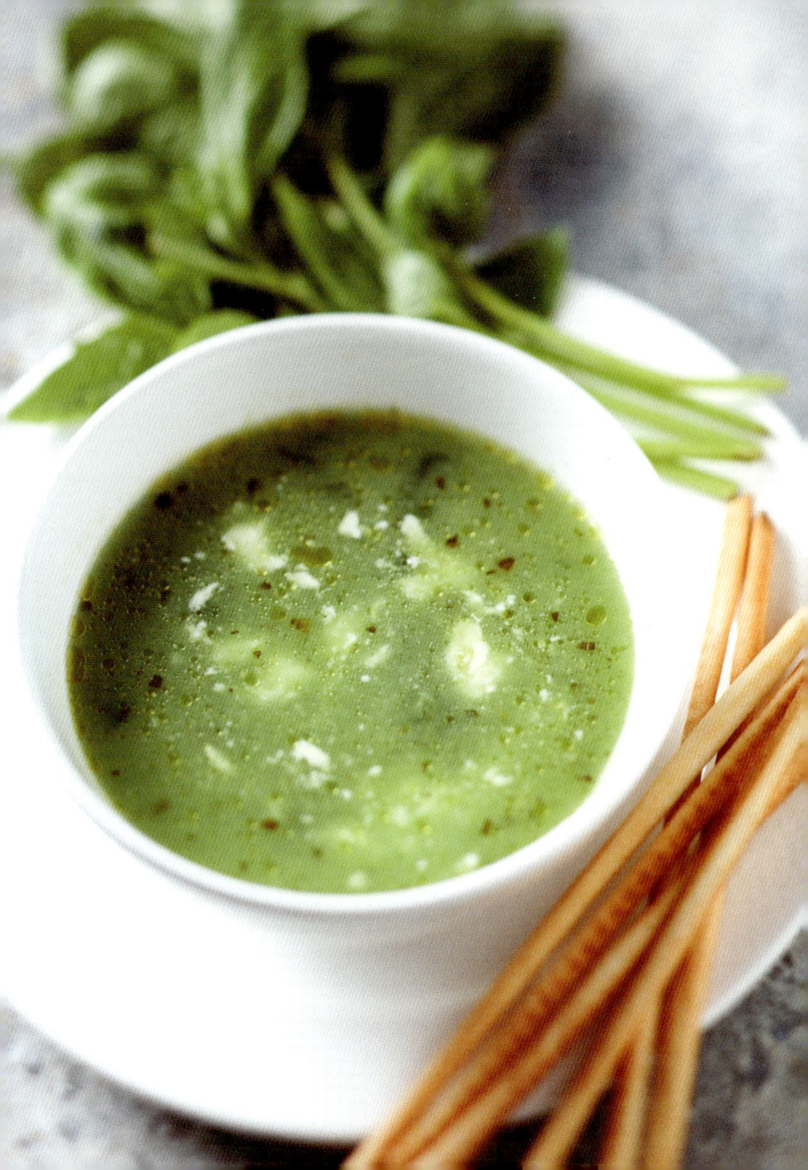

Verrines de crème d'avocat au saumon cru

POUR 4 PERSONNES
PRÉPARATION : 25 min
MARINADE : 20 min

> 400 g de saumon cru
> 4 citrons
> 2 c. à soupe de sauce soja
> 4 c. à soupe d'huile d'olive
> 4 avocats bien mûrs
> 10 portions de La vache qui rit
> sel et poivre

1. Préparez le tartare de saumon. Coupez le saumon en petits dés. Pressez 3 citrons. Faites mariner les morceaux de saumon 20 min avec la sauce soja, l'huile d'olive et le jus de citron.

2. Épluchez les avocats, dénoyautez-les et citronnez leur chair avec le jus du dernier citron. Mixez cette chair avec les portions de fromage. Salez et poivrez.

3. Garnissez quatre verrines de la mousse à l'avocat et répartissez dessus le tartare de saumon. Dégustez bien frais, avec des toasts de pain de campagne grillé.

Conseil : Vous pouvez faire fondre quelques portions de La vache qui rit et en arroser le tartare de saumon.

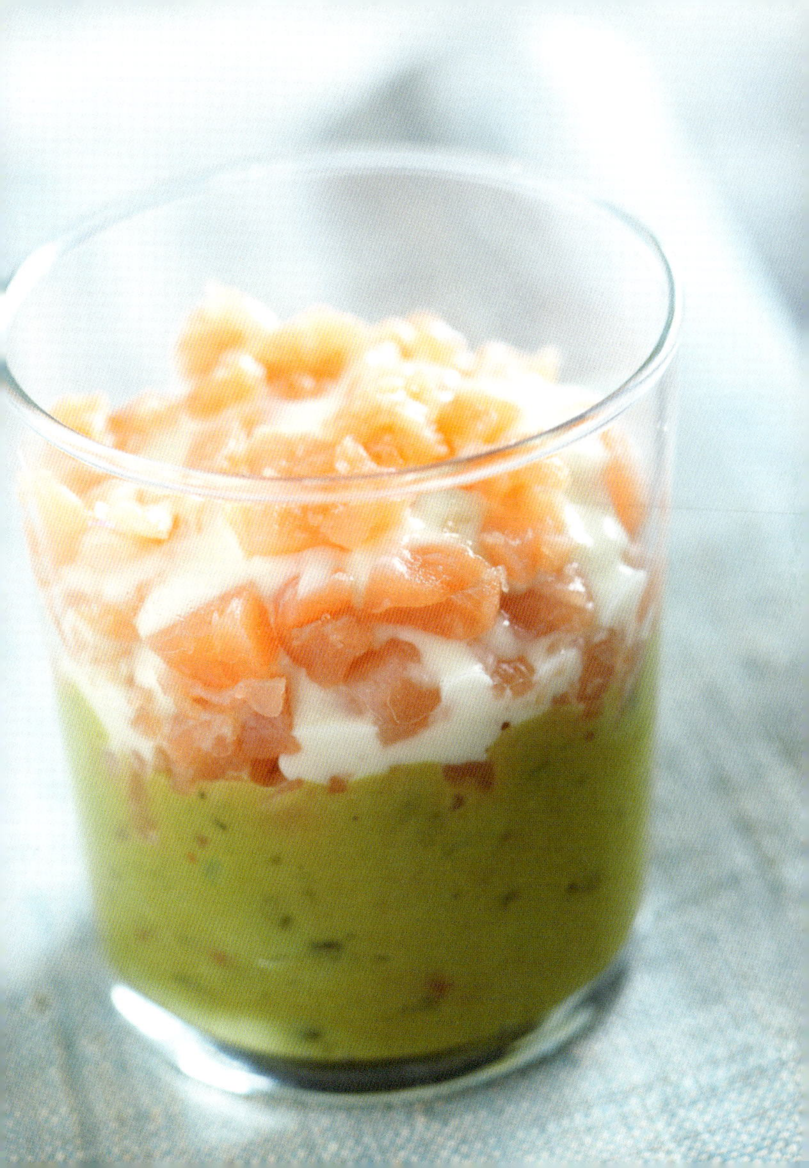

Tartines grillées aux œufs brouillés

POUR 4 PERSONNES
PRÉPARATION : 10 min
CUISSON : 5 min

> 4 tranches de pain de campagne ou de pain bis
> 80 g de beurre
> 10 œufs
> 8 portions de La vache qui rit
> sel et poivre

1. Tartinez les tranches de pain avec 30 g de beurre. Cassez les œufs dans un saladier, ajoutez les portions de fromage et fouettez ; salez et poivrez.

2. Faites fondre 50 g de beurre dans une casserole. Versez les œufs dans le beurre mousseux et faites-les cuire à feu très doux en fouettant, jusqu'à ce qu'ils commencent à prendre. Ôtez les œufs du feu et continuez de fouetter jusqu'à ce qu'ils épaississent.

3. Faites dorer les tranches de pain beurré au four, puis recouvrez-les d'œufs brouillés.

Pour servir : Dégustez avec une tranche de saumon fumé ou une salade d'endives assaisonnée d'huile de noix.

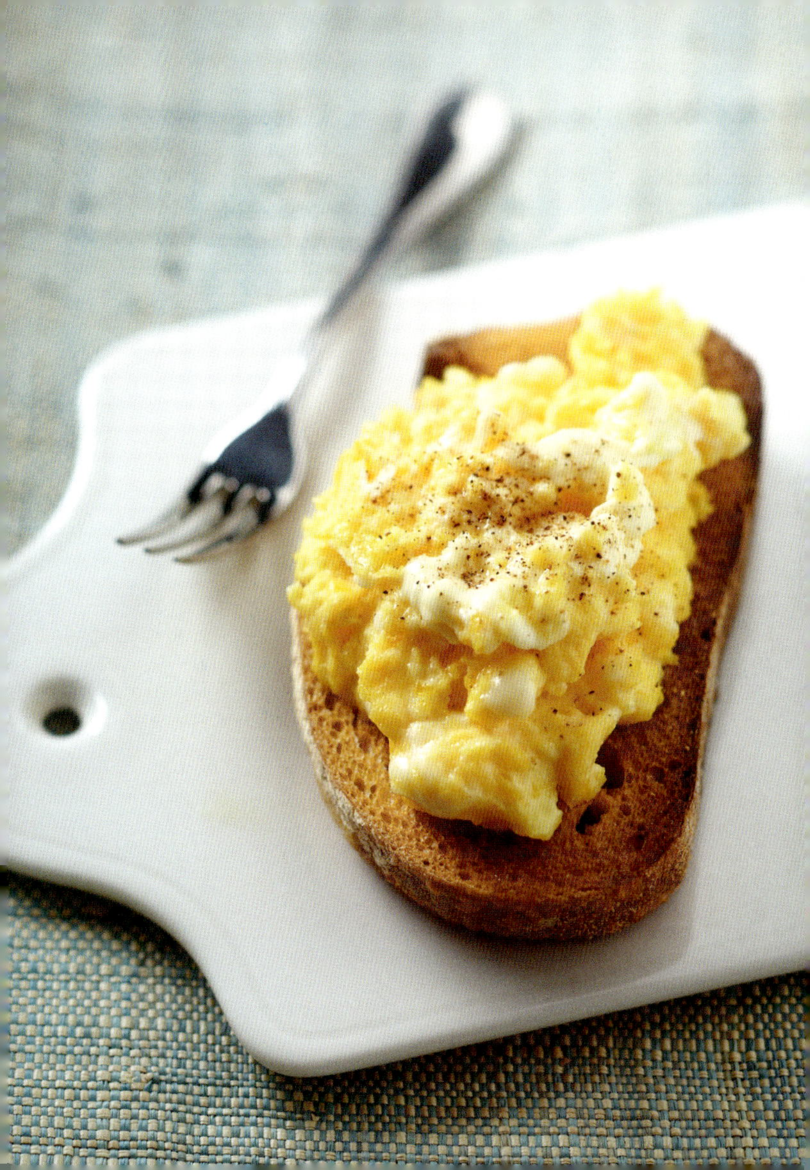

Crème de potiron, chips de jambon cru

POUR 4 PERSONNES
PRÉPARATION : 15 min
CUISSON : 1 h

> 1 kg de potiron
> 2 oignons
> 50 g de beurre
> 1,5 litre de bouillon de volaille
> 4 fines tranches de jambon cru
> 6 portions de La vache qui rit
> 2 c. à soupe de crème fraîche épaisse
> sel et poivre

1. Pelez le potiron et détaillez la chair en cubes. Émincez les oignons. Dans une grande casserole, faites suer les oignons et le potiron quelques minutes dans le beurre, sans les laisser prendre couleur. Versez le bouillon et faites cuire 1 h à feu doux.

2. Pendant ce temps, disposez les tranches de jambon dans un grand plat et faites-les sécher 20 min au four, à 180 °C (therm. 6). Coupez le jambon en plusieurs morceaux et réservez au chaud.

3. Lorsque le potiron est cuit, ajoutez les portions de fromage et la crème fraîche, salez, poivrez et mixez finement.

4. Versez la crème de potiron dans des assiettes creuses, déposez des chips de jambon sur le dessus. Dégustez bien chaud.

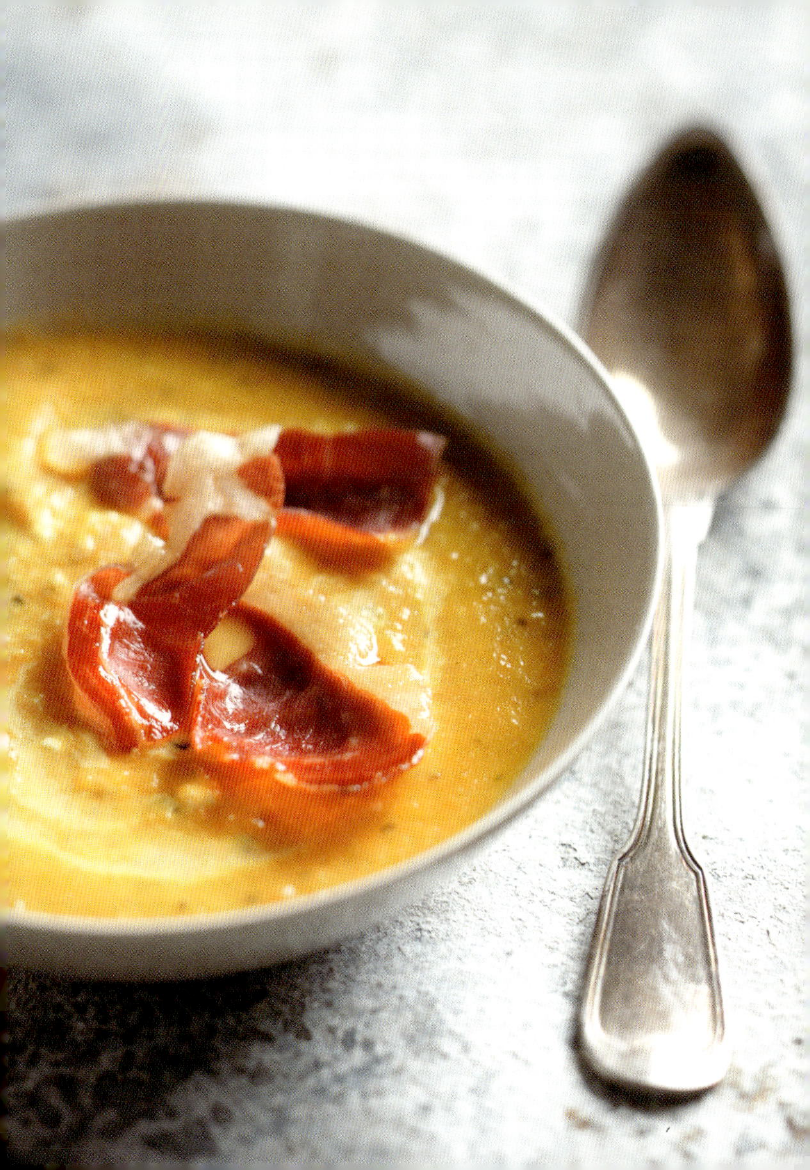

Reinettes au lard et à La vache qui rit®

POUR 4 PERSONNES
PRÉPARATION : 15 min
CUISSON : 25 min

> 8 petites pommes reinettes
> 8 tranches fines de bacon ou de poitrine fumée
> 8 portions de La vache qui rit
> sel et poivre

1. Préchauffez le four à 180 °C (therm. 6). Posez les pommes pédoncule vers le bas et coupez des chapeaux dans la partie supérieure. Videz les pommes délicatement par le haut.

2. Enroulez 1 tranche de bacon autour de chaque pomme en la fixant avec une pique en bois. Garnissez l'intérieur de chaque pomme avec 1 portion de fromage.

3. Déposez les pommes dans un plat à gratin beurré et enfournez pour 25 min.

Pour servir : Dégustez les pommes bien chaudes, accompagnées d'une salade.

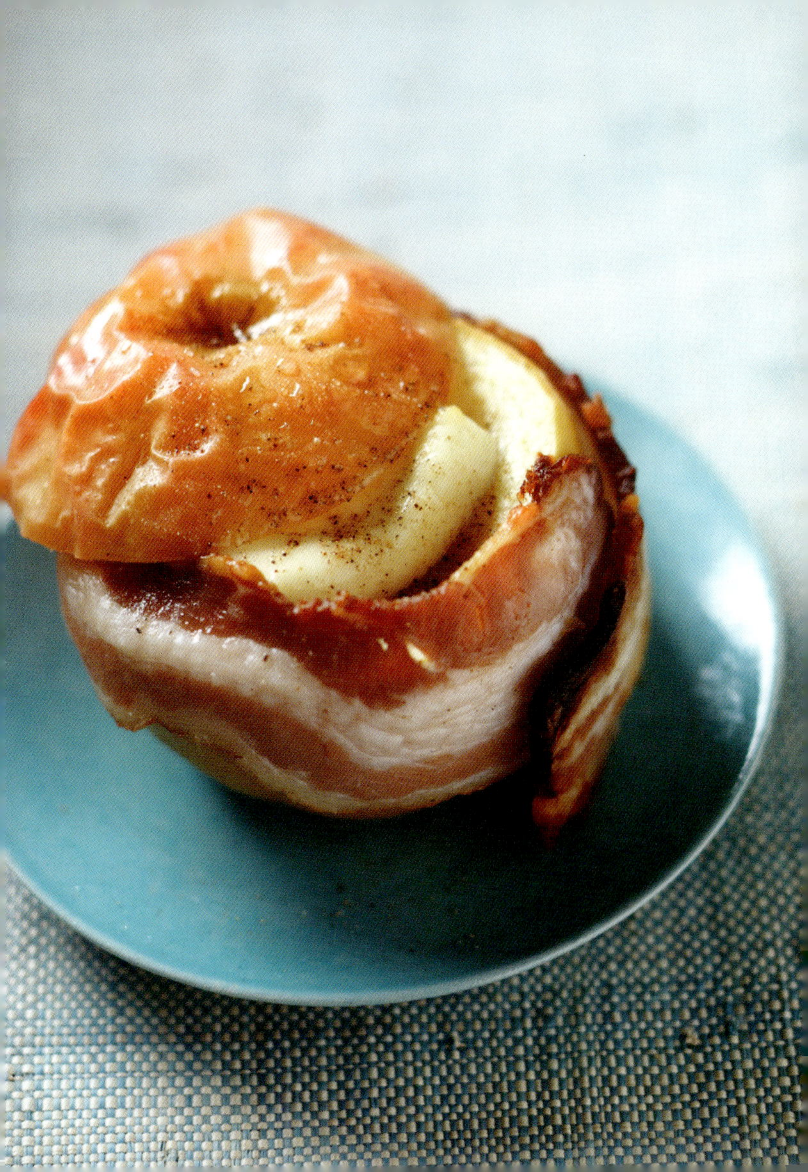

Chaussons au chorizo et à La vache qui rit®

POUR 4 PERSONNES
PRÉPARATION : 25 min
CUISSON : 35 min

> 8 tranches de chorizo
> 2 pâtes brisées préétalées
> 8 portions de La vache qui rit
> 2 jaunes d'œufs
> sel et poivre

1. Préchauffez le four à 180 °C (therm. 6). Retirez la peau des tranches de chorizo et détaillez celles-ci en petits morceaux.

2. Découpez 8 disques dans la pâte brisée, d'environ 12 cm de diamètre. Garnissez chaque disque d'une portion de fromage et de morceaux de chorizo. Refermez les disques pour former des chaussons, appuyez fortement pour bien souder les bords.

3. Fouettez les jaunes d'œufs avec un peu d'eau froide. Déposez les chaussons sur une plaque préalablement recouverte de papier sulfurisé. Badigeonnez-les de jaune d'œuf et enfournez-les pour 35 min.

Pour servir : Dégustez les chaussons bien chauds, accompagnés d'une salade verte.

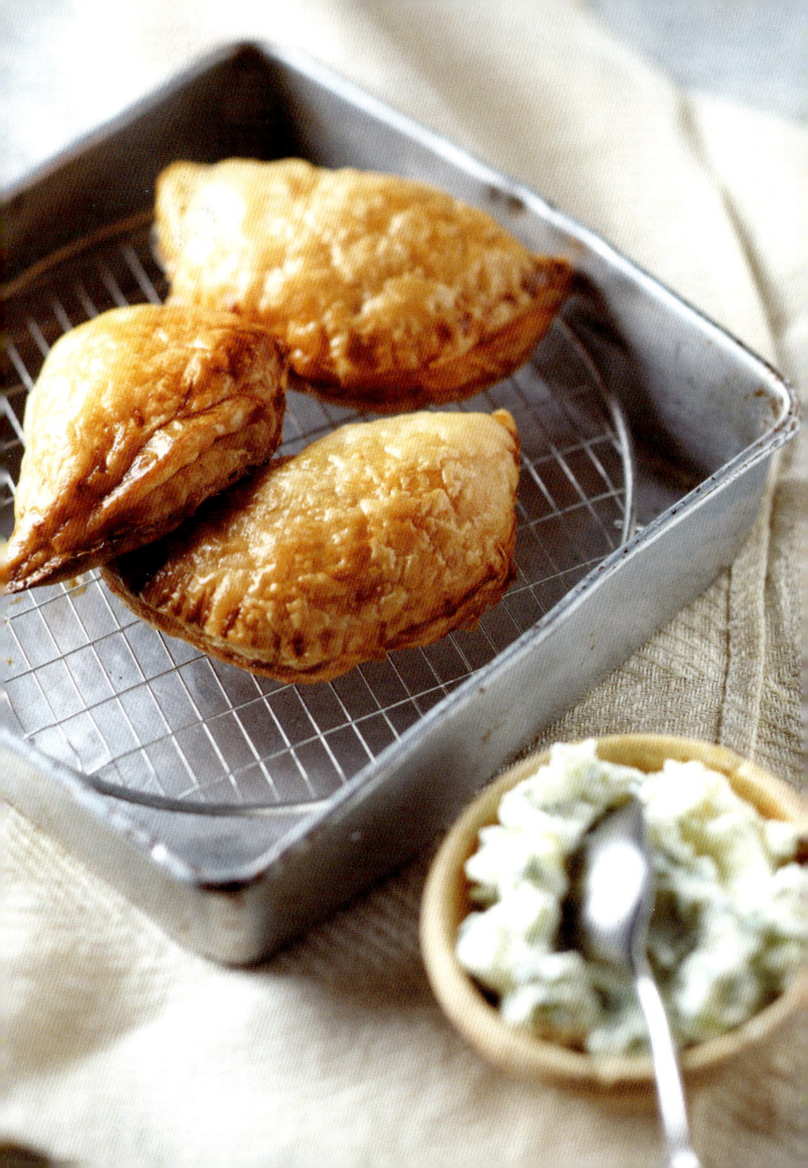

Petites quiches au saumon

POUR 4 PERSONNES
PRÉPARATION : 15 min
CUISSON : 30 min

Pour la pâte
> 175 g de farine
> 85 g de beurre demi-sel
> 1 œuf

Pour la garniture
> 300 g de saumon frais
> 10 cl de lait
> 10 cl de crème liquide
> 2 œufs
> 150 g de La vache qui rit (en pot)
> sel et poivre

1. Préparez la pâte. Malaxez la farine avec le beurre et l'œuf jusqu'à ce que la pâte prenne une consistance légèrement sableuse. Réservez au frais.

2. Préparez la garniture. Coupez le saumon en petits morceaux. Dans un saladier, mélangez le lait, la crème liquide, les œufs et le fromage ; salez et poivrez.

3. Préchauffez le four à 180 °C (therm. 6). Étalez la pâte sur le plan de travail légèrement fariné. Garnissez-en quatre moules à tartelette. Piquez les fonds avec une fourchette et remplissez-les avec les morceaux de saumon, puis versez la préparation aux œufs. Faites cuire au four pendant 30 min.

Pour servir : Les quiches se dégustent aussi bien froides que chaudes. Accompagnez-les d'une salade de pousses d'épinards.

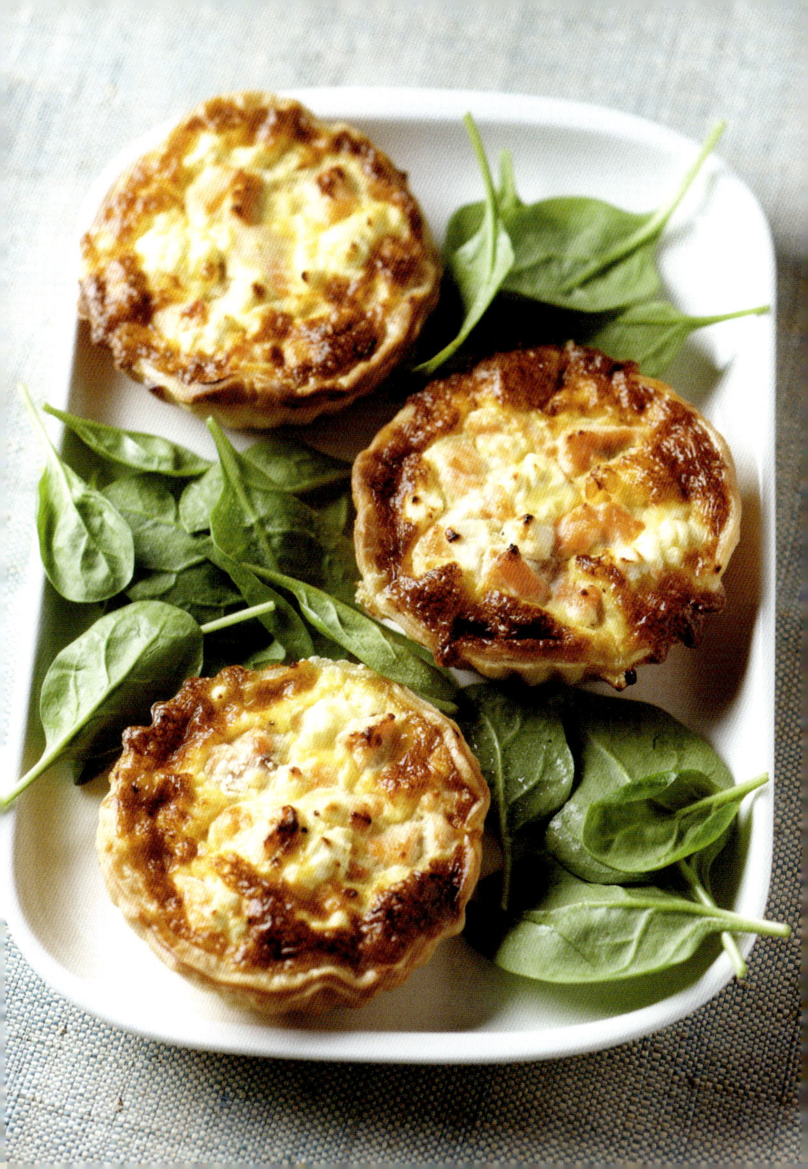

Tarte fine aux lardons et à La vache qui rit®

POUR 4 PERSONNES
PRÉPARATION : 25 min
CUISSON : 20 à 30 min

> 12 portions de La vache qui rit
> 3 c. à soupe de crème fraîche épaisse
> 200 g de poitrine fumée
> 1 pâte feuilletée préétalée
> 1 c. à café d'herbes de Provence (facultatif)
> sel et poivre

1. Préchauffez le four à 250 °C (therm. 8-9). Mélangez le fromage avec la crème fraîche. Coupez la poitrine fumée en fins lardons.

2. Déroulez la pâte sur une plaque de four recouverte de papier sulfurisé. Étalez dessus le mélange crème-fromage, recouvrez de lardons ; salez et poivrez. Faites cuire au four de 20 à 30 min, en surveillant attentivement la cuisson.

3. Lorsque la pâte est cuite et les lardons bien dorés, sortez la tarte du four. Parsemez-la éventuellement d'herbes de Provence.

Pour servir : Dégustez la tarte bien chaude en entrée, avec une salade, ou à l'apéritif, coupée en morceaux et accompagnée d'une bière.

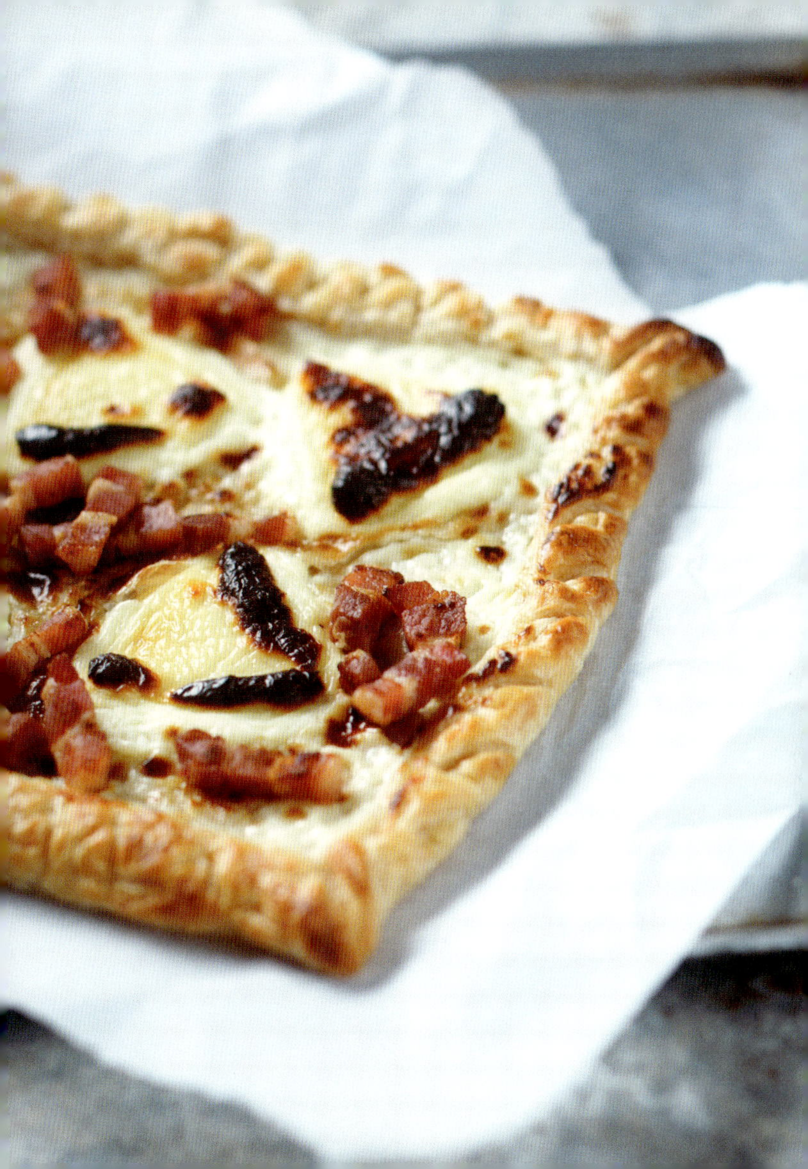

Bricks aux épinards et à La vache qui rit®

POUR 10 BRICKS
PRÉPARATION : 20 min
CUISSON : 25 min

> 200 g d'épinards frais équeutés
> 4 c. à soupe d'huile d'olive
> 5 feuilles de brick
> 10 portions de La vache qui rit
> 50 g de beurre mou
> sel et poivre

1. Lavez et essorez les épinards. Faites chauffer l'huile d'olive dans une poêle, mettez-y les épinards et faites-les « tomber » en remuant. Salez et poivrez. Égouttez-les dans une passoire en pressant bien.

2. Préchauffez le four à 180 °C (therm. 6). Coupez les feuilles de brick en deux. Déposez un peu d'épinards et 2 portions de fromage à l'extrémité d'une demi-feuille ; salez et poivrez. Rabattez le coin de la feuille sur la farce, puis pliez pour obtenir un triangle. Recommencez l'opération jusqu'à épuisement des ingrédients.

3. Badigeonnez les bricks de beurre mou et déposez-les sur une plaque recouverte de papier sulfurisé. Faites cuire au four pendant 25 min, jusqu'à ce que les bricks soient dorés. Dégustez bien chaud.

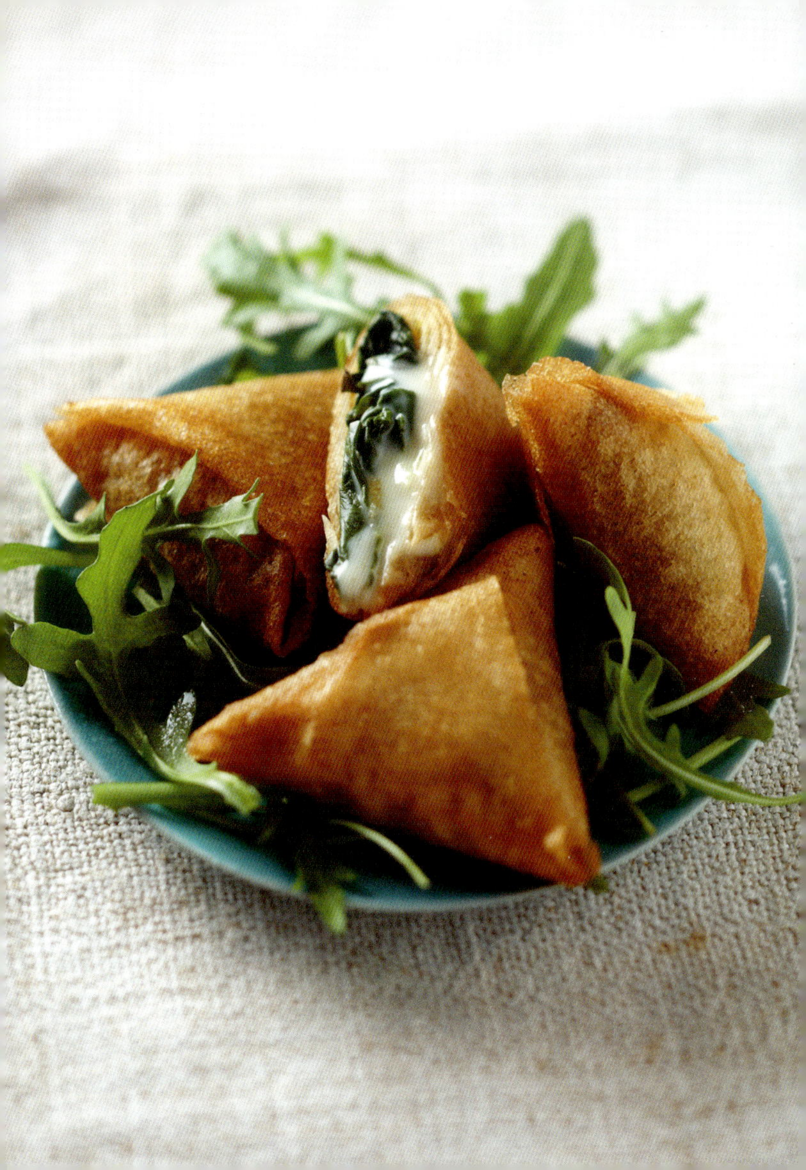

Croissants au jambon et à La vache qui rit®

POUR 4 PERSONNES
PRÉPARATION : 10 min
CUISSON : 15 min

> 4 croissants de la veille
> moutarde de Dijon
> 8 portions de La vache qui rit
> 4 tranches de jambon de Paris

1. Préchauffez le four à 170 °C (therm. 5-6).

2. Ouvrez les croissants en deux sans les trancher complètement et tartinez-les avec un peu de moutarde. Glissez à l'intérieur de chaque croissant 1 tranche de jambon pliée en deux ainsi que 2 portions de fromage.

3. Déposez les croissants sur une plaque recouverte de papier sulfurisé et enfournez pour 15 min.

Pour servir : Dégustez les croissants bien chauds, accompagnés d'une salade verte.

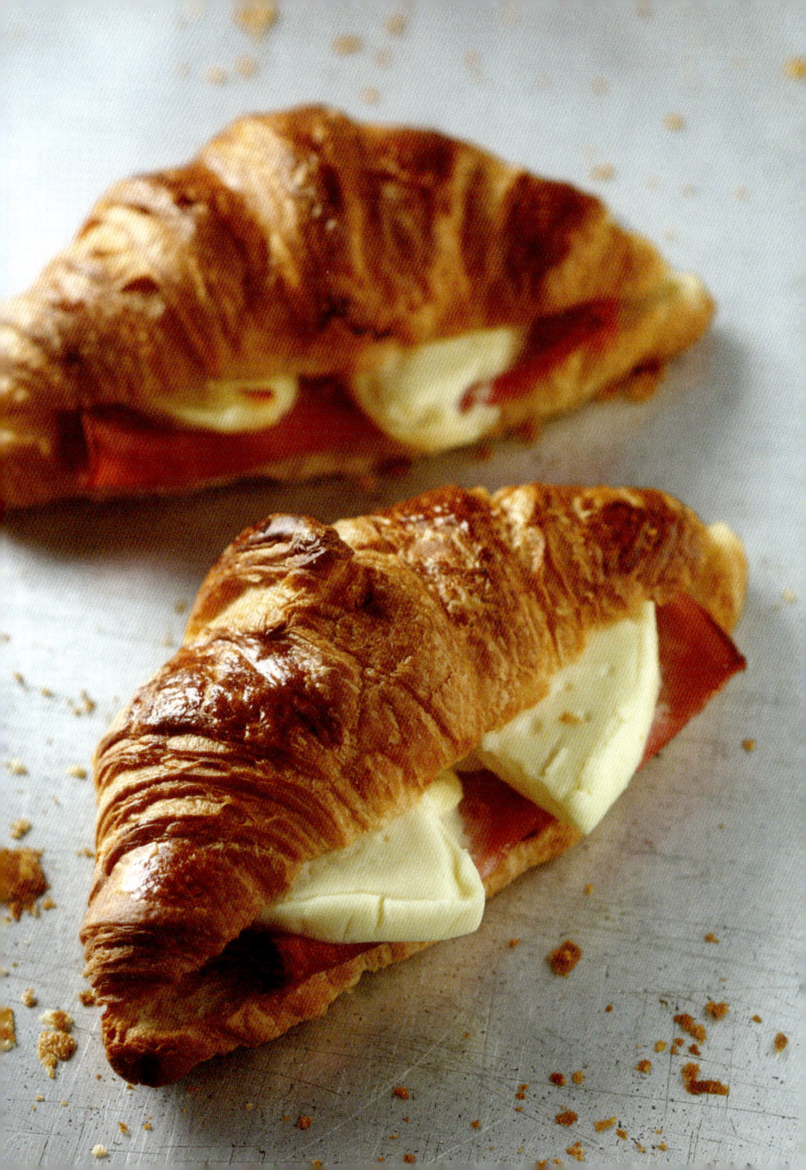

Croque-monsieur briochés

POUR 4 PERSONNES
PRÉPARATION : 20 min
CUISSON : 15 min

> 8 tranches de brioche
> 50 g de beurre salé (mou)
> 8 portions de La vache qui rit
> 4 tranches de jambon de Paris
> muscade en poudre
> sel et poivre

1. Beurrez les 8 tranches de brioche. Déposez 4 tranches, face beurrée du côté du plan de travail, étalez 2 portions de fromage par tranche de brioche, recouvrez d'une tranche de jambon de Paris. Salez, poivrez, puis ajoutez de la muscade. Fermez avec une tranche de brioche beurrée (le beurre sur le dessus).

2. Préchauffez le four à 180 °C (therm. 6).

3. Pressez légèrement les croques et disposez-les dans un grand plat antiadhésif. Enfournez-les pour 15 min ; à mi-cuisson, retournez-les avec une spatule pour faire colorer l'autre côté.

Pour servir : Dégustez les croques bien croustillants et chauds, accompagnés d'une salade d'endives ou de roquette.

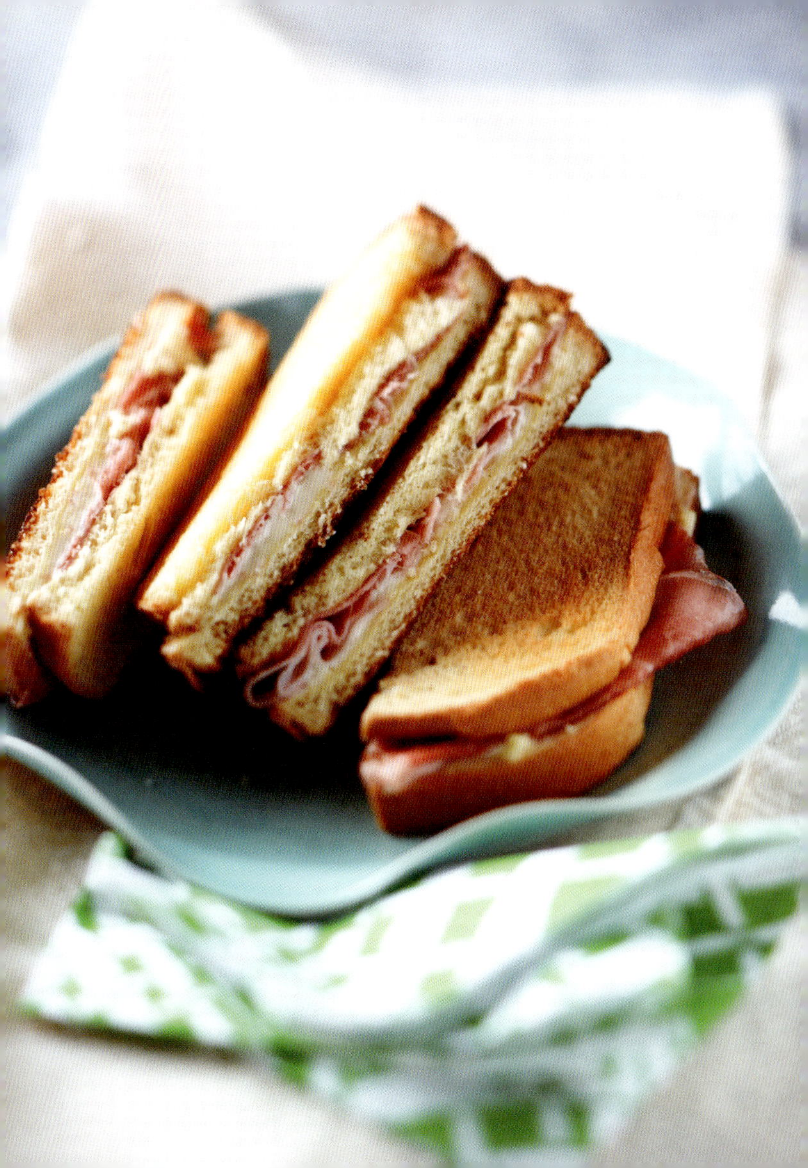

Fondue à La vache qui rit®

POUR 4 PERSONNES
PRÉPARATION : 15 min
CUISSON : 5 min

> 1 gousse d'ail
> 2 pots de La vache qui rit (environ 300 g)
> 5 cl de vin blanc sec
> 1 c. à café de kirsch (facultatif)
> 300 g de pain de campagne
> 3 grappes de raisin noir
> quelques figues fraîches
> sel et poivre

1. Épluchez et pressez l'ail. Mélangez l'ail, le fromage et le vin blanc dans un caquelon ; salez et poivrez.

2. Mettez à chauffer pendant quelques minutes à feu doux, tout en remuant. Ajoutez éventuellement le kirsch, et faites chauffer 2 min de plus, sans cesser de remuer. Réservez au chaud sur un réchaud.

3. Coupez le pain de campagne en gros cubes. Lavez le raisin et les figues. Piquez les morceaux de pain, de figue ou de raisin avec les fourchettes à fondue et dégustez après les avoir trempés dans la fondue bien chaude.

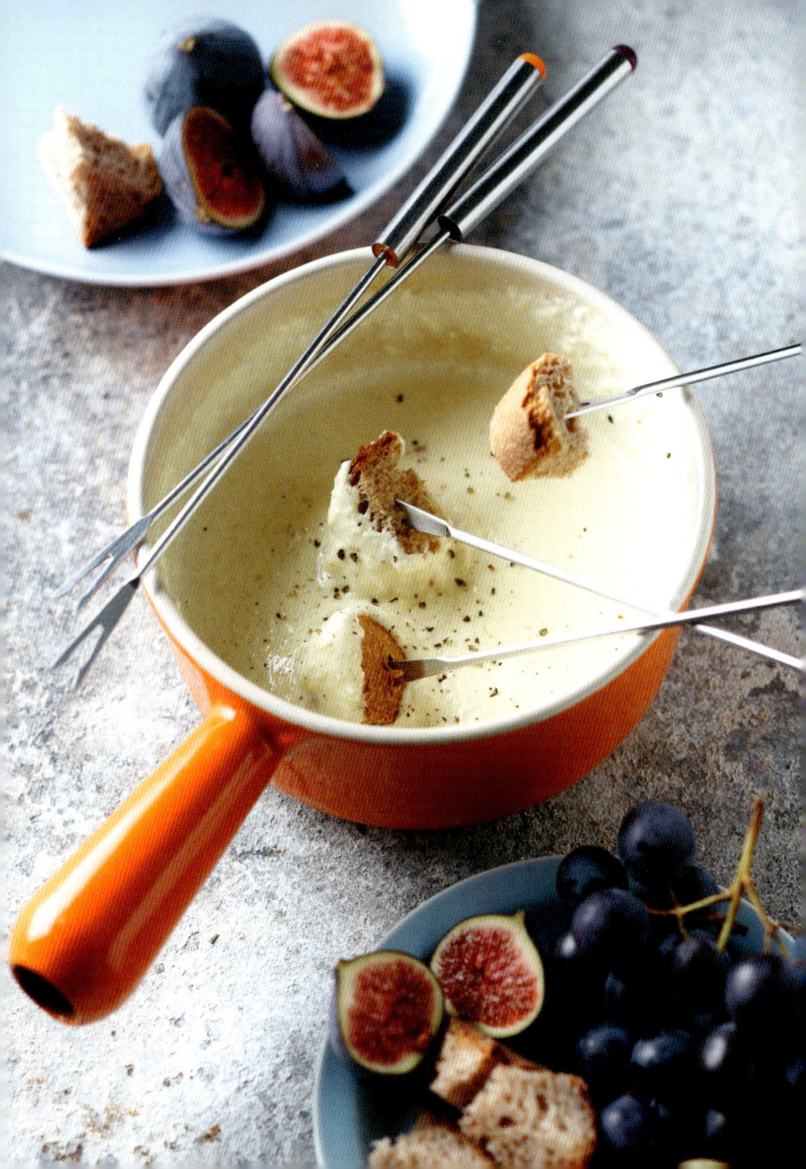

Spaghettis aux sardines et aux zestes d'agrumes

POUR 4 PERSONNES
PRÉPARATION : 15 min
CONGÉLATION : 20 min
CUISSON : 30 min environ

> 1 orange
> 1 citron
> 300 g de spaghettis
> 4 filets de sardine
> 2 gousses d'ail
> 2 c. à soupe d'amandes
> 6 c. à soupe d'huile d'olive
> 8 portions de La vache qui rit
> sel et poivre

1. Faites durcir l'orange et le citron 20 min au congélateur.

2. Faites cuire les spaghettis al dente. Égouttez-les et rincez-les.

3. Coupez les filets de sardine en deux. Pelez et pressez l'ail. Faites griller les amandes 30 secondes à la poêle avec un peu d'huile.

4. Environ 10 min avant de passer à table, faites chauffer l'huile d'olive dans une grande poêle et saisissez les filets de sardine 3 ou 4 min. Ajoutez l'ail et les spaghettis, baissez le feu, râpez le zeste des agrumes au-dessus des pâtes, ajoutez les portions de fromage et les amandes. Mélangez, puis rectifiez l'assaisonnement et servez.

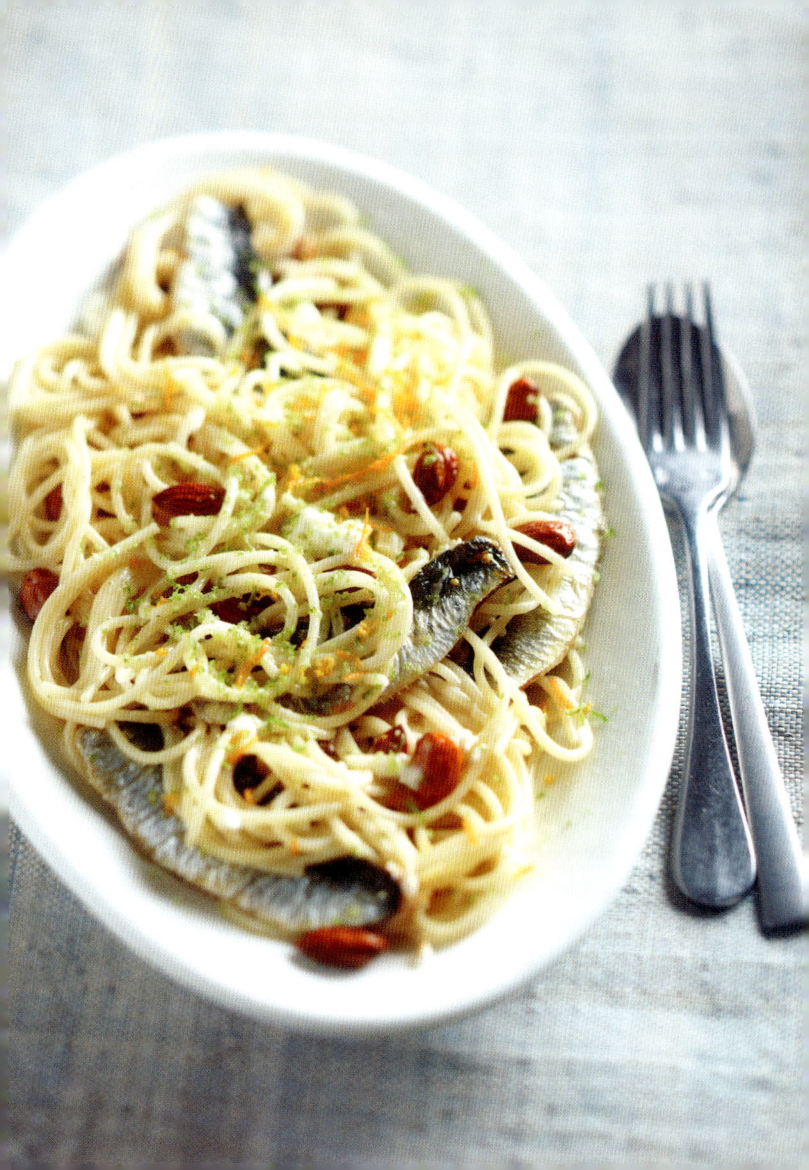

Courgettes et émincé de volaille à La vache qui rit®

POUR 4 PERSONNES
PRÉPARATION : 20 min
CUISSON : 40 min

> 4 petites courgettes
> 4 blancs de poulet
> 50 g de beurre
> 2 c. à soupe d'herbes de Provence
> 20 cl de crème fraîche épaisse
> 8 portions de La vache qui rit
> sel et poivre

1. Lavez les courgettes puis détaillez-les en rondelles. Faites-les cuire 5 min à la vapeur. Réservez-les au chaud.

2. Coupez les blancs de poulet en morceaux réguliers. Faites fondre le beurre dans une poêle et saisissez-y les morceaux de tous côtés. Salez et poivrez, laissez colorer, puis baissez le feu, ajoutez les courgettes et les herbes de Provence, et faites cuire 10 min à feu doux en arrosant les morceaux de temps à autre avec le jus de cuisson.

3. Versez le contenu de la poêle dans une assiette. Déglacez la poêle avec la crème fraîche, portez à ébullition. Ajoutez le fromage, fouettez et faites réduire de moitié. Remettez le poulet et les courgettes dans la sauce pour les réchauffer. Dégustez aussitôt.

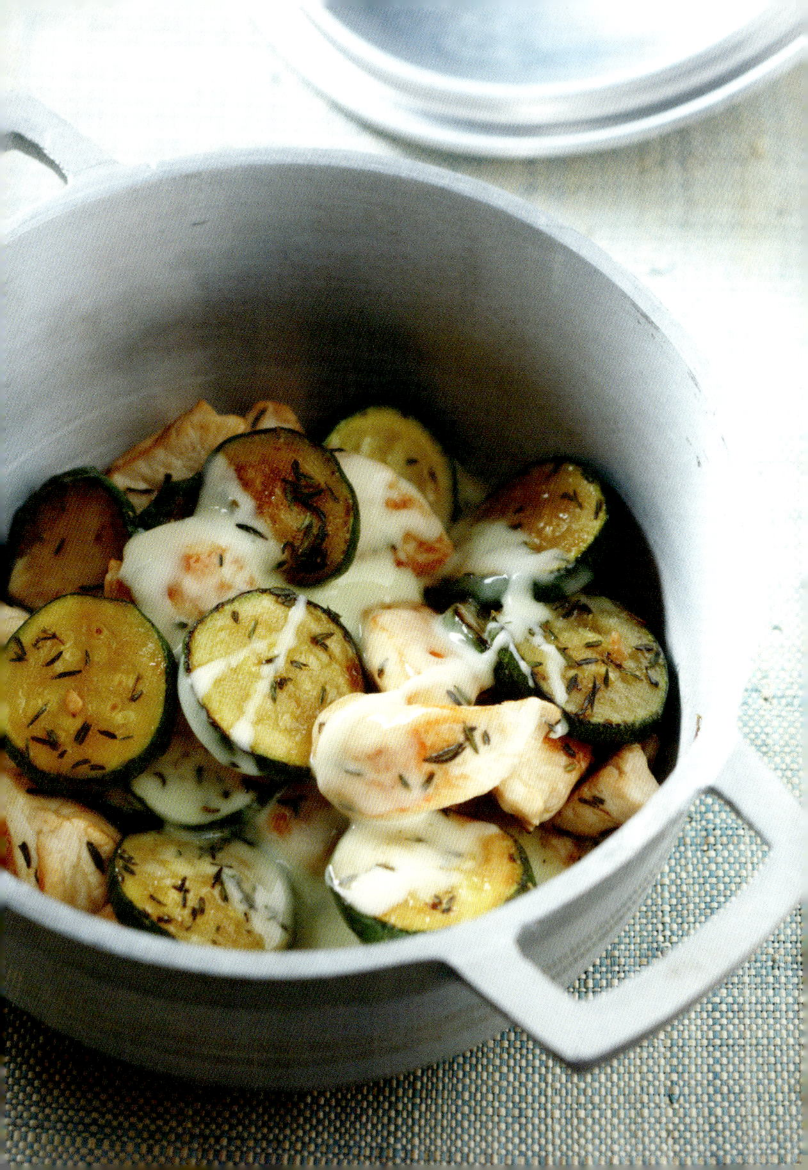

Paupiettes de veau

POUR 4 PERSONNES
PRÉPARATION : 20 min
CUISSON : 25 min environ

> 4 grandes escalopes de veau bien fines
> 8 portions de La vache qui rit + 2 pour la sauce (ou 1 pot de 150 g)
> 8 fines tranches de lard fumé
> 2 gros oignons
> 1 gousse d'ail
> 60 g de beurre
> 2 c. à soupe d'huile de tournesol
> 2 brins de thym
> 3 cl de vin blanc
> sel et poivre

1. Coupez les escalopes en deux pour obtenir 8 morceaux. Étalez sur chaque morceau 1 portion de fromage. Salez, poivrez et roulez-les un par un, en les entourant d'une tranche de lard fumé. Fixez l'ensemble avec de la ficelle.

2. Hachez les oignons et l'ail. Faites fondre le beurre dans une cocotte. Ajoutez l'huile et saisissez les paupiettes dans la graisse chaude, puis faites-les colorer quelques minutes à feu doux. Ajoutez l'oignon, l'ail et le thym, salez, poivrez. Laissez roussir 5 min en remuant délicatement. Versez le vin et laissez cuire 10 à 12 min à feu doux, en arrosant régulièrement.

3. Dressez les paupiettes dans un plat de service. Ajoutez 2 portions de fromage dans le jus de cuisson, mixez et nappez-en les paupiettes.

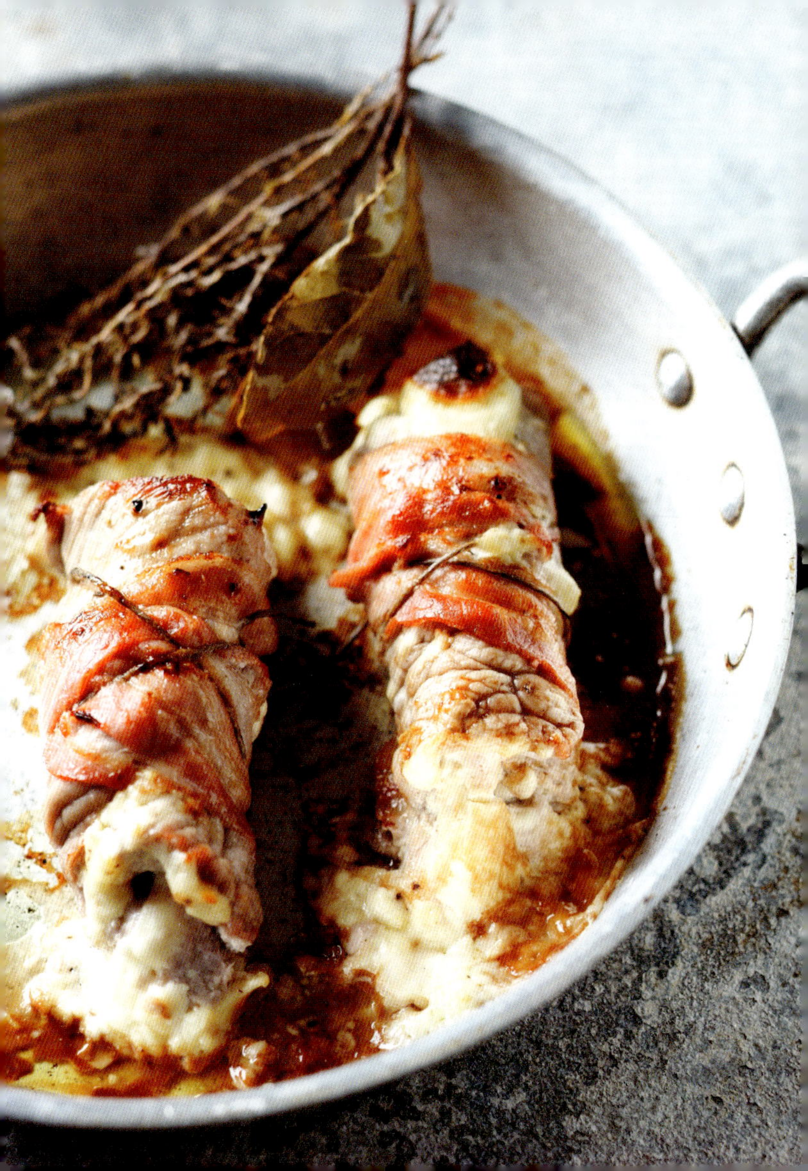

Parmentier à la saucisse et aux fruits secs

POUR 4 PERSONNES
PRÉPARATION : 30 min
CUISSON : 45 min environ

> 600 g de saucisse de Toulouse
> 500 g de pommes de terre (spécial purée)
> 10 cl de lait
> 12 portions de La vache qui rit
> 50 g de beurre
> 10 abricots secs
> 10 pruneaux dénoyautés
> sel et poivre

1. Préchauffez le four à 180 °C (therm. 6). Coupez la saucisse en 16 morceaux et saisissez-les, à sec, dans une grande poêle antiadhésive. Laissez-les colorer 5 min de chaque côté, puis versez-les dans un plat à gratin et enfournez pour 15 min, en retournant les morceaux de temps en temps.

2. Épluchez les pommes de terre. Faites-les cuire 20 min à l'eau bouillante salée. Égouttez-les et passez-les au moulin à légumes avec le lait tiède. Salez et poivrez la purée ; incorporez-y le fromage et le beurre.

3. Détaillez les abricots et les pruneaux en petits dés.

4. Mettez les morceaux de saucisse et les fruits dans quatre ramequins. Recouvrez de purée et faites gratiner 10 min.

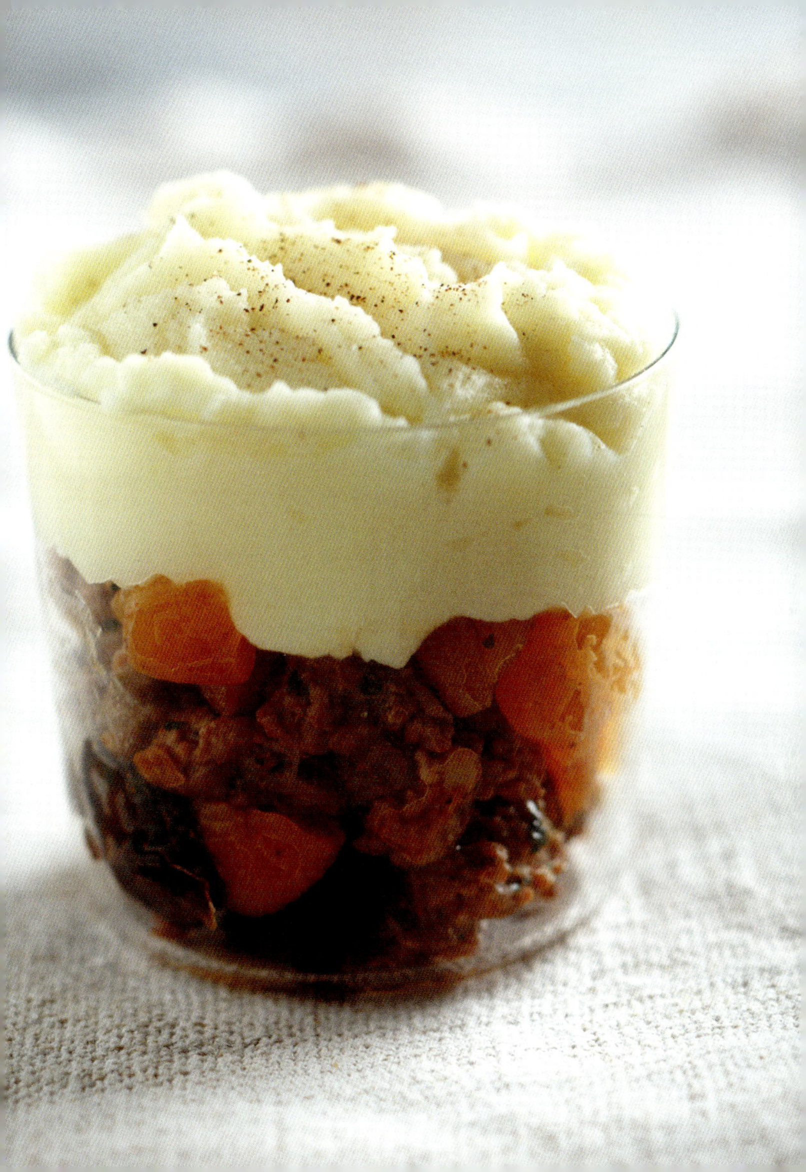

Mignon de porc farci façon Orloff

POUR 4 PERSONNES
PRÉPARATION : 20 min
CUISSON : 40 min

> 2 tranches de jambon de Paris
> 1 filet mignon de porc (600 à 700 g)
> 8 portions de La vache qui rit
> 4 c. à soupe d'huile d'olive
> sel et poivre

1. Préchauffez le four à 180 °C (therm. 6). Coupez chaque tranche de jambon en quatre. Faites plusieurs incisions assez profondes sur le dessus du filet mignon, sur toute la largeur. Glissez dans chaque ouverture un morceau de jambon plié en deux avec, à l'intérieur, 1 portion de fromage ; salez et poivrez.

2. Déposez le filet dans un plat à four, arrosez-le d'huile d'olive. Faites cuire pendant 40 min en arrosant le rôti de temps à autre du jus de cuisson.

3. Lorsque la viande est cuite et fondante, coupez le rôti en tranches.

Pour servir : Dégustez bien chaud, avec une purée de pomme de terre.

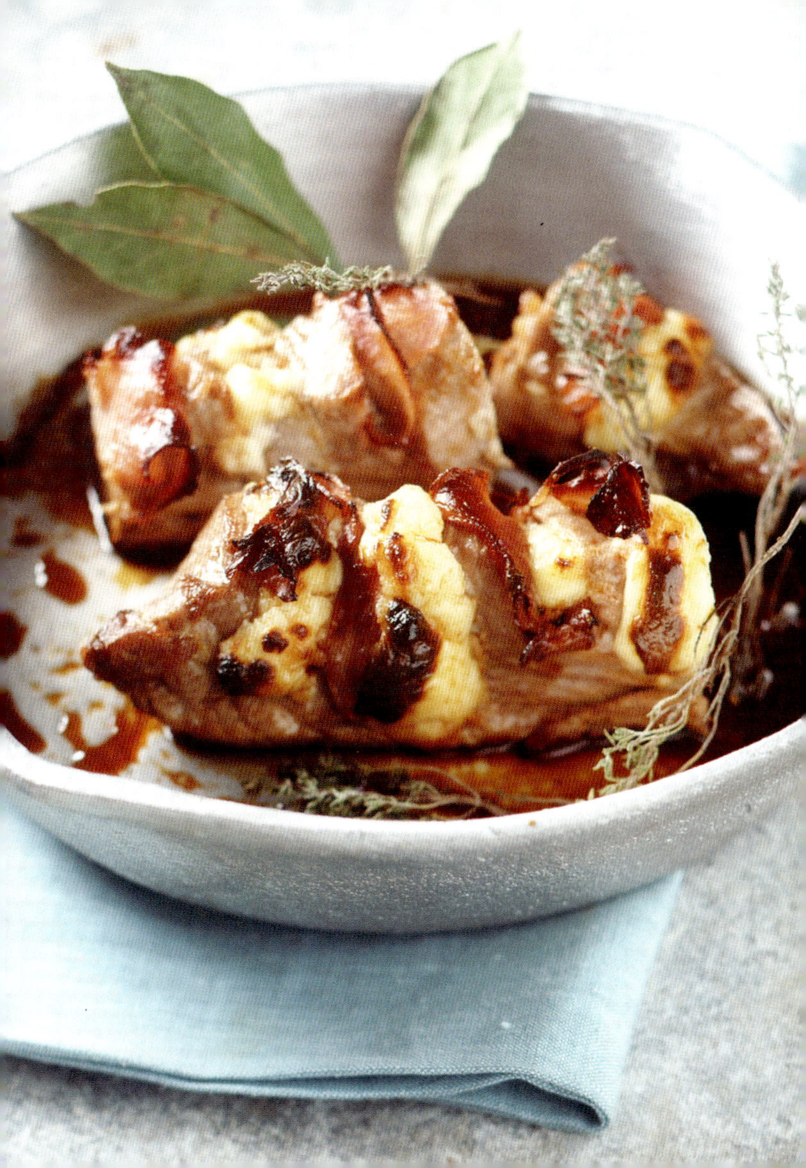

Endives gratinées au jambon

POUR 4 PERSONNES
PRÉPARATION : 15 min
CUISSON : 45 min

> 4 endives
> 4 tranches de jambon cru
> 8 portions de La vache qui rit
> 4 c. à soupe d'huile d'olive
> sel et poivre

1. Préchauffez le four à 180 °C (therm. 6).

2. Coupez les endives et les tranches de jambon cru en deux, dans le sens de la longueur. Sur chaque demi-endive, posez 1 portion de fromage et enveloppez l'ensemble de jambon cru.

3. Mettez les endives dans un plat à gratin. Salez et poivrez, puis arrosez d'huile d'olive. Faites cuire au four pendant 45 min. Dégustez bien chaud.

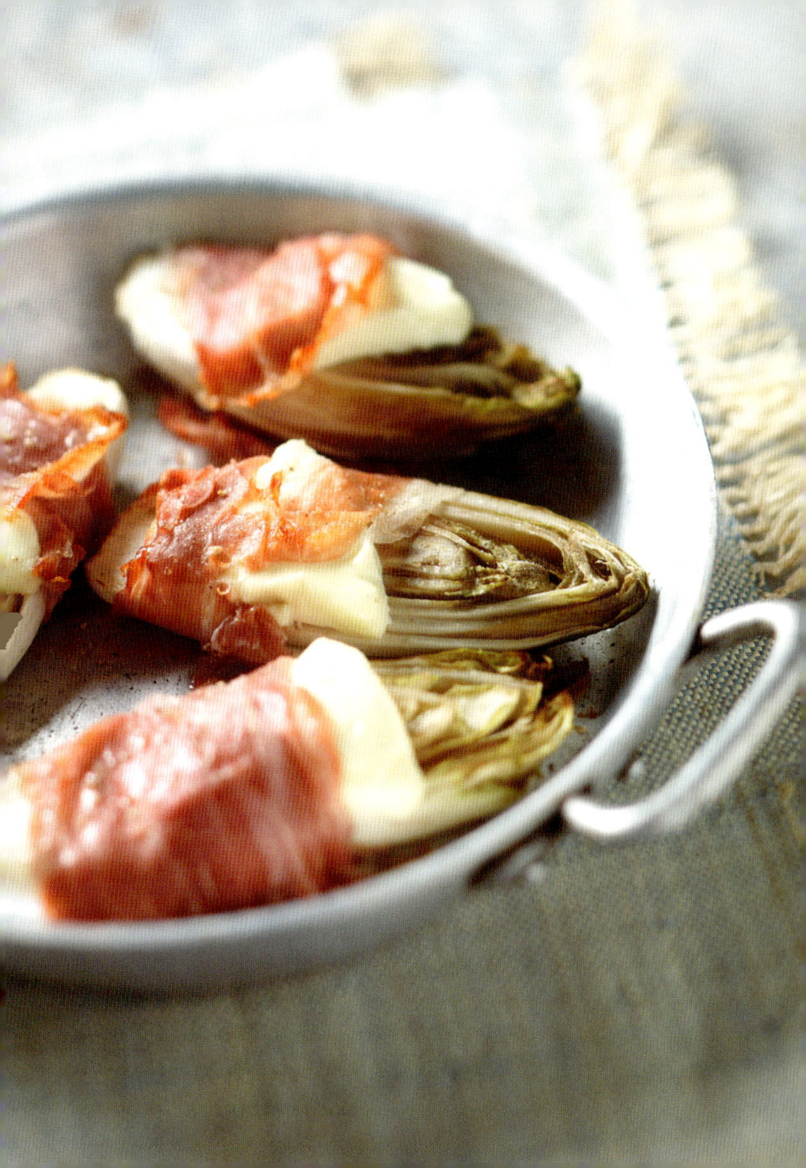

Galettes de pommes de terre aux herbes

POUR 4 PERSONNES
PRÉPARATION : 15 min
CUISSON : 20 min

> 1 botte de ciboulette
> 400 g de reste de purée de pomme de terre
> 1 c. à soupe de farine
> 2 œufs
> 12 portions de La vache qui rit
> 80 g de beurre
> sel et poivre

1. Lavez et ciselez la ciboulette. Mélangez énergiquement la purée de pomme de terre avec la farine, les œufs et le fromage. Ajoutez la ciboulette, salez et poivrez.

2. Dans une grande poêle, faites fondre le beurre à feu doux. Déposez plusieurs grandes cuillerées de préparation à la purée dans le beurre mousseux et aplatissez-les avec le dos de la cuillère pour former des galettes épaisses. Laissez les galettes colorer 2 ou 3 min, puis retournez-les, baissez le feu et laissez cuire l'autre côté pendant 5 min. Servez chaud.

Pour servir : Dégustez les galettes accompagnées d'une simple salade verte ou bien en garniture d'un rôti de veau.

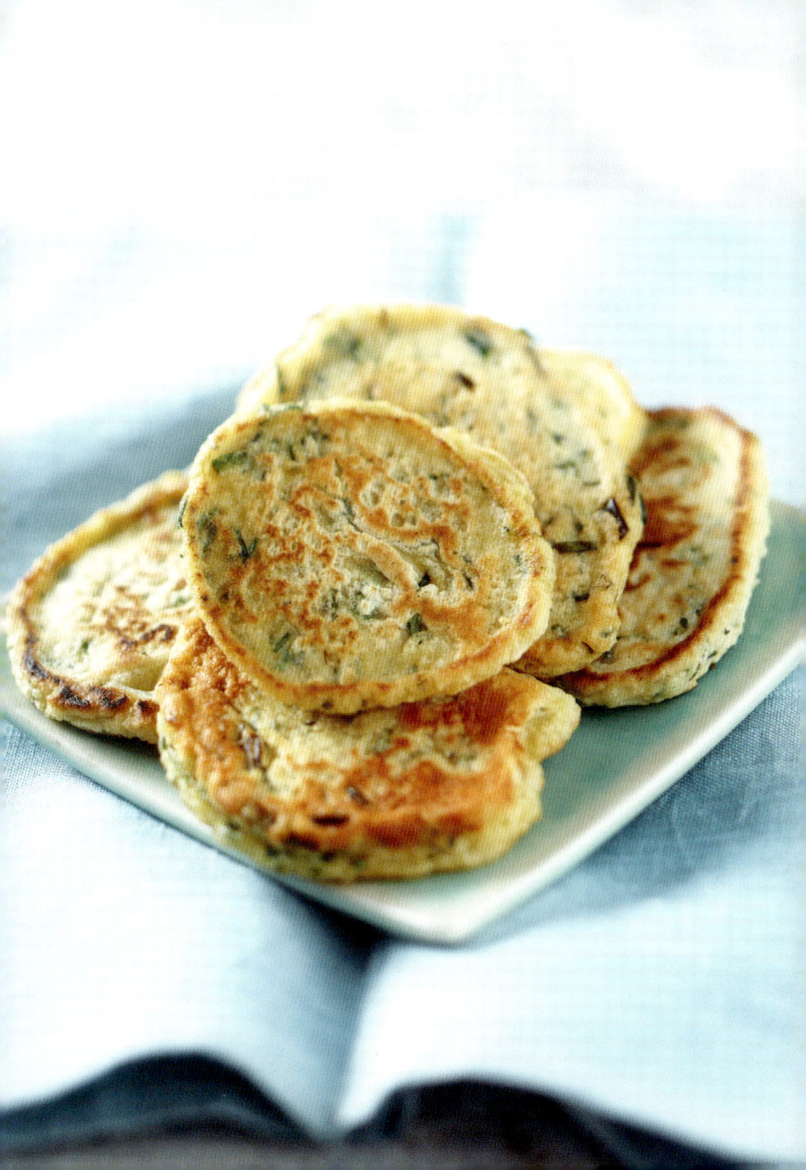

Gratin de poireaux à La vache qui rit®

POUR 4 PERSONNES
PRÉPARATION : 25 min
CUISSON : 30 min

> 5 poireaux
> 50 g de beurre
> 12 portions de La vache qui rit
> 2 c. à soupe de crème fraîche épaisse
> 1 jaune d'œuf
> sel et poivre

1. Supprimez les feuilles abîmées des poireaux et détaillez le reste en petits tronçons. Lavez ceux-ci à grande eau et égouttez-les.

2. Préchauffez le four à 200 °C (therm. 6-7). Mettez le beurre à fondre dans une casserole et faites-y suer les poireaux pendant 8 à 10 min, à feu doux, sans les laisser prendre couleur. Salez et poivrez. Versez-les dans un plat à gratin beurré.

3. Fouettez les portions de fromage avec la crème fraîche et le jaune d'œuf. Nappez les poireaux de cette préparation. Enfournez pour 20 min, jusqu'à ce que le dessus soit coloré.

Pour servir : Dégustez en garniture d'un poulet rôti ou avec une simple salade de roquette.

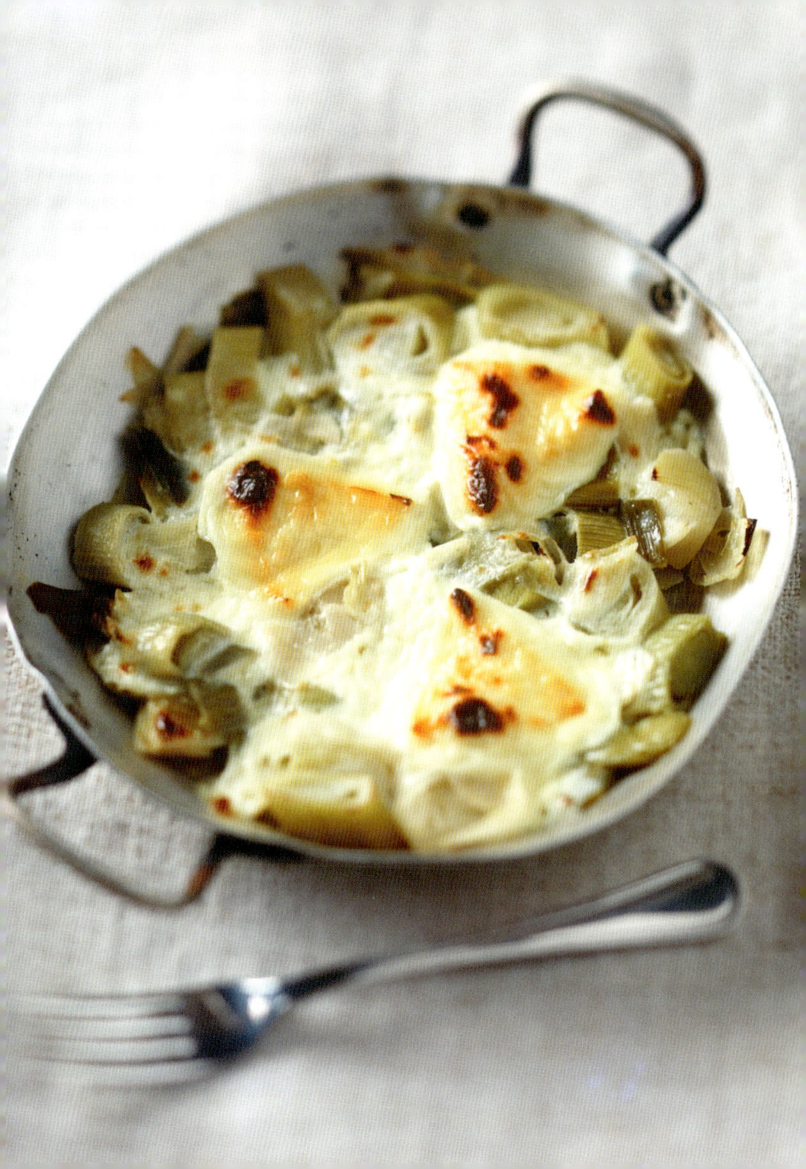

Tomates farcies au riz

POUR 4 PERSONNES
PRÉPARATION : 15 min
CUISSON : 35 min

> 4 tranches de jambon de Paris
> 250 g de riz cuit
> 10 portions de La vache qui rit
> 1 c. à café d'herbes de Provence
> 8 tomates moyennes
> 4 c. à soupe d'huile d'olive
> sel et poivre

1. Hachez le jambon. Mélangez-le avec le riz et les portions de fromage. Salez, poivrez et ajoutez les herbes de Provence. Remuez bien.

2. Préchauffez le four à 180 °C (therm. 6). Lavez les tomates, découpez des chapeaux et retirez les graines. Garnissez copieusement chaque tomate de riz assaisonné, puis remettez les chapeaux.

3. Disposez les tomates dans un grand plat à gratin. Arrosez-les d'huile d'olive, salez et poivrez. Faites cuire au four pendant 35 min, jusqu'à ce que les tomates soient cuites et fondantes.

Pour servir : Dégustez ces tomates farcies en plat principal, accompagnées d'une poêlée d'épinards frais.

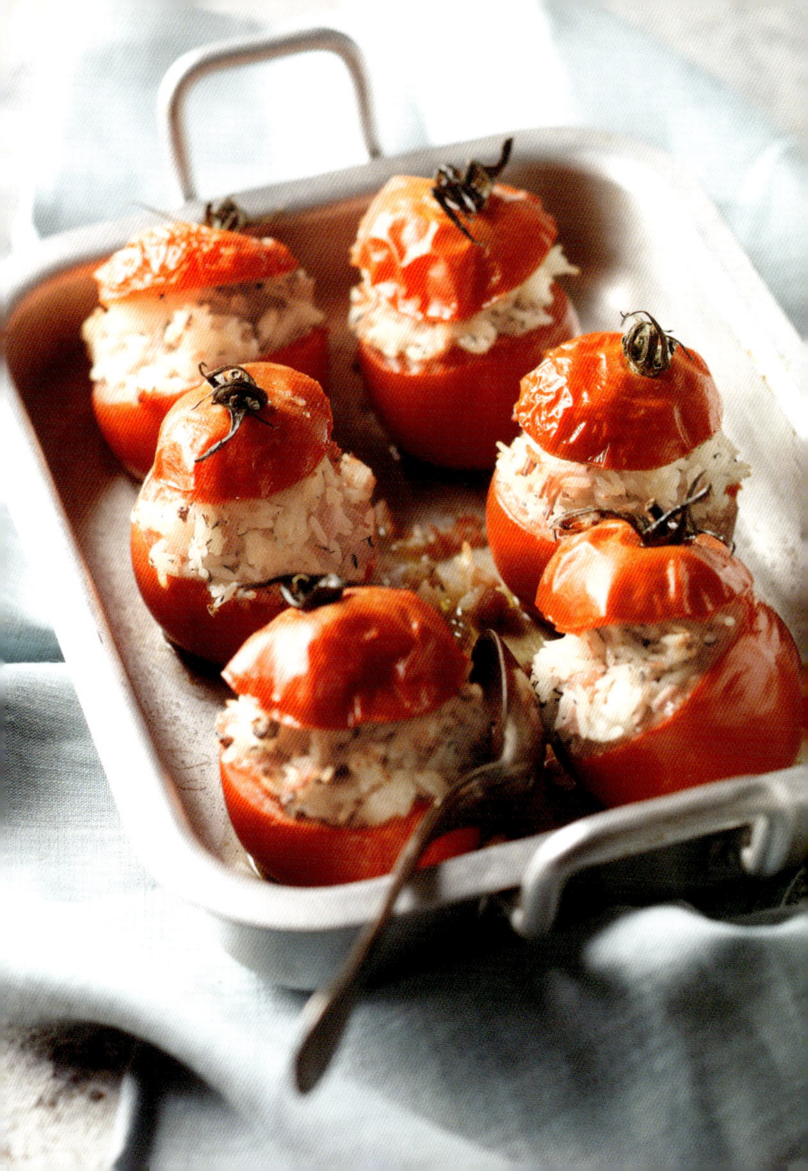

Blettes et gnocchis poêlés à La vache qui rit®

POUR 4 PERSONNES
PRÉPARATION : 20 min
CUISSON : 35 min environ

> 400 g de blettes crues (parties vertes et blanches)
> 300 g de gnocchis
> 20 cl de crème liquide
> 10 portions de La vache qui rit
> 1/4 de c. à café de muscade en poudre
> 50 g de beurre
> sel et poivre

1. Lavez les blettes, coupez-les en petits morceaux. Faites-les cuire 25 min à l'eau bouillante salée. Faites cuire les gnocchis à l'eau bouillante salée le temps indiqué sur l'emballage.

2. Égouttez les blettes, rafraîchissez-les et pressez-les pour retirer l'excédent d'eau. Égouttez les gnocchis.

3. Faites chauffer la crème liquide dans une petite casserole, ajoutez les portions de fromage ; laissez réduire de moitié en fouettant. Hors du feu, ajoutez la muscade, salez et poivrez.

4. Faites fondre le beurre dans une poêle et saisissez les blettes pendant 5 min en remuant. Ajoutez les gnocchis et la crème au fromage. Laissez cuire 3 min en remuant. Rectifiez l'assaisonnement et servez.

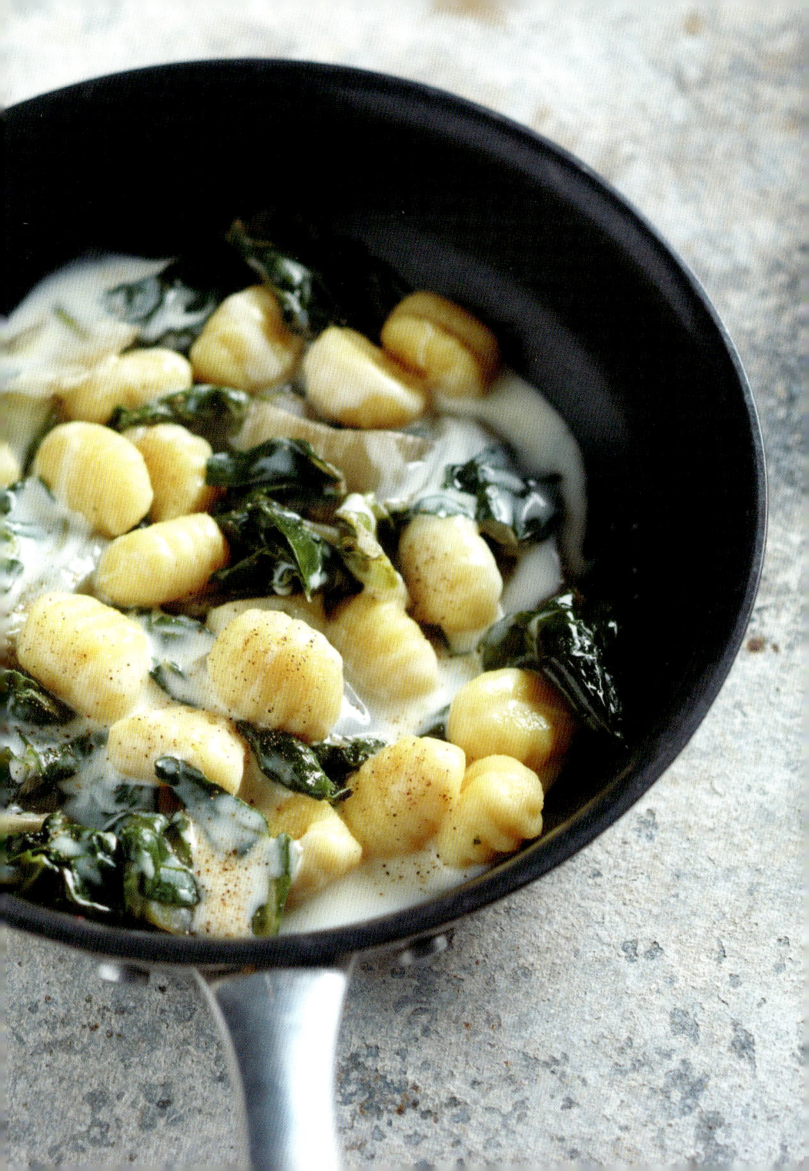

Pommes de terre sautées au lard

POUR 4 PERSONNES
PRÉPARATION : 25 min
CUISSON : 35 min

> 600 g de pommes de terre (charlotte)
> 4 gousses d'ail
> 4 brins de persil plat
> 2 tranches de poitrine fumée
> 50 g de beurre
> 8 portions de La vache qui rit
> sel et poivre

1. Épluchez les pommes de terre et coupez-les en rondelles. Pelez et pressez l'ail. Lavez et hachez le persil. Coupez la poitrine fumée en lardons après avoir retiré la couenne.

2. Faites fondre le beurre dans une sauteuse et saisissez les lardons. Laissez-les dorer quelques minutes, puis ajoutez les pommes de terre. Baissez le feu et faites dorer les pommes de terre pendant 25 min en les remuant de temps en temps.

3. Lorsque les pommes de terre sont cuites, ajoutez l'ail et les portions de fromage, mélangez et laissez cuire encore 5 min. Rectifiez l'assaisonnement, parsemez de persil et servez.

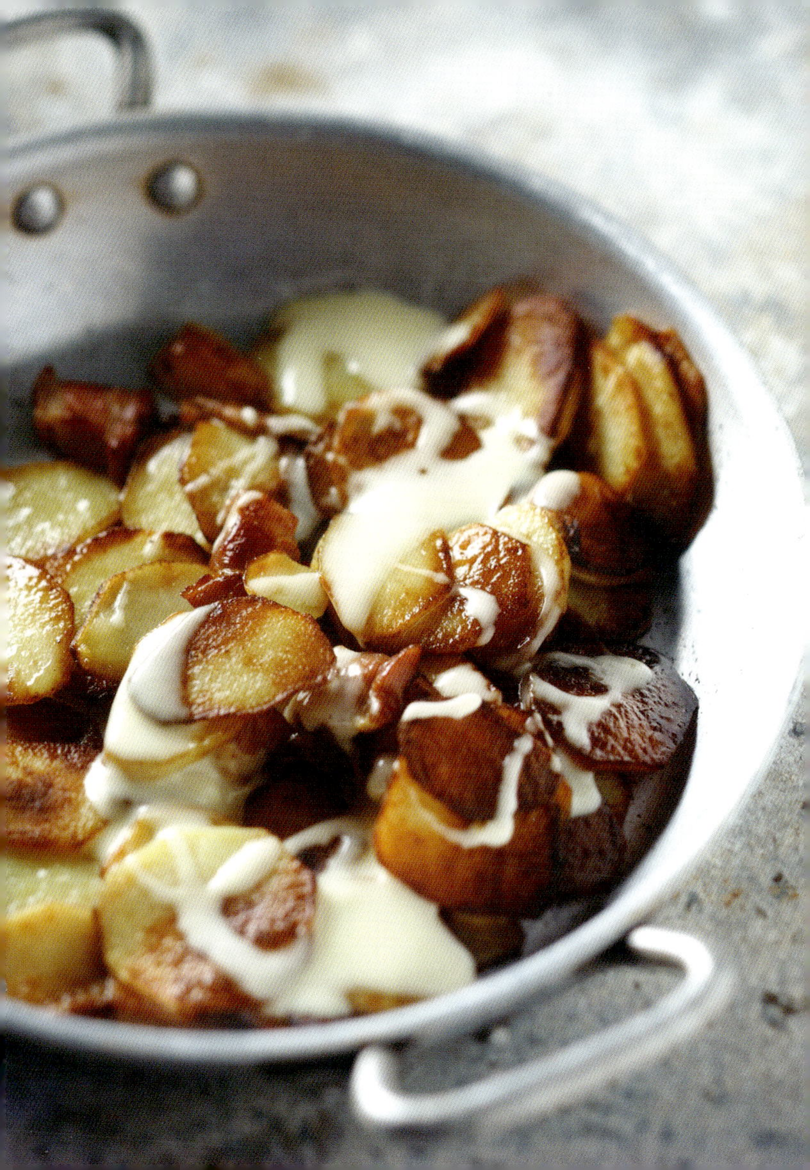

TABLE DES ÉQUIVALENCES FRANCE – CANADA

Poids	55 g	100 g	150 g	200 g	250 g	300 g	500 g	750 g	1 kg
	2 onces	3,5 onces	5 onces	7 onces	9 onces	11 onces	18 onces	27 onces	36 onces

Ces équivalences permettent de calculer le poids à quelques grammes près (en réalité, 1 once = 28 g).

Capacités	5 cl	10 cl	15 cl	20 cl	25 cl	50 cl	75 cl
	2 onces	3,5 onces	5 onces	7 onces	9 onces	17 onces	26 onces

Pour faciliter la mesure des capacités, une tasse équivaut ici à 25 cl (en réalité, 1 tasse = 8 onces = 23 cl).

Photogravure Turquoise, Émerainville
Imprimé en Chine par Leo Paper Products
Dépôt légal : septembre 2012
309892/01 - 11019906 juin 2012

HEINZ
ESTD 1869 ESTD
TOMATO
KETCHUP
57 VARIETIES
℮ 300 ml - 342 g

Direction de la publication : **Isabelle Jeuge-Maynart**
et **Ghislaine Stora**
Direction éditoriale : **Delphine Blétry**
Édition : **Julie Tallet, assistée de Candice Roger**
Direction artistique : **Emmanuel Chaspoul**
Informatique éditoriale : **Marion Pépin et Philippe Cazabet**
Lecture-correction : **Sylvie Porté**
Couverture : **Véronique Laporte**
Fabrication : **Annie Botrel**

Cet ouvrage a été réalisé avec l'aimable autorisation
de H. J. Heinz France SAS.

ISBN 301-0-00-002295-4
© Larousse 2012

Toute reproduction ou représentation intégrale ou partielle, par quelque procédé
que ce soit, du texte et/ou de la nomenclature contenus dans le présent ouvrage,
et qui sont la propriété de l'Éditeur, est strictement interdite.

Les Éditions Larousse utilisent des papiers composés de fibres naturelles,
renouvelables, recyclables et fabriquées à partir de bois issus de forêts qui adoptent
un système d'aménagement durable. En outre, les Éditions Larousse attendent
de leurs fournisseurs de papier qu'ils s'inscrivent dans une démarche de certification
environnementale reconnue.

KETCHUP HEINZ®

Recettes et photographies de
Jean-François Mallet

LAROUSSE

21 RUE DU MONTPARNASSE 75283 PARIS CEDEX 06

SOMMAIRE

Gaspacho au ketchup et au basilic 4
Escargots feuilletés au ketchup et à l'emmental 6
Asperges et sauce légère au ketchup 8
Omelette au ketchup et à la mimolette 10
Riz à l'indienne au ketchup,
compotée d'aubergines 12
Ragoût de fèves et petits pois au lard
et au ketchup 14
Gratin dauphinois au jambon et au ketchup 16
Penne poêlées au ketchup et aux merguez 18
Travers de porc au four marinés au ketchup 20
Pizza au ketchup, à l'ananas et au chorizo 22
Burgers de porc au ketchup 24
Croquettes croustillantes de bœuf au ketchup 26
Tartelettes feuilletées de bœuf au ketchup 28

Tartare de veau au ketchup et citron confit 30
Brochettes d'agneau et sauce au ketchup 32
Cuisses de poulet marinées au ketchup 34
Nuggets de pintade, sauce au ketchup 36
Parmentier de confit de canard 38
Verrines de crevettes,
sauce cocktail au ketchup 40
Salade de pommes de terre, crabe et ketchup 42
Huîtres pochées, crème fouettée au ketchup 44
Sandwichs chauds au saumon et au ketchup 46
Lotte frite, sauce aigre-douce au ketchup 48
Spaghettis au ketchup, thon et tomates cerises 50
Maquereaux marinés au ketchup
et au romarin 52
Pain de poisson au ketchup 54

Gaspacho au ketchup et au basilic

POUR 4 PERSONNES
PRÉPARATION : 15 min
RÉFRIGÉRATION : 30 min

> 1/2 concombre
> 2 oignons nouveaux
> 5 tomates bien mûres
> 1/2 botte de basilic
> 6 c. à soupe de hot ketchup Heinz®
> 5 glaçons
> 4 c. à soupe d'huile d'olive + un peu pour les croûtons
> 4 tranches de pain de campagne
> sel et poivre

1. Épluchez le concombre et les oignons nouveaux. Lavez les tomates. Détaillez ces légumes en morceaux. Lavez et hachez le basilic.

2. Mixez les morceaux de concombre, d'oignon, et de tomate avec le ketchup, les glaçons et un verre d'eau. Salez, poivrez, puis ajoutez l'huile d'olive. Mélangez et réservez au frais pendant 30 min.

3. Préparez les croûtons. Dorez des tranches de pain de campagne avec de l'huile d'olive pendant quelques minutes sous le gril du four et dégustez le gaspacho avec.

Conseil : Hors saison, vous pouvez utiliser des tomates pelées en conserve. Si vous voulez un gaspacho très frais, vous pouvez ajouter 1 ou 2 glaçons au moment de servir.

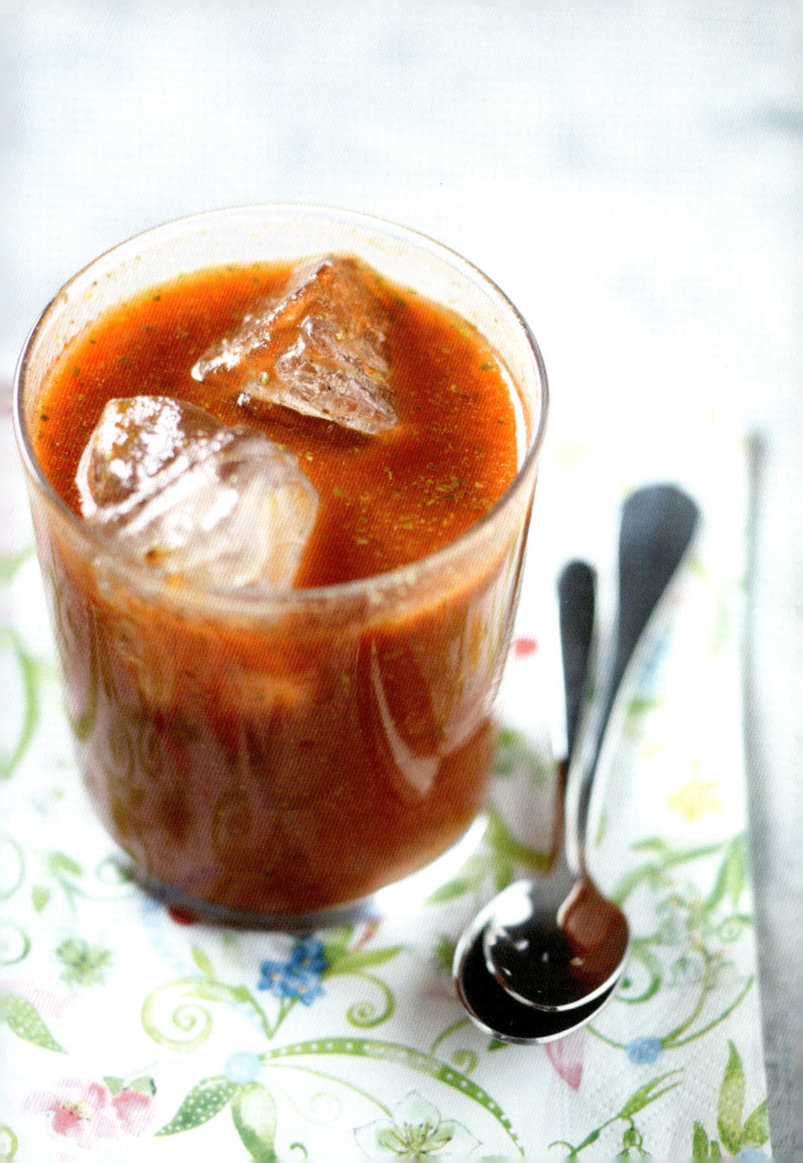

Escargots feuilletés au ketchup et à l'emmental

POUR 4 PERSONNES
PRÉPARATION : 10 min
CUISSON : 30 min

> 1 pâte feuilletée préétalée
> 6 c. à soupe de ketchup Heinz®
> 100 g d'emmental râpé

1. Préchauffez le four à 180 °C (therm. 6).

2. Étalez la pâte feuilletée sur le plan de travail, badigeonnez-la de ketchup, puis parsemez-la d'emmental râpé. Enroulez la pâte délicatement sur elle-même, puis découpez le boudin ainsi obtenu en rondelles régulières d'environ 1 cm d'épaisseur.

3. Recouvrez la plaque du four de papier sulfurisé et répartissez les feuilletés dessus.

4. Enfournez les escargots feuilletés pendant 30 min. Lorsqu'ils sont bien dorés et croustillants, laissez-les tiédir et dégustez-les à l'apéritif.

Conseil : Utilisez une pâte feuilletée de bonne qualité. Commandez-la par exemple chez un pâtissier.

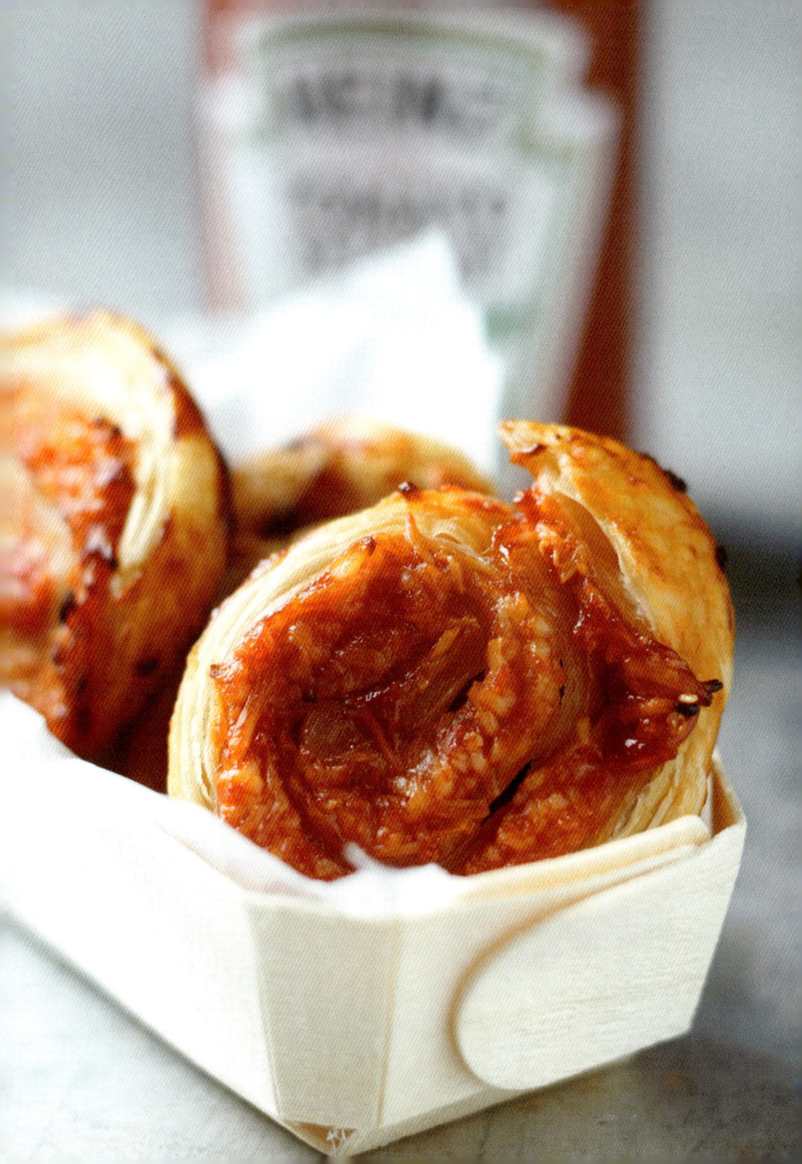

Asperges et sauce légère au ketchup

POUR 4 PERSONNES
PRÉPARATION : 10 min
CUISSON : 10 min

> 1 œuf
> 1 c. à café de moutarde de Dijon
> 10 cl d'huile de tournesol
> 2 c. à soupe de ketchup Heinz®
> 1/2 c. à café de vinaigre de vin
> 20 asperges vertes, violettes ou blanches

1. Séparez le jaune d'œuf du blanc. Mélangez le jaune avec la moutarde dans un bol, salez, poivrez, puis versez l'huile petit à petit, tout en fouettant, afin d'obtenir une mayonnaise bien ferme. Montez le blanc d'œuf en neige à l'aide d'un batteur électrique.

2. Dans un saladier, ajoutez à la mayonnaise obtenue le ketchup et le vinaigre, puis incorporez l'œuf en neige avec une spatule, délicatement pour éviter qu'il ne retombe. Mettez cette sauce dans un ramequin et réservez dans un endroit frais, mais pas au réfrigérateur.

3. Portez de l'eau salée à ébullition dans une casserole. Pelez les asperges, puis faites-les cuire pendant 10 min dans l'eau bouillante. Elles doivent être légèrement fermes. Égouttez-les et laissez-les tiédir à température ambiante.

4. Dressez les asperges tièdes ou froides dans un plat et dégustez-les en les trempant dans la sauce.

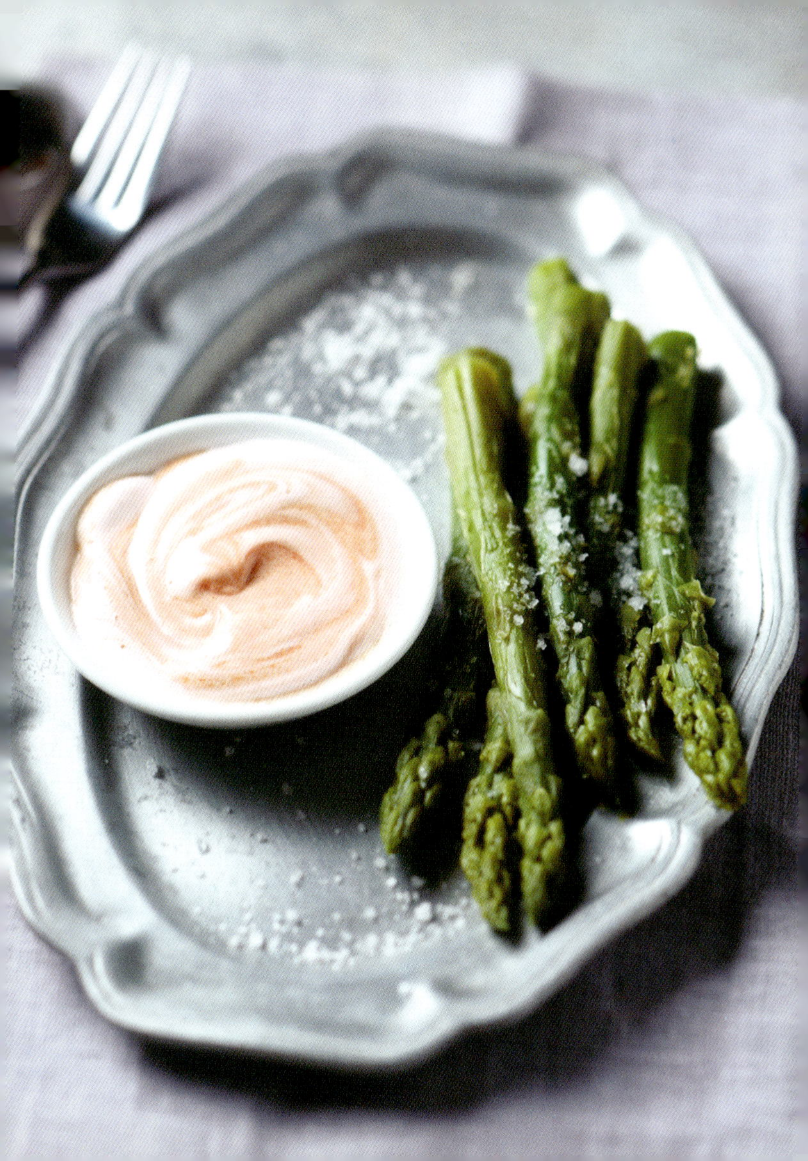

Omelette au ketchup et à la mimolette

POUR 4 PERSONNES
PRÉPARATION : 5 min
CUISSON : 10 min environ

> 2 brins de menthe
> 30 olives noires à la grecque dénoyautées
> 50 g de pignons de pin grillés
> 100 g de mimolette vieille
> 8 œufs frais
> 4 c. à soupe de ketchup Heinz®
> 80 g de beurre
> sel et poivre

1. Lavez et effeuillez la menthe. Hachez la menthe, les olives et les pignons de pin. Mélangez le tout.

2. Retirez la croûte de la mimolette et râpez-la. Dans un saladier, battez les œufs avec le ketchup, puis ajoutez la mimolette râpée. Salez, poivrez et mélangez de nouveau.

3. Environ 5 min avant de passer à table, faites fondre le beurre dans une grande poêle antiadhésive. Saisissez les œufs dans le beurre mousseux en les tournant légèrement avec une spatule en bois. Lorsque le fond de l'omelette commence à prendre, parsemez-la du mélange de menthe, olives et pignons, puis roulez-la délicatement. Réduisez le feu et laissez cuire pendant 2 ou 3 min de plus. L'omelette doit être baveuse.

4. Déposez-la délicatement sur un plat. Servez et dégustez immédiatement.

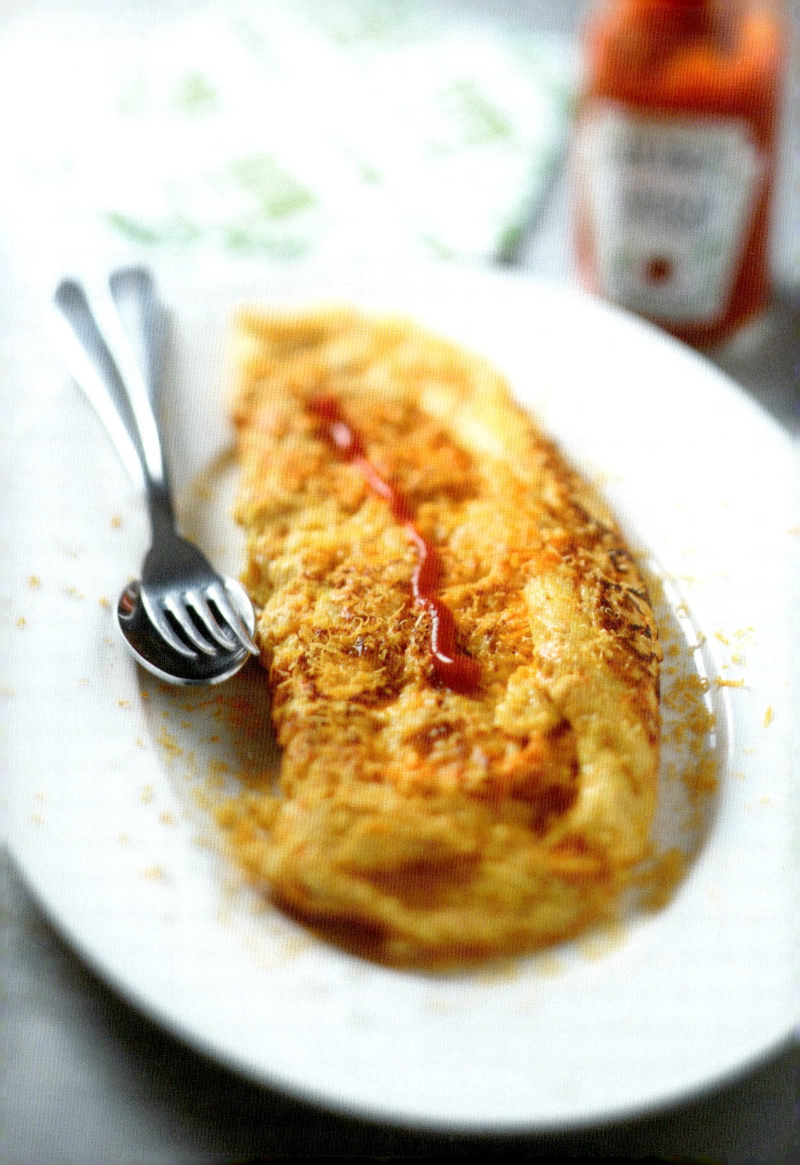

Riz à l'indienne au ketchup, compotée d'aubergines

POUR 4 PERSONNES
PRÉPARATION : 20 min
CUISSON : 45 min

> 2 aubergines
> 200 g de riz basmati
> 4 gousses d'ail
> 1 gros oignon
> 5 c. à soupe d'huile d'olive
> 4 c. à soupe de ketchup Heinz®
> 1 c. à soupe de curcuma en poudre
> 3 clous de girofle
> 5 graines de cardamome verte
> 2 c. à soupe d'amandes effilées
> 2 c. à soupe de raisins secs
> sel et poivre

1. Préchauffez le four à 180 °C (therm 6). Lavez et équeutez les aubergines. Enveloppez chaque aubergine dans une feuille d'aluminium, puis enfournez-les pour 20 min.

2. Pendant ce temps, portez de l'eau salée à ébullition dans une grande casserole, puis faites cuire le riz pendant 25 min. Égouttez-le et gardez-le au chaud.

3. Sortez les aubergines du four et récupérez la chair à l'aide d'une cuillère.

4. Dans une petite cocotte, chauffez l'huile. Pelez et hachez l'ail et l'oignon, puis saisissez-les dans l'huile chaude. Laissez roussir 5 min à feu moyen, puis ajoutez la chair d'aubergine, le ketchup, le curcuma, les clous de girofle et la cardamome. Baissez le feu, laissez cuire 3 ou 4 min. Ajoutez le riz, les amandes et les raisins secs. Mélangez, couvrez, et laissez chauffer 2 min en remuant de temps en temps.

5. Dégustez nature ou en garniture d'un curry.

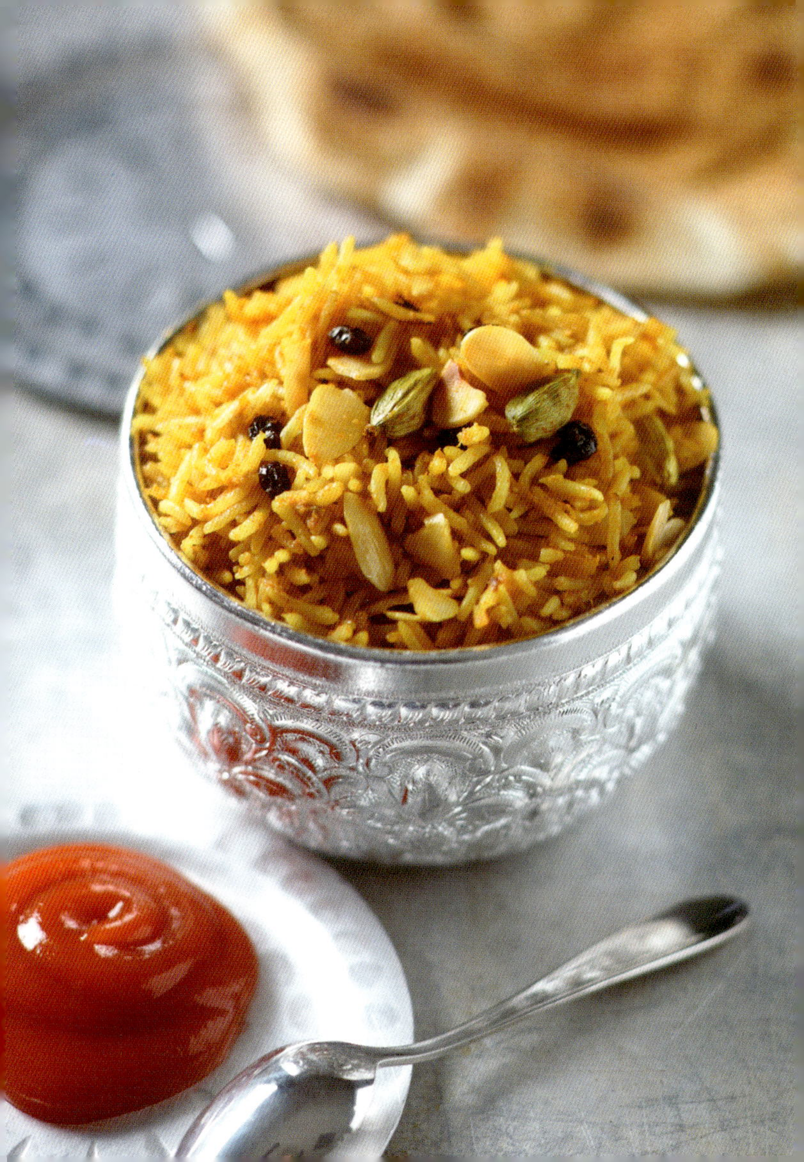

Ragoût de fèves et petits pois au lard et au ketchup

POUR 4 PERSONNES
PRÉPARATION : 20 min
CUISSON : 10 min

> 2 gousses d'ail
> 2 tranches de lard de 1 cm d'épaisseur
> 20 g de beurre
> 2 brins de thym
> 300 g de petits pois surgelés
> 200 g de fèves décortiquées surgelées
> 5 c. à soupe de ketchup Heinz®
> sel et poivre

1. Épluchez et hachez l'ail. Retirez et jetez la couenne du lard, puis découpez-le en lardons.

2. Dans une petite casserole, saisissez les lardons avec le beurre. Lorsqu'ils commencent à colorer, baissez le feu et ajoutez l'ail haché, le thym et les petits pois encore surgelés.

3. Laissez cuire pendant 3 min en remuant, puis ajoutez les fèves encore surgelées, le ketchup et 1 c. à soupe d'eau. Laissez mijoter pendant 2 min de plus.

4. Salez, poivrez et dégustez en accompagnement d'un poulet rôti, par exemple.

Conseil : Pour aller plus vite, vous pouvez utiliser des allumettes de lardons en vente dans les grandes surfaces.

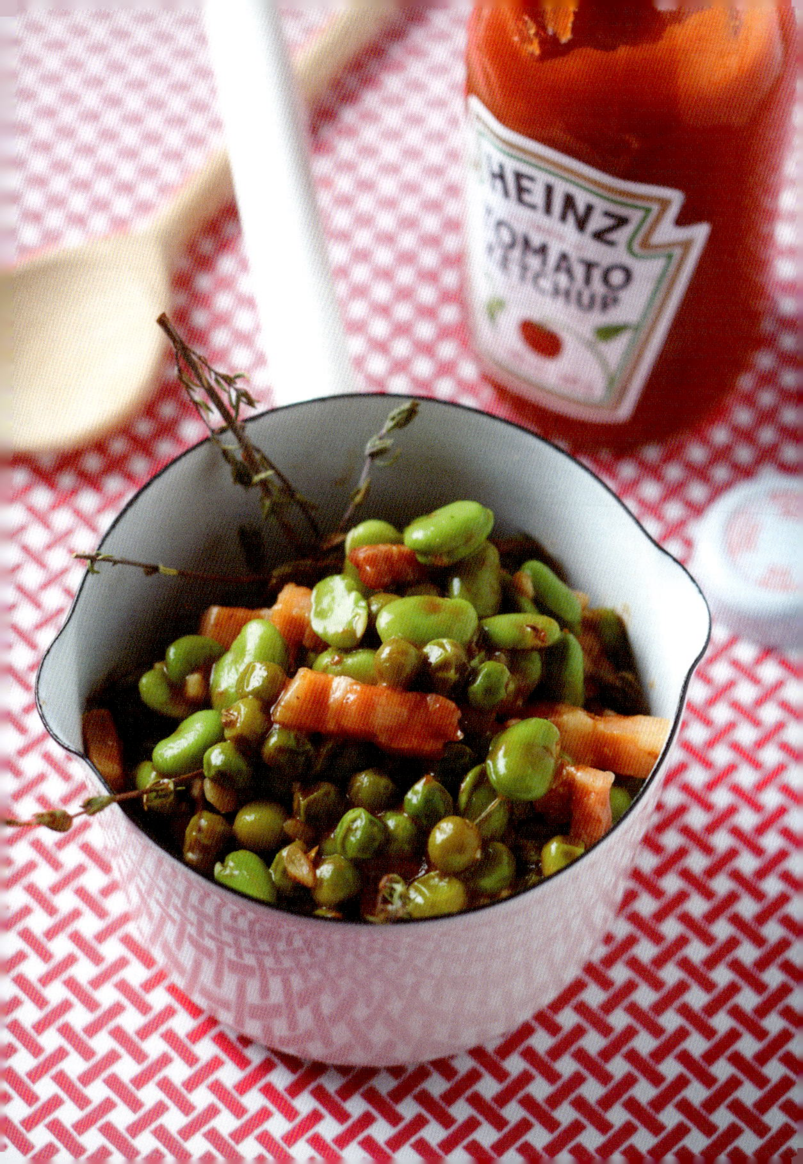
HEINZ

Gratin dauphinois au jambon et au ketchup

POUR 4 À 6 PERSONNES
PRÉPARATION : 25 min
CUISSON : 45 min

> 5 tranches de jambon cru
> 4 gousses d'ail
> 800 g de grosses pommes de terre
> 80 cl de crème liquide
> 6 c. à soupe de ketchup Heinz®
> sel et poivre

1. Détaillez les tranches de jambon cru en trois morceaux. Épluchez et hachez les gousses d'ail. Pelez et découpez les pommes de terre en très fines lamelles, de préférence à l'aide d'une mandoline.

2. Versez la crème liquide dans un saladier, ajoutez le ketchup et fouettez.

3. Préchauffez le four à 180 °C (therm. 6).

4. Dans un plat à gratin, versez une première couche de crème au ketchup. Parsemez d'ail haché. Salez, poivrez, puis recouvrez de lamelles de pomme de terre et de 2 morceaux de jambon. Répétez l'opération jusqu'à épuisement des ingrédients.

5. Enfournez le gratin pendant 45 min. Plantez la pointe d'un couteau dans les pommes de terre pour vérifier leur cuisson : elles doivent être moelleuses et fondantes.

6. Sortez le gratin du four et dégustez bien chaud accompagné, par exemple, d'une salade d'endives.

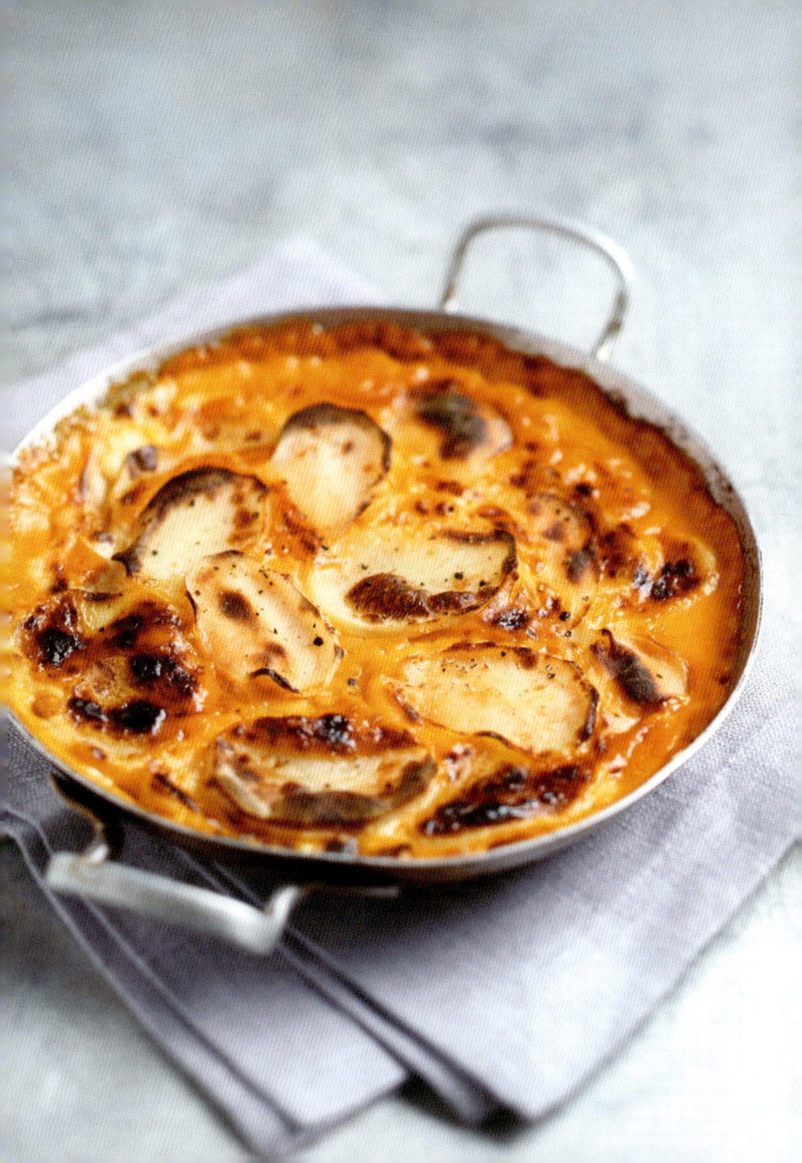

Penne poêlées au ketchup et aux merguez

POUR 4 PERSONNES
PRÉPARATION : 10 min
CUISSON : 20 min

> 10 feuilles de sauge
> 3 gousses d'ail
> 4 merguez
> 400 g de penne
> 3 c. à soupe d'huile d'olive
> 4 c. à soupe de ketchup Heinz®
> 20 olives vertes dénoyautées
> cheddar râpé
> sel et poivre

1. Lavez et hachez grossièrement la sauge. Épluchez et hachez l'ail. Découpez les merguez en petits morceaux.

2. Portez de l'eau salée à ébullition dans une casserole et plongez-y les penne jusqu'à ce qu'elles soient al dente. Égouttez-les et réservez-les à température ambiante.

3. Environ 10 min avant de passer à table, faites chauffer l'huile dans une grande cocotte. Saisissez l'ail haché et les morceaux de merguez dans l'huile chaude. Laissez roussir quelques minutes, puis ajoutez la sauge, le ketchup et les olives. Baissez le feu, ajoutez les penne, mélangez et laissez cuire encore quelques minutes en remuant.

4. Arrêtez le feu et servez la poêlée parsemée de cheddar râpé.

Conseil : Préférez des merguez peu grasses. Sinon vous pouvez les cuire pendant 5 min dans de l'eau bouillante pour les dégraisser avant de les faire revenir dans la sauce.

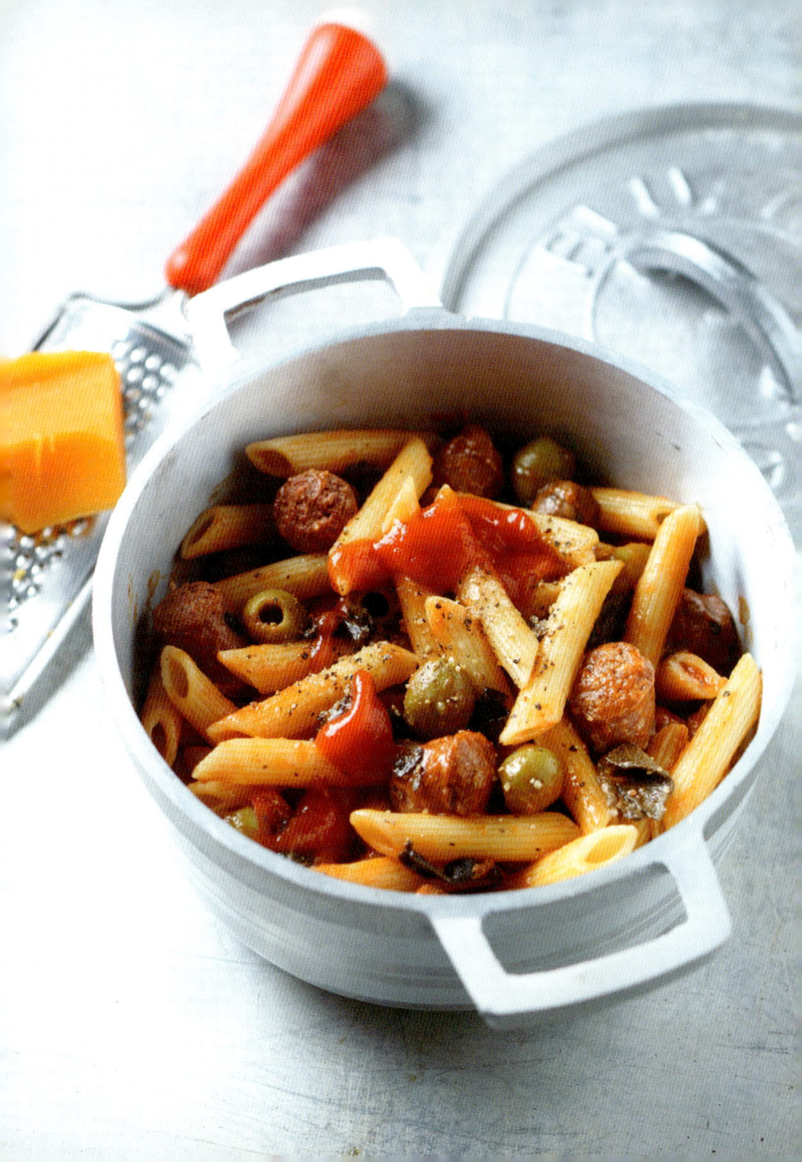

Travers de porc au four marinés au ketchup

POUR 4 PERSONNES
PRÉPARATION : 35 min
CUISSON : 45 min
MARINADE : 12 h

> 4 c. à soupe de miel liquide
> 4 c. à soupe de sauce soja
> 6 c. à soupe de ketchup Heinz®
> 2 travers de porc entiers (chacun coupé en 3 morceaux)
> sel et poivre

1. La veille, fouettez le miel, la sauce soja et le ketchup dans un bol. Versez le tout dans un grand plat. Mettez les travers de porc à mariner dans ce mélange et laissez reposer au réfrigérateur pendant 12 h.

2. Le lendemain, préchauffez le four à 170 °C (therm. 5-6). Déposez les travers de porc dans un grand plat à four et recouvrez-les d'une couche de marinade. Enfournez et faites cuire pendant 45 min.

3. En cours de cuisson, badigeonnez régulièrement les travers de porc avec la marinade pour les laquer.

4. Lorsque les travers de porc sont bien cuits et moelleux, déposez-les dans un plat de service. Dégustez-les avec les doigts ou avec des couverts, accompagnés de frites ou d'une purée de pommes de terre.

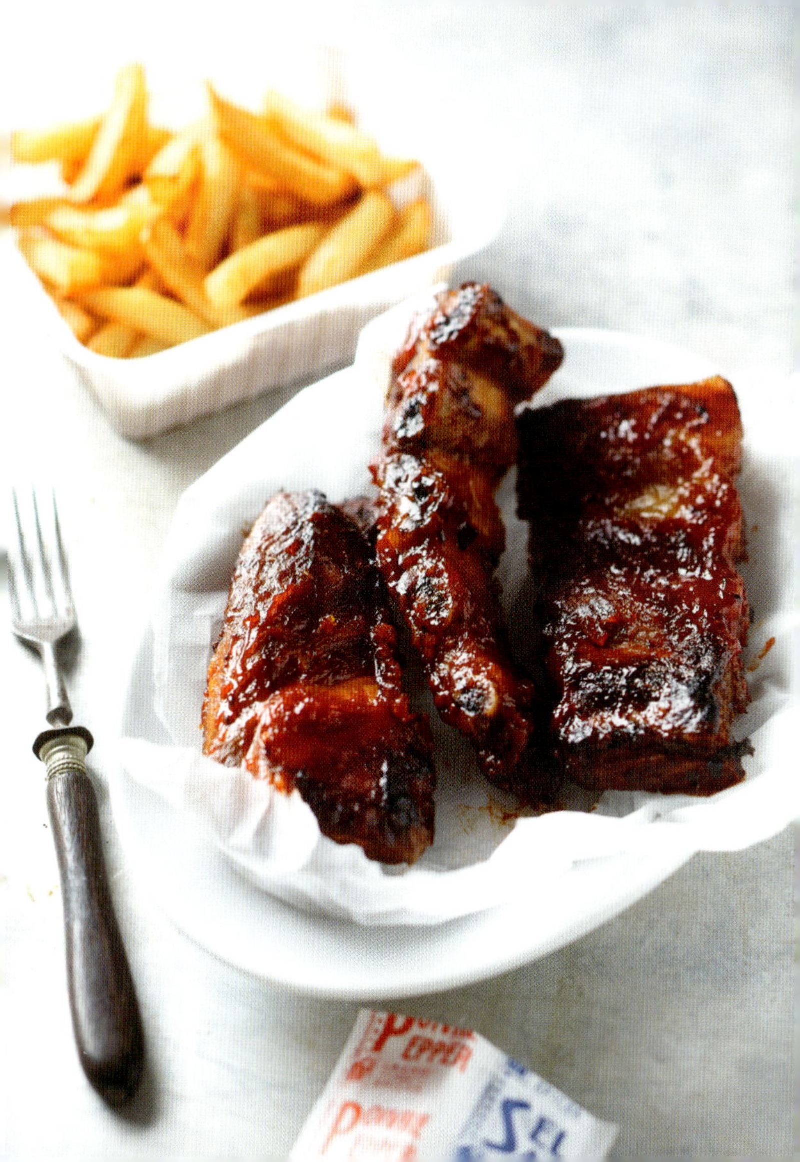

Pizza au ketchup, à l'ananas et au chorizo

POUR 4 PERSONNES
PRÉPARATION : 20 min
CUISSON : 25 min

> 1 boule de mozzarella
> 4 tranches d'ananas au sirop
> 1 pâte à pizza
> 6 c. à soupe de ketchup Heinz®
> 6 tranches de chorizo
> 1 c. à soupe de thym séché
> 4 c. à soupe d'huile d'olive
> sel et poivre

1. Préchauffez le four à 230 °C (therm. 7-8).

2. Coupez la mozzarella en tranches et taillez les tranches d'ananas en petits morceaux.

3. Étalez la pâte à pizza pas trop finement sur une feuille de papier sulfurisé. Recouvrez la pâte de ketchup et de tranches de mozzarella, ajoutez les morceaux d'ananas et les tranches de chorizo. Parsemez de thym et arrosez d'huile d'olive. Enfournez la pizza et laissez-la cuire pendant 25 min.

4. Sortez la pizza du four et laissez-la tiédir. Dégustez avec une salade verte.

Variante : Si vous voulez utiliser un autre fruit, la mangue fraîche sera également délicieuse dans cette recette.

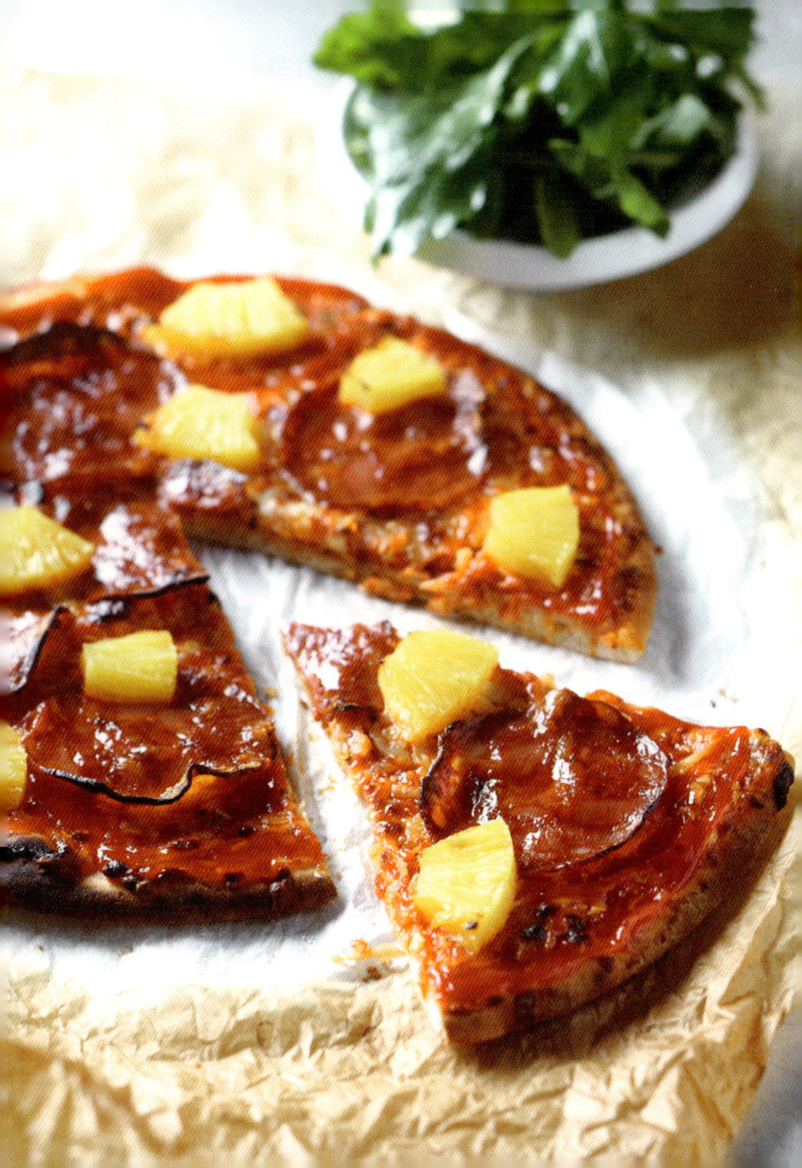

Burgers de porc au ketchup

POUR 4 PERSONNES
PRÉPARATION : 20 min
CUISSON : 30 min

> 15 cornichons
> 600 g de chair à saucisse (la moins grasse possible)
> 1 c. à soupe de raisins secs
> 8 c. à soupe de ketchup Heinz® + 4 c. à soupe pour les pains
> 1 c. à soupe de graines de sésame
> huile d'olive
> 4 petits pains de campagne
> 200 g de laitue
> 50 g de parmesan en copeaux
> sel et poivre

1. Hachez les cornichons et mélangez-les avec la chair à saucisse, les raisins secs, les 8 cuillerées de ketchup et les graines de sésame. Moulez 4 petits steaks avec vos mains.

2. Chauffez l'huile d'olive à feu vif dans une poêle. Saisissez les steaks dans l'huile chaude, puis réduisez le feu et laissez-les cuire 10 min de chaque côté.

3. Préchauffez le four à 170 °C (therm. 5-6). Ouvrez les petits pains de campagne en deux. Badigeonnez l'intérieur de ketchup, puis glissez un steak dans chaque pain.

4. Enfournez les burgers pour 10 min, puis sortez-les du four et garnissez-les de laitue assaisonnée d'huile d'olive et de copeaux de parmesan. Dégustez immédiatement.

Variante : Vous pouvez remplacer la laitue par de la roquette.

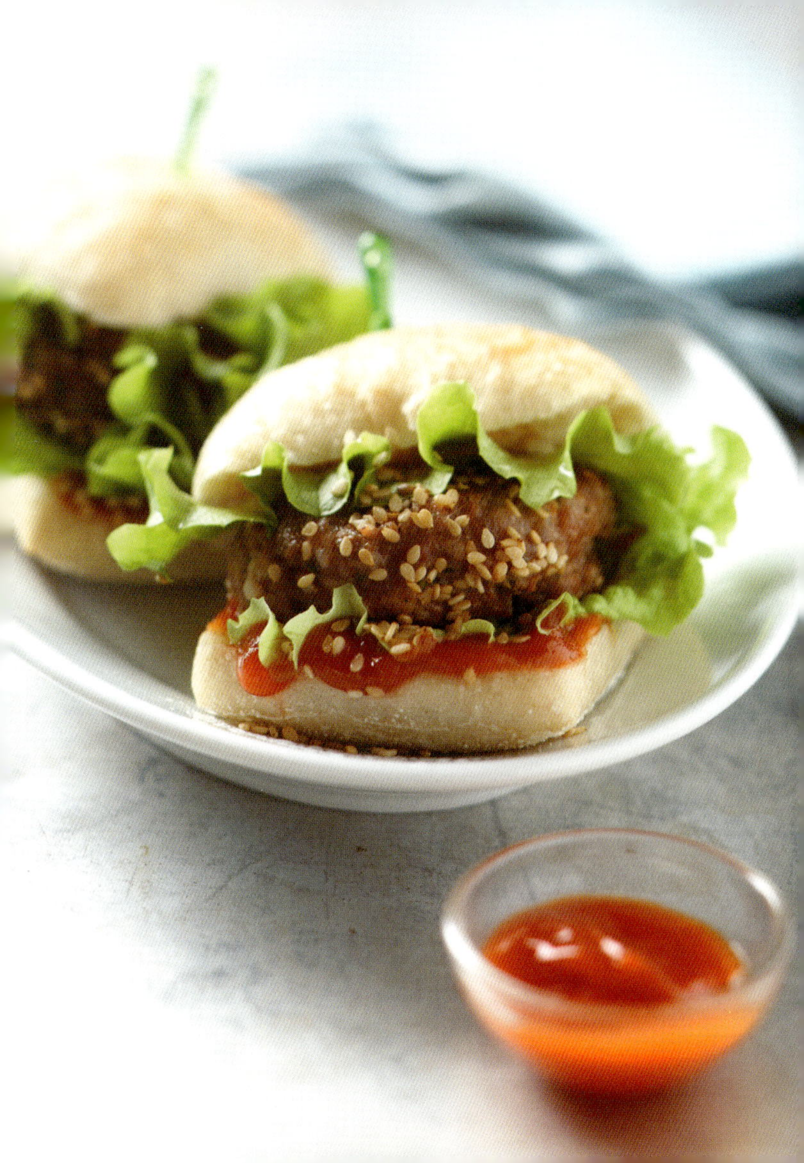

Croquettes croustillantes de bœuf au ketchup

POUR 4 PERSONNES
PRÉPARATION : 20 min
CUISSON : 40 min

> 2 oignons
> 4 c. à soupe d'huile d'olive
> 600 g de bœuf haché
> 4 c. à soupe de ketchup Heinz®
> 1 œuf
> 200 g de chapelure
> huile de friture
> sel et poivre

Pour la sauce

> 3 c. à soupe de ketchup Heinz®
> 2 c. à soupe de compote de pommes

1. Préparez la sauce : mélangez dans un bol le ketchup et la compote de pommes.

2. Épluchez et hachez les oignons. Dans une poêle, faites chauffer l'huile et saisissez les oignons dedans. Laissez-les roussir pendant 20 min à feu doux.

3. Mélangez la viande hachée avec les oignons et le ketchup. Ajoutez l'œuf, salez, poivrez et malaxez l'ensemble.

4. Disposez la chapelure dans une assiette plate. Formez des petites boulettes de viande régulières avec vos mains, puis roulez-les dans la chapelure.

5. Faites chauffer l'huile de friture dans une casserole. Plongez les boulettes dans l'huile chaude trois par trois pendant 2 min. Sortez les boulettes de l'huile à l'aide d'une écumoire, puis laissez-les refroidir quelques minutes à température ambiante sur du papier absorbant avant de les déguster, accompagnées d'une salade verte et de la sauce aux pommes et au ketchup.

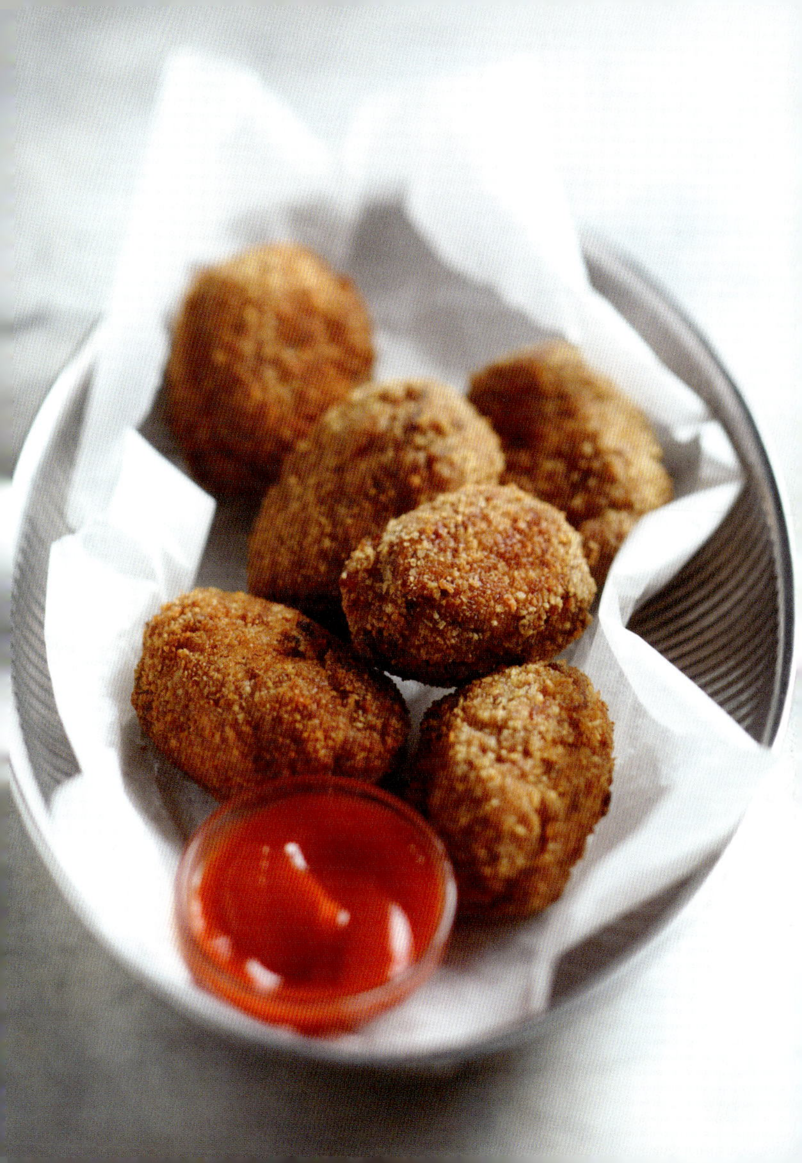

Tartelettes feuilletées de bœuf au ketchup

POUR 4 PERSONNES
PRÉPARATION : 15 min
CUISSON : 25 min

> 3 œufs
> 20 cl de crème liquide
> 5 c. à café de ketchup Heinz®
> 1 c. à soupe d'herbes de Provence
> 1 pâte feuilletée préétalée
> 300 g de bœuf haché
> 80 g de fromage râpé
> sel et poivre

1. Préchauffez le four à 180 °C (therm. 6). Cassez les œufs dans un saladier, ajoutez la crème, 1 c. à café de ketchup et les herbes de Provence. Salez, poivrez et mélangez le tout à l'aide d'un fouet.

2. Déroulez la pâte feuilletée, puis découpez-la en quatre disques de même diamètre. Garnissez quatre plats à tartelette des disques de pâte.

3. Répartissez le bœuf haché sur les fonds de tartelette, ajoutez 1 c. à café de ketchup par tartelette et parsemez de fromage râpé. Versez la crème jusqu'en haut des tartelettes et enfournez-les pour 25 min.

4. Lorsque les tartelettes sont bien dorées, sortez-les du four et dégustez-les chaudes ou froides, accompagnées d'une salade verte assaisonnée.

Conseil : Vous pouvez découper les tartelettes en petites parts et les déguster à l'apéritif.

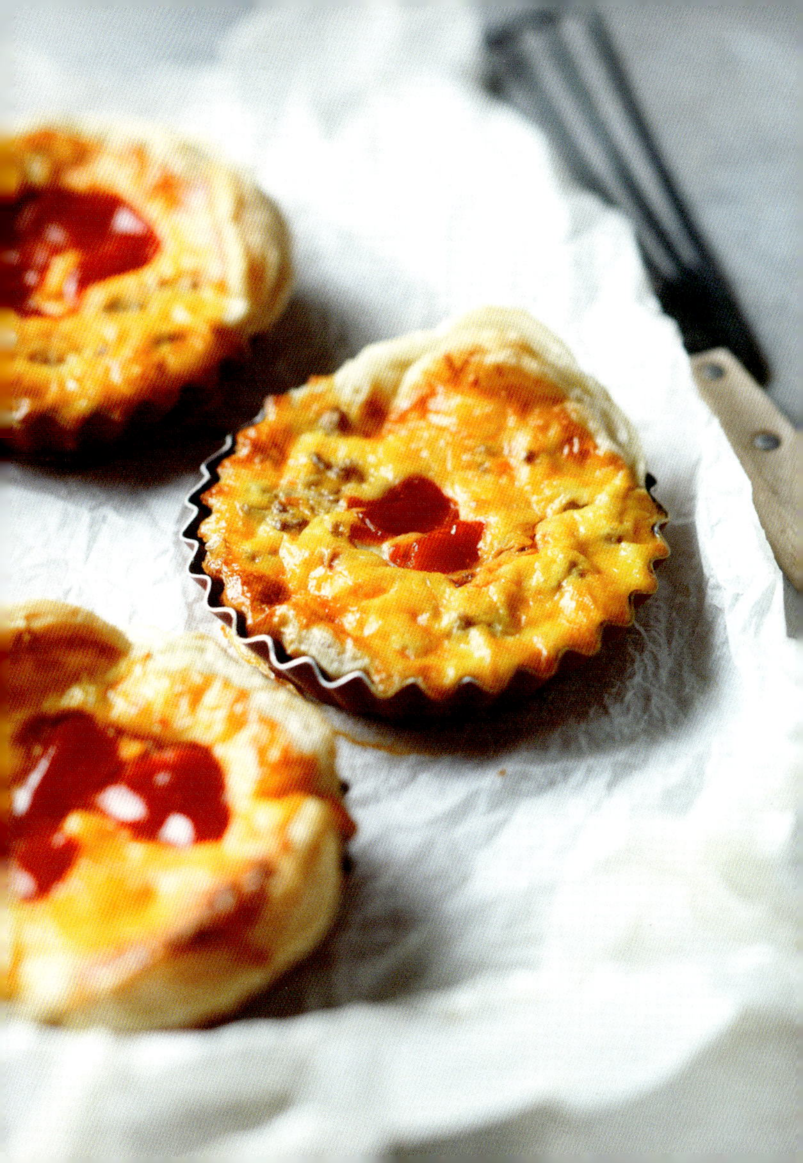

Tartare de veau au ketchup et citron confit

POUR 4 PERSONNES
PRÉPARATION : 25 min
MARINADE : 15 min

> 2 échalotes
> 1 botte de coriandre fraîche
> 1 citron confit
> 600 g de noix de veau
> 2 c. à soupe d'huile d'olive
> 3 c. à soupe de ketchup Heinz®
> 1 c. à soupe de petites câpres
> 1 c. à soupe de sauce soja
> 50 g de parmesan en morceaux
> sel et poivre

1. Épluchez et ciselez finement les échalotes. Lavez, effeuillez et hachez la coriandre fraîche. Découpez la peau du citron confit et hachez-la. Découpez la noix de veau en très petits dés.

2. Dans un saladier, mélangez les dés de veau, les morceaux de citron confit, l'huile d'olive, le ketchup, les câpres, la coriandre et la sauce soja. Salez et poivrez. Recouvrez le saladier de film alimentaire et laissez mariner pendant 15 min au réfrigérateur.

3. Hachez le parmesan et incorporez-le au tartare.

4. Répartissez le tartare dans quatre petites assiettes, puis dégustez bien frais accompagné de pain toasté.

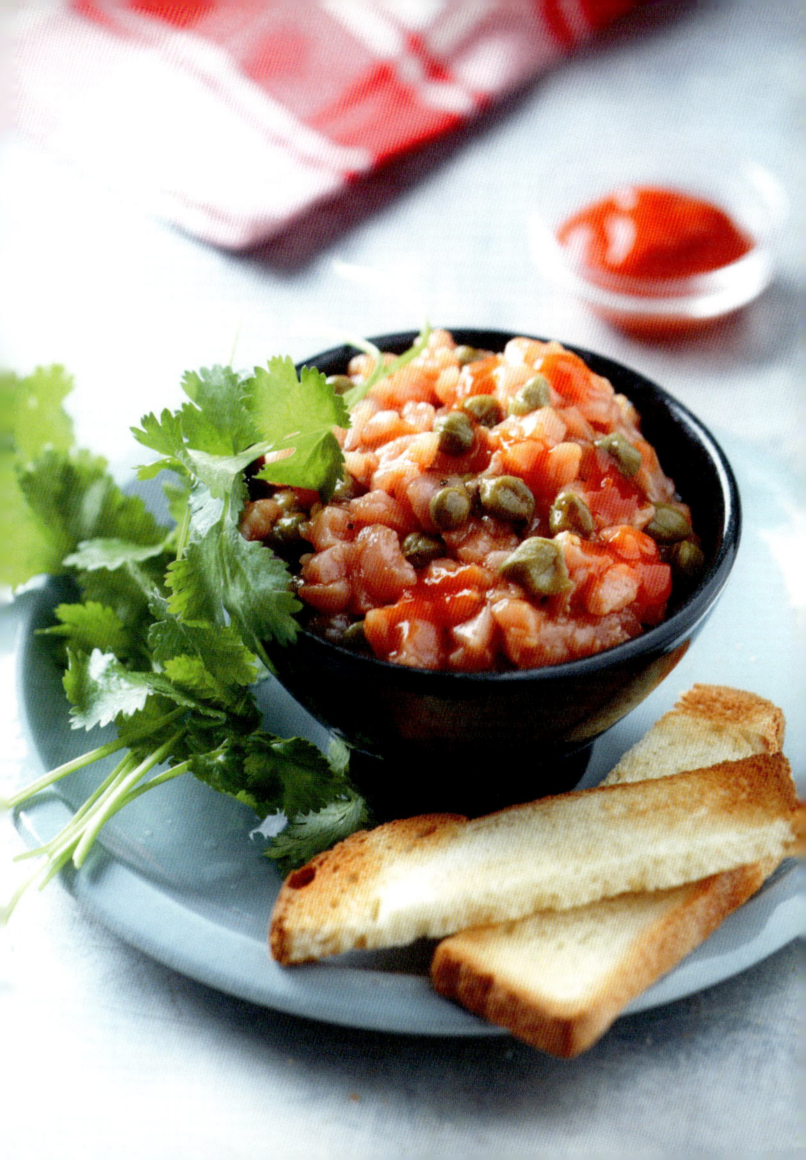

Brochettes d'agneau et sauce au ketchup

POUR 4 PERSONNES
PRÉPARATION : 20 min
CUISSON : 55 min

> 2 poivrons rouges
> 2 poivrons verts
> 20 olives vertes dénoyautées
> 4 gousses d'ail
> 1 oignon
> 2 c. à soupe d'huile d'olive
> 8 c. à soupe de ketchup Heinz®
> 800 g de gigot dégraissé
> cumin en poudre
> sel et poivre

1. Préchauffez le four à 180 °C (therm. 6). Enveloppez chaque poivron dans une feuille d'aluminium et enfournez pour 45 min.

2. Hachez très finement les olives. épluchez et hachez l'ail et l'oignon. Dans une poêle, faites chauffer l'huile et saisissez l'ail et l'oignon dedans. Faites cuire sans trop les laisser colorer, en remuant régulièrement pendant 20 min.

3. Retirez les poivrons du four, épluchez-les et hachez la chair. Mélangez la chair des poivrons avec l'ail, l'oignon, le ketchup et les olives hachées. Rectifiez l'assaisonnement en sel et poivre selon votre goût et réservez la sauce au chaud dans une casserole au bain-marie.

4. Coupez le gigot en cubes et répartissez ceux-ci sur huit piques à brochettes. Faites griller les brochettes sur la braise ou sous le gril du four de 8 à 10 min, jusqu'à ce qu'elles soient dorées. Parsemez de cumin, salez et poivrez.

5. Dégustez les brochettes accompagnées de la sauce.

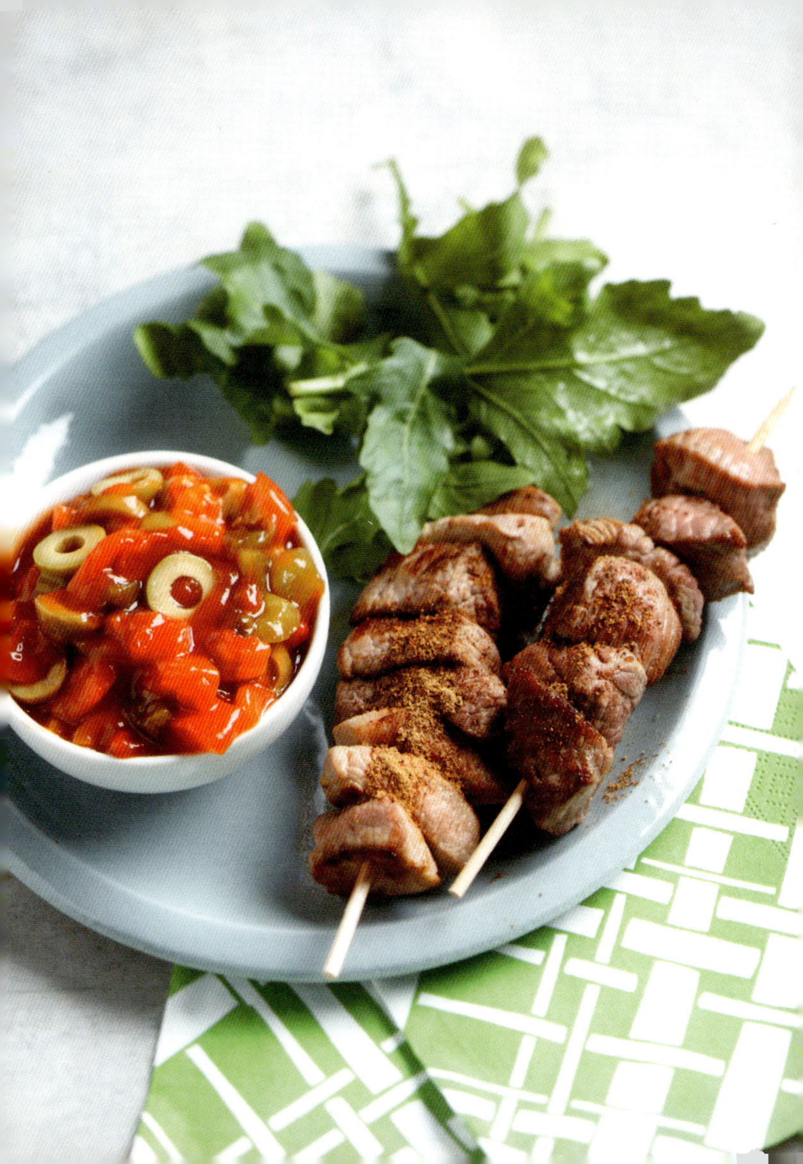

Cuisses de poulet marinées au ketchup

POUR 4 PERSONNES
PRÉPARATION : 20 min
MARINADE : 2 h
CUISSON : 40 min

> 5 citrons
> 3 c. à soupe de miel liquide
> 4 c. à soupe d'huile d'olive
> 10 c. à soupe de ketchup Heinz®
> 4 brins de thym frais
> 4 feuilles de laurier
> 4 cuisses de poulet
> sel et poivre

1. Pressez les citrons. Dans un saladier, mélangez le jus de citron avec le miel, l'huile et le ketchup. Lavez et effeuillez le thym, puis ajoutez-le avec les feuilles de laurier. Mélangez et versez cette marinade dans un grand plat. Plongez les cuisses de poulet dans la marinade, recouvrez le plat de film alimentaire et laissez mariner pendant 2 h au réfrigérateur.

2. Préchauffez le four à 160 °C (therm. 5-6). Égouttez les cuisses de poulet et déposez-les dans un grand plat à gratin, puis enfournez pour 40 min.

3. Faites chauffer la marinade pendant 5 min dans une petite casserole à feu doux. à mi-cuisson du poulet, nappez-le de marinade chaude et arrosez le poulet régulièrement avec le jus de cuisson.

4. Lorsque les cuisses de poulet sont fondantes, dressez-les dans un plat et dégustez-les bien chaudes avec, par exemple, une salade de pousses d'épinards ou une écrasée de pommes de terre au beurre.

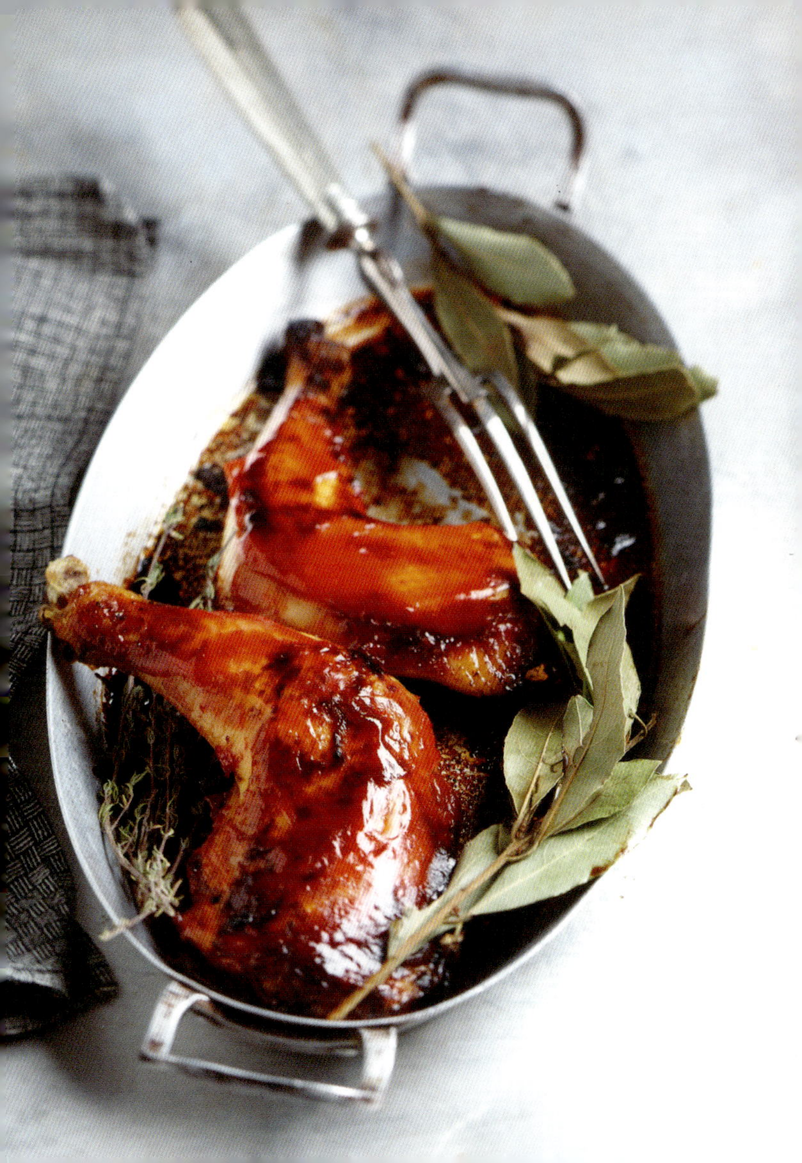

Nuggets de pintade, sauce au ketchup

POUR 4 PERSONNES
PRÉPARATION : 25 min
CUISSON : 20 min

> 1 botte de coriandre fraîche
> 1 c. à soupe d'huile de sésame
> 5 c. à soupe de ketchup Heinz®
> 2 c. à soupe de sauce soja
> le jus de 1 citron vert
> 2 c. à soupe de graines de sésame dorées
> 4 filets de pintade
> 2 œufs
> 5 c. à soupe de farine
> 5 c. à soupe de chapelure dorée
> huile de friture
> sel et poivre

1. Lavez la coriandre, effeuillez-la et hachez-la. Dans un bol, mélangez l'huile de sésame, le ketchup, la sauce soja, le jus de citron, les graines de sésame et la coriandre. Salez et poivrez selon votre goût et réservez la sauce au réfrigérateur pendant la préparation des nuggets.

2. Découpez les filets de pintade en aiguillettes régulières d'environ 1, 5 cm d'épaisseur. Préparez trois assiettes. Placez la farine dans la première, les œufs battus dans la deuxième et la chapelure dans la troisième. Passez les aiguillettes dans la farine, puis dans les œufs et enrobez-les d'une couche de chapelure. Dans l'huile de friture chaude, faites dorer les nuggets trois par trois pendant quelques minutes. égouttez-les sur du papier absorbant.

3. Salez, poivrez, puis dégustez les nuggets encore chauds et croustillants avec la sauce.

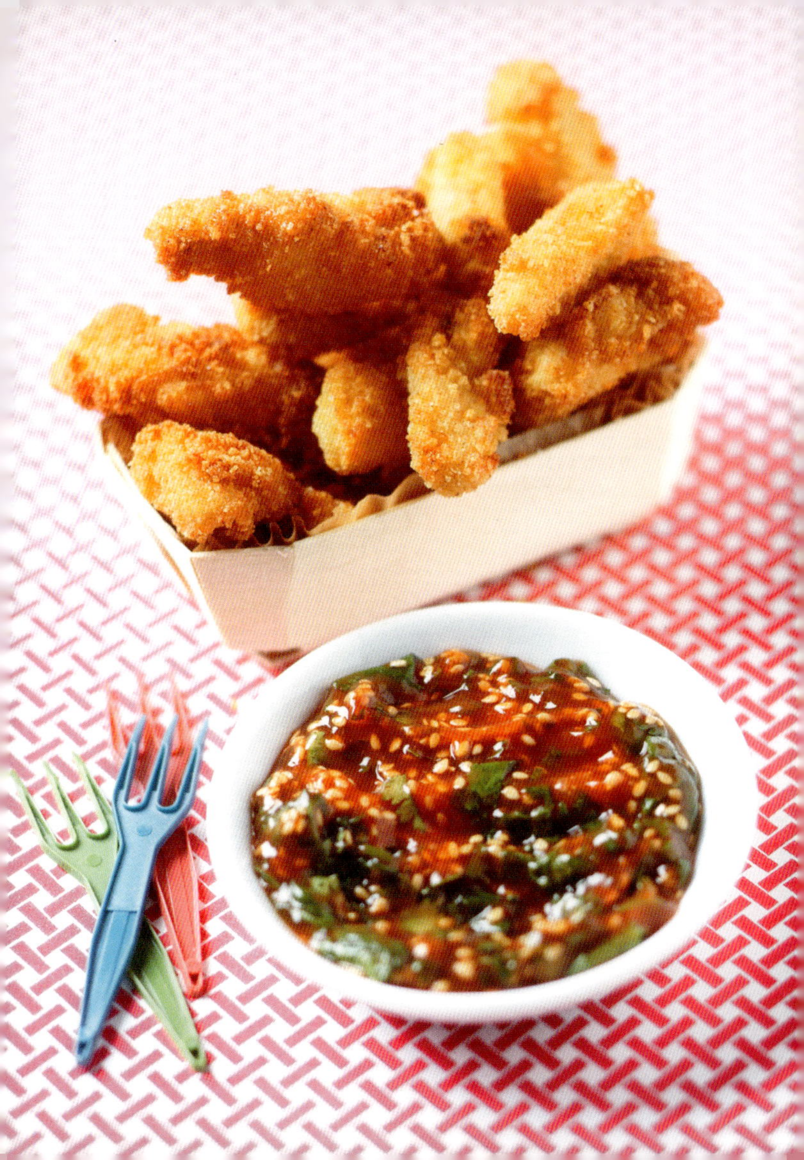

Parmentier de confit de canard

POUR 4 PERSONNES
PRÉPARATION : 35 min
CUISSON : 35 min

> 3 cuisses de confit de canard
> 800 g de grosses pommes de terre (spéciales purée)
> 5 cl de lait chaud
> 80 g de beurre salé
> 10 c. à soupe de ketchup Heinz®
> 1 c. à soupe de thym séché
> 150 g de fromage râpé (facultatif)
> sel et poivre

1. Préchauffez le four à 180 °C (therm. 6). Enfournez les cuisses de confit de canard pendant 25 min. Lorsque la peau devient croustillante, sortez les cuisses de canard du four, désossez-les et hachez-les grossièrement.

2. Pendant ce temps, portez de l'eau salée à ébullition dans une casserole. Épluchez les pommes de terre et plongez-les dans l'eau bouillante pendant 35 min, jusqu'à ce qu'elles soient fondantes. égouttez les pommes de terre, puis réduisez-les en purée à l'aide d'un presse-purée.

3. Incorporez à la purée le lait chaud et le beurre. Mélangez, puis ajoutez le ketchup et le thym. Salez et poivrez selon votre goût.

4. Mettez la purée dans un plat à gratin, ou dans une verrine, puis recouvrez de canard haché. Dégustez bien chaud accompagné d'une salade. Parsemez, éventuellement, le parmentier de fromage râpé et faites gratiner pendant 10 min au four.

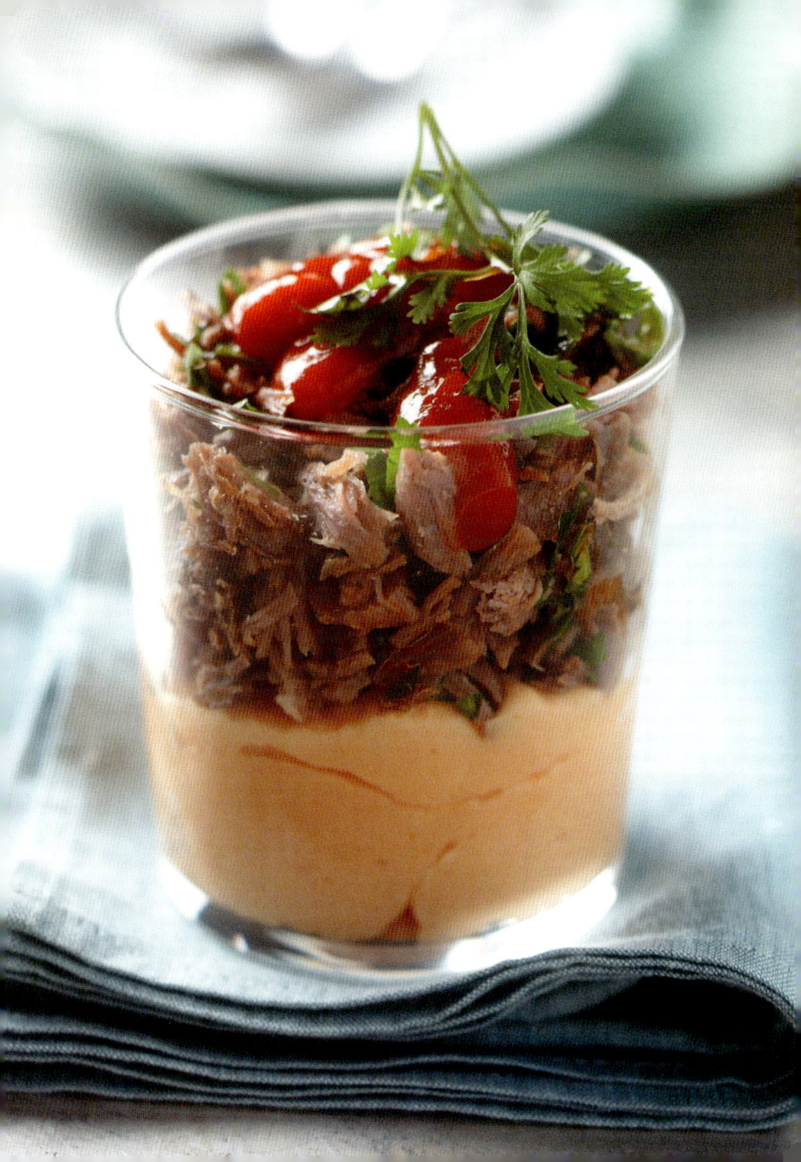

Verrines de crevettes, sauce cocktail au ketchup

POUR 4 VERRINES
PRÉPARATION : 20 min
CUISSON : 3 min
RÉFRIGÉRATION : 20 min

> 1 laitue
> 800 g de crevettes crues surgelées
> 3 c. à soupe de ketchup Heinz®
> 5 c. à soupe de mayonnaise
> 1 c. à soupe de cognac
> 2 citrons
> sel et poivre

1. Effeuillez et lavez la salade. Retirez les parties croquantes, puis émincez finement les feuilles de laitue.

2. Portez de l'eau salée à ébullition dans une casserole et plongez les crevettes entières dans l'eau bouillante pendant 3 min. Égouttez-les, rafraîchissez-les sous un filet d'eau froide et décortiquez-les.

3. Dans un saladier, versez le ketchup, la mayonnaise et le cognac. Salez et poivrez.

4. Répartissez la salade émincée dans quatre verrines. Recouvrez de sauce, puis disposez les crevettes, entières ou en morceaux, sur le dessus. Décorez d'une tranche de citron et laissez reposer pendant 20 min au réfrigérateur

5. Dégustez avec des toasts de pain bien chauds.

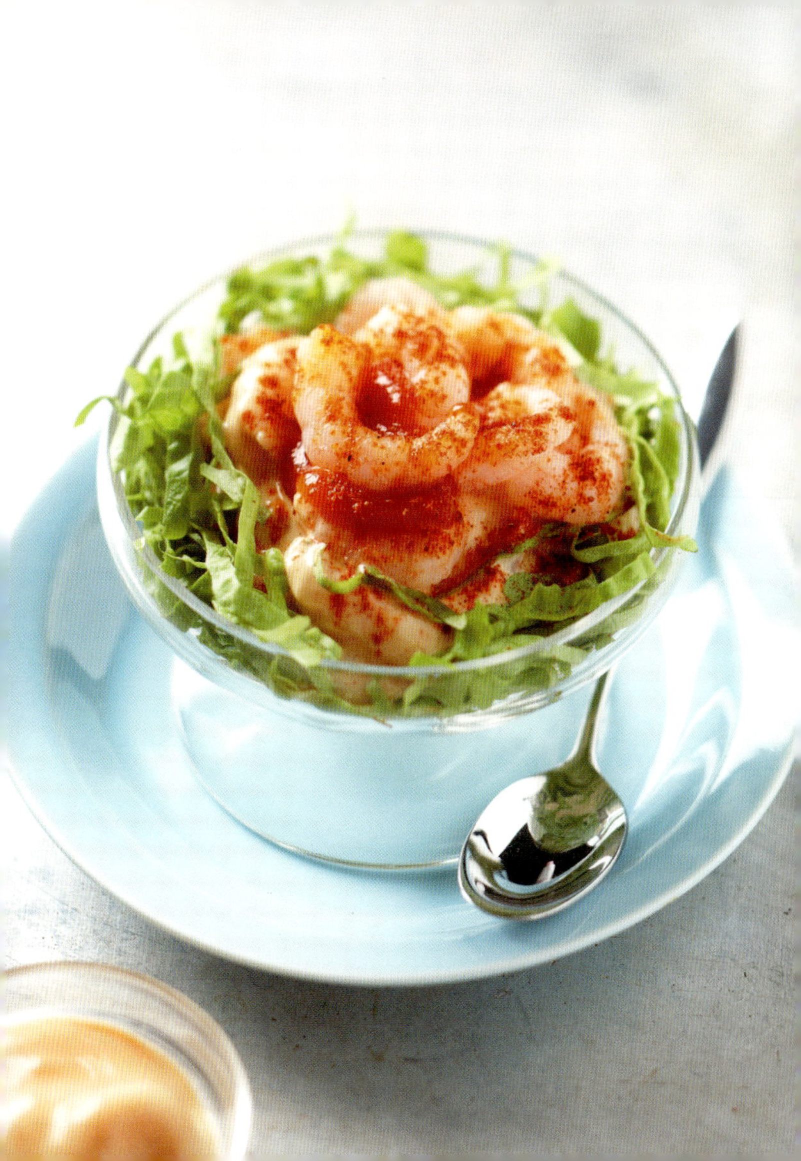

Salade de pommes de terre, crabe et ketchup

POUR 4 PERSONNES
PRÉPARATION : 10 min
CUISSON : 25 min

> 500 g de pommes de terre de type charlotte
> 5 feuilles de basilic
> 2 brins de persil plat
> 1 boîte de crabe
> 4 c. à soupe de mayonnaise
> 2 c. à soupe de ketchup Heinz®
> sel et poivre

1. Portez de l'eau salée à ébullition dans une casserole. Lavez, puis mettez les pommes de terre à cuire pendant 25 min dans l'eau bouillante.

2. Lavez et ciselez finement les feuilles de basilic et les brins de persil.

3. Égouttez la chair de crabe avec une écumoire et réservez un quart du jus de la conserve. Retirez le cartilage du crabe.

4. Égouttez les pommes de terre et épluchez-les, puis taillez-les en rondelles épaisses.

5. Dans un saladier, mettez les pommes de terre avec la chair de crabe, le basilic, le persil, la mayonnaise et le ketchup. Salez, poivrez et ajoutez le jus de la conserve de crabe. Mélangez l'ensemble délicatement. Dégustez immédiatement la salade, accompagnée de pain grillé chaud.

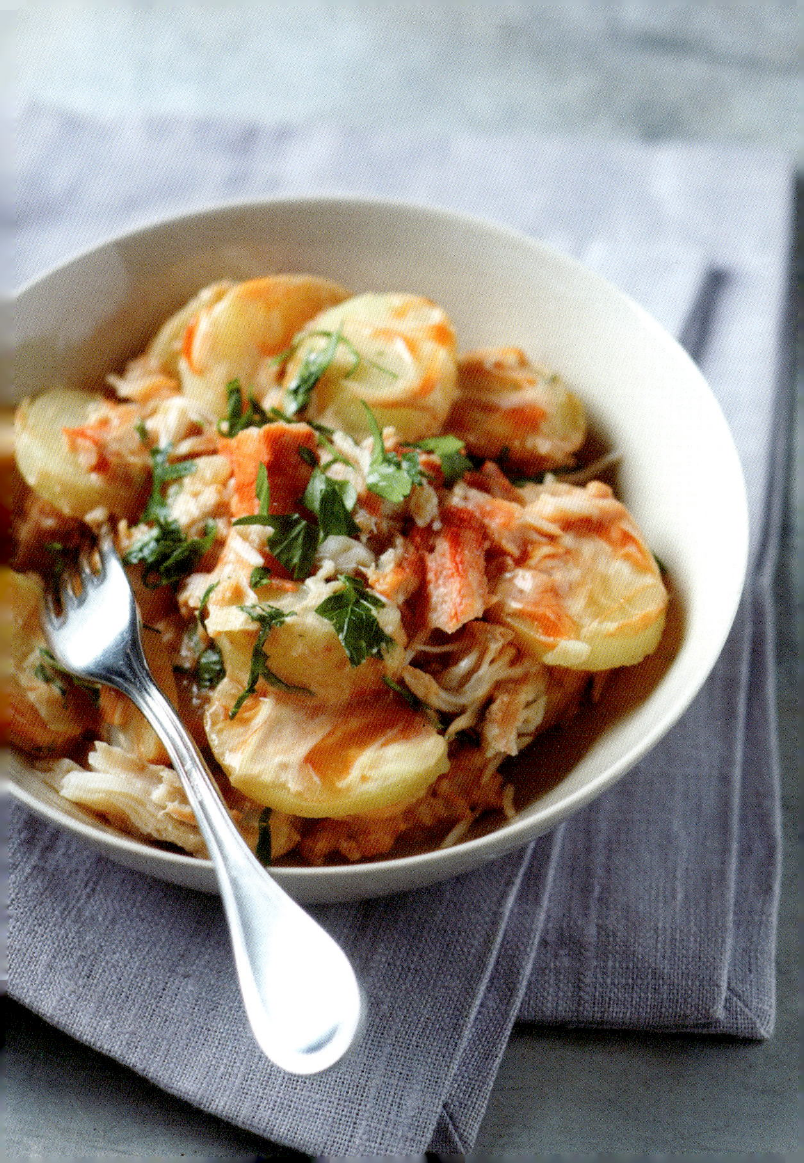

Huîtres pochées, crème fouettée au ketchup

POUR 4 PERSONNES
PRÉPARATION : 25 min
CUISSON : 20 s

> 1/2 concombre
> 10 cl de crème liquide bien froide
> 3 c. à soupe de ketchup Heinz®
> 20 huîtres (calibre n° 3)
> 200 g de gros sel
> sel et poivre

1. Épluchez, videz et découpez le concombre en petits dés réguliers.

2. Montez la crème liquide bien froide en chantilly dans un saladier à l'aide d'un batteur électrique. Ajoutez le ketchup, salez, poivrez et mélangez le tout délicatement avec une spatule.

3. Ouvrez les huîtres, versez leur eau préalablement filtrée dans une petite casserole et portez à frémissement. Faites cuire les huîtres pendant 20 secondes dans leur eau, égouttez-les et remettez-les dans les coquilles.

4. Disposez les huîtres sur quatre assiettes tapisséesde gros sel. Répartissez les dés de concombre sur les huîtres, recouvrez de crème fouettée au ketchup et dégustez immédiatement avec du pain de campagne grillé.

Conseil : Dégustez ce plat en entrée ou à l'apéritif accompagné d'une coupe de champagne.

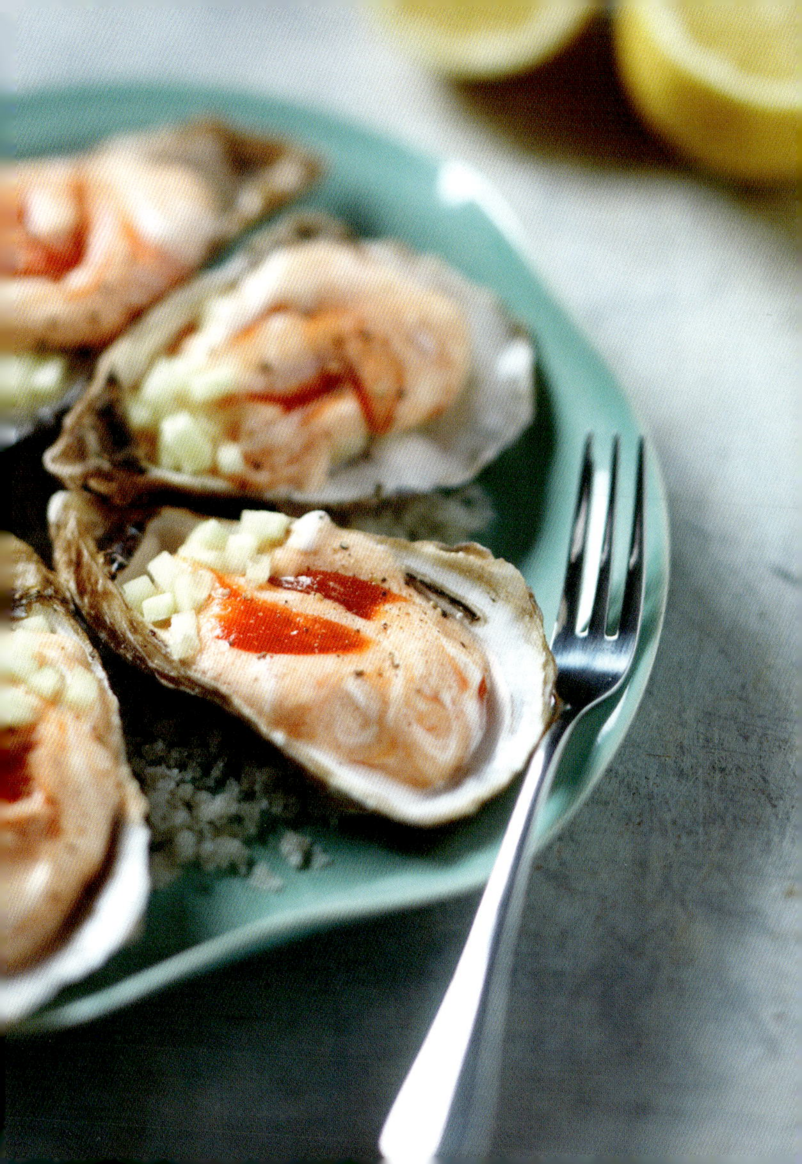

Sandwichs chauds au saumon et au ketchup

POUR 4 PERSONNES
PRÉPARATION : 20 min
CUISSON : 35 min environ

> 5 morceaux de sucre
> le jus et le zeste de 2 citrons
> 8 feuilles de menthe
> 6 c. à soupe de ketchup Heinz®
> 1 c. à soupe de petites câpres
> 1 courgette
> 4 pavés de saumon frais ou surgelés
> huile d'olive
> 4 petits pains
> salade
> sel et poivre

1. Dans une casserole à feu doux, mettez les morceaux de sucre et 5 cl d'eau. Faites confire les zestes de citron pendant 20 min dans la casserole.

2. Hachez la menthe. Mélangez le jus de citron dans un bol avec le ketchup, la menthe hachée et les câpres. Réservez la sauce obtenue à température ambiante.

3. Préchauffez le four à 180 °C (therm. 6). Portez de l'eau salée à ébullition dans une casserole. Équeutez la courgette et détaillez-la en fines lamelles dans le sens de la longueur à l'aide d'un couteau Économe. Faites-les cuire 2 min dans l'eau. Égouttez-les et rafraîchissez-les sous l'eau froide.

4. Déposez les pavés de saumon dans un plat à four, arrosez d'huile d'olive, salez, poivrez et enfournez pour 10 min.

5. Ouvrez les pains en deux, badigeonnez-les de sauce au ketchup. Glissez un pavé de saumon dans chaque sandwich et chauffez-les pendant 5 min au four. Ajoutez de la salade et des lamelles de courgette. Dégustez immédiatement.

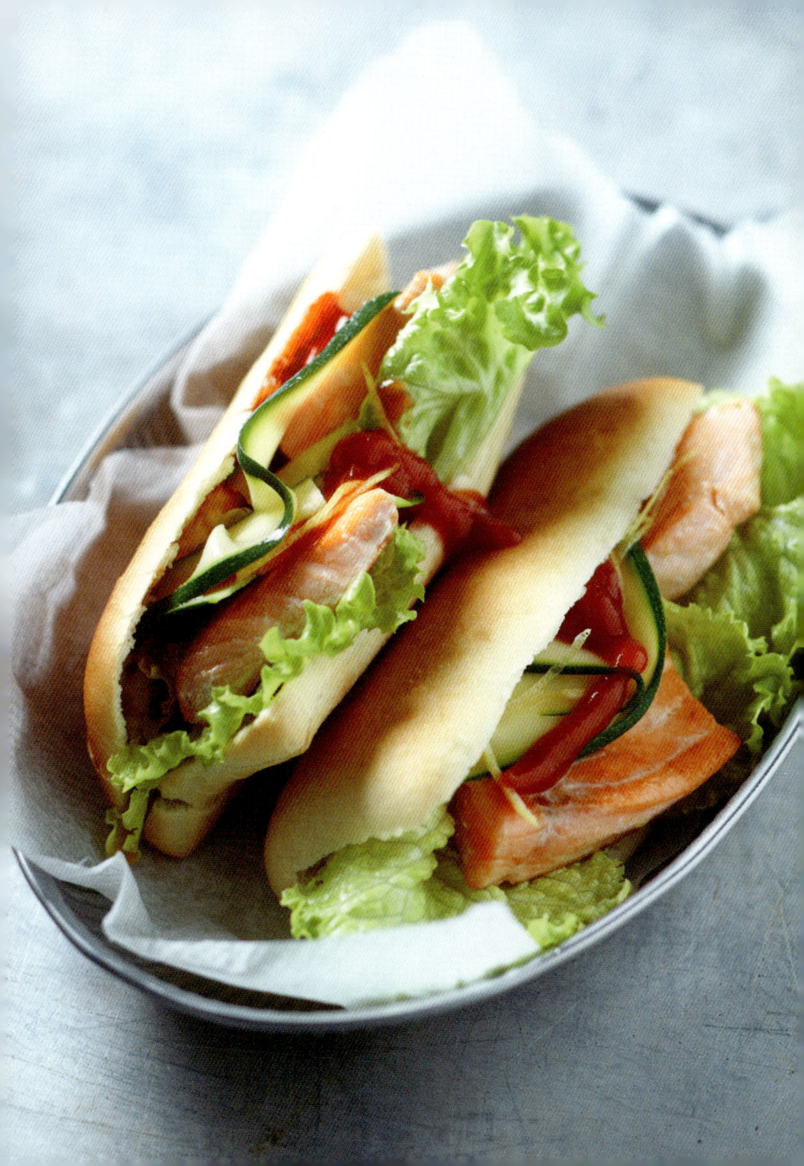

Lotte frite, sauce aigre-douce au ketchup

POUR 4 PERSONNES
PRÉPARATION : 20 min
CUISSON : 20 min

> huile de friture
> 700 g de filets de lotte
> 50 g de farine
> 1 poivron vert
> 1 gros oignon
> 4 c. à soupe d'huile d'olive
> 1 c. de vinaigre de vin
> 10 c. à soupe de ketchup Heinz®
> 4 c. à soupe de sauce soja
> sel et poivre

1. Faites chauffer l'huile de friture dans une poêle à bords hauts. Découpez la lotte en cubes, farinez ceux-ci et faites-les frire pendant 5 min pour bien les colorer. Égouttez-les.

2. Équeutez le poivron et découpez-le en petits morceaux. Épluchez et émincez l'oignon.

3. Dans une poêle à feu doux, saisissez les morceaux d'oignon et de poivron dans l'huile d'olive chaude. Laissez roussir quelques minutes, puis ajoutez le vinaigre de vin, le ketchup et un peu d'eau. Laissez mijoter pendant 5 min à feu doux en remuant de temps en temps. Ajoutez les beignets de lotte dans la sauce, mélangez délicatement et rectifiez l'assaisonnement selon votre goût.

4. Dégustez avec, par exemple, du riz cuit à la vapeur.

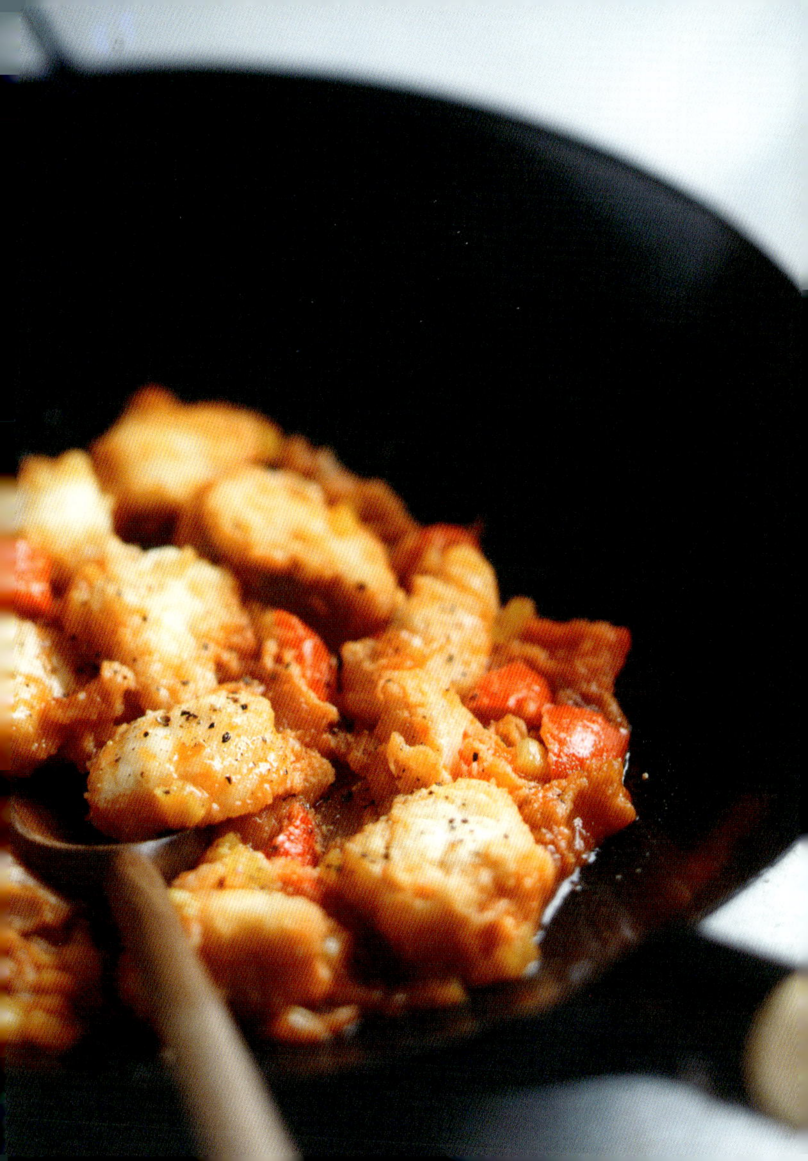

Spaghettis au ketchup, thon et tomates cerises

POUR 4 PERSONNES
PRÉPARATION : 15 min
CUISSON : 25 min

> 400 g de spaghettis
> 3 gousses d'ail
> 250 g de tomates cerises
> 1 boîte de thon
> 6 c. à soupe d'huile d'olive
> 4 c. à soupe de ketchup Heinz®
> 4 brins de thym frais
> sel et poivre

1. Portez de l'eau salée à ébullition dans une casserole et plongez les spaghettis dans l'eau. Égouttez les pâtes.

2. Épluchez et hachez l'ail. Lavez et coupez les tomates cerises en deux. Égouttez et émiettez le thon en réservant le jus de la boîte de conserve.

3. Faites chauffer l'huile dans une petite cocotte. Saisissez l'ail et les tomates cerises dans l'huile chaude, et laissez roussir pendant 3 min en remuant, puis ajoutez le ketchup, le thon, le jus de la boîte de conserve et le thym.

4. Faites réduire le tout pendant 4 min, ajoutez les spaghettis, mélangez et laissez cuire encore 1 min sans cesser de remuer.

5. Servez les spaghettis dans un grand plat et dégustez immédiatement.

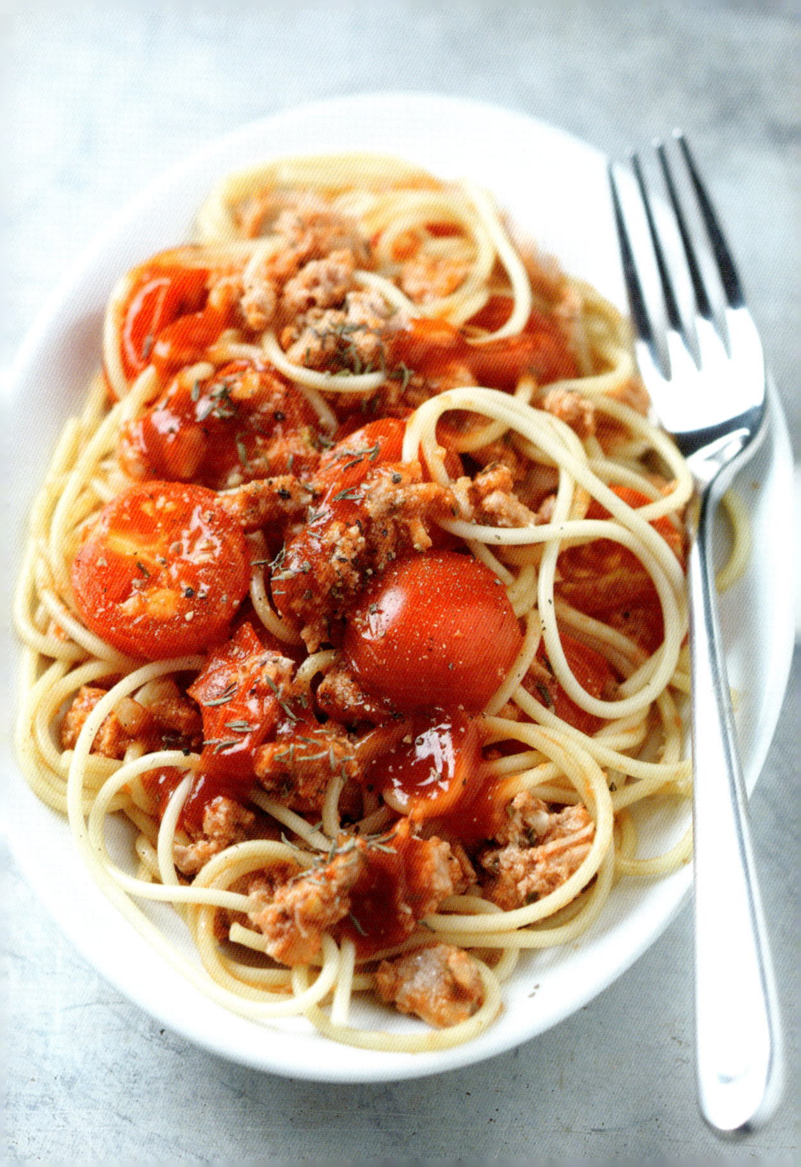

Maquereaux marinés au ketchup et au romarin

POUR 4 PERSONNES
PRÉPARATION : 15 min
CUISSON : 15 min
MARINADE : 30 min

> 4 maquereaux vidés et levés en filets
> 1 botte de romarin frais
> 3 c. à soupe de ketchup Heinz®
> 1 c. à soupe de graines de sésame grillées
> 3 c. à soupe d'huile de tournesol
> 1 c. à soupe d'huile de sésame
> 8 c. à soupe de sauce soja japonaise
> le jus de 3 citrons
> sel et poivre

1. Lavez, séchez et retirez les arêtes des filets de maquereaux en vous aidant d'un couteau ou d'une pince à épiler. Lavez et hachez finement le romarin, réservez quelques brins pour la décoration.

2. Mettez les filets de maquereaux dans un plat à gratin, côté peau vers le haut. Badigeonnez la peau de ketchup, saupoudrez de graines de sésame, puis versez l'huile de tournesol et l'huile de sésame, la sauce soja et le jus de citron. Salez, poivrez et couvrez le plat de film alimentaire. Laissez mariner 30 min au réfrigérateur en arrosant les filets de maquereaux 2 ou 3 fois avec la marinade.

3. Préchauffez le four à 200 °C (therm. 6-7). Arrosez les filets de maquereaux de marinade et enfournez-les pour 15 min. Arrosez régulièrement de jus de cuisson. Répartissez les maquereaux dans quatre assiettes. Nappez de jus de cuisson, ajoutez du romarin et dégustez chaud.

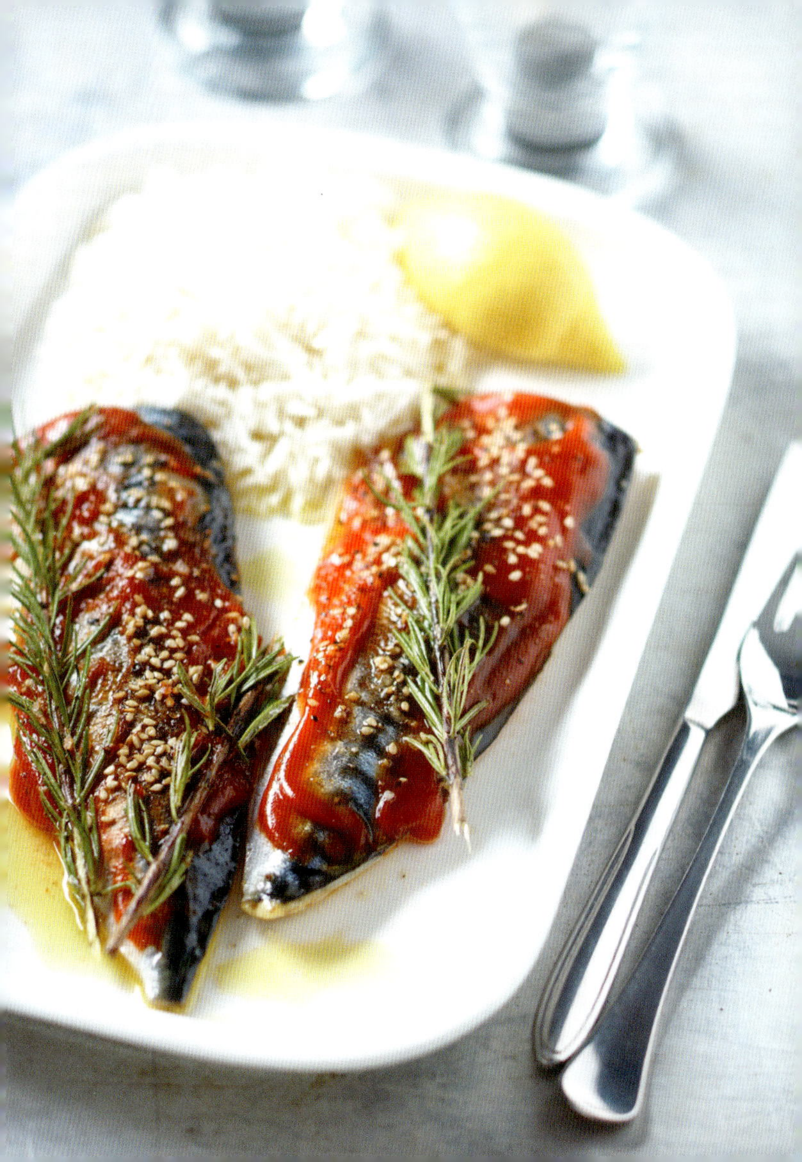

Pain de poisson au ketchup

POUR 4 PERSONNES
PRÉPARATION : 20 min
CUISSON : 1 h 45

> 200 g de filets de cabillaud
> 6 œufs
> 20 cl de crème fraîche épaisse
> 8 c. à soupe de ketchup Heinz®
> 80 g de gruyère râpé
> 50 g de beurre mou
> sel et poivre

Pour la sauce
> 6 c. à soupe de ketchup Heinz®
> 1 citron
> 10 feuilles de basilic

1. Portez de l'eau salée à ébullition dans une casserole. Faites cuire le cabillaud pendant 15 min dans l'eau bouillante. Égouttez et laissez refroidir. émiettez le cabillaud, retirez les arêtes et réservez.

2. Préchauffez le four à 180 °C (therm. 6). Préparez la sauce. Dans un bol, mélangez le ketchup, le jus de citron et le basilic haché, puis réservez la sauce à température ambiante.

3. Fouettez les œufs avec la crème fraîche, ajoutez le ketchup, le cabillaud émietté et le fromage râpé. Beurrez un moule à cake et versez la préparation dedans. Enfournez le pain de poisson pour 1 h 30.

4. Sortez le pain de poisson du four, démoulez-le et laissez-le refroidir pendant 20 min à température ambiante. Découpez-le en tranches épaisses et dégustez-le accompagné de la sauce.

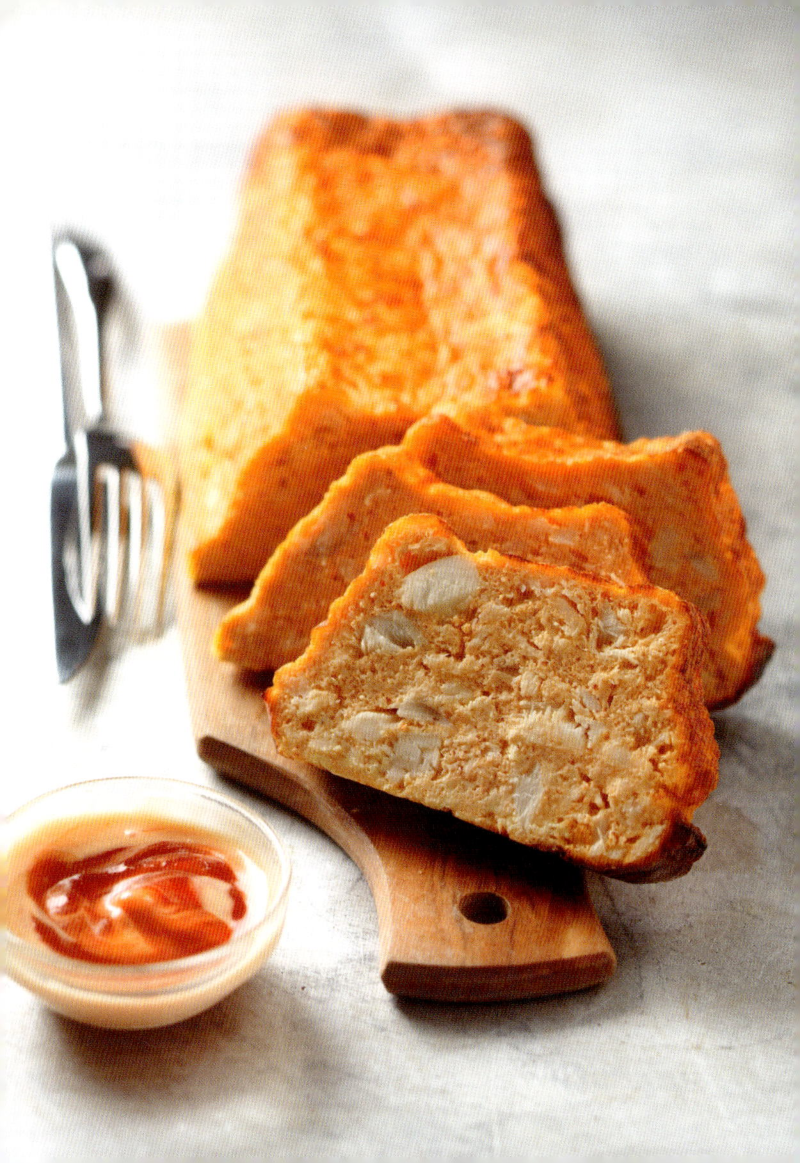

TABLE DES ÉQUIVALENCES FRANCE – CANADA										
Poids		55 g	100 g	150 g	200 g	250 g	300 g	500 g	750 g	1 kg
		2 onces	3,5 onces	5 onces	7 onces	9 onces	11 onces	18 onces	27 onces	36 onces
Ces équivalences permettent de calculer le poids à quelques grammes près (en réalité, 1 once = 28 g).										
Capacités		5 cl	10 cl	15 cl	20 cl	25 cl	50 cl	75 cl		
		2 onces	3,5 onces	5 onces	7 onces	9 onces	17 onces	26 onces		
Pour faciliter la mesure des capacités, une tasse équivaut ici à 25 cl (en réalité, 1 tasse = 8 onces = 23 cl).										

Photogravure Turquoise, Émerainville
Imprimé en Chine par Leo Paper Products
Dépôt légal : septembre 2012
309892/01 - 11019906 juin 2012

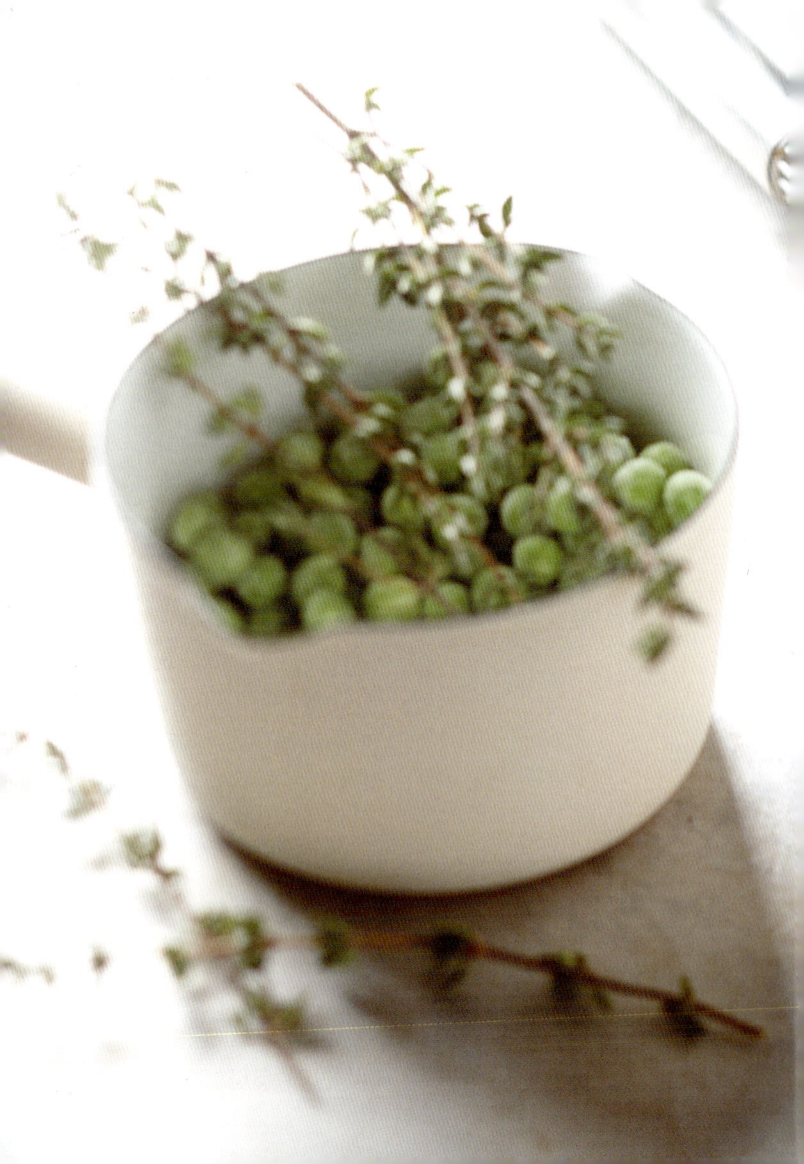

Direction de la publication : **Isabelle Jeuge-Maynart**
et Ghislaine Stora
Direction éditoriale : **Delphine Blétry**
Édition : **Julie Tallet**, assitée de **Candice Roger**
Direction artistique : **Emmanuel Chaspoul**,
assisté de Anna Bardon
Informatique éditoriale : **Marion Pépin** et **Philippe Cazabet**
Lecture-correction : **Chantal Pagès**
Couverture : **Véronique Laporte**
Fabrication : **Annie Botrel**

ISBN 301-0-00-002291-6
© Larousse 2012

Toute reproduction ou représentation intégrale ou partielle, par quelque procédé que ce soit, du texte et/ou de la nomenclature contenus dans le présent ouvrage, et qui sont la propriété de l'Éditeur, est strictement interdite.

Les Éditions Larousse utilisent des papiers composés de fibres naturelles, renouvelables, recyclables et fabriquées à partir de bois issus de forêts qui adoptent un système d'aménagement durable. En outre, les Éditions Larousse attendent de leurs fournisseurs de papier qu'ils s'inscrivent dans une démarche de certification environnementale reconnue.

CRÈME
DE MARRONS

LAROUSSE

21 rue du Montparnasse 75283 Paris Cedex 06

SOMMAIRE

Soufflé à la crème de marrons 4
Mousse aux marrons................................ 6
Cupcakes cœur de marron........................... 8
Tiramisu à la crème de marrons 10
Nems à la banane et à la crème de marrons 12
Verrines d'automne................................14
Tartelettes au fromage blanc
et aux marrons 16
Panna cotta à la crème de marrons 18
Muffins tourbillons................................ 20
Fontainebleau à la crème de marrons 22
Coupes glacées ardéchoises 24
Mille-feuillesà la crème de marrons 26
Monts-blancs.................................... 28

Mini paris-brest à la crème de marrons.................. 30
Semifreddo aux marrons et aux noisettes 32
Marquise chocomarron 34
Crème brûlée à la crème de marrons 36
Cheesecake aux marrons et orange...................... 38
Tarte ardéchoise 40
Fondant chocolat-marrons 42
Bûche aux marrons et à la rose................................ 44
Tatin de poires au chocolat et
à la crème de marrons 48
Galette des rois à la crème de marrons.................... 50
Vacherin à la crème de marrons 52
Charlotte aux framboises
et à la crème de marrons.. 54

Soufflé à la crème de marrons

POUR 4 PERSONNES
PRÉPARATION : 10 min
CUISSON : 40 min

> 50 g de beurre
> 25 g de sucre en poudre
> 50 g de farine
> 20 cl de lait
> 4 œufs
> 150 g de crème de marrons
> 1 c. à soupe de sucre glace

1. Préchauffez le four à 200 °C (therm. 6-7).

2. Faites fondre 25 g de beurre dans une petite casserole. Beurrez un moule à soufflé et saupoudrez l'intérieur de sucre.

3. Dans une casserole, faites fondre les 25 g de beurre restants, puis ajoutez la farine. Remuez vivement pour obtenir un mélange lisse. Versez le lait et faites épaissir à feu doux. Retirez la casserole du feu et transvasez la préparation dans un saladier.

4. Cassez les œufs en séparant les blancs des jaunes. Ajoutez les jaunes et la crème de marrons dans le saladier et mélangez.

5. Battez les blancs d'œufs en neige ferme puis incorporez-les délicatement, à l'aide d'une spatule souple, à la préparation précédente. Versez le tout dans le moule et enfournez pour 40 min. Saupoudrez le soufflé de sucre glace et servez.

Note : Si vous préférez réaliser des soufflés individuels, utilisez des petits moules et enfournez pour 25 min seulement.

Clement Faugier
PRIVAS FRANCE
FRANÇAISE
CRÈME
DEPUIS 1882

Mousse aux marrons

POUR 4 PERSONNES
PRÉPARATION : 20 min
RÉFRIGÉRATION : 4 h

> 2 feuilles de gélatine
> 250 g de crème de marrons
> 20 cl de crème liquide entière, très froide

1. Faites ramollir les feuilles de gélatine dans un bol d'eau froide pendant 5 min.

2. Versez la crème de marrons dans une casserole et faites-la tiédir à feu doux.

3. Essorez la gélatine sur du papier absorbant, ajoutez-la à la crème de marrons et mélangez soigneusement pour bien l'incorporer. Ôtez la casserole du feu et versez la préparation dans un récipient.

4. Montez la en chantilly bien ferme. Incorporez-la délicatement à la crème de marrons à l'aide d'une spatule.

5. Répartissez la mousse dans quatre jolies coupelles en verre ou dans quatre ramequins. Mettez au réfrigérateur pour au moins 4 h.

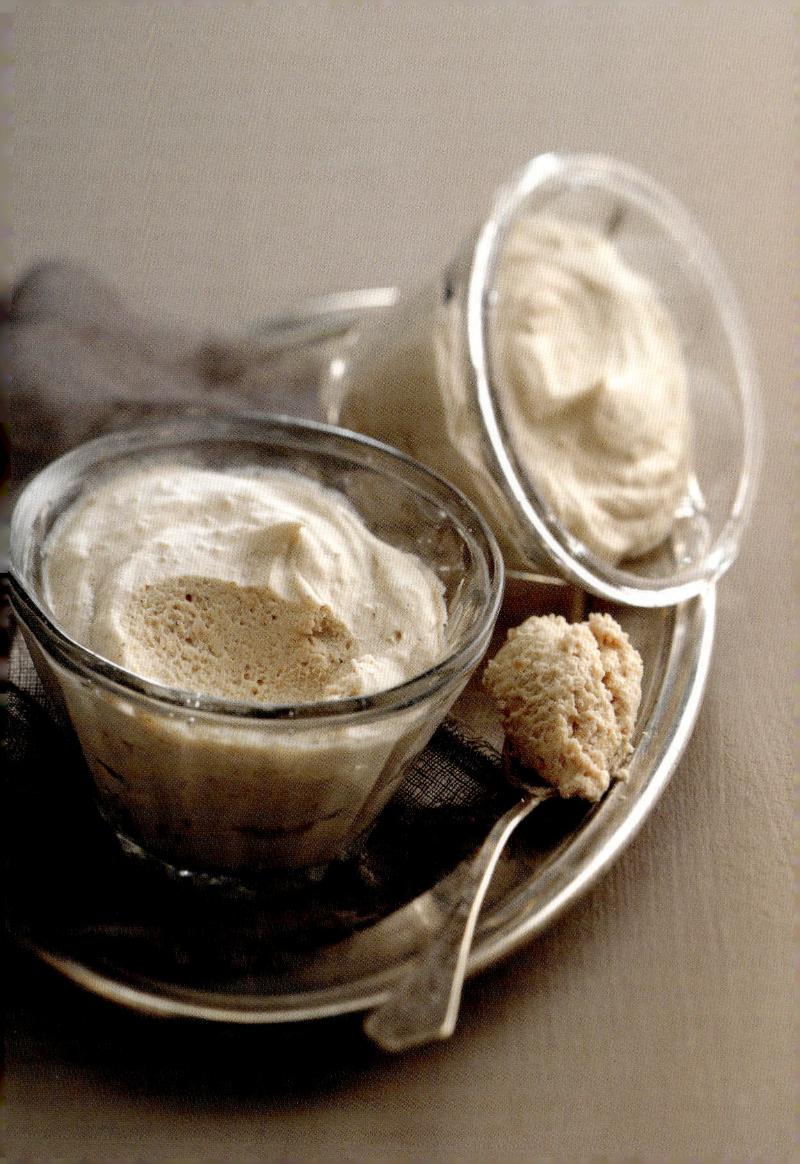

Cupcakes cœur de marron

POUR 8 CUPCAKES ENVIRON
PRÉPARATION : 15 min
CUISSON : 20 min

> 100 g de beurre
> 100 g de sucre en poudre
> 2 œufs
> 50 g de farine de châtaigne
> 50 g de farine de blé
> 1 c. à café de levure chimique
> 1 c. à café de crème de marrons par cupcake

Pour le glaçage

> 50 g de cream-cheese (ou d'un fromage à tartiner)
> 50 g de crème de marrons
> 30 g de chocolat noir

1. Préchauffez le four à 180 °C (therm. 6).

2. Dans le bol d'un robot, mixez le beurre avec le sucre jusqu'à ce que le mélange soit lisse et pâle. Ajoutez les œufs un par un et battez bien.

3. Tamisez ensemble les deux farines et la levure. Incorporez-les au mélange précédent.

4. Remplissez à moitié de cette pâte des moules à cupcake. Déposez 1 c. à café de crème de marrons dans chacun d'eux, puis recouvrez de la pâte restante. Enfournez pour 20 min environ, puis laissez les cupcakes refroidir.

5. Préparez le glaçage. Mélangez le cream-cheese avec la crème de marrons. Garnissez les cupcakes de cette crème à l'aide d'une poche à douille cannelée. Râpez le chocolat sur le dessus à l'aide d'un Économe.

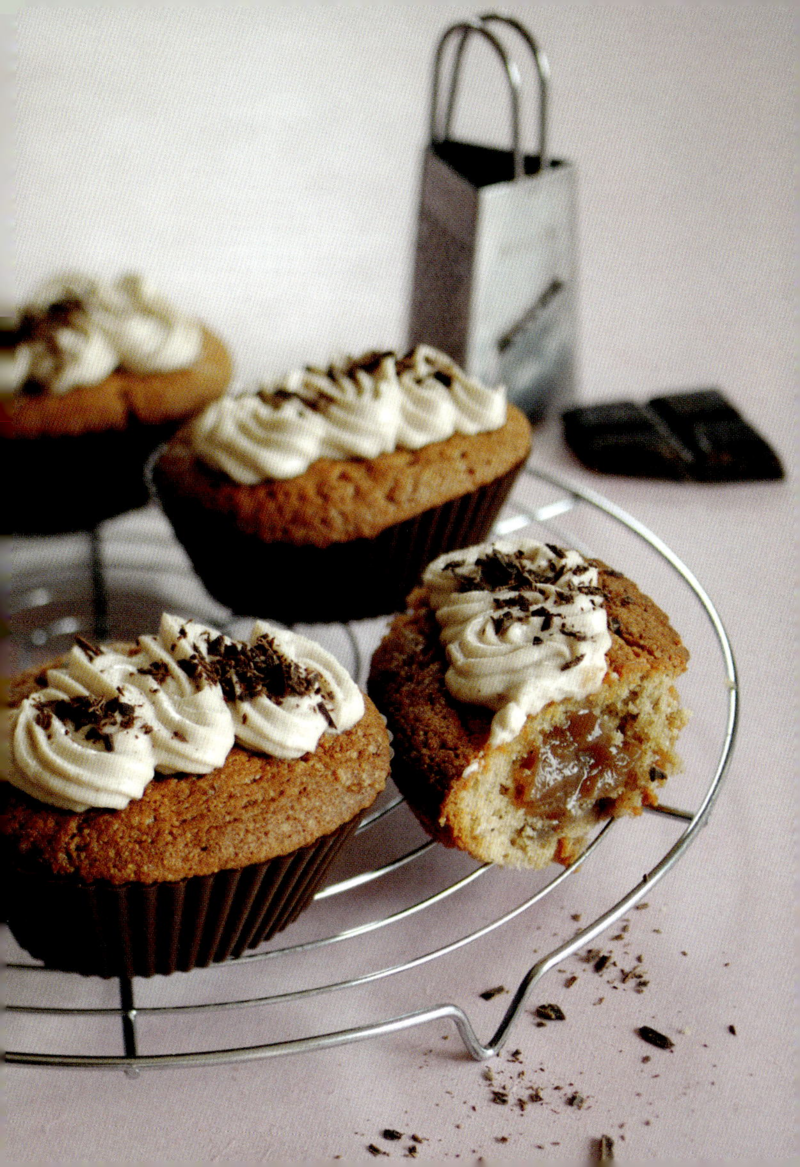

Tiramisu à la crème de marrons

POUR 8 VERRES
PRÉPARATION : 20 min
RÉFRIGÉRATION : 6 h au moins

> 4 œufs
> 50 g de sucre en poudre
> 250 g de crème de marrons
> 250 g de mascarpone
> 2 c. à soupe de rhum
> 1 pincée de sel
> 30 cl de café
> une trentaine de biscuits à la cuillère
> 6 c. à soupe de cacao en poudre

1. Cassez les œufs en séparant les blancs des jaunes. Dans un saladier, battez les jaunes d'œufs avec le sucre jusqu'à ce que le mélange blanchisse. Incorporez la crème de marrons, puis ajoutez le mascarpone et le rhum. Mélangez pour obtenir une préparation homogène.

2. Montez les blancs en neige ferme avec la pincée de sel. Incorporez-les délicatement à la préparation au mascarpone.

3. Versez le café dans un bol et trempez-y un à un les biscuits à la cuillère. Disposez-les au fur et à mesure au fond de huit verres. Recouvrez-les de la crème au mascarpone sur 2 ou 3 cm d'épaisseur. Disposez à nouveau une couche de biscuits. Saupoudrez ces derniers avec la moitié du cacao en poudre, en vous aidant d'une petite passoire. Versez le reste de la crème et saupoudrez du cacao restant.

4. Placez les verres au réfrigérateur pour au moins 6 h. Servez bien frais.

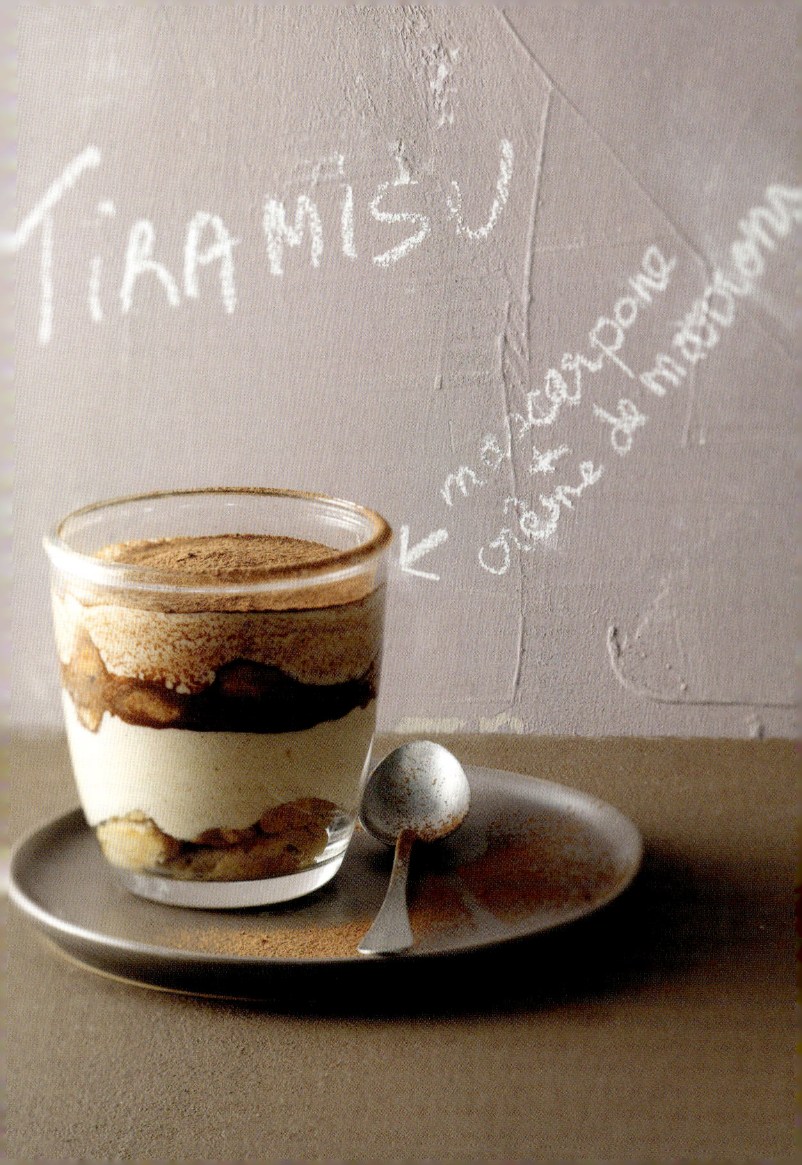
TIRAMISU
mascarpone
crème de

Nems à la banane et à la crème de marrons

POUR 8 NEMS
PRÉPARATION : 10 min
CUISSON : 10 à 15 min

> 4 feuilles de brick
> 15 g de beurre
> 3 bananes
> 50 g de crème de marrons
> noix de coco râpée pour le décor

1. Coupez les feuilles de brick en deux. Badigeonnez chacune d'elles avec un peu d'eau à l'aide d'un pinceau pour les ramollir légèrement. Faites fondre le beurre.

2. Coupez les bananes en rondelles. Disposez 4 ou 5 rondelles de banane le long du grand côté d'une demi-feuille de brick, à 2 cm du bord. Étalez dessus 2 c. à café de crème de marrons.

3. Enroulez une première fois la feuille autour des bananes, rabattez les côtés vers l'intérieur, puis continuez de rouler le nem et fermez-le en collant la pâte avec un peu d'eau sur 1 cm. Procédez ainsi pour les feuilles restantes.

4. Placez les nems sur une plaque de four recouverte de papier sulfurisé et badigeonnez-les de beurre fondu. Mettez la plaque dans le four froid et réglez la température sur 180 °C (therm. 6). Faites cuire de 10 à 15 min.

5. Sortez les nems lorsqu'ils sont bien dorés et saupoudrez-les de noix de coco râpée. Dégustez-les tièdes, accompagnés d'une cuillerée de chantilly, par exemple.

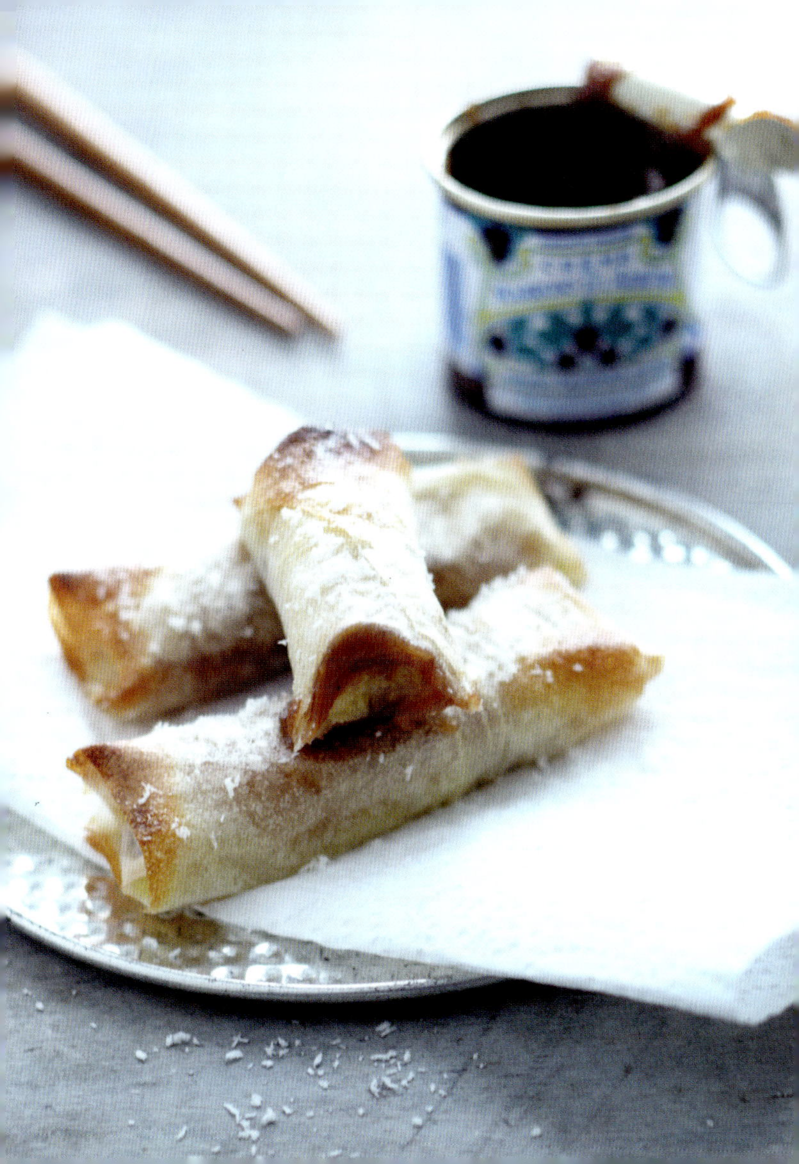

Verrines d'automne

POUR 6 VERRINES
PRÉPARATION : 15 min
CUISSON : 10 min
RÉFRIGÉRATION : 1 ou 2 h

> 2 oranges
> 100 g de sucre en poudre
> 250 g de mascarpone
> 100 g de fromage blanc
> 2 sachets de sucre vanillé
> 200 g de spéculoos ou de sablés bretons
> 250 g de crème de marrons

1. Râpez le zeste d'une orange de façon à obtenir la valeur de 1 c. à soupe. Pressez les deux oranges. Dans une casserole, portez à ébullition le jus d'orange avec les zestes et le sucre ; laissez cuire 10 min en remuant de temps en temps. Quand le liquide est devenu bien sirupeux, ôtez la casserole du feu et laissez refroidir. Filtrez le sirop dans une passoire pour retenir les zestes ; réservez ceux-ci pour la décoration des verrines.

2. Dans un saladier, mélangez le mascarpone, le fromage blanc, le sucre vanillé et la moitié du sirop d'orange.

3. Placez les spéculoos dans un sachet en plastique, puis écrasez-les au rouleau à pâtisserie. Disposez les miettes de biscuits au fond de six verrines, sur un tiers de la hauteur.

4. Remplissez les verrines jusqu'aux deux tiers avec la crème au mascarpone ; gardez-en un peu pour la décoration (environ 1 c. à café par verrine). Répartissez ensuite la crème de marrons. Décorez avec la crème au mascarpone réservée, arrosez du sirop d'orange restant et parsemez de zestes confits. Mettez les verrines au réfrigérateur pour 1 ou 2 h avant de les servir.

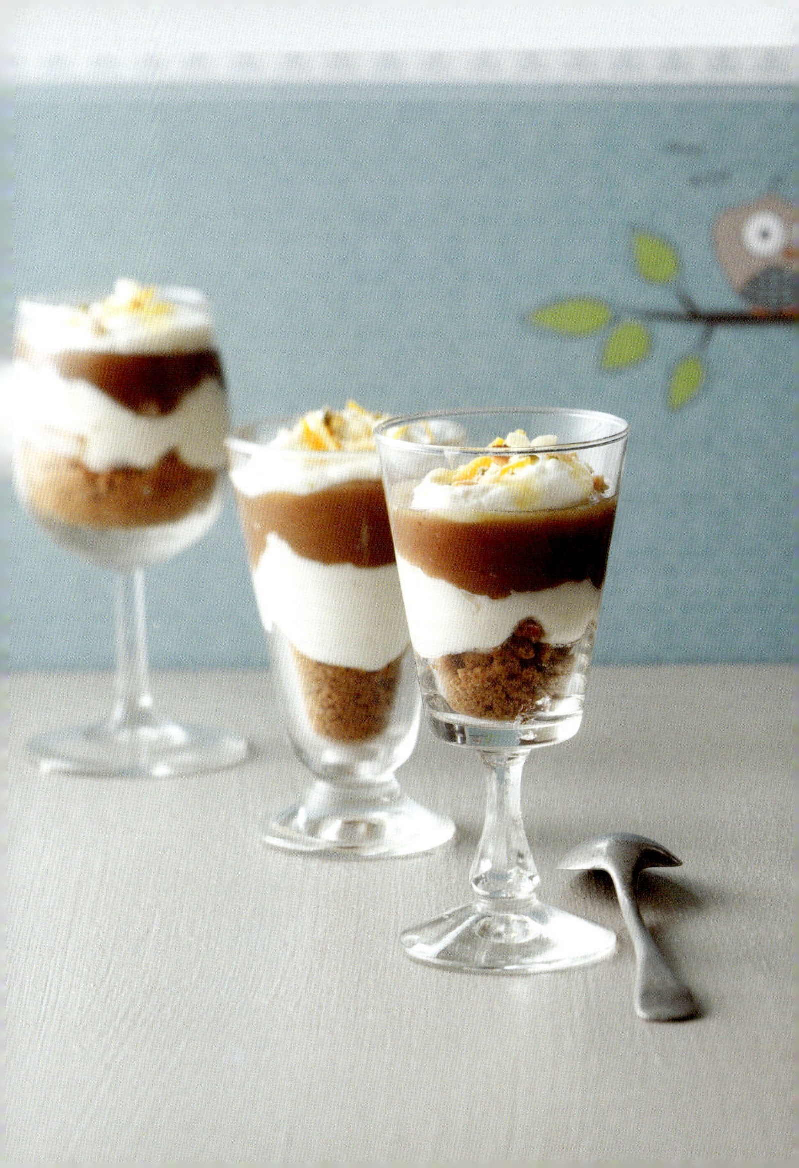

Tartelettes au fromage blanc et aux marrons

POUR 6 TARTELETTES
PRÉPARATION : 20 min
CUISSON : 35 min

> 2 pâtes brisées préétalées
> 4 œufs
> 25 cl de crème fraîche épaisse
> 500 g de fromage blanc
> 1 c. à soupe de farine
> 50 g de sucre en poudre
> 1 sachet de sucre vanillé
> 300 g de crème de marrons
> cacao en poudre

1. Préchauffez le four à 200 °C (therm. 6-7).

2. Beurrez six moules à tartelette. Foncez-les avec la pâte et piquez le fond à la fourchette.

3. Faites cuire les fonds de pâte au four pendant 10 min.

4. Dans un saladier, mélangez les œufs, la crème fraîche, le fromage blanc, la farine, le sucre en poudre et le sucre vanillé.

5. Étalez de la crème de marrons sur chaque fond de tartelette, puis répartissez dessus la crème au fromage blanc. Enfournez pour 25 min environ.

6. Laissez les tartelettes refroidir. Avant de servir, saupoudrez-les de cacao.

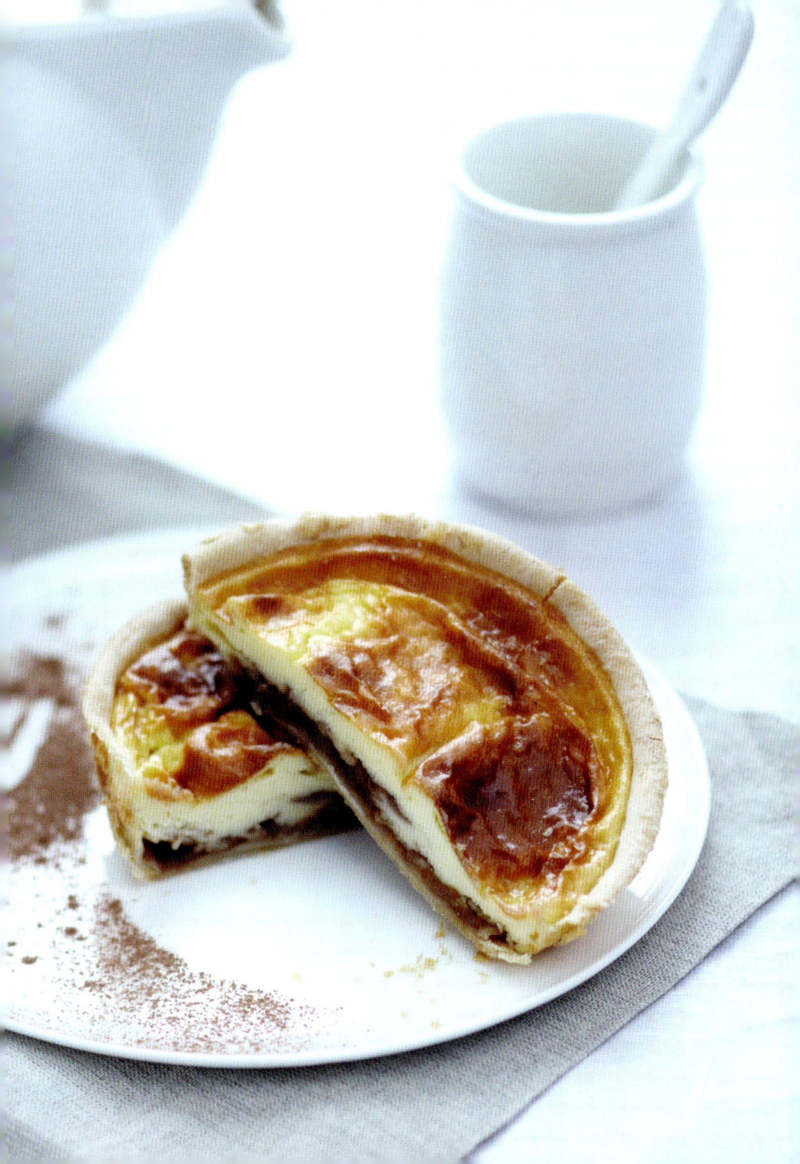

Panna cotta à la crème de marrons

POUR 6 VERRINES
PRÉPARATION : 15 min
CUISSON : 5 min environ
RÉFRIGÉRATION : 4 h au moins

> 3 feuilles de gélatine
> 50 cl de crème liquide
> 1 gousse de vanille
> 4 c. à soupe bombées de crème de marrons
> 150 g de marrons confits au sirop ou, à défaut, des brisures de marrons glacés

1. Faites ramollir les feuilles de gélatine dans un bol d'eau froide pendant 5 min.

2. Versez la crème liquide dans une casserole. Fendez la gousse de vanille en deux dans le sens de la longueur, grattez les graines à l'aide de la pointe d'un couteau et mettez-les dans la crème. Faites chauffer à feu très doux jusqu'au frémissement, puis arrêtez la cuisson.

3. Essorez la gélatine sur du papier absorbant. Incorporez-la à la crème chaude en remuant. Quand la gélatine a fondu, ajoutez la crème de marrons et mélangez soigneusement.

4. Disposez quelques brisures de marrons confits ou de marrons glacés au fond de six verrines. Versez ensuite la préparation à la crème et placez les verrines au réfrigérateur pendant au moins 4 h. Servez bien frais.

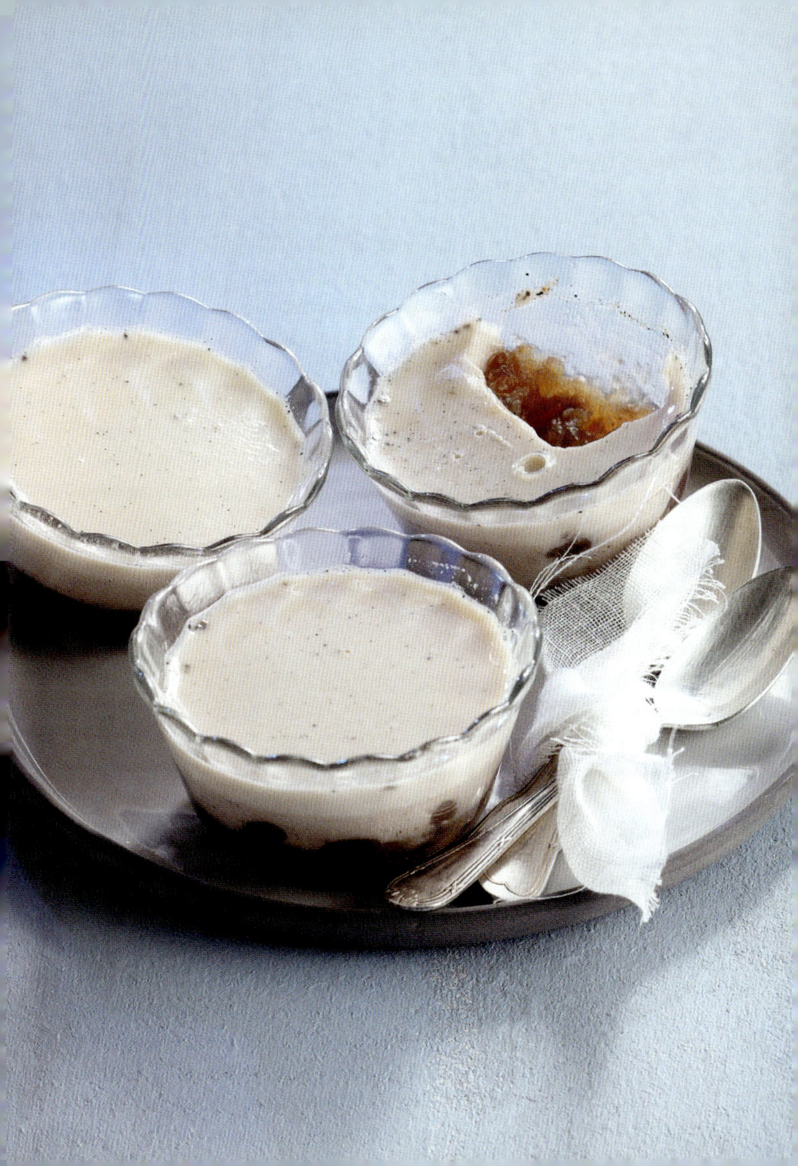

Muffins tourbillons

POUR 10 MUFFINS
PRÉPARATION : 15 min
CUISSON : 15 à 20 min

> 50 g de beurre
> 250 g de farine
> 2 c. à café de levure chimique
> 80 g de cassonade
> 1 sachet de sucre vanillé
> 1 œuf
> 17,5 cl de lait
> 1 c. à café de crème de marrons par muffin

1. Préchauffez le four à 200 °C (therm. 6-7).

2. Faites fondre le beurre. Dans un saladier, mélangez la farine, la levure chimique, la cassonade et le sucre vanillé. Ajoutez le beurre fondu, l'œuf et le lait ; mélangez pour obtenir une pâte homogène.

3. Beurrez des moules à muffin (sauf s'ils sont en silicone). Remplissez-les aux trois quarts avec la pâte.

4. Déposez délicatement 1 c. à café de crème de marrons dans chaque moule, en tournant la cuillère de manière à obtenir un tourbillon de pâte et de crème.

5. Faites cuire au four pendant 15 à 20 min. Laissez refroidir les muffins 5 min sur une grille avant de les démouler.

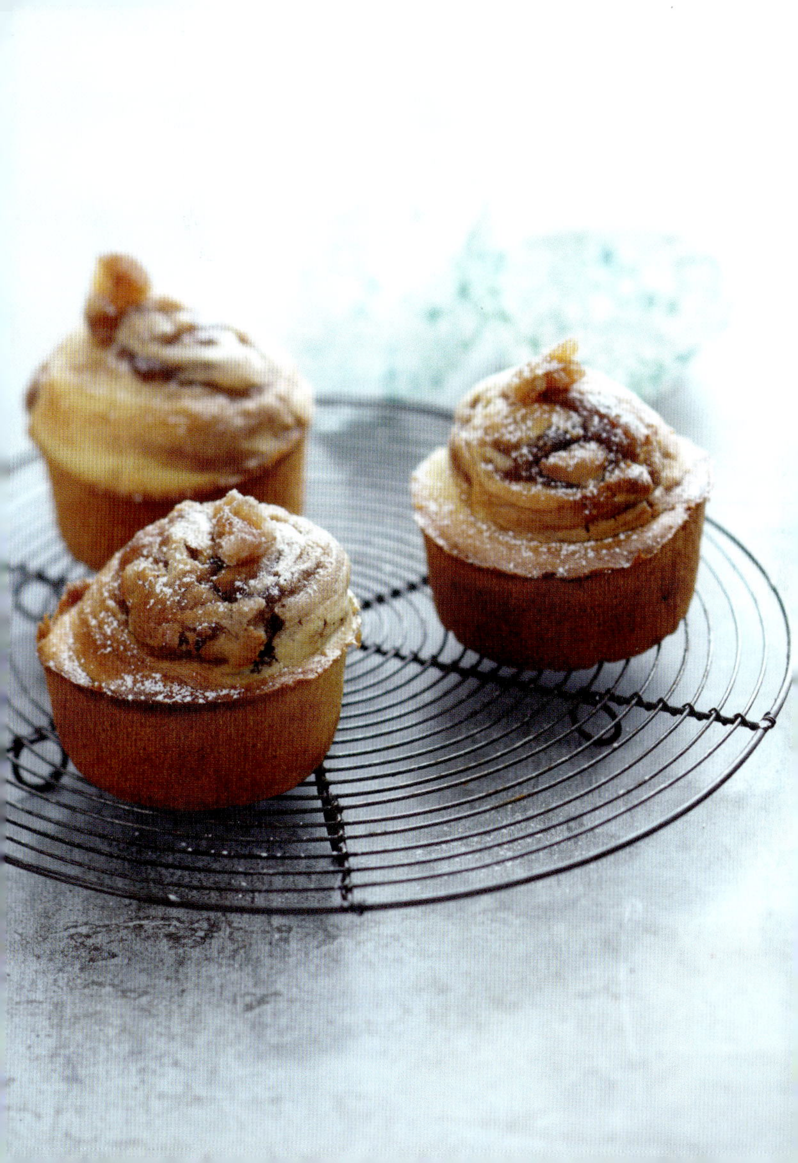

Fontainebleau à la crème de marrons

POUR 4 PERSONNES
PRÉPARATION : 10 min
ÉGOUTTAGE : 1 h
RÉFRIGÉRATION : 2 h

> 200 g de faisselle au lait entier
> 20 cl de crème liquide entière
> 100 g de crème de marrons

1. Faites égoutter la faisselle pendant 1 h dans une passoire doublée de 2 feuilles de papier absorbant.

2. Dans le bol du batteur, mélangez la faisselle égouttée avec la crème liquide. Placez le bol ainsi que les fouets au réfrigérateur pour au moins 2 h.

3. Fouettez le mélange puis, à l'aide d'une cuillère, incorporez la crème de marrons en laissant volontairement des marbrures.

4. Répartissez la préparation dans quatre verres et remettez au frais jusqu'au moment de servir. Accompagnez de biscuits au chocolat.

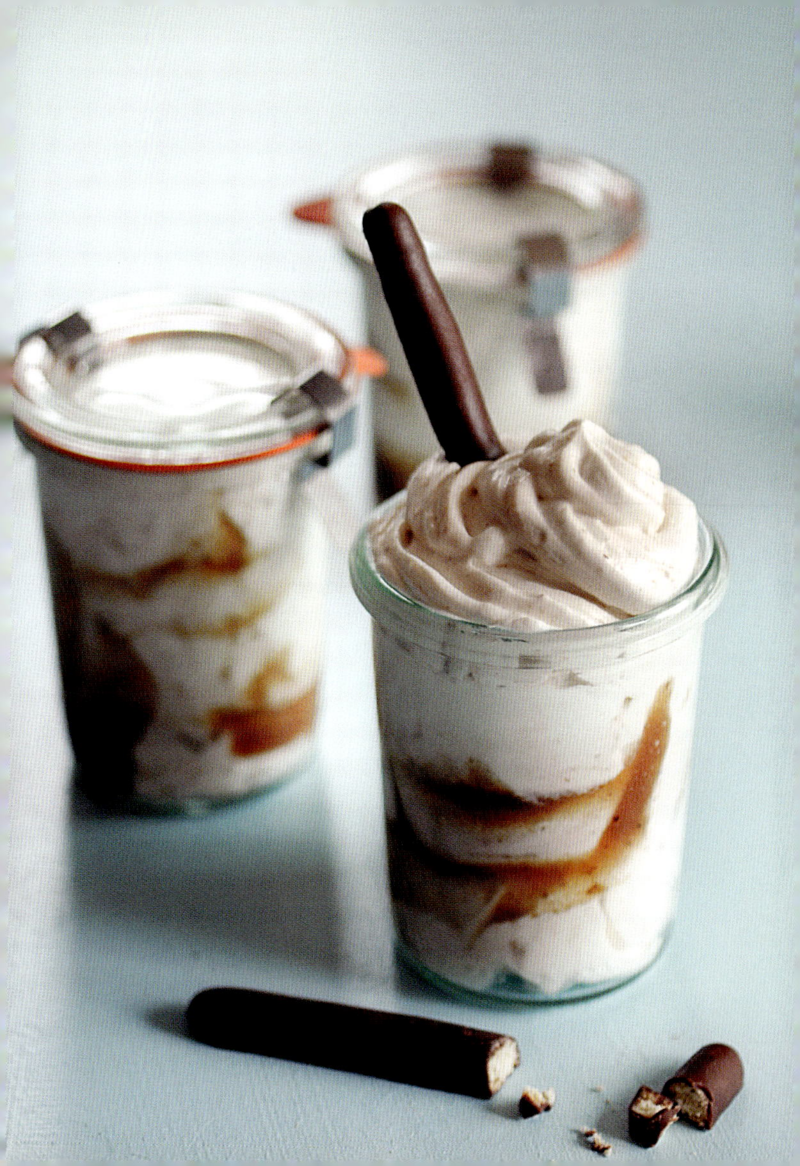

Coupes glacées ardéchoises

POUR 4 PERSONNES
PRÉPARATION : 10 min
CUISSON : 10 min

> 15 cl de crème liquide entière
> 1 c. à soupe de liqueur de châtaigne (facultatif)
> 200 g de myrtilles, fraîches ou surgelées
> 30 g de sucre en poudre
> 100 g de crème de marrons
> 4 boules de glace à la vanille

1. Mettez la crème liquide dans le bol d'un batteur. Placez ce dernier au réfrigérateur avec les fouets. Si vous utilisez de la liqueur de châtaigne, mélangez-la à la crème liquide avant de placer le bol au frais.

2. Réservez une poignée de myrtilles pour la décoration et faites cuire le reste dans une petite casserole avec le sucre, pendant 10 min à feu doux. Laissez refroidir.

3. Sortez la crème du réfrigérateur et battez-la en chantilly. Incorporez un tiers de cette chantilly à la crème de marrons.

4. Dans quatre coupes individuelles, déposez de la compote de myrtilles, puis 1 boule de glace et 1 c. à soupe de crème de marrons à la chantilly. Recouvrez du reste de chantilly et décorez de myrtilles fraîches. Servez aussitôt.

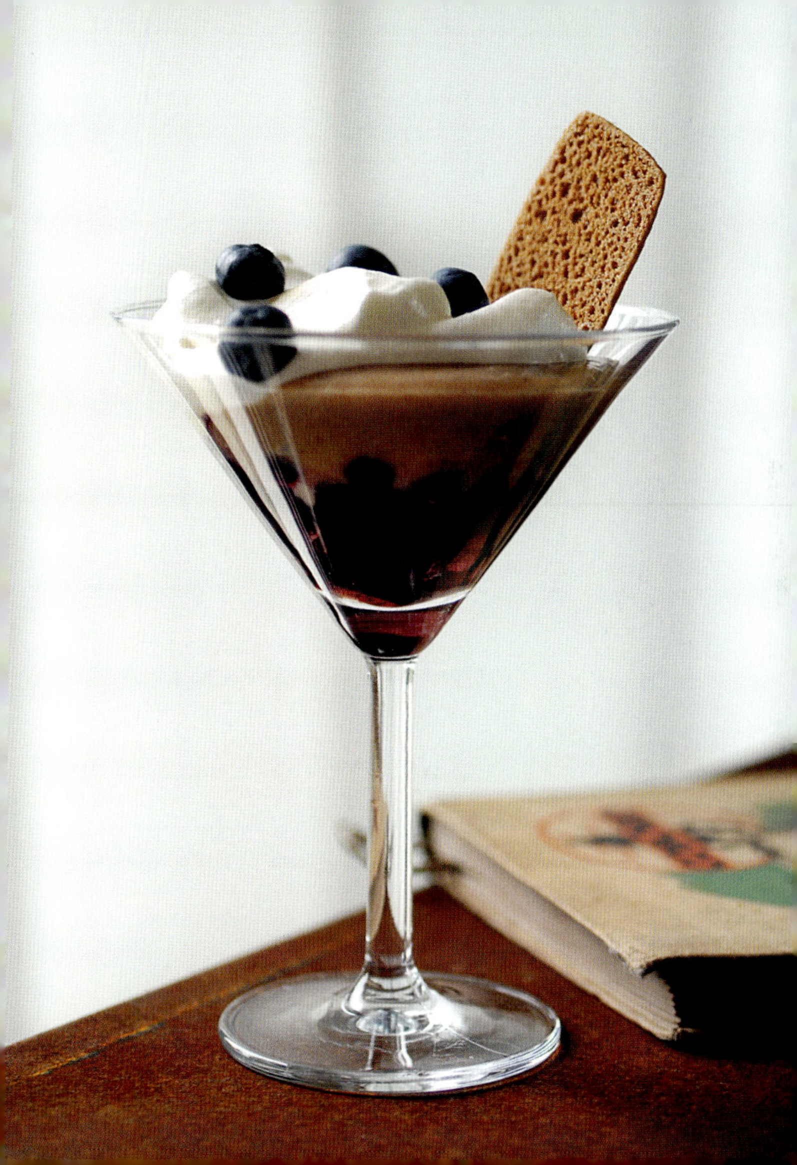

Mille-feuilles à la crème de marrons

POUR 4 PERSONNES
PRÉPARATION : 15 min
CUISSON : 1 min

> 6 feuilles de brick
> 20 g de beurre
> 4 c. à soupe de cassonade
> 30 cl de crème liquide entière, très froide
> 300 g de crème de marrons
> 1 c. à soupe de sucre glace (facultatif)

1. Préchauffez le four à 180 °C (therm. 6).

2. Découpez les feuilles de brick en rectangles d'environ 4 x 10 cm. Comptez 9 rectangles par personne.

3. Faites fondre le beurre et badigeonnez les deux faces des feuilles de brick à l'aide d'un pinceau. Saupoudrez chaque rectangle d'un peu de cassonade.

4. Disposez les feuilles de brick sur une plaque recouverte de papier sulfurisé. Enfournez pour 1 ou 2 min en surveillant la cuisson car elles cuisent très vite ; elles doivent être dorées.

5. Montez la crème liquide en chantilly bien ferme.

6. Mettez dans chaque assiette 3 rectangles de brick et disposez dessus la crème de marrons à l'aide d'une poche à douille cannelée ou d'une petite cuillère. Ajoutez à nouveau 3 feuilles de brick et nappez le tout de chantilly. Terminez par 3 feuilles de brick en les saupoudrant, éventuellement, de sucre glace.
Servez aussitôt.

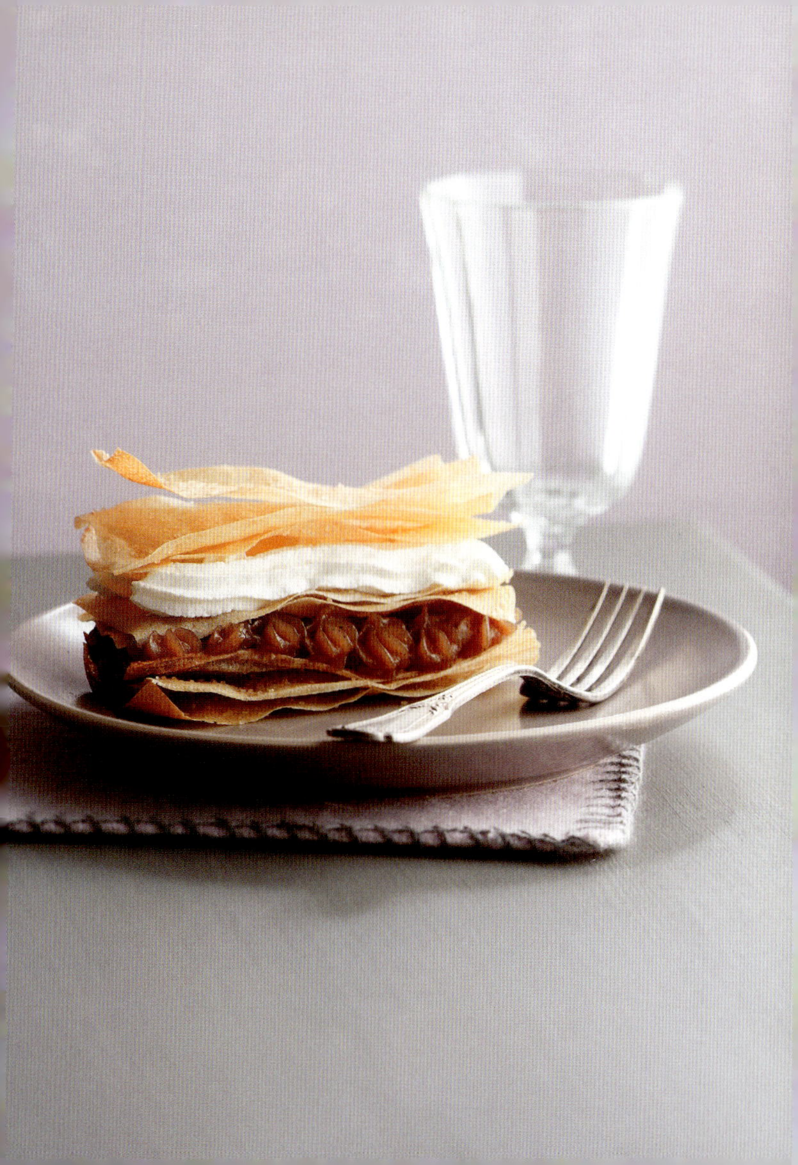

Monts-blancs

POUR 4 PERSONNES
PRÉPARATION : 30 min
CUISSON : 1 h

Pour la meringue
> 5 blancs d'œufs
> 350 g de sucre en poudre
> 1 c. à café d'extrait de vanille

Pour la crème
> 500 g de crème de marrons
> 50 g de beurre mou
> 2 c. à soupe de rhum

Pour la chantilly
> 20 cl de crème liquide entière, très froide
> 20 g de sucre glace

1. Préparez la meringue. Préchauffez le four à 100 °C (therm. 3-4). Montez les blancs d'œufs en neige en incorporant peu à peu d'abord la moitié du sucre, puis la moitié du sucre restant et la vanille. Quand la meringue est ferme et brillante, versez le reste du sucre et fouettez encore. La meringue doit tenir sur les branches du fouet.

2. Remplissez de meringue une poche à douille lisse. Recouvrez une plaque de papier sulfurisé et tracez 8 cercles de 10 cm de diamètre. Dressez la meringue à l'intérieur de ces cercles en allant de l'extérieur vers l'intérieur. Enfournez pour 1 h en entrouvrant la porte du four. Sortez la plaque du four et laissez les meringues refroidir.

3. Préparez la crème en mélangeant au fouet la crème de marrons, le beurre et le rhum. Versez-la dans une poche à douille munie d'un embout à petits trous. Garnissez-en 4 disques de meringue et recouvrez avec les disques restants.

4. Avant de servir, fouettez la crème liquide en chantilly ferme en ajoutant le sucre glace et disposez-la sur les meringues.

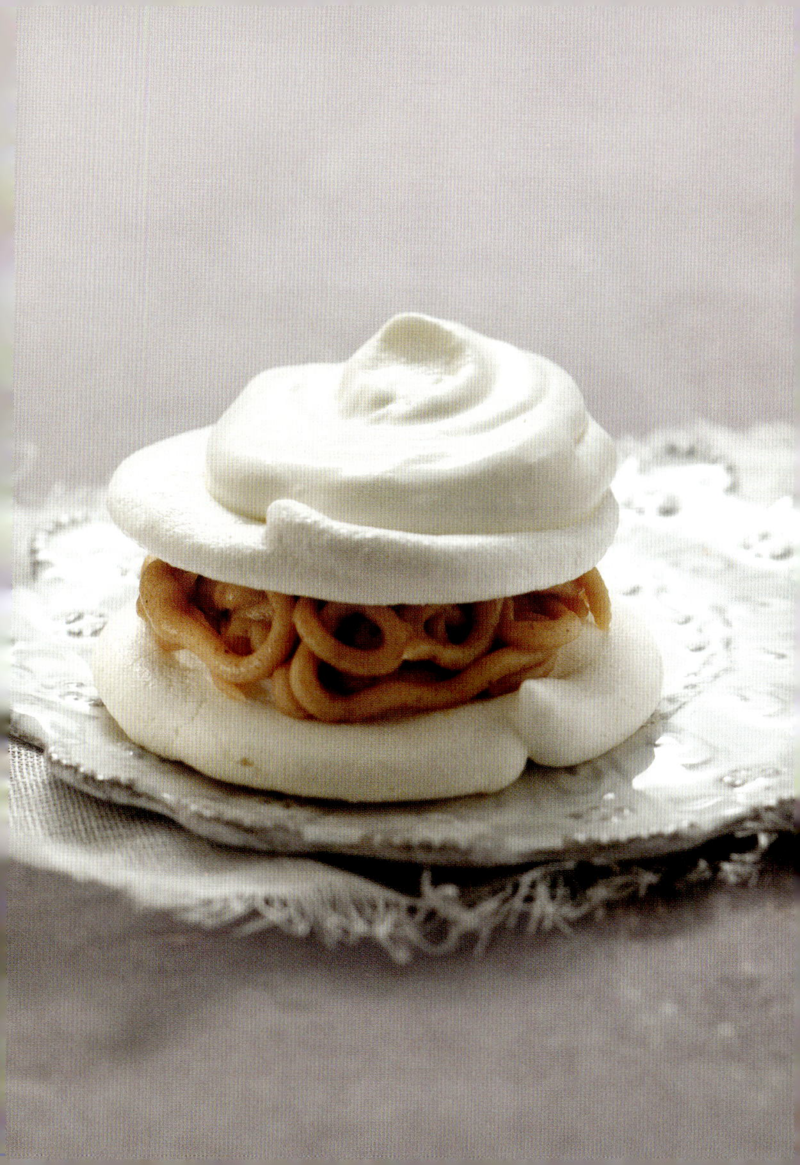

Mini paris-brest à la crème de marrons

POUR 10 GÂTEAUX
PRÉPARATION : 45 min
CUISSON : 15 à 20 min
RÉFRIGÉRATION : 1 h

Pour la pâte à choux
- > 5 g de sel
- > 5 g de sucre en poudre
- > 100 g de beurre
- > 150 g de farine
- > 4 œufs

Pour la crème au beurre aux marrons
- > 2 œufs
- > 150 g de sucre en poudre
- > 250 g de beurre mou
- > 100 g de crème de marrons

1. Préparez la pâte. Préchauffez le four à 200 °C (therm. 6-7). Dans une casserole, faites chauffer à feu moyen 25 cl d'eau avec le sel, le sucre et le beurre coupé en morceaux. Hors du feu, versez la farine en une seule fois et mélangez vivement. Lorsque la pâte forme une boule qui se détache bien de la casserole, incorporez 1 œuf, puis les autres, un par un.

2. À l'aide d'une poche à douille, formez des petites boules de pâte sur une plaque recouverte de papier sulfurisé. Enfournez pour 15 min, puis laissez les choux refroidir.

3. Préparez la crème. Dans une casserole, mélangez les œufs avec le sucre. Faites chauffer à feu doux en remuant pour obtenir un mélange bien lisse. Dans un saladier, travaillez le beurre pour qu'il soit crémeux. Incorporez le mélange sucre-œufs puis la crème de marrons. Placez la crème 1 h au frais.

4. Tranchez les choux en deux. Garnissez les moitiés inférieures de crème au beurre à l'aide d'une poche à douille, puis replacez les chapeaux pour former les mini paris-brest.

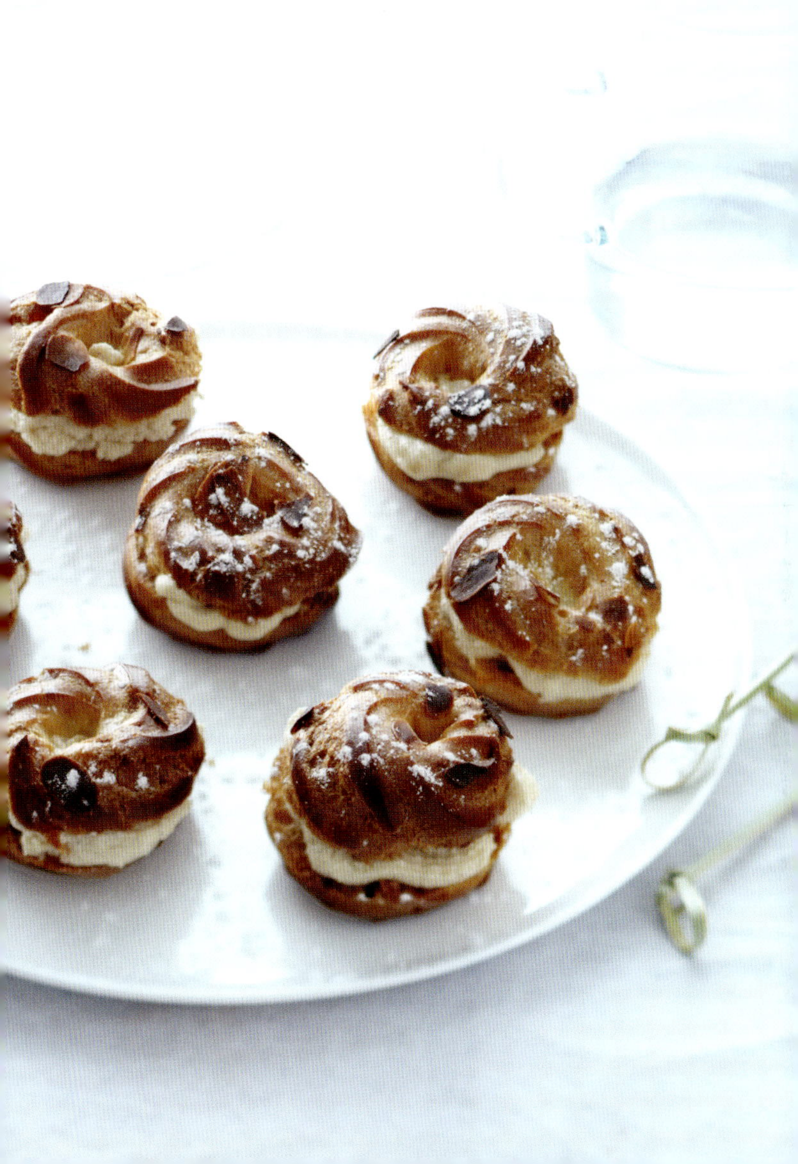

Semifreddo aux marrons et aux noisettes

POUR 4 PERSONNES
PRÉPARATION : 15 min
CONGÉLATION : 4 h au moins

> 15 cl de crème liquide entière
> 150 g de mascarpone
> 2 œufs
> 100 g de crème de marrons
> 50 g de noisettes
> 50 g de sucre en poudre

1. Dans le bol du batteur, mélangez la crème liquide et le mascarpone. Placez le bol au frais avec les fouets.

2. Cassez les œufs en séparant les blancs des jaunes. Fouettez les jaunes avec la crème de marrons. Montez les blancs en neige ferme.

3. Montez le mélange de crème liquide et mascarpone en chantilly ferme. Ajoutez-y délicatement la préparation à la crème de marrons, puis incorporez doucement les blancs en neige. Versez cette mousse dans un moule à cake ou dans quatre moules individuels (de préférence en silicone pour faciliter le démoulage) et placez au congélateur pour au moins 4 h.

4. Mettez les noisettes dans une poêle avec le sucre et faites-les cuire 5 min tout en secouant la poêle, jusqu'à ce qu'elles soient caramélisées. Déposez-les sur une feuille de papier sulfurisé en les espaçant.

5. Sortez le semifreddo 15 min avant de le servir et décorez-le de noisettes caramélisées.

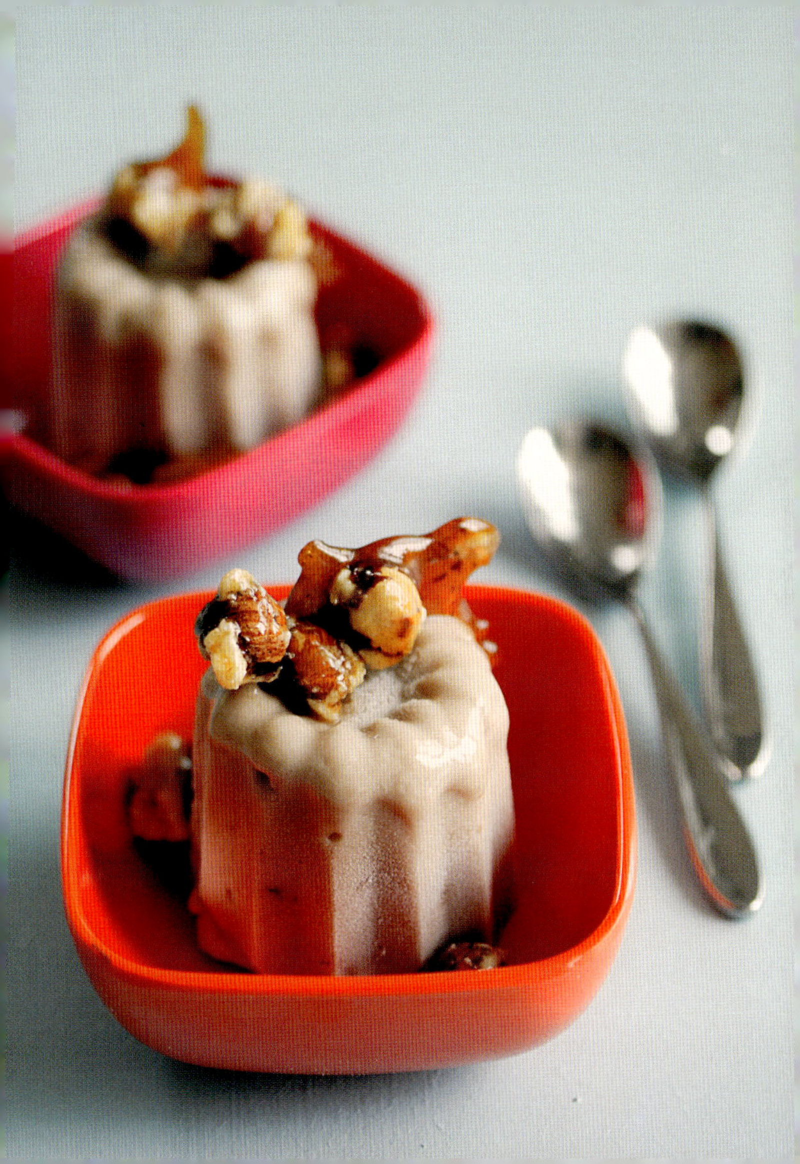

Marquise chocomarron

POUR 4 PERSONNES
PRÉPARATION : 10 min
RÉFRIGÉRATION : 4 h au moins

> 70 g de chocolat noir
> 100 g de beurre ramolli
> 200 g de crème de marrons
> 1 c. à soupe de rhum brun

1. Cassez le chocolat en morceaux et faites-le fondre au bain-marie ou au four à micro-ondes.

2. À l'aide d'un mixeur, travaillez le beurre jusqu'à ce qu'il blanchisse et devienne crémeux. Incorporez-y la crème de marrons, le chocolat fondu et le rhum, et continuez de battre pour obtenir un mélange bien lisse.

3. Versez dans un moule à cake ou dans quatre moules individuels (de préférence en silicone pour faciliter le démoulage) et mettez au frais pendant au moins 4 h.

4. Servez la marquise accompagnée de crème anglaise.

Conseil : Si vous utilisez un moule traditionnel (et non en silicone), trempez son fond quelques instants dans de l'eau chaude pour démouler facilement la marquise.

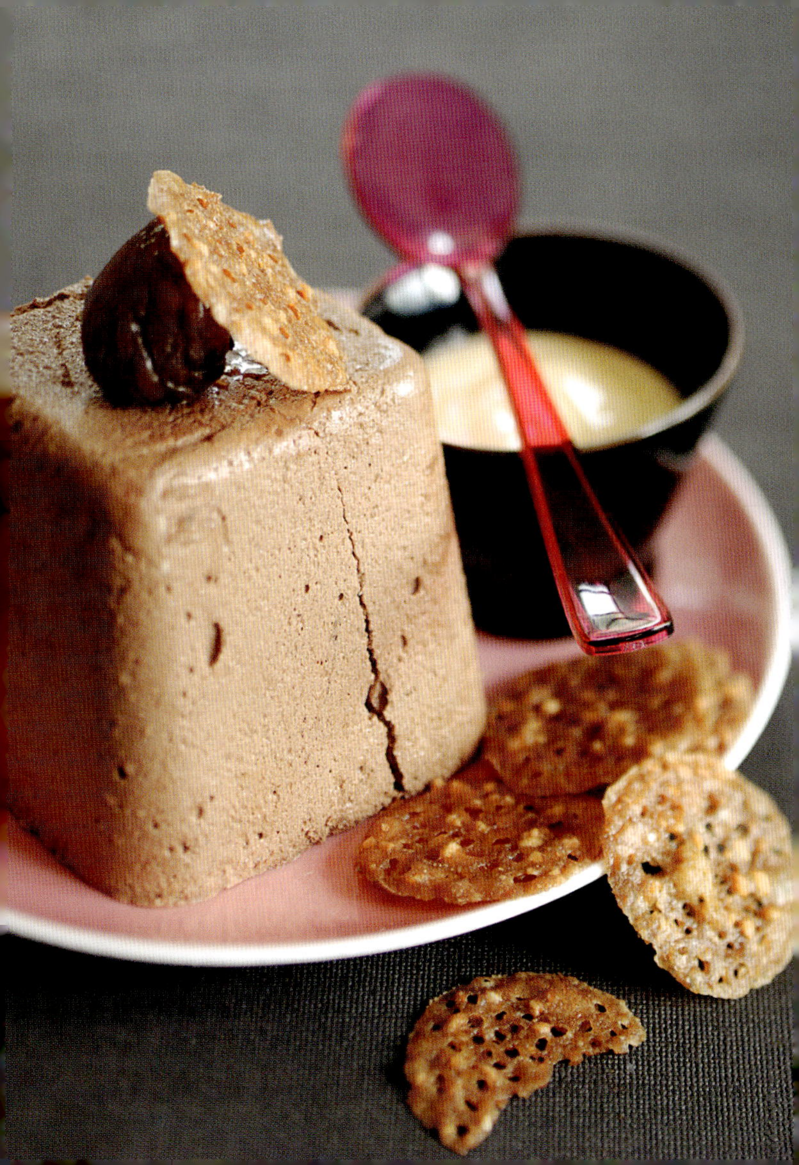

Crème brûlée à la crème de marrons

POUR 6 PERSONNES
PRÉPARATION : 15 min
CUISSON : 40 min

> 6 marrons glacés
> 6 jaunes d'œufs
> 2 sachets de sucre vanillé
> 150 g de crème de marrons
> 75 cl de crème liquide entière
> cassonade

1. Préchauffez le four à 120 °C (therm. 4). Émiettez grossièrement les marrons glacés.

2. Fouettez les jaunes d'œufs avec le sucre vanillé et la crème de marrons pendant 5 min. Ajoutez la crème liquide, fouettez de nouveau, puis incorporez délicatement quelques brisures de marrons glacés.

3. Versez la préparation dans six petits plats à crème brûlée. Placez ces plats dans un grand plat à four et versez de l'eau chaude à mi-hauteur. Faites cuire les crèmes au four dans ce bain-marie pendant 40 min environ. Laissez-les refroidir.

4. Au moment de servir, saupoudrez les crèmes de cassonade et faites-les dorer à l'aide d'un chalumeau de cuisine. Décorez-les avec les brisures de marrons glacés restantes.

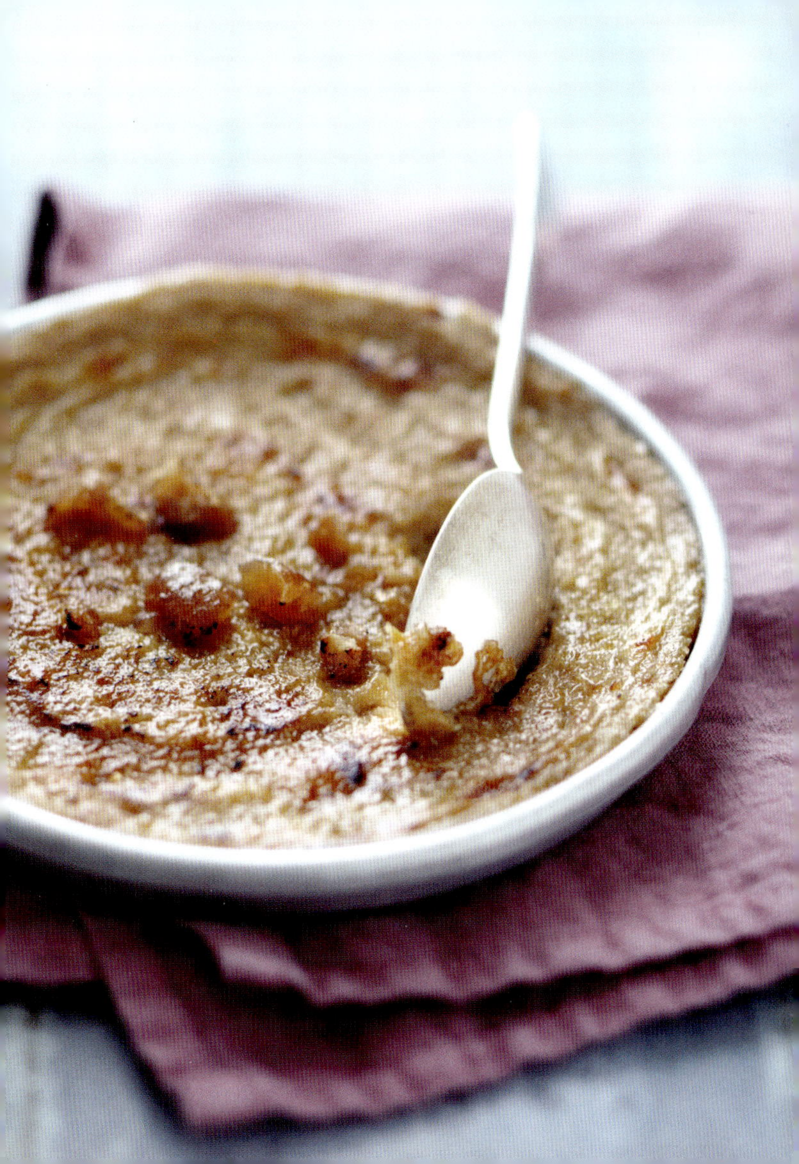

Cheesecake aux marrons et orange

POUR 6 PERSONNES
PRÉPARATION : 25 min
CUISSON : 1 h
RÉFRIGÉRATION : 12 h

Pour le fond
> 150 g de cookies au chocolat
> 25 g de beurre fondu
> 25 g de sucre en poudre

Pour la garniture
> 30 g d'écorces d'orange confites
> 50 g de sucre en poudre
> 600 g de fromage frais à tartiner
> 3 œufs
> 100 g de crème fraîche épaisse
> 1 c. à soupe de farine
> 125 g de crème de marrons
> 100 g de marrons au naturel

1. Préchauffez le four à 130 °C (therm. 4-5). Préparez le fond du cheesecake. Mixez les cookies, le beurre et le sucre pour obtenir une consistance sableuse. Garnissez un moule de 16 à 18 cm de diamètre, à bords hauts, de papier sulfurisé. Mettez la pâte au fond et tassez-la en remontant un peu sur les bords. Placez le moule au frais.

2. Préparez la garniture. Hachez les écorces d'orange avec le sucre. Fouettez le fromage, les œufs, la crème fraîche et la farine. Partagez la préparation en deux portions. Dans la première, incorporez les écorces d'orange ; dans la seconde, la crème de marrons.

3. Versez la préparation aux marrons dans le moule, parsemez de brisures de marrons et versez la seconde préparation. Enfournez pour 1 h. Si le cheesecake dore trop, baissez légèrement la température du four. Laissez refroidir le gâteau dans le four. Mettez-le au réfrigérateur jusqu'au lendemain.

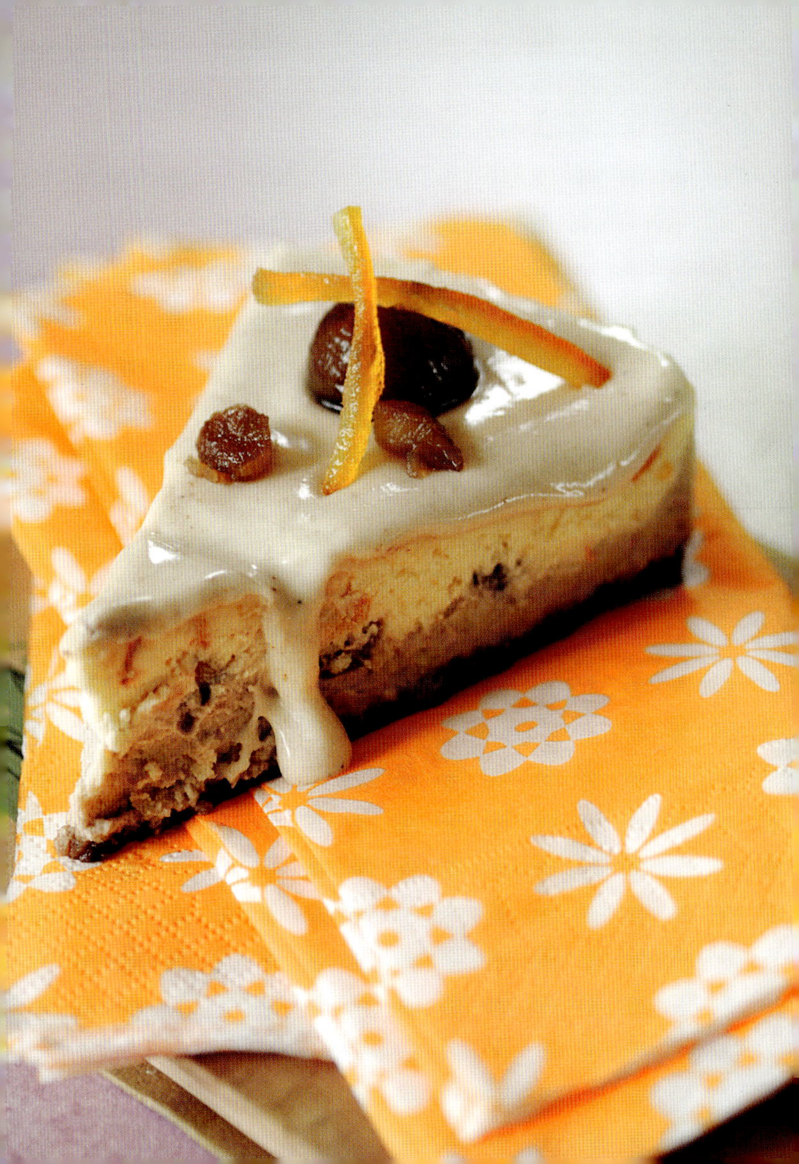

Tarte ardéchoise

POUR 8 PERSONNES
PRÉPARATION : 20 min
CUISSON : 30 min
REPOS DE LA PÂTE : 1 h

> 50 g de noisettes décortiquées
> 50 g de noix de pécan
> 2 œufs
> 100 g de cassonade
> 2 c. à soupe de crème fraîche épaisse
> 200 g de crème de marrons

Pour la pâte brisée

> 180 g de beurre mou
> 2 pincées de sel fin
> 1 c. à soupe de sucre en poudre
> 1 jaune d'œuf
> 5 cl de lait à température ambiante
> 225 g de farine
> 25 g de farine de châtaigne

1. Préparez la pâte. Travaillez le beurre à la spatule pour le rendre crémeux. Ajoutez le sel, le sucre, le jaune d'œuf et le lait, et mélangez. Incorporez peu à peu les deux farines en les tamisant et malaxez la pâte. Mettez celle-ci au réfrigérateur pour 1 h, enveloppée dans du film alimentaire.

2. Préchauffez le four à 200 °C (therm. 6-7). Étalez la pâte sur 3 mm d'épaisseur. Beurrez un moule à tarte de 25 cm de diamètre et garnissez-le de pâte. Piquez le fond avec une fourchette. Gardez le moule au réfrigérateur. Faites griller les noisettes et les noix de pécan au four pendant 3 ou 4 min. Concassez-les au couteau. N'éteignez pas le four.

3. Cassez les œufs en séparant les blancs des jaunes. Fouettez les jaunes avec la cassonade jusqu'à ce qu'ils blanchissent. Ajoutez la crème fraîche, la crème de marrons et les fruits secs concassés. Montez les blancs d'œufs en neige et incorporez-les à la préparation précédente. Versez le tout sur le fond de tarte et enfournez pour 30 min.

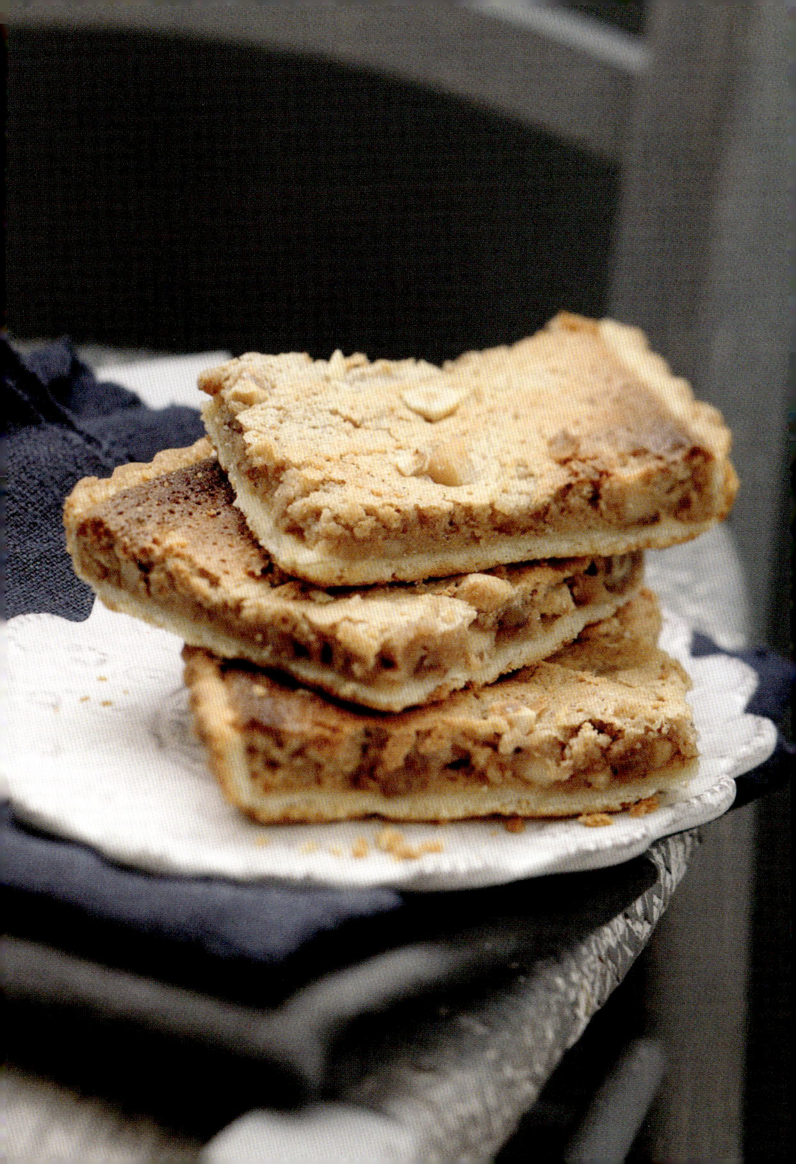

Fondant chocolat-marrons

POUR 6-8 PERSONNES
PRÉPARATION : 10 min
CUISSON : 30 min

> 200 g de chocolat noir à 52 % de cacao au moins
> 160 g de beurre
> 3 œufs
> 500 g de crème de marrons

1. Préchauffez le four à 180 °C (therm. 6). Coupez le chocolat en petits morceaux. Placez-le dans un bol et ajoutez le beurre. Faites fondre au micro-ondes pendant 2 min à puissance maximale (850 W). Remuez pour obtenir un chocolat lisse et brillant.

2. Dans un saladier, battez les œufs énergiquement. Ajoutez la crème de marrons et remuez pour obtenir une texture lisse. Versez dessus la préparation au chocolat et mélangez.

3. Beurrez un moule à manqué de 20 à 22 cm de diamètre et versez-y la pâte. Enfournez pour 30 min. Laissez refroidir le fondant à température ambiante.

Note : Ce fondant se conserve 2 ou 3 jours au réfrigérateur. Avant de le servir, laissez-le 1 h à température ambiante.

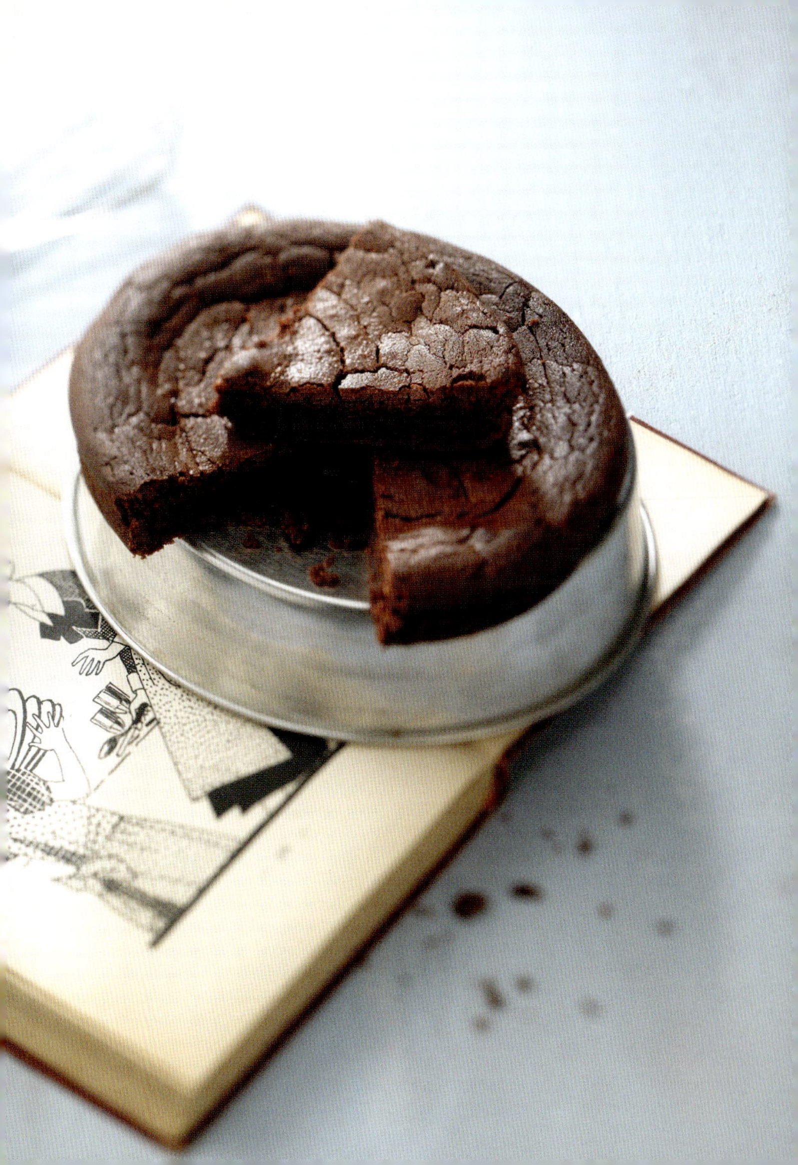

Bûche aux marrons et à la rose

POUR 6 À 8 PERSONNES
PRÉPARATION : 40 min
CUISSON : 10 min
RÉFRIGÉRATION : 12 h au moins

Pour le biscuit
> 4 œufs
> 50 g de beurre (+ 15 g pour la plaque)
> 25 g de sucre en poudre
> 100 g de farine
> 1 pincée de sel
> 10 cl de sirop de rose

Pour la mousse
> 25 cl de crème liquide entière, très froide
> 400 g de crème de marrons

1. Préparez le biscuit. Préchauffez le four à 180 °C (therm. 6). Cassez les œufs en séparant les blancs des jaunes. Faites fondre le beurre. Fouettez les jaunes avec le sucre jusqu'à ce qu'ils blanchissent. Ajoutez la farine, le beurre fondu et le sel, et mélangez. Montez les blancs d'œufs en neige ferme et incorporez-les délicatement à la préparation précédente.

2. Recouvrez une plaque à pâtisserie de 30 x 40 cm de papier sulfurisé légèrement beurré. Versez-y la pâte et enfournez pour 10 min. Sortez la plaque du four, posez la pâte avec le papier sulfurisé sur le plan de travail et enroulez-la aussitôt sur elle-même sans retirer le papier.

3. Diluez le sirop de rose avec 10 cl d'eau. Lorsque le biscuit est froid, déroulez-le en ôtant le papier. Imbibez-le, au pinceau, de sirop dilué.

4. Préparez la mousse. Montez la crème liquide en chantilly. Incorporez-y délicatement la crème de marrons. Étalez la mousse sur le biscuit à l'aide d'une spatule. Enroulez le biscuit sur lui-même de façon à former une bûche et placez-le au réfrigérateur le temps de préparer le glaçage.

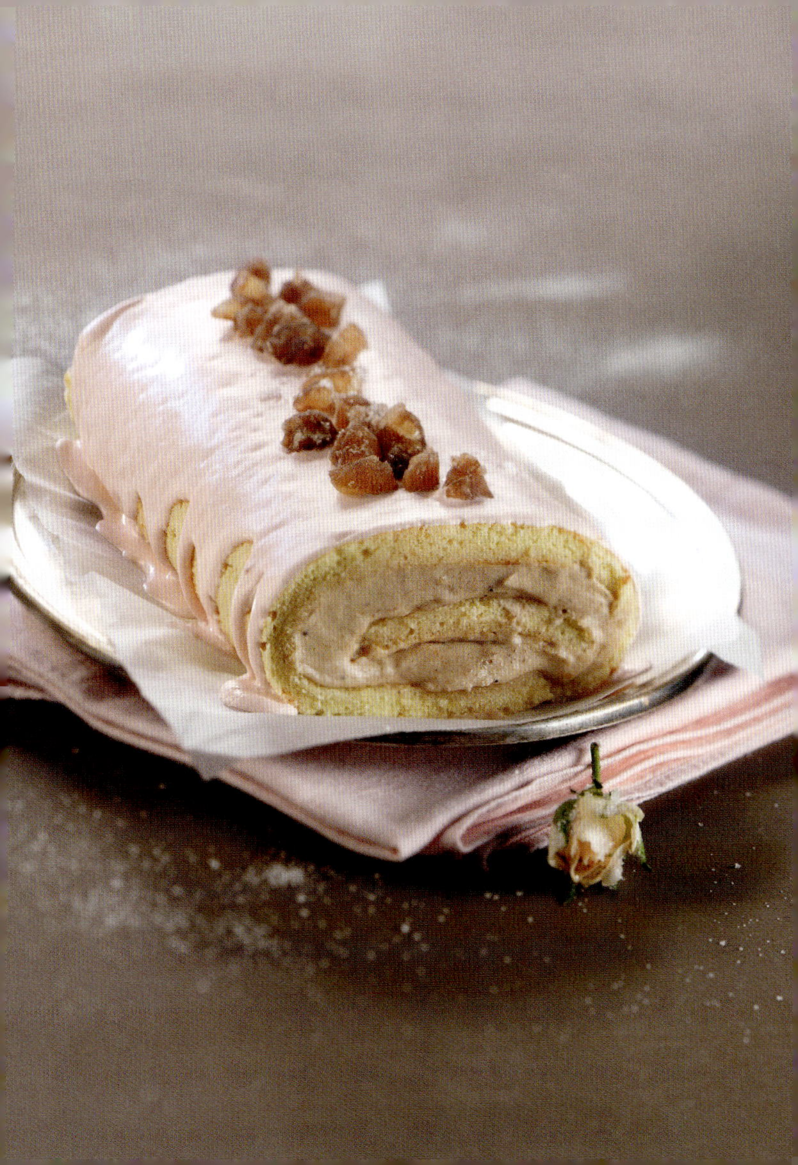

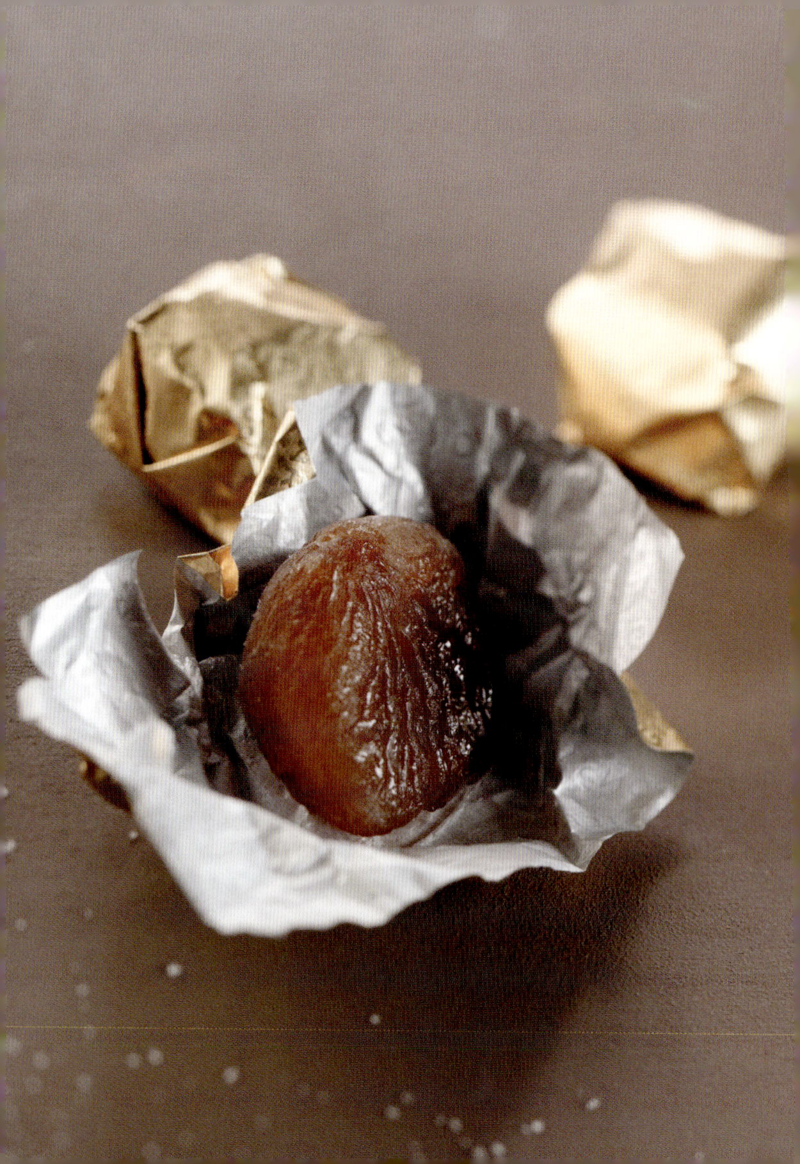

Pour le glaçage et le décor

> 250 g de sucre glace
> 1 blanc d'œuf
> le jus de 1/2 citron
> colorant rose
> 80 g de brisures de marrons glacés ou 4 marrons glacés

5. Préparez le glaçage. Versez le sucre glace dans un bol, ajoutez le blanc d'œuf et remuez à l'aide d'un fouet. Incorporez peu à peu le jus de citron. La consistance ne doit pas être trop liquide (si c'est le cas, rajoutez un peu de sucre glace) : le glaçage doit former un ruban lorsqu'il coule de la cuillère. Ajoutez quelques gouttes de colorant et mélangez.

6. Appliquez aussitôt ce glaçage sur la bûche à l'aide d'une spatule. Décorez avec quelques brisures de marrons glacés puis replacez la bûche au réfrigérateur pour au moins 12 h.

Tatin de poires au chocolat et à la crème de marrons

POUR 8 PERSONNES
PRÉPARATION : 15 min
CUISSON : 30 min

> 2 grosses poires
> 60 g de sucre en poudre
> 60 g de beurre demi-sel (de préférence)
> 4 œufs
> 200 g de chocolat noir
> 300 g de crème de marrons
> 50 g de farine

1. Préchauffez le four à 220 °C (therm. 7-8). Pelez les poires et coupez-les en lamelles. Répartissez la moitié du sucre et 20 g de beurre en petits morceaux dans un moule à manqué de 30 cm de diamètre, puis disposez les poires en rosace. Enfournez pour 10 min ; surveillez les poires : si elles commencent à se dessécher, couvrez-les de papier sulfurisé.

2. Cassez les œufs en séparant les blancs des jaunes. Dans un saladier, fouettez les jaunes avec le reste du sucre.

3. Dans une petite casserole, faites fondre le chocolat à feu doux avec le reste de beurre. Hors du feu, ajoutez la crème de marrons, le mélange de jaunes d'œufs et de sucre, puis la farine.

4. Battez les blancs d'œufs en neige ferme et incorporez-les délicatement à la préparation au chocolat.

5. Sortez le moule du four et baissez la température à 200 °C (therm. 6-7). S'il reste du liquide au fond du moule, versez-le dans la casserole, en prenant garde de ne pas déplacer les poires. Versez la préparation sur les poires caramélisées et enfournez pour 20 min environ. Dégustez tiède.

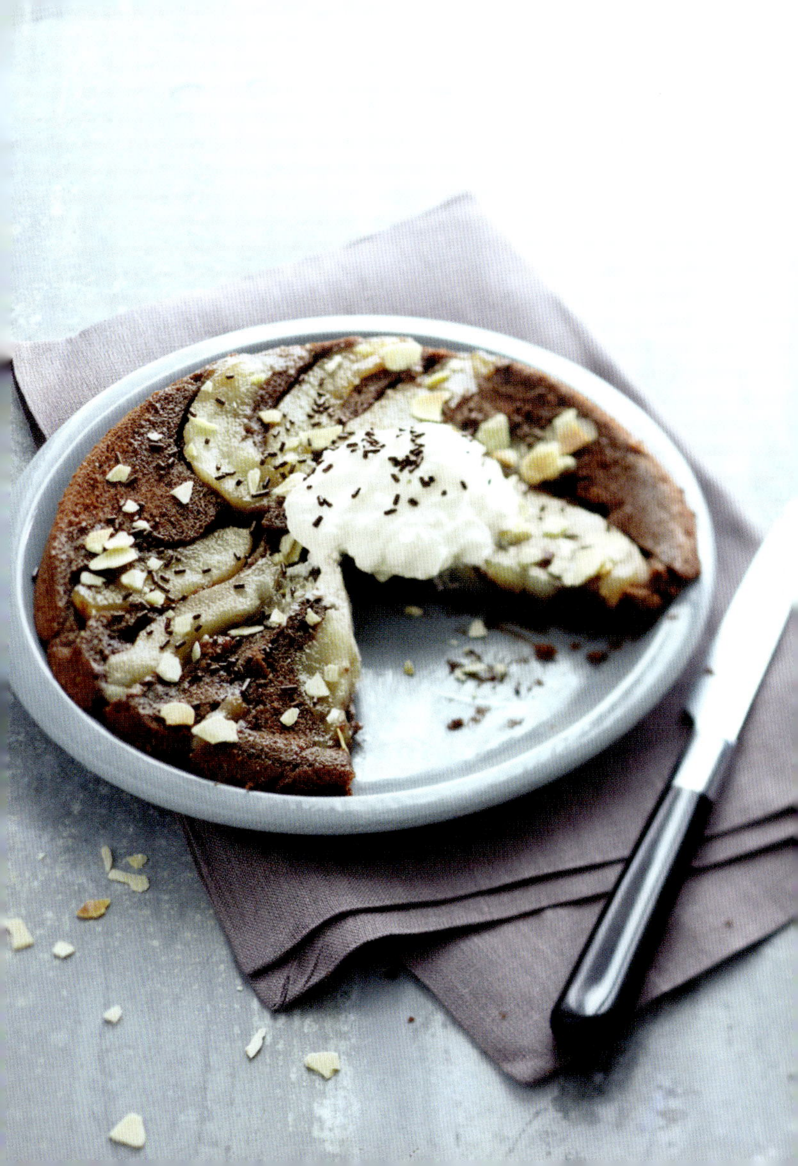

Galette des rois à la crème de marrons

POUR 6 PERSONNES
PRÉPARATION : 10 min
CUISSON : 25 min

> 100 g de beurre mou
> 100 g de sucre en poudre + 1/2 c. à café pour la dorure
> 125 g d'amandes en poudre
> 100 g de crème de marrons
> 1 c. à soupe de farine
> 1 c. à café d'extrait d'amande amère
> 1 œuf + 1 jaune pour dorer
> 2 pâtes feuilletées préétalées

1. Préchauffez le four à 180 °C (therm. 6). Dans un saladier, mélangez le beurre avec le sucre, les amandes en poudre, la crème de marrons, la farine, l'extrait d'amande et l'œuf.

2. Étalez un rouleau de pâte feuilletée sur une plaque recouverte de papier sulfurisé. Piquez la pâte à l'aide d'une fourchette. Étalez dessus la préparation à la crème de marrons jusqu'à 1,5 cm du bord de la pâte, puis posez une fève à l'endroit de votre choix. Mouillez le bord de la pâte avec un peu d'eau.

3. Déroulez la seconde pâte et déposez-la sur celle recouverte de la crème. Pressez doucement avec les doigts sur les bords des deux pâtes pour les souder. Dessinez délicatement des rayures croisées sur le dessus avec la pointe d'un couteau. Mélangez le jaune d'œuf avec la demi-cuillerée de sucre et badigeonnez-en la galette à l'aide d'un pinceau. Enfournez pour 25 min environ.

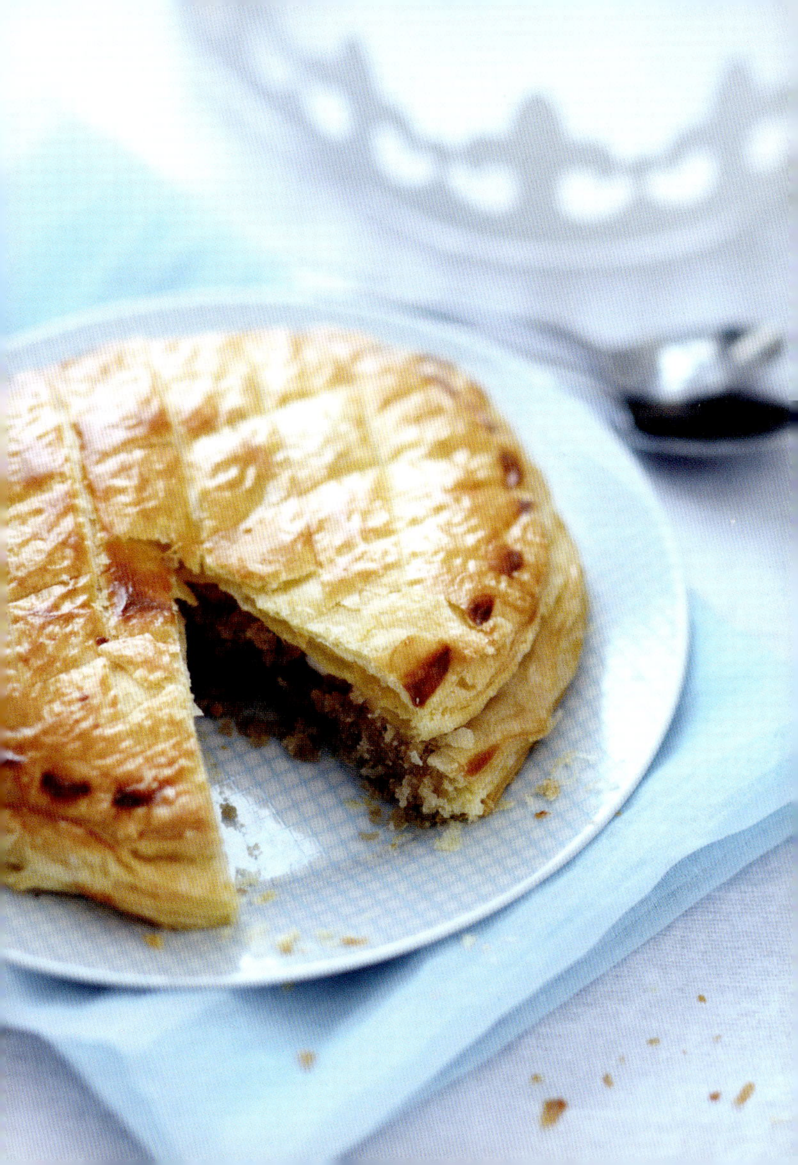

Vacherin à la crème de marrons

POUR 6-8 PERSONNES
PRÉPARATION : 30 min
CONGÉLATION : 12 h

> 100 g de meringue toute prête
> 4 œufs
> 120 g de sucre en poudre
> 50 cl de crème liquide entière, très froide
> 1 gousse de vanille
> 300 g de crème de marrons
> 3 c. à soupe d'amandes effilées grillées
> 80 g de brisures de marrons glacés ou 4 marrons glacés

1. Écrasez grossièrement la meringue. Cassez les œufs en séparant les blancs des jaunes. Battez les jaunes avec le sucre jusqu'à ce que le mélange blanchisse. Montez les blancs en neige bien ferme.

2. Fouettez la crème liquide en chantilly. Incorporez-y délicatement les jaunes battus puis les blancs en neige. Versez la moitié de cette préparation dans un bol, ajoutez les brisures de meringue, mélangez et réservez au frais.

3. Fendez la gousse de vanille et grattez les graines au-dessus de la préparation restante, ajoutez la crème de marrons et mélangez délicatement à l'aide d'une spatule. Faites griller les amandes effilées à sec dans une poêle.

4. Tapissez de film alimentaire un moule à cake de 25 cm de long. Versez-y la préparation à la crème de marrons, puis disposez les amandes effilées et les brisures de marrons glacés en une couche uniforme de 5 mm. Versez ensuite la préparation à la meringue. Placez au congélateur pour 12 h.

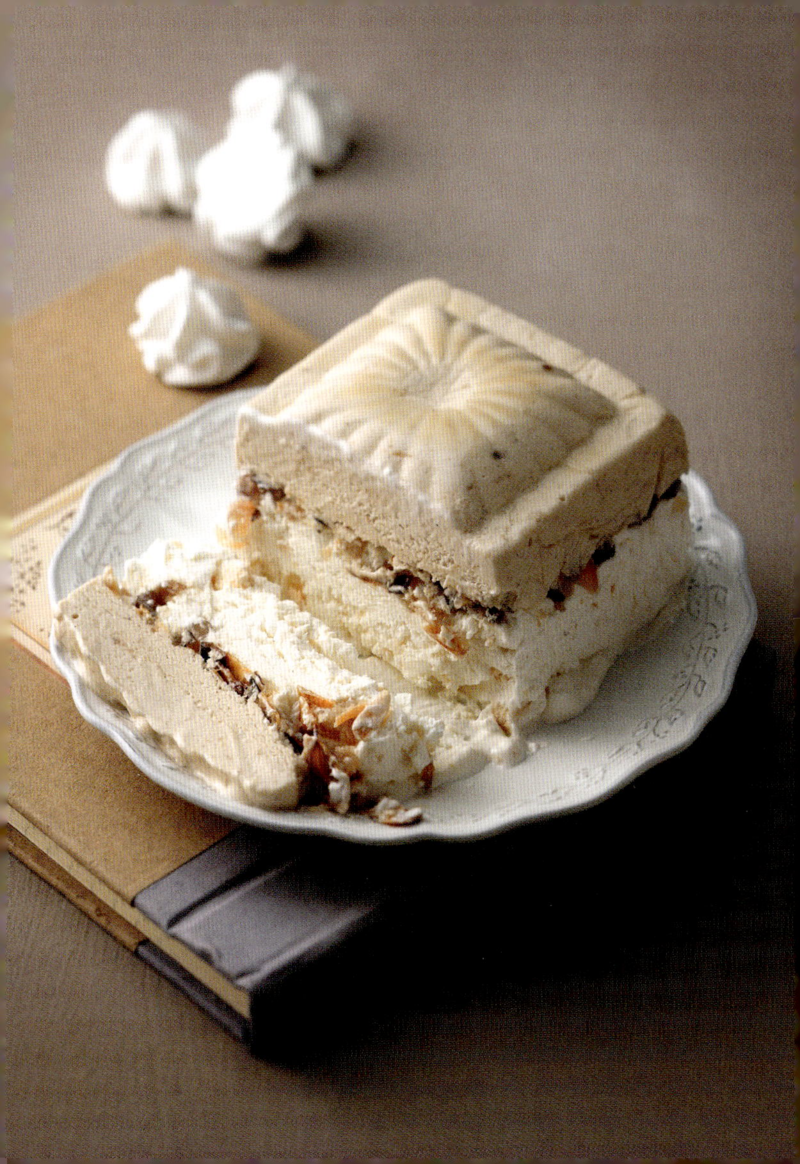

Charlotte aux framboises et à la crème de marrons

POUR 6 PERSONNES
PRÉPARATION : 20 min
RÉFRIGÉRATION : 2 h au moins

> 250 g de mascarpone
> 250 g de crème de marrons
> 2 cl de whisky
> 175 g de biscuits roses de Reims
> 5 cl de sirop de framboise ou de liqueur de framboise
> 125 g de framboises
> 10 cl de coulis de framboises

1. Dans un bol, fouettez ensemble le mascarpone, la crème de marrons et le whisky de façon à obtenir un mélange bien lisse et onctueux.

2. Trempez les biscuits un à un dans une assiette contenant le sirop de framboise (ou la liqueur de framboise) dilué dans un peu d'eau.

3. Chemisez de biscuits le fond et les parois d'un moule à charlotte de 20 cm de diamètre en serrant bien les biscuits les uns contre les autres.

4. Versez la moitié de la préparation à la crème de marrons dans le moule. Disposez une couche de biscuits, puis versez le reste de la préparation. Terminez par une couche de biscuits.

5. Couvrez le moule de film alimentaire et placez-le au réfrigérateur pour 2 h au moins.

6. Démoulez délicatement la charlotte. Décorez de framboises fraîches et nappez de coulis de framboises.

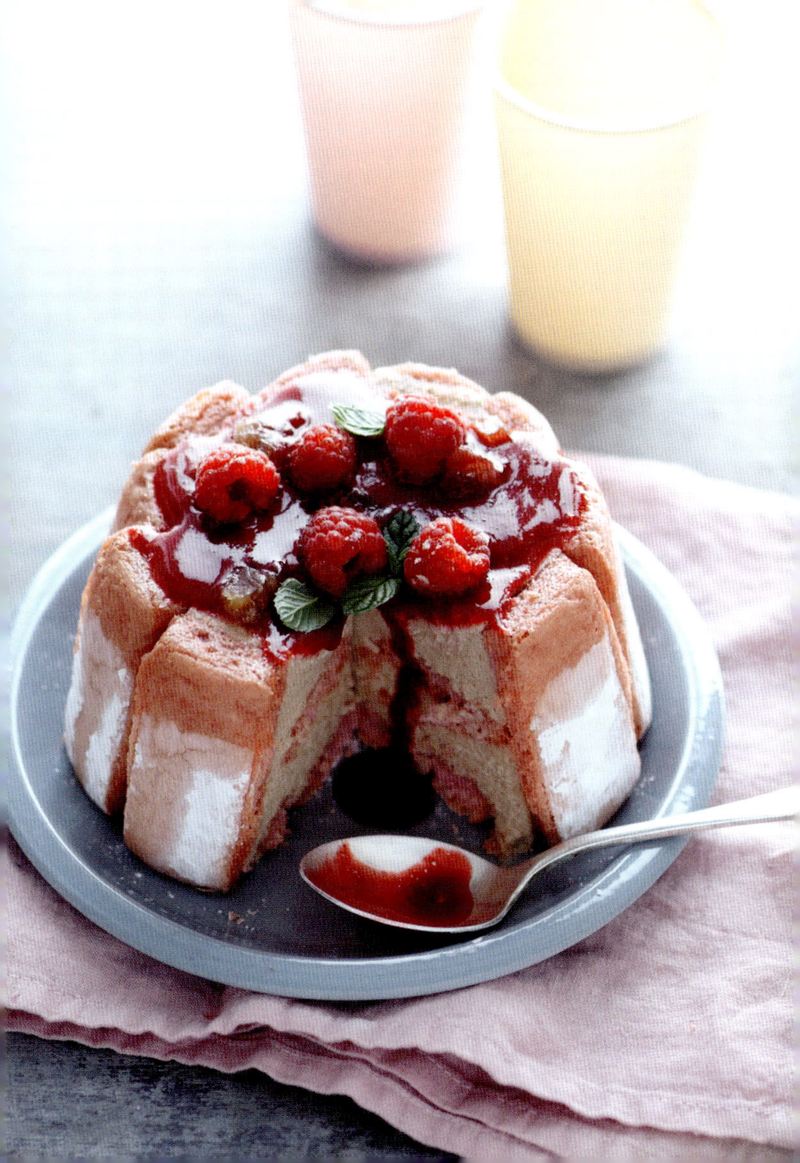

Crédits photographiques

Pierre Chivoret © coll. Larousse (stylisme Alexia Janny) : pages 13, 17, 21, 31, 37, 49, 51, 55.
Caroline Faccioli © coll. Larousse (stylisme Corinne Jausserand) : pages 7, 11, 15, 19, 27, 29, 41, 43, 45-47, 53.
Olivier Ploton © coll. Larousse (stylisme Blandine Boyer) : pages 2, 5, 9, 23, 25, 33, 35, 39 ainsi que les pages de garde.

TABLE DES ÉQUIVALENCES FRANCE – CANADA									
Poids	55 g	100 g	150 g	200 g	250 g	300 g	500 g	750 g	1 kg
	2 onces	3,5 onces	5 onces	7 onces	9 onces	11 onces	18 onces	27 onces	36 onces
Ces équivalences permettent de calculer le poids à quelques grammes près (en réalité, 1 once = 28 g).									
Capacités		5 cl	10 cl	15 cl	20 cl	25 cl	50 cl	75 cl	
		2 onces	3,5 onces	5 onces	7 onces	9 onces	17 onces	26 onces	
Pour faciliter la mesure des capacités, une tasse équivaut ici à 25 cl (en réalité, 1 tasse = 8 onces = 23 cl).									

Photogravure Turquoise, Émerainville
Imprimé en Chine par Leo Paper Products
Dépôt légal : septembre 2012
309892/01 - 11019906 juin 2012

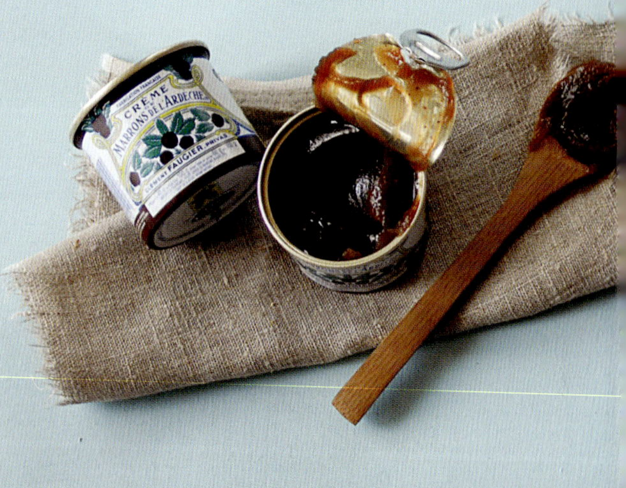
CREME
MARRONS DE L'ARDECHE
FAUGIER